總策畫 林慶彰 劉楚華

主編 翟志成

景印香港新亞研究所

新亞學報

第一至三十卷

第二二冊・第十二卷

新亞研究所

NEW ASIA INSTITUTE OF ADVANCED CHINESE STUDIES

景印香港新亞研究所《新亞學報》（第一至三十卷）

景印香港新亞研究所《新亞學報》（第一至三十卷）

黃進興　廖伯源　羅志田

饒宗頤

執行編輯　李啟文　張晏瑞

（以上依姓名筆劃排序）

景印香港新亞研究所《新亞學報》第二二冊

第十二卷 目次

第十二卷

新亞學報

新亞研究所

新亞學報編輯畧例

（一）本刊宗旨專重研究中國學術，只登載有關中國歷史、文學、哲學、教育、社會、民族、藝術、宗教、禮俗等各項研究性的論文爲限。

（二）本刊由新亞研究所主持編纂，外稿亦所歡迎。

（三）本刊年出兩期，以每年二月八月爲發行期。

（四）本刊文稿每篇以五萬字爲限；其篇幅過長者，當另出專刊。

（五）本刊所載各稿，其版權及翻譯權，均歸本研究所。

新亞學報第十二卷目錄：

朱子學流衍韓國考

錢穆

自余爲朱子新學案成，即續草研朱餘瀋，略述朱學流衍。起於黃東發王深寧宋元之際，下迄清代之錢竹汀，所得不踰二十人。稿垂成，適今秋赴漢城，得獲韓國李朝先賢研討朱學諸集，歸後雒誦整理，撰朱學流衍韓國考，以附餘瀋之後。

韓國先賢治朱學，首出大師當推李滉退溪。肩隨者爲李珥栗谷。踵後者爲宋時烈尤菴，韓元震南塘。舉此四人，可概其餘。茲分篇略述如次。惟所述限於研朱一端。余於韓史未有尋究，如諸賢出處，以及當時諸賢所極重視之議禮諸端，有關韓國史跡者，皆不敢及。

(一)李退溪學述

李滉字退溪，生於明孝宗弘治十四年辛酉，卒於明穆宗隆慶四年庚午，年七十。今漢城成均館大學所印行之退溪全書，有文集四十九卷，又別集外集各一卷，續集八卷。自省錄一卷，四書釋義，啓蒙傳疑外，又有宋季元明理學通錄本集十一卷，外集一卷。

退溪著述極豐，復有朱子書節要一種，其序見於文集卷四十二。有曰：

> 晦菴朱子，挺亞聖之資，承河洛之統。就其全書而論之，地負海涵，雖無所不有，而求之難得其要。至於書札，則各隨其人才稟之高下，學問之淺深。審證而用藥石，應物而施爐錘。或抑或揚，或導或救。或激而進之，或斥而警之。心術隱微之間，無所容其纖惡。義理窮索之際，獨先照於毫差。規模廣大，心法嚴密。其所勉勉循循而不已者，無間於人與己。故其告人也，能使人感發而興起焉，不獨於當時及門之士爲然。雖百世之遠，苟得聞教者，無異於提耳而面命也。竊不自揆，就求其尤關於學問而切於受用者，表而書之，凡得十四卷。視其本書，所減者殆三之二。夫人之爲學，必有所發端興起之處，乃可因是而進。書札之言，其一時師友之間，講明旨訣，責勉工程，非同於泛論。何莫非發人意而作人心也。昔聖人之教，程朱稱述，乃以論語爲最切於學問，其意亦猶是。今人之於此，但務誦說，而不以求道爲心，爲利所誘奪也。此書有論語之旨，而無誘奪之害，將使學者感發興起，而從事於眞知實踐者，舍此書何以哉。

退溪纂輯此書，在明嘉靖三十七年戊午，退溪年五十八。讀其序文，可知退溪爲學，重要主於心術隱微與夫躬修實踐之際，而不喜爲泛論，其意亦端可見矣。

其翌年，嘉靖己未，退溪年五十九，始編宋季元明理學通錄，序見續集卷八。略曰：

> 愚竊以爲孔孟門人之於斯道，其淺深高下，有得有失，或只因師門教誨之言，抑揚進退之間而得之。考亭倡道，門弟子甚盛。今於諸子，亦當以是爲法。大抵爲是錄者，非但欲知其人，欲因以明夫道學之要。

可見退溪輯此書之用意實與輯朱子書節要者相似。要皆不尙泛論，而求於當時師弟子間之一問一答，有關其人之切身事迹之所以爲教導與下工夫處研尋。其先着眼於宋季朱門諸子，後遂推廣及於明諸儒。惟明儒一編，並未完書。

退溪既爲理學通錄，於朱子以下諸儒，時有評隲，散見雜出。彙而集之，亦可見退溪論學之大要。取以與此後中國黃黎洲所爲明儒學案中評隲諸家語相比，亦可見兩人取捨從違之所在矣。

欲述退溪評朱子以後諸儒，當首先推及於退溪之評李延平。文集卷四十三，有延平答問跋，略曰：

晦菴夫子未見先生之前，猶出入老釋之間。及後見先生，爲學始就平實，而卒得夫千載道統之傳。是則晦菴之折衷羣書，大明斯道於天下者，皆自先生發之。而其授受心法之妙，備載此書。今驟讀其言，平淡質愨，若無甚異，而其旨意精深浩博，不可涯津。而其用功親切之處，常不離於日用酬酢，動靜語默之際。此先生靜坐求中之說，不淪於禪學，而大本達道，靡不該貫者也。

此跋作於嘉靖三十三年甲寅，退溪年五十四。跋中於李延平推崇備至。而屢言平實平淡，又謂用功親切處不離於日用酬酢，動靜語默之際，而歸其要於授受心法之妙。與此後朱子書節要理學通錄兩書之纂輯，皆用意一致。其不尙泛論之意，亦於此可見。

退溪於朱子以後理學諸書，尤重眞西山之心經，與程篁墩之附註。篁墩心經註未爲中國明代理學諸儒所重視。今在中國流傳者，亦是朝鮮刻本，蓋始自退溪所提倡也。文集卷四十一有心經後論。謂：

滉少年游學漢中，始見此書於逆旅而求得之。感發興起，此書之力。故平生尊信此書，亦不在四子近思錄之後。

此文成於嘉靖四十五年丙寅。退溪年六十六歲。其他處退溪稱述心經，不一而足。文集卷二十六答鄭子中有曰：

見喩近將近思錄朱子書讀之，其悅味猶舊，甚善甚善。更宜以一部心經爲早晚誦習夾輔用功之地，則所謂障川之柱，指南之車，燭幽之鑑，皆可於吾身親見其實矣。

此書在嘉靖乙丑，在後論前一年。又文集卷二十八答金惇叙有云：

心經君既寓目，若有意，不須問人，其求之於此經，默默加工向前，久久淹熟，則其必有懽喜不容已處。

此書在嘉靖己酉，退溪年四十九，尙在作後論前十七年。

又退溪先生言行通錄卷二有云：

先生自言，吾得心經，而後始知心學之淵源，心法之精微。故吾平生信此書如神明，敬此書如嚴父。

此條亦見退溪先生言行錄卷一。

又曰：

問小學近思錄心經中，何書最切於學者。先生曰：初學下手用功之地，莫切於心經。

又曰：

嘗侍宿樹谷，先生鷄鳴而起，誦心經，因講論語，其自强不息有如此。

又曰：

先生教人，先之以小學，次及大學，次及心經，次及語孟，次及朱書，而後及諸經。

又文集卷二十三答趙士敬別紙有云：

心學圖未敢必以爲西山作，然其規模位置甚精審的當，不可輕看，恨不得作者姓名耳。

又曰：

更按：圖乃新安程林隱復心所作，見林隱四書章圖中卷。

又文集卷二十一答李剛而別紙有云：

　林隱心圖，若篁墩所取入，宜略自表說其附入之意，而無一語及之，亦恐後人之爲之，然無所考知矣。

是退溪於眞西山心經一書，眞可謂崇重尊信之至矣。然同時友生，於此書頗致疑辨，而退溪又一一答之，不稍減其崇信之心。文集卷二十答黃仲舉問目。黃氏謂心經所引諸書漫無統紀，與庸學等書不同。退溪則謂：

大學中庸等書，固有綱條脈絡之齊整分明，此自作一書，其體當然。若論語雖有類記處，而率多雜揉。孟子則尤多散漫，隨手拈掇，何嘗必以庸學爲法。

黃氏又謂：篁墩程氏捃摭先賢切身之奧旨，因類附見，誠治心之藥石。然見處不明，擇焉不精。如眞西山華而不實，范蘭溪蔓而不切，黃慈溪所見比二子尤下，而三子之說皆列爲之大註。程朱格言，反置之註釋。退溪則謂：

眞西山議論，雖時有文章氣質，然其人品甚高，見理明而造詣深，朱門以後一人而已。范蘭溪是朱門所許，蓋非獨一心箴。慈溪黃氏心經二條，發明程朱遺意，其言意藹然，忠厚懇惻，救世之藥石也。篁墩以三子之言置之大註，程朱之言或在小註，非擇之不精，只以言有賓主，意有深淺而然。

黃氏又謂篁墩竊附之言，亦無所發明。退溪則謂：

篁墩非欲於此自爲論道，但略見其所以去取諸說以爲此註之意，故輕輕地說過，正得其附說之體。

此書在嘉靖四十二年癸亥，退溪年六十三，尙在作心經後論前三年。

又文集卷二十三答趙士敬諸書，有關辨論心經者益詳。其言略曰：

滉鄙鈍無聞，幸於此經此註中略似有窺尋路脉處。年來隨分用工，多在這裏。只默念聲誦其經文，已覺一生知得不能盡，行得不可窮。。矧乎附註實濂洛關閩之淵海，每入其中，不自勝其望洋向若之嘆也。。願公且勿以抉摘文字上瑕痕爲務，須虛心遜志，一向尊尙其書，如許魯齋之於小學然，則其中一言一句，師法奉持之且不暇，更安有工夫點檢其他耶。

眞西山心經一書，其在中國理學中所應占之地位與價値究如何，此乃另一事。而退溪之學，得力此書，其所自認，蓋無可疑。蓋退溪以內本一心，眞知實踐爲學，不喜作泛論，更不喜爲考據，其學風則然，而其從入處則在此書也。

又其與趙士敬有曰：

篁墩先生，吾昔日尊仰，不啻如山斗，如神明。自見考示，不勝掉心失圖，且疑且怪，無以自釋也。然道一編及學蔀通辨編年考訂等書，得見未易，亦可恨耳。然心經一部書所萃，皆孔孟濂洛閩湖羣哲之緒言，又未可緣此而略萌慢易之心也。

以上答趙士敬諸書在乙丑，翌年丙寅，退溪乃有心學後論，略曰：

草廬之爲陸學，當時已有其議。後世公論，亦多云云。未知篁墩之爲人與爲學，畢竟何如。頃者，橫城趙士敬，因讀皇明通紀，錄示其中篁墩公事實數三條，然後略知篁墩之爲人與爲學乃如此，於是慨然而嘆，愍焉而傷者，累月而猶不釋也。

此下辨篁墩賣題事，又辨汪循謂篁墩於勢利二字未能擺脫得去，最後辨陳建論篁墩之道一編。退溪曰：

蓋嘗思之，朱陸二氏之不同，非故有意於不同也。此儒而彼釋，如是安得而相同耶。孔子曰：博學於文，約之以禮。子思曰：尊德性而道問學。孟子曰，博學而詳說之，將以反說約也。二者之相須，如車兩輪，如鳥兩翼，未有廢一而可行可飛者。朱子一生，從事於斯二者，才覺言一邊偏重，即猛省而痛改之。故其見於書尺往復之間者，互有抑揚，此乃自用吾法，而自相資相救，以趨於大中至正之道耳。豈初年全迷於文義之末，及見象山，然後始悟收歸本原乎哉。余未見道一編，未知其爲說如何，然執書名，其必謂道一而無二，陸氏頓悟而有一，朱子早二而晚一，則是陸無資於朱，而朱反有資於陸矣。由是觀之，賂賣之獄，雖曰誣陷，而勢利之誚，恐或有以自召之也。或曰如子之言，心經其不足尊信乎？曰：是則不然。吾觀是書，其經則自詩書易以及於程朱說，皆聖賢大訓也。其註則由濂洛關閩，兼取於後來諸賢之說，無非至論也。何可以篁墩之失，而並大訓至論不爲之尊信乎？曰：其他固然矣，至於末章之註，既以朱子說分初晚之異，以草廬之說終焉，此正與道一編同一規模議論也。曰：徒務博文而少緩於約禮，其弊必至於口耳之習。故朱子於當時，其憂之戒之之切，誠有如此註所引十二條之說。尊德性以救文義之弊，非篁墩之說也，乃朱子之意固然也。篁墩於此，但不當區區於初晚之分耳。若其遵朱子之意，贊西山之經，註此於篇終，欲以救末學之誤，實亦至當而不可易也。況只引朱說而補以諸儒發明朱說之條，未嘗一言及於陸氏之學，以爲朱子晚悔而與此合，如道一編之所謂乎。故滉竊以謂今之學者，當知博約兩至，朱子之成功。二功相益，吾儒之本法。以此讀此經此註，而不以篁墩道一編之繆參亂於其間，則所以爲聖爲賢之功，端在於此矣。其尊之信之，當如何哉？許魯齋嘗曰：吾於小學敬之如神明，尊之如父母。愚於心經亦云。

是退溪於程篁墩之爲人與其爲學，經同時友生之指摘，雖未能有所解辨，然其尊信篁墩所註之心經，則仍毫不減退也。

退溪自謂於心經知心學之淵源，與心法之精微。然於朱陸之辨則持之甚堅。蓋退溪之所謂心學，非即陸王之心學也。文集卷四十一有傳習錄論辨，謂：

陽明徒患外物之爲心累，不知民彝物則眞至之理，即吾心本具之理，講學窮理，正所以明本心之體，達本心之用，顧乃欲事事物物一切掃除，皆攬入本心衮說了，此與釋氏之見何異。

又曰：

陽明信以爲人之萬善而好之，果能如萬好色自能好之之誠乎？人之見不善而惡之，果能如聞惡臭自能惡之之實乎？孔子曰：我未見好德如好色者。又曰：我未見惡不仁者？人心之發於形氣者，則不學而自知，不勉而自能。好惡所在，表裏如一。好好色，惡惡臭，雖曰行寓於知，猶之可也。至於義理則不然。不學則不知，不勉則不能。其行於外者未必誠於內。大學借彼表裏如一之好惡以勸學者之毋自欺則可，陽明乃欲引彼形氣之所爲，以明此義理知行之說，則大不可。聖賢之學，本諸心而貫事物。陽明之見，專事本心而不涉事物。知疾痛而處得其道，方可謂疾痛之知行。知飢寒而處得其道，方可謂飢寒之知行。若但疾痛而謂之行，則所行者血氣耳，非義理也。若但飢寒而謂之行，則所行者人心耳，非道心也。夫以知痛癢識飢飽爲性，此本出於告子生之謂性之說，陽明所見，正慣於此。

言行錄有云：

先生嘗謂中原學者，皆帶葱嶺氣味，爲跋白沙詩教，辨陽明傳習錄以闢之。

文集卷四十一有此篇，在作心經後論之後。其文有云：

陳白沙王陽明之學，皆出於象山，而以本心爲宗，蓋皆禪學也。然白沙猶未純爲禪，不盡廢書訓，但其悟入處，終是禪家伎倆，羅整菴已言之。

退溪於整菴亦有評。文集卷十七答友人論學書有曰：

羅氏困知記謂道心性也，人心情也，至靜之體不可見，故曰微。至變之用不可測，故曰危。此其爲說頗近似，非湛氏甘泉之比。然其爲害則尤甚。限道心於未發之前，則是道心無與於叙秩命討，而性爲有體無用矣。判人心於已發之後，則是人心不資於本原性命，而情爲有惡無善矣。其視朱子說，爲何如哉。

此辨整菴道心人心之別，甚爲深摰。又文集卷十六答奇明彥有曰：

近世羅整菴倡爲理氣非異物之說，至以朱子說爲非是；混尋常未達其指。

又文集卷十七重寄奇明彥別紙有云：

整菴於道非不窺一斑，只是大源處錯認了，其餘小小議論，雖多有合理解，皆不足貴。

言行錄有云：

整菴之學，自謂闢異端，而陽排陰助，左遮右攔，實程朱之罪人。

退溪不僅於羅整菴有若是嚴峻之批評，即如朱子及門大弟子黃勉齋，亦復不免。退溪文續集卷三答朴澤之別紙有云：

勉齋黃氏，於朱門所得尤邃，後學固不敢妄議。然人之生也，得是氣以爲形，具是理以爲性，勉齋之說，不可易也。而其所以能虛靈知覺而爲心者，即此理氣之合而能然爾。非理氣之外，別有所謂虛靈知覺者存乎其間也。今於體性之下，曰：又必有虛靈知覺者存乎其間以爲心，則是疑若使人舍理氣而索虛靈知覺也。是其語意之間，不無差失，與朱子訓明德訓心等語，逈然不同矣。

此辨勉齋亦極精卓。據上引諸條，知退溪爲學，一本朱子，而能極謹思愼辨之功，故其進退諸家，辭意敦篤，固非泛泛爲尋瑕摘疵者。而所長尤在其論心。文集卷十九答黃仲舉有云：

腔子外是甚底，亦只是這箇物事。這箇物事是甚底，即滿腔子底物事。自這一箇腔子，通天地萬物，只此一理。理一，氣亦非二。腔子外更別有甚，只是這箇。無方體可言，無內外可分。故仁者以天地萬物爲一體。惻隱之心，足以普四海，彌六合也。然這也不是懸空底物事。人有腔子，乃爲其樞紐總腦處。故這箇物事充塞在這裏，爲天下之大本。由其無方體，無內外，故充塞即這裏底心，即是體萬物普四海底心，非外腔子而別有箇體萬物普四海底心也。朱子語黃毅然曰，天命之性，不只是這處有，處處皆有，只是尋討先從自家尋起云云，若人不於自家身上求，卻去腔子外尋覓，是舍樞紐大本之所在，而向別處馳走求索，與吾性分有何交涉也。

此處發揮此心，無方體，無內外。腔子內是此心，腔子外還只是此心。但更不能離卻腔子覓此心。故理一分殊，正該從自家身上求之。爲說極恢宏，亦極親切。大意乃由上引一條來。此心之虛靈知覺，只在理氣中，只是此理氣之合。非可外於理氣而別尋此心，其所陳義，固是一承程朱本旨，然亦不失爲退溪之自出見地也。

又文集卷十八答奇明彥論改心統性情圖有曰：

人之生也，同得天地之氣以爲體，同得天地之理以爲性。理氣之合則爲心。故一人之心，即天地之心。一己之心，即千萬人之心。初無內外彼此之有異。故自昔聖賢之論心學，不必皆引而附之於己，作己心說。率多通指人心，而論其名理之如何，體用之如何，操舍之如何。所見既徹，爲說既明，以是自爲，則吾心之理已如此。以是教人，則人心之理亦如此。如羣飲於河，各充其量而無不得矣。豈規規然有分於人己之間，必據己爲說，而惟恐一涉於他人之心乎？

此條又承上一條而反復言之，乃言之尤明白。在各人腔子內，固若各是一心。當知超出各人腔子外，有一共同和合之心。此之謂天地心，此之謂大人之心。此固儒家之恒言，然亦不失爲退溪之自出見地也。

又文集卷二十八答金惇叙有云：

人徒見夫心爲物漬之害，遂謂事物爲心害，故厭事而求忘，惡動而耽靜。不唯老佛之徒由是而陷溺其心，雖爲吾儒之學者，所見少有毫髮之差，鮮不淪入於此。以上蔡之賢猶不免。明道引孟子養氣之說，轉作存心之法以敎之，此敬義夾持，直上達天德最緊切用功處。苟能從事於此而眞積力久，一朝而有得焉，則心之於事物，未來而不迎，方來而畢照，既應而不留。本體湛然，如明鏡止水，雖接萬事，而心中未有一物，尙安有爲心害哉。

此最爲退溪論心要旨。理氣合而爲心，決不能外事物而自爲一心。故心既不外於腔子，又不貴其引而附之己。而退溪於程朱學，又最守一敬字，奉爲心法。其於朱子前，獨尊李延平，其於朱子後，明儒中首重曹月川。理學通錄附錄有云：

曹月川學行猶在吳康齋與弼之右。座下足着兩磚皆穿，專靜之功居多。其言曰：佛氏以空爲性非天命之性，人受之中。老氏以虛爲道非率性之道，人由之路。其言甚精。

又重薛敬軒。文集卷二十一答李剛而有曰：

薛公讀書錄，非困知傳習之比，其言皆親切有味，最多喚醒人處。

雖退溪之自道其爲學，乃一本之心經。然喜觀者果能由延平月川敬軒三人以進窺退溪之學脈，亦可謂雖不中不遠也。

退溪文續集卷一寄奇明彥有曰：

心爲萬事之本，性是衆善之原，故先儒於學，必以收放心養德性爲最初下手處。乃所以成就本原之地，以爲凝道廣業之基。而其下功之要，何俟於他求哉。亦曰主一無適也，曰戒愼恐懼也。主一之爲通乎動靜，戒懼之境專在未發，二者不可闕一，而制於外以差其中，尤爲緊切。故三省三貴四勿之類，皆就應接處言之。是亦涵養本原之意也。苟不如是，而一以心地功夫爲主，則鮮不墮於釋氏之見矣。

心既不外乎事物，故貴能於三省三貴四勿等處涵養本源。心地工夫，實亦即在事物上也。

又陶山及門諸賢錄卷一李湛仲久條有退溪與之討論朱子節要一書有云：

義理固有精深處，其獨無粗淺處乎？事爲固有緊酬酢，其獨無閒酬酢乎？其關於吾身與吾心者，固切而當先矣。若在人與在物者，其以爲不切而可遺之乎？吾儒之學與異端不同正在此處。孔門諸子識得此意，故論語所記，有精深處，有粗淺處。有緊酬酢處，有閒酬酢處。有切於吾身心者，有在人在物而似不切於身心者。然何莫非道之一端。是書所取，如來諭所當先者，固已不勝其多矣。其或彼此往復之際，亦有道寒暄，叙情素，玩山游水，傷時悶俗等酬酢，似不切之語，間取而兼存之，使玩而味之者，如親見先生於燕閒優逸之際，親聆音旨於謦咳談笑之餘，則其得有道者氣象於風範神采之間者，未必不更深於專務精深不屑不緊者之德孤而無得也。非獨此耳，師友之義，如此其至重。惟其義重故情深，情深故有許多相周旋欵叙之言，若以爲非論義理，不切身心，而盡去之，則何以見古人師友之道若是其重耳大乎。

此條言義理上之粗淺處，乃及事爲上閒酬酢，亦皆切身心而助涵養。

上引兩條，可見退溪之於心學心法，謹密踐行於日常人生之間者，其體段與其意境之所在。故其一尊朱學，而尤上推延平，下契月川敬軒，非偶然也。

文集卷四十一心無體用辨有云：

滉爲學淺陋，惟知謹守先儒定本之說，白直加工，而猶未通解。此外幽深玄遠之論，實未暇及。

又文集卷十九答黃仲舉論白鹿洞規集解有云：

古之聖賢教人爲學，豈不欲人人知道，而立談之頃，盡舉以傳付耶？然而不能者，非靳道之傳，而畫人於卑近也。勢有所不可也。三千之徒，日游聖門，而所講者惟孝弟忠信詩書執禮。其論仁也，亦止於爲仁之事而已。及其久也，隨材成就，各有所得，而一貫之妙，惟曾子子貢可以與聞焉。故至於是而後乃告之。先王教人之法，今可見者，小學大學也。小學之教，固所以盡人事之纖微曲折。至於大學，雖有以極其規模之大，然以言乎其知，則就事物而言窮格。以言乎其行，則由誠意正心修身者，而後推之於家國，而達之於天下。其教之有序而學之務實也如此。其論治也，猶不過存心出治之本而已。未及乎制度文章之際，如夫子之告顏淵。何也。損益四代爲百王大法，惟顏淵可以得聞之爾。至於大學，乃爲天下立通法，聖人豈可誣天下之英才，而概於爲學之初躐等而告之哉？大抵儒者之學，若升高必自下，若陟遐必自邇。自下自邇，固若迂緩，然舍此又何自而爲高且遐哉。著力漸進之餘，所謂高且遐者，不離於卑且邇者而得之，所以異於釋老之學也。今未一舉足。而遽責以窮高之升，未嘗發軔，而亟期以極遐之陟，天下安有此理哉？又不能致詳，徒恃其一言半句而欲有得焉，則是使人妄意懸想，大言誑嚇，而卒陷於欺天罔聖之罪矣。其爲害豈小小文義之差而已哉。

觀於上引之兩條，退菴之所以學，與其所以教，所謂教之有序而學之務實，已明白如揭，不煩多有所指證矣。

又文集卷十九重答黃仲舉有云：

至善與一貫，雖非二理。然至善乃指事事物物各有恰好底道理，一貫是從大原大本至千差萬別處一齊貫串。聖人之心渾然一理，而泛應曲當各不同。所指之處不同，立言之旨亦異，不可以理同而袞同爲一說也。況至善加以止字，則正是曾子於其用處隨事精察而力行之事耳，豈可以衆理之會於一而與一貫同其旨乎？挈矩之用雖至廣，只是就因心度物得其均齊方正處言，固非制度文章之謂。當時顏淵所問，乃問治天下之法，非論學也。若大學方教人以修己治人之學，舍存心出治之本而遽及於此，則不幾於倒置而不切於受用乎？

此條辨至善與一貫非一義，大學一書，未及乎制度文章，與顏淵問爲邦章不同。大抵退溪之自爲學與其所以教人，必先知注重前一項，以漸企及於第二項，此退溪於此必加以分析之要旨所在也。

退溪又曰：

大抵通天下萬物，只此一理，故義理語言，若儱侗合說，則無不可同。牽引指說，則無不近似。終無奈當初聖賢立言本意不如此，不足以發明經訓，適足以晦眞理，亂實見。此學者之通患也。古人所以終身講學，惟日不足者，豈不以義理微密處，易差難明如此，及至下手著脚，又忒不易，而又不容休罷故耶？

此仍見退溪論學，重在對聖賢經訓，先儒遺言，愼密體會，篤實踐行，至於廣爲牽引，儱侗立說，騖空談，騁高論，最所切戒。其平日與朋輩釋理氣，辨心性，凡所闡發，率多類此。惟晚年與奇明彥討論七情四端異同，往復數四，引起此下對此問題之不斷諍議，本篇不擬詳述，當於此下栗谷篇中連帶附及。要之此等辨論，似非退溪爲學精神所繫。偶有未照，亦未足以病退溪也。

韓國先儒深研朱子，退溪後有李珥栗谷，又後有宋時烈尤菴。尤菴之言曰：李滉之於珥，其愛重獎許，考其文集可見。又曰，李滉論學多從珥說，如聖學十圖中庸小註可見。（見宋子大全一百六十二、浦渚趙公神道碑銘序）退溪卒，栗谷爲請諡，曰：「李滉沉潛性理，雖古名賢，亦無過是。（見宋子大全拾遺卷八栗谷墓誌銘）又爲請從祀（見宋尤菴浦渚趙公神道碑）則栗谷之於退溪，固是精神一貫，學脈相續，雖在幾許名字義解上有所諍議，固不減栗谷對退溪之崇重心情也。

（二）李栗谷學述

李珥字叔獻，號栗谷，生明世宗嘉靖十五年丙申十二月，時退溪年三十六。栗谷年十九染禪學，越年知其非。二十三歲謁退溪，時爲退溪之五十八歲。栗谷作詩有溪分洙泗派，峯秀武夷山之句。宋尤菴紫雲書院廟庭碑銘序，有栗谷嘗南遊訪退溪李先生，辨論義理，退溪多從其說語。退溪之卒，栗谷年三十五。栗谷不壽，卒在萬曆十二年甲申之正月，年四十九，實則僅四十七年又不足兩月也。

栗谷有集十一卷，又有聖學輯要，擊蒙要訣，箕子實記諸書，余見之於台北中央圖書館所藏，係明萬曆辛亥刻本。最近韓國成均館大學新刊栗谷全書，共分二十三卷，聖學輯要得五卷。余此篇所引，則仍據萬曆本。

退溪生前，栗谷屢與通函，質疑問難，詳栗谷集卷五。退溪答書，詳退溪集卷十四。今舉其兩則如次。

栗谷上退溪先生問目有云：

以性情言之，則謂之中和。以德行言之，則謂之中庸。游氏之說當矣。然而致中和云者，以性情包德行而爲言也。中庸之中實兼中和之義云者，以德行兼性情而爲言也。非若饒氏之說，以致中和踐中庸分內外工夫，如是之支離也。夫大本達道者，性情也。立大本行大道者，德行也。子思子明言致中和則天地位焉萬物育焉，豈其無養外工夫，而便致位育之極工耶？

退溪答書曰：

饒氏中和中庸分內外之說，再承鐫誨，猶恐公之訶叱人或太過也。饒氏只云內外交相養之道，若隔截內外，各作一邊工夫，何有於交相養義耶？來諭既曰以此包彼，又曰以彼兼此，亦豈非內外交相養意思乎。以愚言之，來說與饒說無甚相遠，而於饒獨加苛斥，無乃饒不心服也耶？

竊參雙方往復，亦可窺退溪栗谷兩人性情與其爲學所重之相歧處。大抵栗谷好明辨，退溪主篤行。栗谷不主張分性情德行爲內外，故僅用彼此字，避用內外字。退溪則謂栗谷說與饒說內外交相養無大相遠。其在他書中告栗谷有曰：

雖見於身心性情而或不能眞切體驗，實味膏腴。

又曰：

此理非知難而行難，非行難而能眞積力久爲尤難。此衷拙所深懼，亦不能不爲高明懼。此乃前輩先生對後進學人一種敦切告誡之心情與語氣。然而雙方性格之不無相異，因此而其爲學之路脈與精神亦有不同，亦由此可見矣。

栗谷問目第二則有云：

林隱程氏心學圖，可疑處甚多。大人心乃聖人之心，是不動心從心之類也。何以置之道心之前？本心則雖愚者亦有此心。若大人心則乃盡其工夫，極其功效，能全本心者也，豈可不用功而自有？

又曰：

聖賢之言，有精有粗。孟子求放心之說，泛爲學者言，是粗底。孔子克己復禮之說，專爲顏子而言，是精底。今於其精底，必抑而卑之使爲粗。於其粗底，必引而高之使爲精。雖說得行，豈是平正底道理。

退溪答書曰：

心學圖所論諸說，尤未敢聞命。程氏心圈上下左右六箇心，只謂聖賢說心，各有所指有如此者。未嘗及於工夫功效先後之說。豈謂必由於此一層而至於彼一層，又以彼一層爲梯級而又上至第幾層耶？其從上排下，亦以其作圖之勢有不得不然者，非謂其有工程先後也。其求放心之說在第四，此中學者亦有訿訾之者。非但今時之論如此，前賢之論亦有如此者。然孟子曰：學問之道無他云云，明道又曰：聖賢千言萬語，只是欲人將已放之心約之使反覆入身來。今若將此句只作泛泛粗粗爲學者始初路頭，則是孟子明道皆爲孟浪誑人底說矣。然則程氏叙次之意，亦不當遽加貶駁也。況竊以謂前賢著述之類，如或有義理大段乖謬誤後人底，不得不論辨而歸於正。若今所論，彼本不謬，而我見未到，固不宜强作議論，且當從其現成底，毋爲動著，仍須把來點檢得此件事於自家這裏有無能否如何而日加策勵，是爲要切。必欲爲洗垢索瘢，而爲之移易去取，恐非急務。叔獻前後議論，每把先儒說，先尋其不是處，務加貶斥，使不得容喙而後已。至於尋究得箇是處，要從這明白平實正當底道理樸實頭做將去意思，殊未有見得。或恐久遠，深有礙於正知見，實踐履，故妄言及此。

此處栗谷指出程林隱心學圖先後層次，實是有可疑處。孟子求放心工夫，亦引起前人不少論辨。即朱子於孟子此章及明道云云，亦復煞費分釋。退溪心切衞道，而栗谷則志在求道明道。雙方仍是各站一邊。考此番問答當在庚午明穆宗隆慶四年，即退溪七十卒歲，而栗谷年三十五，既已卓然有見。退溪不爲作是非分辨，而徒戒其勿貶斥前人，雖言辭懇切，恐亦終不足以服栗谷之心也。

退溪卒，栗谷爲祭文有曰：

著龜既失，父母既沒，赤子嗷嗷，孰援其溺。

又曰：

小子失學，貿貿迷方。悍馬橫馳，荆棘路荒。回車改轍，公實啓發。有初鮮克，哀我滅裂。自擬負笈，庶幾卒業。天不憖遺，哲人遽萎。公之易簀，余在西陲。

是栗谷於退溪，固嚮往甚至矣。栗谷答成浩原書有曰：

退溪多依樣之味，故其言拘而謹。花潭多自得之味，故其言樂而放。謹故少失，放故多失。寧爲退溪之依樣，不必效花潭之自得。

栗谷又自注依樣下曰：一依朱子之說。其實如上引，退溪回護饒雙峯，回護程林隱，凡屬朱子後學，退溪皆所回護，故栗谷稱其有依樣之味也。然栗谷又曰：寧爲退溪之依樣，不必效花潭之自得。自得乃孟子敎人之旨，然不能善學，則所失更多，則栗谷之於退溪，固不能謂其無甚深之體會矣。惟兩人持論終多不同。尤其是退溪晚年與奇明彥辨四端七情之說，栗谷頗不以退溪說爲然。其答成浩原有曰：

退溪與奇明彥論四七之說，無慮萬餘言。明彥之論，分明直捷，勢如破竹。退溪則辨說雖詳，而義理不明，反覆咀嚼，卒無的實之滋味。明彥學識，豈敢冀於退溪。只是偶於此處見得到耳。

論學有就大體言，有就一節言。栗谷之是明彥而非退溪，乃專就四七之辨一節而言也。

辨四端七情，又牽連而及於理氣之辨，栗谷答成浩原有曰：

四端是七情之善一邊，七情是四端之總會。朱子理發於氣之說，亦不過曰四端專言理，七情兼言氣云爾。非曰四端則理先發，七情則氣先發也。退溪因此而立論，曰：四端理發而氣隨之，七情氣發而理乘之。非特七情爲然，四端亦是氣發而理乘之也。竊詳退溪之意，以四端爲由中而發，七情爲感外而發，以此爲先入之見，而以朱子發於理發於氣之說主張而伸長之，做出許多葛藤。易曰：寂然不動，感而遂通。雖聖人之心，未嘗有無感而自動者也。必有感而動，而所感皆外物也。天下豈有無感自發之情乎？特所感有正有邪，其動有過有不及，斯有善惡之分耳。羅整菴以高明超卓之見，亦微有理氣一物之病。

> 退溪之精詳謹密，近代所無，而理發氣隨之說，亦微有理先氣後之病。老先生未捐館舍時，珥聞此言，心知其非，第以年少學淺，未敢問難歸一，每念及此，未嘗不痛恨也。

此函所論，心必感於物而動，理必乘於氣而發，此無可疑者。而退溪分別四端七情，乃謂四端由中而發，七情感外而發。乃又以由中而發者曰理發，感外而發者曰氣發，則大背於朱子之所論於理氣矣。故栗谷又一書有云：

> 退溪之病，專在於互發二字。

蓋栗谷分辨理氣，一本朱子，實甚的當，故於退溪之說，不得不加以分辨也。其答成浩原書第三又曰：

> 理通氣局四字，自謂見得。

理學家於前儒所創諸名詞，首當勿誤其本旨，然後始能自創新義，如栗谷之言理通氣局是也。栗谷又曰：

> 理無形而氣有形，故理通而氣局。理無爲而氣有爲，故氣發而理乘。

理既無爲，故不能離於氣而自發。必待氣而乘之也。又曰：

> 理上不可加一字，不可加一毫修爲之力。理本善也，何可修爲乎？聖賢之千言萬語，只使人檢束其氣，使復其氣之本然而已。氣之本然者，浩然之氣也。浩然之氣，充塞天地，則本善之理無少掩蔽，此孟子養氣之論，所以有功於聖門也。

既凡心之所發皆在氣，故一切工夫亦全在氣上用。又曰：

> 氣之偏則理亦偏，而所偏非理也。

凡上所引，皆發揮朱子理氣不離亦不雜之意。辨釋精審，亦栗谷爲學之特長處。退溪尙篤行，於理氣名詞之辨微有失，不爲病。栗谷長明辨，而於心性涵養工夫極知尊退溪。亦可謂善自得師矣。

若誤釋一名詞，其他名詞，亦相牽連輾轉生誤。故栗谷由於理氣之辨，又連帶而及於氣質之性與本然之性之辨。其答成浩原書又曰：

朱子不云乎，氣質之性，只是此性墮在氣質之中，故隨氣質而自爲一性。程子曰，性即氣，氣即性，生之謂也。以此觀之，氣質之性本然之性決非二性。特就氣質上單指其理曰本然之性，合理氣而命之曰氣質之性耳。

此辨亦極明晰。又因本然之性與氣質之性之辨，牽連而及於善惡之辨。栗谷又答成浩原長書有曰：

性本善，而氣質之拘或流而爲惡，以惡爲非性之本然則可，謂之不本於性不可也。

惡亦本於性，然不可謂性本惡。故言氣質之性，又必連帶言及本然之性也。又曰：

水之就下，理也。激之則在手者，此亦理也。水若一於就下，雖激而不上，則爲無理。

理可如此，亦可如彼。惟性亦然。此亦如水之亦可激而在上，然不可謂水之本然如是。此皆理氣不相離亦不相雜中一義。明於此，斯明於彼矣。故栗谷又言之，曰：

理一分殊四字，最宜體究。徒知理之一，而不知分之殊，則釋氏之以作用爲性而猖狂自恣是也。徒知分之殊，而不知理之一，則荀揚以性爲惡，或以爲善惡混者是也。

栗谷理通氣局之說，應即從理一分殊之說來。一故通，分斯局。善養浩然之氣，則由局得通，由殊得一矣。

栗谷有聖學輯要一書，著於萬曆三年，兩越歲而成，共五卷。其中有曰：

四端，猶性之言本然之性也。七情，猶性之合理氣而言也。氣質之性，實是本性之在氣質者，非二性。故七情實包四端，非二情也。須是有二性，方能有二情。

此條又縮合性情而言之。非有二性，故亦未有二情。四端即包在七情之內，非七情之外別有四端，猶之浩然之氣即天地之氣，非天地之氣以外，別有一種浩然之氣也。退溪失在過爲兩邊作分別，求其不雜，而忘其不離，故來栗谷之辨。

栗谷與浩原書又曰：

理通氣局，人之性非物之性者，氣之局也。人之理即物之理者，理之通也。氣之一本者，理之通故也。理之萬殊者，氣之局故也。本體之中，流行具焉。流行之中，本體存焉。

此處又辨到本體與流行。凡栗谷之辨理氣與性情者，其大意率俱是。聖學輯要有曰：

無形無爲，而爲有形有爲之主者，理也。有形有爲，而爲無形無爲之器者，氣也。

又曰：

性，理也。心，氣也。情，心之動也。先賢於心性有合而言之者，孟子曰仁人心是也。有分而言之者，朱子曰性者心之理是也。析之得其義，合之得其旨，然後知理氣矣。

又曰：

人之容貌，不可變醜爲姸，膂力不可變弱爲强，身體不可變短爲長，惟有心靈，可以變愚爲智，變不肖爲賢。此則心之虛靈，不拘於稟受故也。

此處特別提到心字。栗谷言理通氣局，而心屬氣，然因其虛靈，故能不拘不局而通於理。然則通天人之際者，其關鍵正在心。就本原大處論，栗谷與退溪之論學精神，固可謂本無二致也。

其聖學輯要又曰：

性發爲情，非無心也。心發爲意，非無性也。只是心能盡性，性不能檢心。意能運情，情不能運意。故主情而言則屬乎性，主意而言則屬乎心。其實則性是心之未發，情意則心之已發者也。

栗谷認情意皆爲心之已發。又曰：心能盡性，意能運情。則其主張致力用工之端，不能捨已發而專言未發，亦端可知矣。此亦與退溪論學要旨無大違異。則退溪理發氣發之說，其爲不可不辨亦益顯矣。

其答安應休書則曰：

情非和也，情之德乃和也。情之德，乃理之在情者也。若以情爲和，則將放情縱欲，無所不至矣。朱子曰：愛是情，愛之理是仁。以情爲理，則是以愛爲理也。朱子常以人情天理並言，若以情爲理，則是朱子以兩理並言也。

以上栗谷分別解釋心性情意四項，大體皆承朱子來。皆言簡意深，大可玩味。而栗谷所辨之尤主要者，則在人心道心之辨。其答成浩原書有曰：

心一也，而謂之道，謂之人者，性命形氣之別也。情一也，而或曰四，或曰七者，專言理兼言氣之不同也。是故，人心道心不能相兼，而相爲終始焉。四端不能兼七情，而七情則兼四端。今人之心，直出於性命之正，而不能順而遂之，間之以私意，則是以道心始而終以人心也。或出於形氣，而不佛乎正理，則固不違於道心矣。或佛乎正理而知非制伏，不從其欲，則是始以人心而終以道心也。蓋人心道心，兼情意而言也，不但指情也。七情則統言人心之動有此七者。四端就七情中擇其善一邊而言也。

此處言人心道心，四端七情之與善與惡，皆非可以各別對立，視爲絕然相異之二者。四端包在七情中，專就理一邊言，則爲純乎善者。七情兼氣而言，則有善有惡，可善可惡；道心人心亦然。此與退溪所言復不同。其答成浩原書第三有云：

退溪以內出爲道心，以外感爲人心。珥則以爲人心道心皆內出，而其動也皆由於外感。

其所分辨，亦甚明析矣。蓋退溪以人心道心分內外，猶其以四端七情分理出與氣出也。皆失之分別過甚。栗谷則認爲內外，不能作各別對立看，猶如四端七情以及人心道心乃至於善之與惡，皆不能作各別對立看。退溪之病，自把理與氣作各別對立看來。欲見其不雜而忘乎其不離，有失朱子言理氣之本意矣。故栗谷答成浩原長書又曰：

羅整菴識見高明，近代傑然之儒也。有見於大本，而反疑朱子有二歧之見。此則雖不識朱子，而卻於大本上有見矣。但以人心道心爲體用，失其名義，亦可惜也。然整菴之失，在於名目上。退溪之失，在於性理上，退溪之失較重矣。

蓋整菴以理氣爲一物，得乎其不離，故栗谷謂其於本原上有見。惟理氣猶當明其不雜，而整菴無之，故誤以人心道心爲一心之體用，故栗谷謂其於名義上有失也。退溪則若以理氣爲二物，則本原之性氣質之性亦成爲二物，而人心道心亦成爲二心。斯其所失，實較整菴爲大也。

栗谷答朴思菴書有曰：

陰陽，無始也，無終也，無外也。未嘗有不動不靜之時。一動一靜，一陰一陽，而理無不在。故聖賢極本窮源之論，不過以太極爲陰陽之本，而其實本無陰陽未生太極獨立之時也。

太極不在陰陽之外，亦不在陰陽之先，此明理氣之不相離也。惟此乃爲大本原處，若認陰陽與太極爲二物，繼此乃莫不有誤矣。

以上略述栗谷辨理氣，連帶而及其辨心性情意與善惡，以及辨人心道心，此皆約略可當於本體論方面。以下當略述栗谷之爲學工夫論。其答成浩原書有曰：

自天而觀事物，則人心亦一事物。自人而觀事物，則吾心自吾心，事物自事物，不成只言事物而吾心亦在其中矣。

此即天人內外之辨也。栗谷之學，擅於明辨。其爲辨，尤擅於各從其所言之異以爲辨。栗谷言，人心之動皆由外感，凡外感皆屬事物，然非謂只言事物而吾心即在其中，故栗谷之言爲學工夫，雖不能離事物，而主要尤在於一心。其答成浩原書又曰：

位天地，育萬物，許大神妙不測，是聖人之能事，其實不過學問之極功耳。豈可捨學問之功而別求一種聖人道理耶？足下以格致誠正斷然爲學者事，以其盡頭歸之於顏子，而求聖人於格致誠正之外，此正釋教拂迹超凡聖之機權，非吾儒之的論也。低看聖人固不可，求聖人於高遠怳惚之境，尤不可也。

此辨極重要。聖人亦從學問工夫來，捨卻學問工夫，即無以求聖人。聖人一若純理純善，然其學問工夫，則仍不脫氣一邊事。捨卻氣，即無以見理。栗谷之論，宋儒所謂體用一源，顯微無間，栗谷可謂深得其旨。若必別求聖人境界於格致誠正工夫之外，則是略用求體，略顯求微，不自免於高遠恍惚之境矣。

栗谷與奇明彥書又曰：

夫至善者，只是事物當然之則也。其則非他，只是十分恰好處耳。統而言之，則知行俱到，一疵不存，萬理明盡之後，方可謂之止至善。分而言之，則於知亦有箇至善，於行亦有箇至善。知到十分恰好處，更無移易，則謂之知之止於至善。行到十分恰好處，更無遷動，則謂之行之止於至善。何害哉。先生只取統言之止至善，而不取分言之止至善，何耶？

統言之與分言之，亦所言之各異也。有統言知與行之止至善，有分言知與行之止至善。一知一行，亦有止善可止。有統言事事物物之止至善，亦有分言事事物物之止至善。苟無一知一行一事一物止至善，何來知行事物統言之止至善。僅取其一，不取其二，又教人如何下手作工夫乎？

栗谷與成浩原書有曰：

不先大學從事於格物致知，而徑學中庸，欲上達天理，吾未保其善學聖道也。

格物致知，正是從事事物物一知一行處下學，天理則是其上達處。若儘從我之知與行與外面之事與物而統言之，則惟聖人能達於至善而止，其他人皆所不能。若於我之知與行與外面之事與物而分言之，則人之於一知一行一事一物之能達至善而止之者，固非全不可能。此亦理一分殊之義，知此乃可由下學而上達也。

栗谷乃又繼此而提出其善與中，大本與達道之辨。栗谷答成浩原又曰：

至善是專指正理，不兼人事而言。惟止於至善，乃人事德行。

又曰：

中庸之道，至微至妙，初學者驟聞之，力量不能承當，或有流而為无近名无近刑之學者矣。是以聖人之教，必先立至善以為標的，使學者曉然以事理當然之極為至善，然後進之於中庸，使知至善乃所以不偏不倚無過不及之道，則不陷於執中，不流於過不及，而眞能止乎至善耳。

又曰：

先儒曰：中體難識，善端易擴。是故中庸論下學工夫，必曰擇善，而不曰擇中。必曰明善，而不曰明中，豈不以中體難識乎？

又曰：

大本者，中之在心者也。達道者，中之在事物者也。先儒多說中無定體，若只以在心者謂之中，則未發之中，實體一定，烏可謂之無定體也。自古聖賢之言中者，多言其用。或曰執中，或曰時中，皆指達道。而未發則子思始著於中庸，故先儒以為擴先聖所未發。

此處之辨，主要在指出中體難識，善端易擴之一義。中為大本，善則是達道。中屬未發，善屬已發。學者用心於外面之物，而後中之體乃可漸臻認識。故為學工夫，當以大學之格物致知為先，而中庸之道，初學驟難把捉。朱子早發此意在前，惟栗谷自加闡釋，乃殊不見其多引先儒之陳言。雖若一出己見，然非於先儒所言深有體會，則誠未足以躋此境也。

栗谷與成浩原書又曰：

未發之中，只是吾心之統體一太極也，不可便喚做理之一本處，易有太極之太極也。以易有太極之太極觀之，則吾心之一太極，亦是各具中之統體也。易有太極之太極，乃統體中之統體也。易有太極之太極，水之本源也。（至善與至中之所從出。）吾心之一太極，水之在井者也。（至善之體，即中之體。）事物之太極，水之分乎器者也。（至善之用，即中之用。）

此辨益深微，然即統言之與分言之之異耳。善與中，有自天地言之者，有自吾心言之者，有自事物言之者。分言之，可以相差萬殊，然亦可以共通一本。學者驟難知其統體之一本，惟在吾心與事物間逐一下工夫，此即孟子所謂盡心知性，盡性知天之意。栗谷此條亦是不引陳言，自發己意，然洵乎其爲有見之言也。

栗谷聖學輯要中有一條云：

世間衆技，孰有生知者哉？試以習樂一事言之，人家童男稚女，初業琴瑟，必運指發聲，令人欲掩耳不聽。用功不已，漸至成音。及其至矣，或有淸和圓轉，妙不可言者。彼童男稚女，豈性於樂者乎？惟其實用其功，積習純熟而已。凡百技藝，莫不皆然。學問之能變化氣質者，何異於此。

孔子曰：學而時習之。七十子後學編論語，奉爲二十篇之首章。孔子又曰：性相近，習相遠。爲學而至於變化氣質，斯亦可謂贊天地之化育矣。然亦端在一習字。治理學者，往往縱其思辨，而忘乎學習，忽不自知其達於高遠恍惚之境，而令人無所適從。栗谷此條所言，又何其平實而易喻耶？果實用其功，學而時習，如栗谷此條之所指陳，則與退溪之言躬修實踐，實亦無大相異也。

聖學輯要又曰：

君子於彝倫之行，與俗大同，而其中有異。愛親同，而喻父母於道，不以從令爲孝。敬君同，而引君當道，不合則去。宜妻同，而相敬如賓，不溺於情慾。順兄同，而怡怡相勉，磨以學行。交游同，而久而敬之相觀而善。

孔子曰：我非斯人之徒與而誰與。儒家言彝倫，即人道。人道盡於彝倫之中，世俗亦不出彝倫之外，君子豈能異俗以爲高。自栗谷言之，則君子之制行爲學，亦僅於與俗大同中有其小異而已。至善之與中，亦皆於與俗大同中之有小異耳。栗谷此條，言近旨遠，學者知此，則自一歸於平實矣。

聖學輯要又曰：

量之小者其病有三。一曰偏曲，二曰自矜，三曰好勝。三者都是一個私。治私之術，惟學而已。

人之處世，不能盡倫，不能盡道，其病首在己之有私而量小，故爲學首在去私，亦惟學乃得去私。孔子曰：克己復禮爲仁，栗谷所言，亦此旨也。

聖學輯要又曰：

心之本體，湛然虛明，感物而動，七情應焉，是心之用也。惟其氣拘而欲蔽，本體不能立，故其用或失其正，其病在於昏與亂。昏之病有二，一曰智昏，謂不能窮理，昧乎是非也。二曰氣昏，謂怠惰放倒，每有睡思也。亂之病有二，一曰惡念，謂誘於外物，計較私欲也。二曰浮念，謂掉舉散亂，相續不斷也。

> 君子以是爲憂，故窮理以明善，篤志以帥氣，涵養以存誠，省察以去僞，以治其昏亂。學者之用力，最難得效者，在於浮念。惡念雖實，治之亦易。浮念則無事之時倏起倏滅，有不得自由者。學者須自恒主於敬，頃刻不忘。遇事主一，各止於當止。無事靜坐時，若有念頭之發，則必即省覺所念何事。若是惡念，則即勇猛斷絕，不留毫末苗脈。若是善念，而事當思維者，則窮究其理，使此理豫明。若不管利害之念，或雖善念而非其時者，此是浮念。浮念之發，若有意厭惡，則尤見擾亂。只有輕輕放退，提掇此心，勿與之俱往，則才發復息矣。如是用功日久，日夕乾乾，不求速成，不生懈意。如未得力，或有悶鬱無聊之時，亦須抖擻精神，洗濯心地，使無一念，以來清和氣象。久久純熟，至於凝定，則常覺此心卓然有立，不爲事物所牽累。由我所使，無不如志。而本體之明，無所掩蔽。睿智所照，權度不差矣。最不可遽冀朝夕之效，不效則輒生退墮之念也。

綜觀栗谷言論，凡屬有關理氣心性義理本原方面者，多能根據儒先舊典陳言，深研明辨，力求精闢，以歸一是。至於論及工夫方面，轉多自抒胸臆，以所心得平實出之。上條所引，可爲一例。

聖學輯要又一條云：

> 或問：意果是緣情計較矣，但人未與物接而無所感時，亦有念慮之發，豈必緣情乎？曰：此亦紬繹舊日所發之情也。當其時，雖未接物，實是思念舊日所感之物，則豈非所謂緣情者乎？

意必緣情，此亦栗谷親所經驗之談，自述其平日工夫中所省覺也。變化氣質，其功在習，積習純熟，始見其效，治念之功亦如此。實即猶宋儒之言主敬工夫也。栗谷於四十歲成聖學輯要，四十二歲又著擊蒙要訣。其注重日常親切用功實地之意，亦可見矣。

栗谷與奇明彥書有曰：

能得固有淺深。就其淺者言之，則不惑亦可謂之能得。就其深處言之，則非不思而得，不勉而中，則不可謂之能得之極功。

栗谷言義理，皆力窺深微，而其言工夫，則一臻平實。此條可以想見栗谷心中由平實達深微之一番想像，與其所嚮往之終極境界之所在。本篇最先所引栗谷與退溪書，辨孟子求放心與孔子告顏淵克己復禮工夫之精粗，意亦猶此。惜乎栗谷年壽不永，果使更能獲得一二十年久久純熟之功，誠不知其最後所到達之果如何也。

栗谷身後，宋尤菴有紫雲書院廟碑銘（見宋子大全一百七十一）於栗谷推崇備至，有曰：

諸老先生嘗論之，曰：不由師傳，默契道體似濂溪。一變至道，潛思實踐似橫渠。發明極致，通透洒落似明道。博約齊頭，集而大成，又似乎晦翁夫子。後之君子，夷考於遺編，則知斯言之不誣也。

又尤菴栗谷先生墓誌銘（見宋書拾遺卷八）亦曰：

明道之資，考亭之學。

誦此兩文，可知韓國後賢之尊奉栗谷，洵可謂無以復加矣。

(三)宋尤菴學述

宋時烈，字英甫，號尤菴，生於明萬曆三十五年丁未。十二歲，父睡翁常責勵以聖賢事業，曰：朱子後孔子，栗谷後朱子，學孔子當自栗谷始。遂教以栗谷之擊蒙要訣。睡翁卒，受業於金沙溪，爲栗谷再傳。厥後教授後進，必曰：讀書當以栗谷先生所定次第爲主。卒於明毅宗崇禎六十二年己巳，年八十三。崇禎十七年甲申明亡，此已在明亡後四十五年，爲清康熙之二十八年。尤菴語錄（見宋子大全附錄卷十八）論復讎有曰：被虜奪取中國之地，左衽中國之民，非讎而何！後人承其志，故爲年譜，仍以崇禎紀元。

尤菴未嘗有別號，年八十，嘗與友爭是非，友戲之曰：子言多，不可謂言寡尤，吾當以尤名子室，遂號尤菴。（見年譜）及病篤，強書訓誡辭付子孫，曰：朱子於陰陽義利白黑剖判之勇且嚴，如一劍兩段，不敢少有依違因仍之意，此正大學誠意章事也。其壁立萬仞而功被萬世，反有過於思孟者。然非讀書窮理之至，何以與此。此大學之教所以必先於格致也。又曰：朱子之學，以窮理存養踐履擴充爲主，而以敬爲通貫始終之功。至於臨簀，而授門人眞訣，則曰：天地之所以生萬物，聖人之所以應萬事，直而已。明日又請，曰：道理只如此，但須刻苦堅固。孔子曰：人之生也直，罔之生也幸而免。孟子所以養浩然之氣者，亦惟此一字而已。是孔孟朱三聖同一揆也。然不能讀書明理，則以不直爲直者亦有之矣。吾師門之教，如此而已（又見大全卷一百三十六贈李景和說，又海上送權尹二孫北歸說。蓋此義尤菴屢道之也。）

其平日嘗曰：朱子之後，義理大備，靡有餘蘊，後學只當尊信朱子，極意講明，爲聖爲賢，不外於是。必欲著書垂後者，妄也，贅也。故其用功，皆闡發程朱之旨，有朱子大全箚疑，有二程書分類，有語類小分，有或問精義通考，又有文集百餘卷。(以上皆據年譜)

或問：我國儒者孰爲正宗。曰：澤堂之論，以爲栗谷兼靜(菴)退(溪)資質學問，而又有經濟之才，此言似當矣。(附錄卷十四李喜朝語錄。)又曰：吾東先儒，所見透徹，莫如栗谷之直陳分明。(附錄卷十七崔愼錄)又曰：沙溪以栗谷爲敏快豁達，亞於生知。若在孔門，必與顏曾同科。(同上)又曰：吾東理學，至栗谷而大明。(附錄卷十五金榦錄)又曰：栗谷於精微肯綮處必明白說破。又曰：余所見栗谷於博文之功最多。(大全卷二百十二語錄。)又爲文告沙溪墓有曰：

集羣聖而大成者孔子，集羣賢而大成者朱子，栗谷先生之學專出於此，嘗曰：幸生朱子之後，學問庶幾不差。(引見年譜八十三歲)

尤菴又編校栗谷年譜，(見大全卷一百三十七栗谷牛溪二先生年譜序)代撰栗谷墓誌，(見宋書拾遺卷八栗谷李先生墓誌銘)又爲紫雲書院廟庭碑銘，(大全卷一百七十一)於栗谷推崇備致。及年八十，猶與友人殷殷討論栗谷外別兩集之正訛得失。(見年譜)

此後韓元震云：(見大全附錄卷十九記述雜錄)

栗谷尤菴，天分之高，文章之盛，世未有能追者。

又曰：

栗谷先生不由師承，洞見道體，資近生知，學到至處。尤菴先生學宗考亭，義秉春秋，閑先聖，拒詖淫，爲天地立心，爲生民立道，事業之盛，又莫與併。

是尤菴極推栗谷，而後賢又極推尤菴，以與栗谷相媲也。

又尹鳳九云：（亦見記述雜錄）

問：或者謂尤翁文集，論事多，論理少。曰：蓋無退溪之高峯，栗谷之牛溪，故無問答之端矣。曾侍坐下，外人之書來，如有論學者，輒喜形於色，曰：幸有此書，即時答送矣。

又李喜朝云：（見大全附錄卷十四語錄）

先生曰：昔牛溪與龜峯相會，而曰：論理少而論事多。今日吾輩之會，亦覺如此，良可悔也。

蓋當尤菴時，韓國理學已就衰，至有如尹鑴之徒者起，尤菴所謂此亦可見世道之變也。（亦見語錄金幹錄）尤菴於三十六歲時，即已嚴辭斥尹鑴。其生平直至於臨簀之前，每以直字訓人，意即在此。韓元震稱其義秉春秋，閑先聖，拒詖淫，主要即指此。此亦是論事偏重於論理也。

茲就宋子全書摭述其有關討論義理思想之大要，尤以其討論爲學途徑者爲先，以見尤菴論學之大概。

大全卷一百三十一雜著有云：

人之所見，切不可差。所見差，雖所行善，終與惡同歸矣。是故窮理是大學第一大事，而栗谷論人，每以識見爲先。

此條在戊辰，乃尤菴卒前一年，可謂是尤菴之晚年定見。爲學主以窮理爲先，即承栗谷學脈也。

又大全卷九十二答鄭仲淳，宋書拾遺卷四答李汝九有云：

朱先生之意，以爲論學問次第，則致知先而涵養後，然敬是貫始終該本末底道理。大抵先生教人，隨其病而藥之，故所言有不同。而篁墩分先後，以專於涵養之說爲定論，則誤矣。蓋涵養致知，自是齊頭幷進者。

此書兩見，不知孰是。其年應在己未，尤菴年七十三。程篁墩心經註，自李退溪鄭重提倡，韓國李朝定爲經筵講本，尤菴亦曾屢主講席。（詳見年譜）退溪有心經釋疑，其後尤菴亦預於校正之役。（見全書卷一百三十八心經釋疑序）又年譜：戊戌，尤菴五十二歲，進講心經，即謂眞西山出處不正，不得與於先儒道統之傳。又同年進講心經，

上顧先生曰：其書莫或有違於程朱說否，卿須一一訂正。先生曰：堂上方辨堂下人曲直，未到其人地位，何能辨其是非。但自朱子後義理大明，後此而著述者，似不免爲剩說。如或少違於朱子之說，則不免爲雜說。

其答辭可謂婉而直矣。篁墩道一編，挽朱入陸，退溪力辨心經註與道一編不同。然如尤菴此條所辨，實正是篁墩思想歧趨所在也。

紫雲書院廟庭碑銘序記述栗谷之學有曰：

格致存養踐履三者，爲終身路徑。其用功最深於小學及四書近思錄，日夜覃思，不明不措。必至於各極其趣。故其探賾辨論之精，可質前聖而無疑。然不以莊敬涵養爲本，則意緒悤悤，無以察其糾紛微奧之致。故常虛明靜一，不爲事物所奪。又謂省察之功，常在知行之間，而不可少緩。故雖事物叢沓之時，

閒居幽獨之地，其所以辨別天理人欲者，愈嚴愈密。及其養之深，積之厚，則行之於身，措之於事，皆沛然有裕，無所凝滯，而品節不差，以至於道全而德備。

此雖尤菴記述栗谷爲學，然特提出格致存養踐履三者會通用力齊頭並進之要旨，此即尤菴之自所奉行，爲其從事於學之矩矱，而實可與孔門之言博約、中庸之言尊德性道問學互相闡發。而尤菴又特拈後代宋儒理學所標格致存養踐履三語，更使人易於參入。而並無浮論力辨，只平白道出，不失爲治理學者開示門徑一極有價値之意見。（大全卷九十答李汝九別紙，有栗谷爲學圖，分持敬講學省察三者，尤菴往復討論，自乙卯至丁巳丙辰，可參讀。）

大全卷五十一與金延之書有曰：

大學云：自天子以至於庶人，壹是皆以修身爲本。則前有格致誠正工夫，後有齊治平事業，此二字所包括如此其大。而朱先生既編小學，而曰修身大法備矣。然則其於學者至切而甚大者，寧有加於此書哉。宜乎老先生一生踐履，都在此書，而又以訓於後人也。今執事又以朱先生書牘中所訓媿之，誠可謂知言矣。先生門人稱先生曰：洙泗以還，博文約禮兩極其至者，惟先生一人云。書牘所訓，無非博文約禮之事，而大規模嚴心法皆在其中。學者誠能先從事於小學以立其本，而兼讀此書，條暢而涵濡之，則其於聖學門庭次序，殆庶幾矣。

此書在丁巳，尤菴年七十一，已入晚年。其文亦若平淡白直，非有深思大論。然以格致誠正工夫與齊治平事業綰合爲一，又以朱子小學爲大學立本，主修身踐履，而謂大規模嚴心法皆在其中，其意亦可與紫雲書院栗谷碑序所舉相通也。

又大全卷九十答李汝九有曰：

謂持敬之功，通乎致知力行則可，今直以致知力行爲持敬之事則不可。

又同卷答李汝九辨存養與涵養有云：

涵養如讀書時沉潛義理，心無他適者是也。無事時此心澄然瑩然，無有紛擾者亦是也。至存養，則專指戒愼恐懼。

以上所引，略可見尤菴論爲學之大概。

或問：退溪之說，與栗谷迥然不同，取捨最難，公意則誰從。余曰，不問退溪與栗谷，同於朱子者從之，不同朱子者不從。（見大全卷二百十二遺事）

栗谷嘗言，幸生朱子後，學問庶幾不差。尤菴常引其說。（亦見上引遺事。又見大全一百五十一告沙溪先生墓文。其他不俱引。）其師沙溪亦曰：既有朱子，雖周程張之說，不同於朱子者，必不從彼而捨朱。（見附錄卷十八語錄）是尤菴此條，即承栗谷沙溪，厥後韓元震南塘亦承此意，可見韓國先儒對朱子之一意尊崇，自退溪栗谷以下無二致也。

退溪栗谷異說，主要在論理與氣。大全卷二百十二沙溪先生語錄有云：

語類曰：七情氣之發，四端理之發，退溪一生所主在此，故有理發氣隨之說。栗谷以爲四端固亦隨氣而發，然不爲氣所揜而直遂者，故謂之理之發。七情固亦理乘之，然或不免爲氣所揜，故謂之氣之發，似當活看也。然七情中亦有主理而言者，舜之喜，文王之怒，非理而何。四端中亦有主氣而言者，朱子所謂四端之不中節者是也。

理發氣發之語，雖亦出於朱子，然當活看，此辨乃沙溪承栗谷，而尤菴又承自沙溪也。大全卷一百一答鄭景由有曰：

人物未生時，理與氣本自混融而無間。故氣聚成形之時，理自具於此形之中矣。中庸註曰，氣以成形，理亦賦焉。豈非十分分明耶。語類所謂氣聚成形，理與氣合，即中庸註之意。退溪先生理發氣隨之說，栗谷先生每以此爲正見之一累。

關於此辨，尤菴決從栗谷，可謂已臻定論。若必分別理發氣發，則語類中不可通者累累矣。

其次爲人心道心之辨。大全卷九十答李汝九有曰：

人心道心說，栗翁一遵朱子意，更無可疑。朱子意，以人心道心皆爲已發。此心爲食色而發，則是爲人心，而又商量其所發，使合於道理者，則是爲道心。爲食色而發者此心也，商量其所發者亦此心也，何可謂兩樣心。大概心是活物，其發無窮，而本體則一。熟讀中庸序文，自可無疑。

此辨極爲扼要易明。又一書曰：

退溪所謂人心是人欲之本甚精。所謂人欲之大者，莫如食色。紾兄之臂而奪之食者是人欲，原其本，豈非由於飢欲食之人心乎。踰東家牆而摟其處子，是人欲，原其本，豈不由於精盛思室之人心乎？人心雖曰生於形氣，實亦本於性命。欲食思室之心，實本於愛之之理。若無愛之之理，則見食見色，而亦邈然無所動矣。故從本而言，性爲人心之本，人心又爲人欲之本，故曰善惡皆天理。又曰，流而未遠，已有所濁。由末而言，人欲生於人心，人心又生於性。故曰：蛆生於醢，而害醢者莫如蛆。又曰：有濁之少者，濁之多者，卻是原初水也。此統之有宗，會之有元，一本萬殊，萬殊一本，一致百慮，同歸殊道之理也。然學者若不知天理之流而爲人欲，而指人欲以爲眞理，則是眞認賊爲子者也。

此辨尤爲深入而明快。又別紙云：

曰善惡皆天理，又曰惡亦不可不謂之理，又曰理有善惡。今若以惡爲理之本然，則大不可。然亦不可以非理之本然而謂之不本於理也。蓋所謂惡者，其初雖本於理，末流之弊，失其本然，而遂至於惡爾。愛親愛君者，道心也。欲食欲色者，人心也。是皆本然之理也。至於因欲食欲色之心而流至於紾兄臂踰東家牆者，是惡也。原其初，亦豈非自理而出乎？天下無一理外之物，試思此一句而有得，則灑然矣。

又大全卷一百三十雜著有云：

謂因過不及而流於惡，可也。直以過不及爲惡，則未安。孔子曰：師也過，商也不及，豈便以商師爲惡哉。

此又自人心道心而及於善惡之辨，其言皆直捷明淨，深入而淺出之。

其次又辨物格格物，大全卷九十一答李汝九別紙有云：

退溪常以爲物格者，人格之而至於其極也。末年大悟其非，以爲物格者，只是物理到其極處也。此正得本文之意。而又以爲理非死物，故能自此至彼，則又失之遠矣。物理如冊子，人之窮理，如人看冊子。看此冊子自始至末，雖在人看盡，而自冊言之，則曰冊盡，豈曰此冊是活物也。

此亦可謂淺譬而喻矣。又一別紙云：

物格說，當以栗谷爲正。

又卷九十答李汝九別紙云：

來書所謂物格者，非物自格，而被人格之者，是矣。物之理雖本具吾心，然非生知之聖，而無格之之功，則物何自而詣其極乎？退溪答奇高峯最後一書論物格者甚詳，此退溪自謂覺其前非之說也，然愚則猶有所疑。物理本具吾心，仍待格之而後明。栗谷先生曰：如冊在牀，衣在架，然夜中不得見。及其燭至，然後知冊之在牀，衣之在架也。此說精確易見，幸以此詳玩。

凡此皆所謂精確易見，能深入，又能淺出也。又大全卷一百四答李君輔有曰：

退溪謂隨遇發見無不到者，此理至神之用也。愚僭以爲此說未安。旣曰理，則無論體用，皆是無情意造作，豈有如人心之有知覺，而流轉運用，自此到彼也。朱子所謂各有以詣其極而無餘者，謂人窮此物之理而至於極處，如人行路，行之至而路窮云爾。此路豈是從人擧足之地而隨人行步，以至於止足之處乎。退溪一生論格物之說，只是知至之意，而晚年所謂無不到者又如此其未安，經義之難明，乃至於此乎。

退溪標朱子曰心學，然極不喜陸王，惟心與理之辨。尤菴此等處，闡之尤晰，洵可補退溪所未逮矣。

又大全卷一百二十二答或人書有云：

記少時在溪門，先師親誦栗谷物格之說，心神脫然見於顏色。先師曰：此非栗谷之說，乃朱子之說也。

又曰：

如退溪之沉潛縝密，乃於此所見如此，誠有所不敢知者，惜乎不得供灑掃之役於其門而請其說也。

此皆見尤菴之直承栗谷也。

其次又辨四端七情，大全卷一百三十雜著有曰：

退溪所主，只是朱子所謂四端理之發，七情氣之發。栗谷解之曰，四端純善而不雜於氣，故謂之理之發。七情或雜於不善，故謂之氣之發。然七情中如舜之喜，文王之怒，豈非純善乎？大抵七情皆出於性，其出於性也，皆氣發而理乘之，孟子於七情中摭出純善者謂之四端。安知朱子之說，或出於記者之誤也。

退溪一尊朱子，然其說容有誤。栗谷亦一尊朱子，尤菴承之，轉謂朱子之說或出記者之誤。是其所得於朱子者益深矣。

又曰：

四端七情，皆氣發而理乘，退溪理發而氣隨之一句大誤。理無情意運用造作，氣能運用作爲，而理亦賦焉。觀於中庸首章章句可見矣。以太極說觀之，則尤曉然。太極乘陰陽而流行，未聞陰陽乘太極而行也。

又曰：

愚於此，別有疑而不敢言。退溪高峯栗谷牛溪，皆以四端爲純善。朱子以爲四端亦有不善，未知四先生皆未見此說否。四端亦氣發而理乘，發之時，其氣清明，則理亦純善。其氣紛雜，則理亦爲之所揜。

又大全卷一百三十三退溪四書質疑疑義有曰：

四端七情皆出於性，而皆有中節不中節。其中節者，皆是道心之公。其不中節者，皆人心之危也。

是尤菴亦並言栗谷有誤。凡尤菴之所辨於理氣人心道心善惡諸端者，皆極直白明快，亦可見其深入之趣矣。其他有關上述四項之辨說，宋子大全中尚多散見，茲不備引。

又大全卷一百十三答朴景初有曰：

先生已於嚴時亨杜仁仲書明言，大傳繼善，是指未生之前，孟子性善，是指已生之後。又言有指其墮在氣質中者而言，有指其本原至善者而言。蓋以天道言之，則自繼善而流行以至人物成性，爲一說也。自人道言之，則自未發之性而發爲情者，又一說也。天人雖異，而其理則一，非天道之外別有人道也。

此處辨天人性情，因又辨及易繫與孟子，要皆由退溪栗谷之辨引生而來。此條即栗谷辨本然之性氣質之性同是一性之意，厥後韓南塘又承之。

又大全附錄卷十七語錄有云：

先生曰：無斁亦保，退溪誤解以爲雖傍無厭斁之人，亦保其所守。栗谷以爲凡人身心厭怠之時，必起惰慢之念而不能保守者，衆人也。覺其然而警其心，能保守不失者，學者爲然。聖人無厭怠之心，警覺之時，蓋異於常人之著工，而自然保持之也。此說極分明。愼問，退溪之說非自創，來自先儒，恐不可不從。先生曰：雖先儒說，非朱子之註，則豈無誤者乎？

又一條云：

問：許魯齋衡，可謂篤學之士，退溪不斥其仕於胡而反有深許之辭，抑何意也。先生曰：退溪之論，似此處多矣。栗谷則以魯齋爲失身而斥之，此恐爲堂堂正論。

凡遇退溪栗谷兩人異同，尤菴率祖栗谷，俱如此。

又附錄卷十六語錄有云：

大全與劉子澄書，言戲謔爲心術之害，而曰昔橫渠先生嘗言之矣。退溪記疑曰，橫渠嘗言之指東銘。先生曰：東銘不是但言戲謔，此分明指近思錄第四篇所載橫渠說，所謂戲謔不惟害事，志亦爲氣所流，不戲謔亦是持志之一端也。記疑說似是偶失照勘。記疑中如此處多。以我退翁之精詳謹密，未知何乃如此。

尤菴屢稱退溪沉潛縝密，又稱之曰精詳謹密，於此而猶於退溪多所辨正，是亦見尤菴之沉潛縝密精詳謹密爲何如矣。

又大全卷一百三十四雜著論語子張篇子夏門人小子章饒氏說辨有曰：

退溪之失，只在於以本爲天理，以末爲灑掃應對。子夏程朱之意，則以本爲誠意正心，以末爲灑掃應對。而所以然之理，則無間於彼此也。退溪之失，肇自饒雙峯，惜哉。

退溪乃韓國朱學開山，栗谷尤菴承其風而起。退溪有失，栗谷尤菴多加糾正，此非於前賢好爲詆訶，實亦飲水思源，備見栗谷尤菴尊崇退溪之意，而韓國諸賢研朱之風，益進益密，亦於此可徵。

尤菴於朱子書備極用功。有朱子大全箚疑，年譜載七十二歲戊午八月成書。云：

先生嘗曰：退溪節要記疑，頗有未甚安者，故不免因其所疑，作爲問目，質諸故舊。自乙卯以後，專心大全，隨手箚錄，晨夕孜孜，未嘗少輟。至是始克成編。

乙卯，尤菴年六十九。正月有遠竄之命，蓋四年而成書也。箚疑成書條下又云：

又以二程全書編次錯亂，各以類名，而名之以程書分類。

大全卷一百三十九，有朱子大全箚疑序文，其略曰：

退溪李先生，手鈔朱子大全簡牘爲二十篇，名曰朱子書節要，又有記疑一册，以釋其肯綮難解處，以訓蒙士，其功大矣。其後文肅鄭公，又爲酌海八卷行於世。惟記疑之書止於節要，而酌海則闕焉。余與孫疇錫嘗欲續記疑通釋酌海，而因以及其餘。編帙粗成，而余益衰老，不能復致力矣。

此文成於己巳，即尤菴八十三歲卒年。年譜云：

箚疑之成已久，先生猶恐有所未盡，不住其訂正，至是始草序文。

又有論孟或問精義通考，其序亦見大全卷一百三十九。略曰：

我朝得或問書刊行久矣，然苟無精義，則未知或問所以論辨去取者爲何，余爲是求精義殆四十餘年而終不能得。歲在丁卯，左侍郎李公選使，得於燕市書肆而歸，亟取而附諸或問逐條之下，使讀者便於通考，斯蓋中庸之書或問輯略之凡例也。

丁卯，尤菴年八十一。事亦見年譜。

又有記譜通編，序文見於宋書拾遺卷八。略曰：

朱夫子所著文字，備於大全集。日用談言，詳於語類。其出處始末，事行細大，以至易簀後丘墓祠院，褒崇讚述諸作，有果齋李氏年譜，翀峯戴氏實記，詳且密矣，然而互有詳略。愚謹取二書，參互考訂，刪其重複，正其訛舛，間有闕漏者，輒爲追補，而用謹按二字，以別於戴氏按例。

此文云在崇禎庚子，則應爲尤菴五十四歲之年。惟年譜五十一年戊午，尤菴年七十三，十二月下有云：

先生嘗病年譜實紀互有煩複，合成一冊，而名以文公先生紀譜通編，又錄其所疑於行外，今刋行者是也。此見於先生抵知舊書，而未詳其編修在何時，姑附於此。

此似未見上引拾遺之序文。或是當時刋行之紀譜通編，亦幷不有序文在前，姑誌所疑俟考。

又按是條前，有朱子語類小分成一項，云：

先生每嫌語類記事錯雜，且多煩複。自入島中，與孫疇錫日夕對勘，整其錯雜，刪其煩複，隨類移分，雖危禍迫頭，而亦不以爲意，惟專心用功於此事。

是尤菴七十三歲移配巨濟，又有朱子語類小分之書，乃宋子大全中似亦未見其序文，並此誌疑。

上述諸書，今皆不收於宋子大全中， 並亦有未見其序文者， 不知今韓國復有遺存否。姑誌於此，以待再訪。

其他復有朱子言論同異考，今收入宋子大全卷一百三十雜著。篇首有云：

大全與語類異同者固多，而二書中各自有異同。大全有初晚之分，語類則記者非一手。余讀二書，隨見拈出，以爲互相參考之地。而老病侵尋，有始無終，可歎也已。尙有同志之士，續而卒業，於學者窮格之事，或不無所補云。

是文成於崇禎屠維大荒落，乃己巳歲，即尤菴八十三歲之卒年，此乃其時隨札記未成之稿，故僅得數十條，未有條理。厥後韓元震南塘集亦有朱子言論同異考，蓋承尤菴意，而褒然成冊，爲治朱學者一部當讀之參考書，此即尤菴所望，同志之士續而卒業也。惟南塘此書未提及尤菴，不知何故。

又宋子大全卷一百三十一雜著有看書雜錄，篇首云：

朱先生嘗言，讀史有不曉處，箚出待去問人。又曰：編次文字，須作草簿抄記項頭，如此則免得用心去記。亦養心之法。自見先生兩款說話，即置此冊子，隨讀箚抄，看來看去，疑者自曉，生者自熟，不費心力而常存在胸中。覺見養心云者，眞不余欺也。

此文在戊辰，尤菴年八十二，翌年即卒。尤菴晚年之好學不倦，洵可仰敬。觀其所看書，則仍以朱子爲主。有曰：

朱子說頗有初晚之異，亦有語類大全之不同，不可執一，是此非彼，徐觀義理之所安可也。

此爲翌年作同異考先聲。又曰：

程子易傳，胡氏春秋傳，自當別爲大議論文字。若謂之必得經旨，則未也。竊謂周易當以本義爲主。春秋朱子以爲聖人義精仁熟之權衡，有不敢知，遂有孔子家奴冢中起之說。然則後世數百家紛紛註說，皆郢書燕說之歸矣。

又曰：

中庸無一心字，故於序文言心特詳。大學言性，只於用人理財處略說過，而非言性之本體，故於序文言性特詳。朱子爲人之意，可謂切矣。

以上諸條，尤菴於諸書並不發大議論，然要之皆是大意見。可以有無窮議論由此而闡申者。

又曰：

過去有無限天地，將來有無限天地，皆是道中之一物。所謂道者，無邊際，無終始。聖人旣囿此道於方寸之中，故六合之外，思之即至。先天地，後天地，坐而致之。特聖人不言耳。

又曰：

道體無窮，而心涵此道，故心體亦無窮。故曰：道爲太極，心爲太極。

又曰：

今此天地，佛家所謂見在，兼過去未來而謂之三世。以現在天地觀之，則過去亦必如是，將來亦當如是。然則天地間萬物，統體一太極也。三箇世天地，亦統體一太極也。

以上諸條，論道論心論世，直抒胸臆，雖著墨無多，而精微廣大，有卓然特出之槪，此亦可覘尤菴晚年學養所到矣。

大全附錄語錄各卷亦有論讀書極精卓語，茲連帶錄之如次。

附錄卷十七語錄有云：

問：諸經之難曉，宜莫如易，古今天地萬物之理具焉，區區精神，必不能遍知之。中庸則不如易之廣大悉備，而人皆以爲難曉，何也。先生曰：易有象數，據而推之，庶幾知其義。中庸旣無象數可以摸捉，只言其無窮之義理，朱子所謂中庸多言上達處是也。自家若不能仁熟義精，足目俱到中庸地位，則決不能懸空揣度而知其義也。故中庸之難曉甚於易。問：庸與學如何？曰：大學有三綱八目，據乎此而推之，非如中庸之無依據難曉也。

又附錄卷十四語錄有曰：

先生曰：人謂周易難讀，然不如中庸之難，吾意中庸猶不如孟子浩然章之爲尤難也。余於此章，自少讀之最多，而茫然無所得，及到老來，方得其梗概。

又附錄卷十六語錄有云：

有書生方讀孟子第二卷，先生謂光一曰：浩然章熟讀耶？對曰：只是泛然看過。先生曰：吾一生讀之，益未曉，何若是其難也。

大全卷一百三十雜著有浩然章質疑數十條，並詳言自十四歲十七歲始讀，至甲寅六十八歲寫此質疑之經過。

又附錄卷十七語錄有云：

問：人言先生讀孟子千遍，未知是否？先生微笑曰：余讀孟子千遍，而初二數篇，一生所誦，不知其幾千遍也。

又附錄卷十六語錄有云：

先生曰：學者不可一日無語類。雖賣衣買之可也。

又附錄卷十四語錄又云：

問：爲學之方，可得聞乎？先生曰：朱子之言以爲，學問之道，莫先於格致。格致之要，又在於讀書。讀書之要，又在於存心矣。

凡此皆可覘尤菴平日讀書之精與勤，與其所宗主，及其用心之所在。

又附錄卷十八語錄有云：

先生嘗示人以資治通鑑，曰：中原之人，無娶同姓者。惟王莽之妻姓王，劉聰之妻姓劉。今人必欲效簒賊及胡羯之所爲，何哉。

此雖一小節，然其讀書之博，與其隨事之引發，誠有如溥博淵泉之時出也。

（四）韓南塘學述

余獲讀韓國諸賢研治朱子學之最先一書，厥爲韓南塘之朱子言論同異考。此書及李栗谷集，台灣皆有藏本。今年遊漢城，獲韓國友人贈以李退溪宋尤菴兩人全書，皆韓國新印本。又於奎章閣圖書館得讀韓南塘文集，此書韓國無新印本，余僅影印其朱子言論同異考六卷，文集卷二十六又二十八至三十共四卷。惜未影印其年譜，遂不能詳其生卒及其師承淵源，惟擇其論學要旨著於篇，以爲余著朱學流衍韓國考之殿。

南塘集卷三十偶書有云：

程朱以後，得聖人之道者，莫如栗谷尤菴二先生。

此文在癸丑，應爲清康熙十二年。南塘學脈，即承栗谷尤菴兩人。其平生持論，主要亦在辨理氣心性兩大綱，一奉朱子爲圭臬，即遵栗谷尤菴二人遺規也。

卷二十九對農巖集中理氣問有曰：

程朱三先生之說，本無異同。整菴之論，以理氣爲一物，退溪以理氣爲二物，栗谷以爲一，又以爲二，得失當有能辨之者。

此文應在癸巳，爲清順治之十年。又曰：

理者，生物之本。氣者，生物之具。在氣上看，則氣如此，理亦如此，而理氣同。在理上看，則氣雖不齊，理則一體，而理氣異。從流行言，則氣無端始，理在氣中，而理氣無先後。從源頭言，則氣未有生，理已先具，而理氣又有先後矣。然須於同中見異，無先後處見有先後，若各求其地頭則誤矣。

又曰：

以理之乘氣流行而謂之道，以氣之盛貯此理而謂之器。

此自理氣而辨及道器，則爲栗谷尤菴所未及。

卷二十七有羅整菴困知記辨，亦在癸巳。其文有曰：

理本一矣，而所以有分殊者，由其所乘之氣不齊而然也。今欲去氣質而言分殊，則猶離形而索影，息聲而求響也。不識分殊之由於氣質，則是將以理爲自殊，而不識理之一矣。單指理曰天命之性，兼指氣曰氣質之性。兩名雖立，何害乎一。

整菴言理一分殊，推之天下無所不盡，論性不須立天命氣質兩名，故南塘駁之如此。單指兼指，其說即承栗谷尤菴。又曰：

明道言器亦道，道亦器，只是明理氣無間之妙，非眞以爲一物也。理氣果是一物，則何以有理也氣也名目之對立乎？但理氣渾融無先後，無離合，故亦謂之一物，實則二物而不相離者。此老有見於不離之妙，而遂認以爲一物，良可惜哉。

此辨即承栗谷，謂整菴之失只在名目上。然必謂理氣爲二物，則下語猶可商。又曰：

記中性同道異二句，說得道理不周匝。而判性道爲二，又謬之甚矣。蓋性只就天命賦予處言，道只就事物紛羅處言，則性固同而道固異矣。天命賦予，非氣質亦無以承載此理而成造化，故人物之生，隨其氣質而稟性不同。道之在事物，君仁臣敬，父慈子孝，鳶飛魚躍、牛耕馬馳，隨其所在，雖有其分之殊，而其爲事物當然之則者，無不同矣。超形器而言，性同而道亦同。即氣質而言，性異而道亦異。故謂性同而道異亦得，謂性異而道同亦得。謂性道同則皆同異則皆異亦得。今以性爲必同，道爲必異，以性道爲二體，則是不察乎率性之爲道也。本末異致，內外判渙，其失又不但止於認理氣爲一物矣。

凡辨理氣性道，必先知其所從言之異，乃能識其所欲指之同。南塘此等處，皆從栗谷來，細讀兩家書，自知其學脈。

逮甲辰，清康熙三年，南塘始爲朱子言論同異考，共六卷。謂：

朱子言論，多有前後異同，有語雖不同而意實相通者。有本無異同而學者看作異同者。

又曰：

大全盡載平生所著文字，故前後說俱載。語類皆是晚年所記，大抵皆是定論。除記錄分明有誤者外，皆當尊信。

朱子言論同異考，尤菴先有此書，南塘承之，所辨益詳益精，爲治朱學者一必讀之參考書，中國無有也。惟謂語類所記皆是定論，此亦有誤。此書距上引兩篇已十三年，其辨理氣語更簡要。有曰：

先生或言理氣本無先後，此以流行而言也。或言理先氣後，此以本原而言也。或言氣先理後，此以稟賦而言也。其所指者不同，而所謂本原，所謂稟賦，又都只在流行中，則其說又未嘗不會通爲一也。

又曰：

理氣以流行言，則本無先後。以本原言，則理先而氣後。以稟賦言，則氣先而理後。萬物之性專言理，則皆同。各指形氣所稟而言，則不同。以理與氣雜而言之，則人人物物皆不同。有以一言斷之者，曰離合看。蓋理氣離看則爲二物。爲二物則理先而氣後，氣異而理同矣。合看則爲一物，爲一物則理氣無先後，無異同矣。看字又當着眼看，謂人離合看，非謂理氣有離合時也。

此條較之以理氣爲二物者精矣。

又異同考性字條有曰：

朱子答林德久曰：凡言性，皆因氣質而言。但其中自有所賦之理爾。此一言，發明性字名義精蘊，更無餘遺，實千古論性之至訣也。理賦氣中，然後方爲性，故曰因氣質而言。不因乎氣質，不名爲性矣。性雖因氣質而名，然其所指爲性之物，則實指其中所賦之理，非雜乎氣質而言也。因氣質而言，故有五常名目之殊，人物所稟之異。指其中所賦之理，故其爲五常之德，人物之性，又皆不失其爲善。本然氣質之非二性，於此可見。因在氣中，兼指其氣，則爲氣質之性。直指其中所賦之理，而不雜乎其氣，則爲本然之性。性雖有二名，實無二體也。

又答嚴時亨書曰：

人生而靜是未發時，以上即是人物未生之時，不可謂性。纔謂之性，便是人生以後，此理墮在形氣之中，不全是性之本體矣。然其本體又未嘗外此，要人即此而見得其不雜於此者耳。此處三此字，皆指氣質之性。即此氣質之性而見得其不雜於氣質者爲本然之性。則可見本然之性不外乎氣質之性，而雖有氣質之不齊，不害性之本然矣。則本然氣質非有二性，而不可以時之先後地之彼此分言者，又可見矣。此書之說，見於歐陽希遜問目中，而希遜問答乃在黨事後，則此書之爲最後定論，亦無疑矣。

此辨承栗谷來，可謂深得朱子本意。與南塘同時，中國有陸桴亭，亦辨本然之性與氣質之性。可相參。

又同異考卷四孟子條有曰：

語類廣錄曰：孟子不曾說到氣上，覺得此段話無結殺，故有後來荀揚許多議論出。謨錄曰：孟子辨告子生之謂性，亦是說氣質之性。按：謂之不說氣者，只就人分上言之。孟子只論人性之善，而未嘗言其有氣禀善惡之不同。謂之亦說氣者，幷人物言之。孟子亦言犬牛人性之不同矣。蓋人性皆善，理之同也。人物不同，氣之異也。故孟子之言性，就人言則專是說理，幷物言，則又不能遺其氣也。此先生之論各有所指，而非孟子之言性眞有不同矣。

又曰：

語類謨錄說又與生之謂性集註說不同。自其人性之貴於物而言，則謂之性無不善。自其人物之性之異而言，則謂之氣質之性。善本於理，故言善則以理言之。異生於氣，故言異則以氣質言之。只一性也，而所就言之有不同耳。余嘗論，五常之性，對太極渾然之體而言，則爲氣質之性。對氣稟善惡之性而言，則爲本然之性。今見先生論此一性，亦有或理或氣之不同。愚說之意，得是爲據，庶或免於無稽之罪耶？

此處舉出朱子語各有所指，所就而言之有不同，即就語類與孟子集註爲例。大抵南塘朱子言論同異考，多舉朱子前後語有不同而意實相通者。有本無異同而學者看作異同者。全書六卷，分目四十，誠爲闡說朱子思想一有系統之著述也。

南塘由辨理氣而辨及性，大旨如上述。其由辨理氣而辨及心，主要見文集卷二十七王陽明集辨，其文在丙辰，應爲清康熙十五年，又在朱子言論同異考後十二年。蓋南塘初未見陽明集，僅於退溪集中見退溪之辨陽明者。後又得見整菴集中之辨陽明者，尚在此前二十三年。至是乃始見陽明書而辨之也。

其辨有曰：

心即理三字，即陽明論理宗旨。吾聖門言心本不如是。孔子曰：回也，其心三月不違仁。又曰：七十而從心所欲不踰矩。心果是理，則心即仁即矩也，又安有違仁之時，踰矩之患也。聖人從心，又何待於七十時也。孟子曰：君子之所以異於人者，以其存心也。以仁存心，以禮存心，此與孔子不違仁不踰矩之說同。獨釋氏陸氏以心爲至善，吾聖人未嘗如此說。

又曰：

以吾之心窮物之理，物理旣格，吾知自致，此之謂心外無理，心外無物也。今於物理禁不使求之，則是眞認理爲外，認物爲外，而所謂義外者也。

又曰：

心主於身，性具於心。而心卽氣也，性卽理也。釋氏以靈覺爲性，陸氏以人心爲至善，此皆認心爲性，而同歸於異端也。陽明之學，專以致良知爲主，所謂良知，卽是釋氏靈覺之知，亦不過爲循氣質之用，得陸氏之心印，而傳釋氏之衣缽者。

此處所辨，同異考卷六異端條下已詳辨之。惟同異考多辨象山，及是又辨陽明也。

文集卷三十有明德說，文成於庚申，應在淸康熙十九年，又在陽明集辨後四年。其言曰：

心與明德，固非二物。分別言之，則心卽氣也。言心則氣稟在其中，故有善惡。言明德，則只指心之明處，本不拖帶氣稟而言，故不可言善惡。心可以包性言，亦可以對性言。明德只可以包性言，而不可以對性言。此心與明德之有辨也。大學明德註曰：虛靈不昧，以具衆理而應萬事。孟子盡心註曰：人之神明，所以具衆理而應萬事。其訓心訓明德無不同，此言心與明德無二物也。中庸或問曰：聖人之心淸明純粹，此獨言聖人之心，則衆人之心不能如此可知。大學或問曰：方寸之間，虛靈洞徹，萬理咸備，是則所謂明德也。此不言聖人，則通衆人而言也。言心則聖凡不同，言明德則聖凡皆同，此則言心與明德之有辨也。學者當隨其所言而各求其指，求其有以會通。今之論者，主明德之皆同者，幷以心爲純善，而陷入於釋氏之本心矣。其主心之氣稟不同者，幷以明德爲有分數，而亦將同歸於荀揚之言性矣。

其辨析異同，皆承栗谷之思理以爲辨，學者讀栗谷書自知。

文集卷三十又有虛靈知覺說，文成於庚寅，應爲清順治七年，遠在明德說前三十年。其文曰：

心之虛靈知覺，虛靈是體，知覺是用。虛靈故知覺，非知覺故虛靈。方其未發，虛靈存於中，而其知覺之不昧者，乃爲體中之用，靜中之動也。及其已發，知覺應於外，而其虛靈之自若者，又爲用中之體，動中之靜也。以已發未發言體用，則未發是虛靈知覺之體，而已發是虛靈知覺之用也。事物未至，此心雖無所知覺，其能知覺者未嘗不自在也。如鏡雖無所照於無物之地，其能照者未嘗不自在也。朱子曰：知覺是那氣之虛靈底。又曰：橫渠說未瑩，有心則自有知覺，又何合性與知覺之有。然則心雖不離於性，虛靈知覺雖不離於理，論其本色，則心是虛靈知覺之在人者，而虛靈知覺是氣而已矣。

文集卷二十九有心純善辨證，其文在癸亥，應爲清康熙二十二年，猶在明德說後三年。其文曰：

心純善之說，蓋不知心性有理氣之辨也。吾儒宗旨，以心爲氣，以性爲理，理無不善，氣則有清濁粹駁之不齊。非此心之外，復有清濁粹駁之稟也。故人之智愚賢不肖，皆在於心，而不在於血肉軀殼之身。然心之虛靈，非如血肉軀殼之局於形質者。故濁者可變而之清，駁者可變而之粹，此變化氣質復其性初之工，亦只在於心，而不在於他也。以心爲純善者，乃禪家之宗旨也。達摩以此立宗旨，其徒推而爲說，則曰即心即佛，曰作用是性，曰運水搬柴，神通妙用。此皆指心之靈覺而言也。朱子論陸氏曰：子靜之學，只管說一箇心本來是好物事，把許多麤惡底氣把做心之妙理。陽明則曰，箇箇人心有仲尼，曰心則理也。良知即天理。其論良知，則曰心之虛靈明覺，即所謂本然之良知也。釋氏初不知有理字，只見此心昭昭靈靈之體，便以爲至善。陸氏王氏雖說理字，亦不過此靈覺之體耳。羅整菴曰：釋氏之所謂性，覺也。吾儒之所謂性，理也。釋氏有見於心，無見於性。整菴有理氣一物之病，至其論儒釋之分，乃專以心性之辨爲言，此可見義理之所同然矣。

南塘以心之虛靈知覺屬之氣，遠在三十年前。而三十年後，乃始有明德說心純善辨證諸文，一若語義平常，實乃歷經研鑽而得之。讀其三十年前所言，可知其路脈之正。讀其三十年後所言，可以知其境界之所到。義理深微，固非可一蹴而幾也。

惟虛靈明德之辨，已先見於同異考卷一言心諸條。有曰：

鳥獸之心，偏氣聚而虛靈，故其靈只通一路。人之心，正氣聚而虛靈，故其靈無所不通。聖人之心，清氣聚而虛靈，故靈之所覺皆是理。凡愚之心，濁氣聚而虛靈，故靈之所覺皆是欲。其在人者，就心而言，則可言其有不同。就明德言，則不可言其有不同。蓋以明德之稱，只言其虛靈，不及其氣稟故耳。

其辨聖凡之心又曰：

朱子答石子重曰：人之所以爲學者，以吾之心未若聖人之心故也。吾之心即與天地聖人之心無異矣，則尙何學之爲哉？先生論性，則以爲聖凡無異，而論心，則以爲聖凡不同，其以心爲氣者可見矣。

此下謂心不違仁心不踰矩，皆見於其十二年後之辨陽明集。或同異考隨時有增損，不必在甲辰即爲定稿也。

因辨心，又連帶辨及人心道心。同異考謂：

先生論人心道心，前以天理人欲言之，後以形氣性命言之。其答蔡季通鄭子上書，皆以形氣性命爲言，而蔡書猶有未瑩，未若鄭書之爲直捷明白。先生於此，蓋屢易其說而後定。學者必深考乎此，然後方知先生入道次第，而又有以見良工獨苦之心矣。

答蔡季通論人心道心書，驟看似以人心爲氣發，道心爲理發。細考之，實不然。其論人心，曰主於形而有質曰私，而或不善，蓋皆指耳目口體而言。心上發出之氣，不可謂之形與私。蓋必仁義禮智之理與耳目口體之形對言，而曰此公而無不善，故其發皆天理。彼私而或不善，故其發皆人欲云云也。下文所謂清明純粹不隔乎理，亦指耳目口體之形氣言。耳目口體之氣有時而淸明純粹，則視自然明，聽自然聰，四體自然收束不惰，此所謂不隔乎理也。飮食男女，本乎天理，則人心之發，亦莫非性命之所行，而但爲發於吾身之私者，故易隔乎理而不得其正耳。

此辨本承栗谷尤菴，而語甚明析。蓋朱子之意，囿於形氣曰人心之私，通於性命爲道心之公。心則一也。而性命之流行，則藉於形氣，亦未有捨形氣而可覓性命也。

又曰：

余舊看此書，亦不解其旨，遂妄疑其爲初年未定之論。偶與季明論此，季明之言如此，方覺其前見之粗謬，而渙然無疑於先生之指矣。

觀此條，惜乎手邊無南塘集全書，不能考其與季明論此者在何年，疑此條或係甲辰後增入。

又曰：

答蔡季通論人心道心之說，舊嘗疑其有二歧之嫌，然其書乃在中庸序之後，則又似是晚年所論。又疑庸序亦有前後之異。則此書終不得爲定論。後見先生答鄭子上書曰：此心之靈，其覺於理者，道心也。其覺於欲者，人心也。昨答季通書，語卻未瑩。不足據以爲說。據此則先生果自以答蔡書爲未是矣。子上又問曰：竊尋中庸序云：人心出於形氣，道心本於性命，而答季通書乃所以發明此意。今如所說，卻是一本性命說而不及形氣。先生又答曰：中庸序後亦改定，別紙錄去，據此則中庸序果亦有前後本不同矣。若非子上之屢有問辨，答蔡一書，幾爲千古疑案矣。蓋先生論人心道心，屢易其說，末乃以爲一心之靈，有覺於理覺於欲之分，而其論始定。以先生高明特達之見，猶未能一覷覷到眞源，有此見解之屢易，則義理之難精也。

此條，南塘自註在己酉十月，尙在甲辰後五年，爲淸康熙八年，則同異考一書，雖始着筆於甲辰，而此下多歷年數，遞有增易，確可證矣。

又曰：

陳安卿問生於形氣之私。答曰：如飢飽寒燠之類，皆生於吾之血氣形體，而他人無與焉，所謂私也。按：後人以人心道心分屬理氣之發，而推以及於四端七情者無他，只因此形氣二字，滾合心之氣看故也。先生於此，自解形氣之說，只以爲血氣形體，而不復兼心志爲言，則其所謂生於形氣者，非謂發於心之氣而與性命之理分對出來者，多少分明矣。安卿問答，皆在庚戌以後，最爲先生晚年時也。

人心道心理氣互發之說，李退溪主之，李栗谷宋尤菴非之，朱子意只謂形氣易有私，故人心由此生。若其心無私，則飢飽寒燠之類，雖發於形氣，亦可謂之道心。栗谷尤菴辨此皆甚明白。南塘推闡過密，又辨形氣與心氣有別，此則節外生枝，似可不必也。

異同考又辨蔡沈書集傳釋人心道心之非，有曰：

今蔡傳頗有所删改於先生之說，而其所改下語處，又不若舊說之渾全的確，無有罅隙。朱子本註曰：生於形氣之私，生字與發字義不同。謂之私，則其指耳目口體亦明矣。曰：人心易動而難反，義理難明而易昧。對義理言，當曰形氣，而若曰形氣易動，則嫌於形氣之自動而不發於心矣。對人心言，當曰道心，而必曰義理者，道心之微，本由於義理之難明故耳。

南塘文集卷三十有人心道心說，其文在乙酉，尚在淸順治二年，先甲辰爲同異考十九年，其爲說與同異考似無大異。其文略曰：

心，一而已矣，所以有人心道心之不同，何歟？蓋人之有生，必得天地之氣以爲形，耳目口體之類是也。必得天地之理以爲性，仁義禮智之德是也。既有是耳目口體之形，則自然有飲食男女等之心。故指此而謂之人心。既有是仁義禮智之性，則自然有惻隱羞惡等之心，故指此而謂之道心。此其立名之所以不同也。人之一心，理與氣合。理無形迹，而氣涉形迹。理無作用，而氣有作用。故發之者必氣，而所以發者是理也。大凡人心之發，無非氣發理乘，而理氣不能互相發用，互有主張。朱子所謂心之知覺一而已矣。但其所感者不同，故所發者亦異。食色感則人心發，道義感則道心發。此朱子所謂其所以爲知覺者不同者也。後之學者，未究乎朱子之本旨，而只牽於名目之不一，皆以人心道心分屬理氣，竊究其分屬之由，亦不過以形氣二字誤作心上氣看故也。竊觀朱子之言，果有前後之不同。始則以人心爲人慾，既而改爲飮食男女之欲可善可惡者。始則曰道心爲人心之理，又曰：道心性理之發，人心形氣之發。既而改爲或生於形氣之私，或原於性命之正。生字原字，自與發字之意不同。其於禹謨解則曰，指其生於形氣之私者而謂之人心，指其發於義理之公者而謂之道心。於形氣則終不肯下發字，此乃晚年定論也。九峯於禹謨註，改生字以發字，又去私字，直云發於形氣，則其認作心上氣，後人亦難爲回互矣。勉齋又喜談發於形氣，又推而爲氣動理隨理動氣挾之論，則以人心道心分屬理氣之發，實自九峯勉齋始，眞所謂七十子未喪而大義先乖者也。其後東陽許氏雲峯胡氏尊信祖述之，及至我退牛兩先生，又益主張推衍之，使理氣二物，判然有離合，而不復其渾融無間之妙。幸賴我栗谷先生不由師傳，默契道眞，其於理氣不相離之妙，人心無二本之處，灼然自見，故勇往直前，明辨其說。其言曰，發之者氣也，所以發者理也。氣發理乘，一道之外更無他歧。其言的確渾圓，顚撲不破。但於此形氣二字亦未深察，則遂以人心爲揜於形氣，道心爲氣不用事，亦終不能折服牛溪之口，是可恨也。一字不明，害至於此，學者讀聖賢書，其可一字有忽乎？

栗谷之辨退溪，主要在發揮理氣不相離，人心無二本，南塘之說是矣。然理即寓形氣中，飮食男女發於形氣，亦寓有理。惟囿於形氣則易有私。不爲形氣之私所囿，而通之於道義之公，此即栗谷所謂氣不用事也，蔡註直云發於形氣，去了私字，此是其誤。天地間道義之公，亦無不發於形氣也。而南塘又强分心上氣與形氣爲二，轉增糾葛，是亦失之。至云食色感則人心發，道義感則道心發，不知食色中亦有道義，道義中亦有食色。所辨只在其心之公與私而已。南塘十九年前辨此未臻明析，十九年後仍未豁然，亦可惜也。

又南塘集卷二十九有示同志說，亦在乙酉。其文甚長，亦辨人心道心，而言更多歧。其文略曰：

萬物既生，得其氣之正且通者爲人，得其氣之偏且塞者爲物。故草木則全無知覺，禽獸雖有知覺，而或通一路，終爲形氣之所拘，而不能充其全體之大。人則得其正且通者，故其心最爲虛靈，而健順五常之德無不備焉。得其正且通者之中，又有清濁粹駁之不齊。得其極清至粹者爲聖人，得其清粹多而濁駁少者爲賢人，得其濁駁多而清粹少者爲衆人，得其極濁極駁者爲下愚。聖人生知安行，自然有以全其理之本體。賢人以下，則必待修爲之工。而修爲之工，則不過治其心養其氣而已。然心爲一身之主，而氣爲此心之卒，故心得其正則氣自然養。心之未發，虛靈不昧而萬理具。萬理統而爲五性，五性又合而爲一性。全體渾然，無所虧欠。不雜乎氣，單指其理，則爲本然之性。兼理與氣而名之，則爲氣質之性。其已發也，知覺運用而七情行焉。七情約之爲四端，四端統之爲七情。隨其外感，異其內發。已發之際，氣始用事，故不雜乎氣，單指其理，則理之全體未嘗不渾然至善也。四七一情，則皆是氣發理乘而皆兼善惡也。栗谷所謂四端純善無惡者，亦恐爲不備。朱子所謂道心原於性命之正者，謂有此性命之正，故道心發云爾。非謂道心只發於理，而氣無所干也。所謂人心生於形氣之私者，謂有此形氣之私，故人心發云爾，非謂人心只發於氣而理無所干也。且此形氣字，即指口體而言。從古學者多將此形氣字作方寸中發出之氣看，故以人心道心分屬理氣，而不覺其爲理氣二物之病也。人心道心，其所爲而發者，有道義口體之異，栗谷於人心無二歧處非不洞見，而偶於此文字上有所未察，故終不能服牛溪之心，亦可恨也。其以爲道心非氣用事，而人心獨氣用事，恐亦爲失。心之爲物，其所以治之者，不過曰窮理存養力行三者而已。又須三者俱進，不可偏廢。然三者之工，不主於敬，則心無主宰，顚倒錯亂，其靜也昏昧，其動也馳鶩，其於窮理存養力行，無以致其工矣。

此文包括辨理氣，辨本然之性與氣質之性，辨四端七情，辨已發未發，辨人心道心諸端，此皆退溪栗谷以來討論之大題目。然南塘此文，一氣幷包，頗似思理未臻細密，不免有彼此衝突矛盾處，亦有陳義謬誤處。如謂隨其外感，異其內發，是不啻謂人心道心之發，一切皆由外感爲主矣。此即上引一文所謂食色感則人心發，道義感則道心發也。不知人心之主，在內不在外，有外感，有內應，乃始有窮理存養之功耳。發於心而後有人心道心之別，亦不當謂有道心人心之分發也。南塘又謂氣發皆兼善惡，以栗谷謂四端純善無惡爲不備。此說承尤菴。然道心亦皆氣發，豈道心亦兼善惡乎？又謂心爲一身之主，氣爲此心之卒，此若承孟子養氣章言。然亦不當以理氣心性分別對言。從孟子言之，與從朱子言之者亦有別，不當牽渾爲說也。又以氣之清濁粹駁分人爲四等，而謂心之未發，虛靈不昧而萬理具，是不啻謂人有四等而心則純善，此實無說可通矣。朱子以心屬氣，萬理亦具在氣之中，非可離氣言心，而認心爲純善也。越後五年，南塘有虛靈知覺說，已引在前，大致與此文意見無大相違。惟確認心之虛靈知覺亦屬氣，經此一點明，似較此文認識爲進。至明德說與心純善辨，則遠在三十年後。此皆南塘一人之言，苟不細辨其成文之先後，則亦無從見南塘進學之階序矣。又如分治心爲窮理存養力行三者，此說亦承尤菴，惟於三者外又別出主敬一項，亦不如尤菴言此之明密。

南塘爲虛靈知覺說後三年，乃有羅整菴困知記辨，有曰：

> 原於性命故謂之道，生於形氣故謂之人，而發之者皆氣，故謂之心。今以道心爲性，則是認心爲理，而混氣言心矣。以人心爲情，則其認得是情，亦不過形氣之粗而已矣。

其說仍欠明瞭。心自屬氣，而理寓其中。今乃曰認心爲理，混氣言心，心固不可遽認作理，然亦寧可離氣言心乎？情固發於形氣，而情中亦寓有理，又豈得謂人心之情，決不爲形氣之粗乎。整菴以道心爲性人心爲情固非是，南塘辨之，下語多未切。由於南塘於朱子道心人心之辨，終自未達於透闢之領略也。

南塘集卷二十九復有浩氣辨，與辨羅整菴困知記同年，其言曰：

> 浩然之氣，天地之氣也。其謂浩然者，盛大流行之意。人之得是氣而生，又安有不得其盛大流行之體。但得氣之清粹者，爲聖爲賢。得氣之濁駁者，爲愚爲不肖。而盛大流行之體於是乎餒矣。幸而覺悟，從事於集義，則其體將復浩然。故孟子曰：我善養吾浩然之氣。又曰：其爲氣也，至大至剛，以直養而無害，則塞乎天地之間，此皆言有是氣而後善養，何嘗言養之而後有此氣。集註曰：氣者，體之充也，本自浩然，失養故餒。惟孟子善養之以復其初也。此言得於初，失於中，復於後，三轉折語，語脉分明，不難知也。集註又曰：至大初無限量，至剛不可屈撓，蓋天地之正氣，又人得以生。若聖賢之所獨得，則何得泛以人得以生爲言。愚嘗譬之，氣之有清濁猶水。水不以濁而不流行，猶氣不以濁而不盛大。水之濁者，有渣滓之混，故流而未遠，已有壅滯之患。若澄其渣滓，決其壅滯，則其流行者，未嘗不復

其初矣。

此文言氣之清粹濁駁，貴能養以復初，較八年前示同志說爲明析矣。然孟子所言浩然之氣，只以盛大流行釋之即得，不必更爲清粹濁駁之分。語多歧而義轉晦，此則貴讀者之自爲善辨也。

又曰：

義理之辨，至朱子而無憾。雖有聖人復起，不得以易其言。吾之所思，常在於朱子範圍之中而不復叛去，積思之久，終必有妙契之時。此子思所以不曰深思精思，而必曰愼思也。

此意亦承栗谷尤菴來。惟能守此不變，乃終有妙契之時。如前引示同志說言窮理存養力行三工夫一主於敬之說，及爲同異考，語意乃大不同。同異考卷二學字條有曰：

答何叔京曰：因良心發見之微，猛自提撕，使心不昧，則是做工夫底本領。本領旣立，自然下學而上達。若不察於良心發現處，即渺渺茫茫無下手處。此書當是先生初年所作，以心爲皆已發，與未發之言涵養本源爲本領工夫者不同。

又曰：

答何叔京，某近日因事方有少省發處。如鳶飛魚躍，明道以爲與必有事焉勿正之意同者，今乃曉然無疑。日用之間，觀此流行之體初無間斷處，有下工夫處，與守書冊泥言語全無交涉。按此書作於戊子，蓋在中和說未及改定之前。然所謂流行之體，即指勿忘勿助之間，天理流行之體，則亦無關於心爲已發之說矣。其答程欽國，涵養爲先，講論以輔之書，又是初見延平時初年所作。程氏心經附註，以此二書幷爲先生晚歲之說。語類痛理會一番一條，即德明錄癸巳以後所聞。萬事皆在窮理一條，即道夫錄己酉以後所聞。問致知涵養先後一條，即文蔚錄戊申以後所聞。(俱見知行門)某不敢自昧一條，即方子錄，亦戊申以後所聞。(見先生自論爲學門)上一條雖是中歲之說，而猶在答叔京書後。下三條皆是晚歲所言，而程氏又一切歸之於中歲。變亂先後，强分初晚，闇然欲售其援朱附陸之邪意，其矯誣先賢，惑亂後人之罪，可勝其誅絕哉。

此條亦承尤菴辨心經附註，惟於程氏附註所引語類各條，一一查考其年歲先後，則辨之益明。然其言涵養，則似終不如尤菴之深允也。

蓋南塘爲學，亦長於明辨，而修養實功則似遜，言辭間終不可掩也。茲再雜引其辨析字義之可采者數條如次。

同異考卷五周子書條目下有曰：

寓錄，性字爲稟於天者言，太極只當說理。言性始見湯誥，乃言於降衷下民之後。孔孟則曰各正性命，曰成之者性，曰犬之性牛之性人之性，皆以稟賦言。子貢所稱性與天道，性言其稟賦，天道言其本源。若性只是理，便與天道無別。

此辨性與理，其說本栗谷。理在氣中然後爲性。不在形質中，不當謂之性。見栗谷集卷五。

又卷二大學下有曰：

性根於中，端見於外，而心爲覺之。覺之爲功，只爲打發出善端出來。若其善之實，則原於性，不原於覺。

又曰：

性爲道，心爲器。道體無爲，而人心有覺。故作聖之機雖在於覺，而作聖之本乃在於性。故千聖相傳，語其修爲之術，則以心爲主。論其義理之原，則以性爲本。

此辨心與性。

又卷三論語條下有曰：

有見於分殊，而未及乎一本者，顏曾之在未見卓爾未聞一貫之前是也。無見於分殊，而能見乎一本者決無之，莊釋之言道與性是也。故隨事辨理者，縱未及乎貫通，猶不失儒家之舊。不能隨事察理，察其同異，而遽欲以一理包之者，未有不陷於異端之學矣。

此辨理一與分殊。

又卷三論語條下有曰：

甘吉甫問集註中說曾點處，有樂此終身一句，如何。答曰：舜居深山之中，伊尹耕於有莘之野，豈不是樂此以終身。後來事業，亦偶然耳。若先有一毫安排等待之心，便成病痛矣。按今集註無此一句，蓋終以爲未安而改之也。聖賢之於事業，謂先有安排等待之心固不可。謂全無其志，而偶然成就，恐亦未必。達而兼善天下，是聖賢之事。窮而獨善，特其所遇之不幸。夫既不得於時，則於其所獨善者，亦自樂而終其身，此則聖賢之心無入而不自得者。若其平生之心，則其始本不在於此。曾點言志，亦有兼善之意，而不在獨善。朱先生此論，恐是一時遣辭之快，非其定論也。此辨兼善獨善。是南塘於朱子，亦有於心不安，糾繩違失處。故同異錄又謂先生以四端七情分屬理氣之發只一見或是記錄之誤，或是一時之見也。

又南塘集卷二十七王陽明集辨有曰：

烏喙之不可食，人皆知之。未食而知，亦不過聞人之言見人之死而得之也。則知之資於聞見，又可廢耶。如曰纔知其不可便不食，則與前所謂食而後知味者不同，亦無奈於知之先於行矣。

又曰：

陽明嘗以食味行路喻之。食其味，然後方知其味之美惡。行其路，然後方知其路之險夷。未有舍味與路，直求之吾心也。窮天下之理皆如是。

此爲辨知行。其他類辨別明暢者尚多，不俱舉。故南塘之學，終是疵不掩醇，可以上躋於退溪栗谷尤菴之列，爲朱子學流衍韓國一殿軍也。

原　史

——由宗教通向人文的史學的成立

徐復觀

一　有關字形正誤

由史字的原形原義，以追求今日一般所謂史的起源及其演變之跡，對於中國古代史學的形成及史學精神的把握，乃至對古代由宗教通向人文的文化發展的把握，可能有其意義。

說文三下「史，記事者也。從又持中，中，正也」。「又」是右手，「中正」是記事時的態度。執持中正的態度，由右手來記事，這可以說是許愼對史的了解及對史的要求。但以此作字原的說明，便引起後人不少的疑難；而疑難的集中點，是「從又持中」的「中」，到底是什麽意義？下面以王國維的釋史（註一）爲中心，試略加討論。王氏首先對說文的說法，加以反駁。

「案古文中正之字作𠁩𠁧𠁨𠁪中諸形；而伯仲之仲作中，無作中者。唯篆文始作中。且中正無形之物德，非可手持。然則史所從之中，果何物乎？

接着王氏引吳大澂「史象手執簡形」之說，而謂中與簡形殊不類。繼引江永周禮疑義舉要，謂「凡官府簿書謂之中」；「又者右手，以手持簿書也」。王氏認「江氏以中爲簿書，較吳氏以中爲簡者得之。顧簿書何以云中，亦不能得其說」。於是引儀禮盛筭之器的中，爲立說的基點，中是用以盛射箭時記數的籌碼（筭），「考古者簡與筭爲一物」，「射時舍筭，既爲史事……則盛筭之中，蓋亦用以盛簡」；因而斷定「史字從又持中，義爲持書之人」。王氏之說，實承江永之說而加以敷衍。

爲了徹底了解這一問題，我從吳式棻的攈古錄金文及郭沫若的殷契粹編附考釋（台灣影印本），對有關各字，作了一次比較詳細的考查；我首先指出，甲骨文及金文的中字史字，在字形衍變上，並無大分別。王氏以中與□□等爲兩字，實則在金文上係一字。最明顯的證據，中伯壺及中伯壺蓋的中皆作□；仲伯親姬彝之仲，亦作□，並非如王氏所說的伯仲之仲，僅作中。而金文裏常有「入門立中廷」的句型，此中字有時作中（註二），更多的則作□□，盂鼎且作□。也間或有寫作□的（虢仲鬲）。或者可解釋爲特別加上去的□，乃王廷的一種標誌；但其本字爲中，是決無可疑的。口是篆文口字。錯誤的發生，乃在說文通行本的中字篆作□，與史字□上之□相混。其實，段（玉裁）注已謂中字不從口；王筠謂「篆當作中」（註三），即是說不應作□。攈古錄金文卷一之一頁六的所謂手執中彝，手執中觶，頁八之所謂手執中爵，其所謂中字皆作□形，與全書可斷爲中字之形皆不類。所以「手執中」，實際乃是契文的史字。朱駿聲說文通訓定聲謂中字「本義爲矢著正也，」即是矢著於侯布之正鵠；從字形看，當爲可信。射時盛筭之器亦爲中，乃由「矢著正」衍出之義，因舍筭係以射時矢曾否「著正」爲準。由「矢著正」之「正」，引伸而爲中央之中，及伯仲之仲；仲在伯與叔之中，故金文皆作中；更由此而引伸出中正之義。

中由矢著正衍爲射時盛筭之器；其橢圓形之○，始由射鵠聯想而爲器形。更由盛筭之器，衍進而爲盛一般簡策之器，則當爲冊字而不是史字的中。說文二下冊字篆作冊，但我把攈古錄金文中的冊字，約略統計了一下，字形從橢圓形的○，而在左或在右，留一小缺口的，約三十三字。兩冊字平列時，右邊的字缺左，左邊的字缺右。不是兩冊字平列的，絕對多數缺右。橢圓形不缺口的，有十六字。以一直封閉缺口如冊者三字。其作冊形者三字。其作說文之篆法冊者五字。橢圓形中只有一直的是盛筭的中字。橢圓形中有由三直到五直，如冊冊冊的是冊字。中冊兩字的橢圓形，完全是相同的。冊字的橢圓形所以有的留一個小缺口，我以爲是表示一個以上的冊，平列在一起時，便於啣接。其所以出現說文的篆形，是因爲把橢圓形中的五直，將左右兩直，寫在左右的邊線上；便成爲冊形，這在師酉敦的冊字，看得最清楚，乃是由書寫時出一點花頭而來的變形。至於冊，是由這種變形的簡寫。總言之，冊字是由中字演進出來的。其歷程是中冊冊冊冊。契文中已出現冊，由此可知此字成立之早。漢人以中作簡策用的「治中」的中，我以爲本是冊字簡寫的混冊，而爲中。

史字又上之形爲中，此在契文金文篆書裏，皆無二致。由史字所滋生出的吏字事字，其所從之中字亦皆作中；與中字實別爲一形。若謂ㅂ係由刻者書者在○形上所加的一點花樣，則何以甲文金文中近百的史字，竟不曾發現出一個從中形的，而皆爲中形。由此可斷言史字右手所持者並非與射有關的盛筭之中；凡由盛筭之中所聯想出的簿書簡策等，殆皆不能成立。這一錯誤，在許愼對史字的解釋裏，已表現得很清楚。

爲了解決史字的原形原義，我覺得應先從史所職掌的原始職務下手。

二　由史的原始職務以釋史字的原形原義

由許愼至王國維，皆以後世史的職務來推釋史字的形義。而忽視了史的原始職務，是與「祝」同一性質，本所以事神的，亦即原係從事於宗教活動的。其他各種的「記事」職務，都是關連着宗教，或由宗教衍變而來。

殷契粹編考釋第一片郭氏謂「『叀冊用』與『叀祝用』爲對貞，祝與冊有別，祝以辭告，冊以策告也。書洛誥『作冊逸祝冊』，乃兼用二者，舊解失之」。郭氏以冊與祝有別，是對的。以洛誥的「祝冊」爲「兼用二者」，則因不知演變之跡而誤（說見後）。冊是盛簡策之器，同時即指的是簡策。其用途有二：第一，是把告神的話錄在簡策上以便保藏。其次是王者重要活動的紀錄。古代王者的重要活動，亦皆與神有關；故次義亦來自第一義。記錄的文字謂之冊；主管紀錄之人亦謂之冊，所以冊與祝，又皆爲官名。契文中，冊與祝，常見；第四七八片，及五一九片，且「冊祝」連詞。史字較爲少見，更沒有發現「冊史」或「史祝」連詞的。冊祝連詞時，是說明在祭神時，既由冊以策告，復由祝以辭告。

殷代與祝同列的「冊」，周初則稱爲「作冊」。殷代冊與史的關係，我尙沒有明確的了解。周初則「作冊」即是史。不過在稱謂的演變上，則最早多稱作冊，再則有的作冊與史並稱；再則只稱史而不復稱作冊。最可注意的，是尙書洛誥「戊辰，王（成王）在新邑，烝（冬祭）祭、歲。文王騂牛一，武王騂牛一。王命作冊逸祝冊，惟告周公其後。王賓殺、禋、咸格。王入太室祼。王命周公後，作冊逸誥。在十有二月」一段話中的「王命作冊逸祝冊」及「作冊逸誥」的兩句話。曾運乾尙書正讀以「作冊」爲史官名，此與早期金文中之作冊尹，作冊畏互證，當為可信。蓋即來自契文中的「冊」。殷契粹編考釋由第一一一片「王申卜尹貞」起，共有二十一個「尹貞」，郭氏釋為這是貞人的名字；從冊的字形看，大概是特長於契寫的貞人，因而也是很有名位的貞人，其子孫即以他的名為氏。「作冊逸」的「逸」與「佚」通。「作冊」即是史；史的名稱流行後，遂稱為史佚。他是以尹為氏，所以有時又稱為尹佚。尹氏在周代，有的是世其官，有的則政治地位不止於史(註四)。上引洛誥之所謂「祝冊」，說的是將立周公之後於魯的簡策，祝告之於文王武王。周初僅稱一個「冊」字時，則不是官名而係指的簡策。殷契中雖有史字，如粹編考釋第一百一片「史重上甲菁北酒」，第二四一片「祖乙史其卿饗卿，只能看出他與祭祀有關，他的地位似乎不甚顯著。及周初作冊一詞，漸由史所奪後，史之功用因以大著。史的地位也顯得特為重要。

殷契中的冊與祝，皆係祭神時為主祭者對神作禱告的；所以便如前所說，出現了「冊祝」的連詞。及周初「作冊」的官名併而為史，史所繼承的基本任務未變，所以此後便常出現「祝史」的連詞。最可以顯出祝史二者的任務相同的，莫如左昭二十年下面的故事。

「齊侯疥，遂痁……梁丘據與裔款言於公曰，……是祝史之罪也……君曷誅祝固史嚚以辭(解說)賓(來齊問疾之賓)。公說，告晏子；晏子曰，日宋之盟，屈建問范會之德於趙武。趙武曰，夫子之家事治。言於晉國，竭情無私。其祝史祭祀，陳信不愧。其家事無猜，其祝史不祈……若有德之君，其祝史薦信，無愧心矣。……其適遇淫君……其祝史薦信，是言罪也。其蓋失數美，是矯誣也。進退無辟，則虛以求媚，是以鬼神不饗其國以禍之」。

由此可知祝與史，都是在祭鬼神時爲主人講好話以祈福的。但所用的手段則不相同。左成五年，梁山崩，晉侯以傳召伯宗。伯宗……問（問於在途所遇的絳之重人）將若之何？曰，山有朽壤而崩，可若何！國主山川，故山崩川竭，君爲之不舉……祝幣（杜注……陳玉帛也），史辭（杜注：「自罪責也」。竹添光鴻箋「爲君作策以自罪責而謝神」）以禮焉」。左昭十七年「夏六月甲戌朔日有食之」，也是「祝用幣，史用辭」。這都是遇着災異時的特別情形，祝通過賄賂以向鬼神討饒。史則將自責之辭寫在冊上以向鬼神討饒。其實，在一般祭祀時，祝僅作口頭禱告，不一定要用幣。說文一上「祝，祭主贊詞者。從示從人口。」段注「此以三字會意，謂以人口交神也」。史則將禱告之詞，先書之於冊，當着鬼神面前唸出，唸完後，寶藏起來以便傳之將來。所以尚書金縢「公乃自以爲功。爲三壇同墠。爲壇於南方北面，周公立焉。植璧秉珪，乃告太王王季文王，史乃冊祝曰，惟爾元孫某……」「冊祝」是史官把周公欲爲武王代死之意，寫在簡策上(冊)，唸給太王王季文王在天之神聽(祝)，希望得到這三位鬼神的許可。「公歸，乃納冊於金縢之匱中」。這即說明了史所以須先將祝辭寫在冊上的原因。及管蔡流言，說「公(周公)將不利於孺子」。周公避嫌居東。成王遇着「天大雷電以風」的災異，「王與大夫盡弁，以啓金縢之書，乃得周公所自以爲功代武王之說。二公及王，乃問諸史，與百執事。對曰，信。噫，公命我勿敢言」。這便說明了把祝神之冊保留起來的意義。由此，我可以對史字的原形原義，加以解釋。

史字通行說文本篆作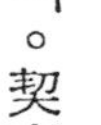。契文則作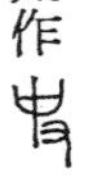；金文中有四種寫法，一作，與契文全同。一作，一作一作。按若作，則丨與不相關連，不能有說文之所謂「持中正」的「持」字意義。許氏用一「持」字，則他所看到的史字的篆法，必作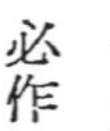，或而不應作。作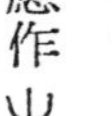，乃出自一時寫刻的疏忽，或

來自摹寫之訛。據古錄金文錄有五件師酉敦的銘文；第一件師酉敦的史字作□，其餘四件皆作□。寰盤銘文有兩個史字，一作□，一作□。所錄五件頌敦銘文，一作□，餘皆作□或□。此例尚多。由此可以斷定，史字之原形應作□或作□。從口，與祝之從口同。因史告神之辭，須先寫在冊上。故從□，□像右手執筆。將筆所寫之冊，由口告之於神，故右手所執之筆，由手直通向口。

三　史職由宗教向人文方面的演進

將重要的語言與事情，寫在簡策之上，這在古代，必須是文化水準高的人才能作。史與祝同科，但因史較祝的文化水準高，所以史的職務便不斷發展，而史中的人才亦因之畢出。史所寫的簡策，首先是事神的，在周初大概稱為「冊」。金文中有奉冊之形，有「守冊」之文（註五），由此可知冊的聖神性。其次是王者詔誥臣下的，在周代大概是稱為「冊命」。洛誥「王（成王）賓殺禋咸格，王入太室祼。王命周公後，作冊逸誥」。這是說，史（作冊）逸把成王封周公後於魯的事，書之於策，並誥示天下。此處逸所誥者應稱為「冊命」。尚書顧命「太史秉書，由賓階隮，御（進）王冊命」；此處的冊命，是太保代成王（「攝成王」）冊命「元子釗」繼承王位的。此冊命係由「太史秉書」。金文中「王呼史冊命」的事屢見（註六）。祭神的「冊」，王者詔誥臣下的「冊命」，是史在西周時代的兩大基本職務。

現更通過左氏傳等，對春秋時代史的任務，作全面性的考察。史的第一職務，當然是在祭神時與祝向神禱告。左莊三十二年「秋七月，有神降於莘」，據國語周語，惠王聽內史過的話，「使太宰忌父帥傅氏及祝史奉犧玉帛往獻焉」。左氏傳「虢公使祝應宗區史嚚享焉」。閔公二年「狄人囚史華龍滑與禮孔，以逐衛人。二人曰，我太史也，實掌其祭。不先，國不可得也」。昭公十七年「夏六月甲戌朔，日有食之，祝史請所用幣」。及昭公二十年「齊侯疥，遂痁」，梁丘據請誅祝固史嚚以向問疾之賓作解說，意思是認爲齊侯之疾病，乃由祝史對神的禱告不得力。說文三上「嚚，語聲也」。號史齊史，皆以嚚爲名，可知史在向神唸冊文時，非常重視聲調；由此而可以補充史字從口的意義。

史的第二任務是專主管筮的事情。就現代知識的要求來說，筮的起原，亦即是周易的起原，還不能十分了解。易傳雖將「卜筮」「蓍龜」並稱（註七），然春秋時代，卜與筮，分明是兩個系統。據儀禮及左氏傳（註八），主卜者一般皆稱爲「卜人」或「卜士」（註九）。其因卜而見名於左氏傳者晉有卜偃（註十）秦有卜徒父（註十一）。梁有卜招父（註十二）。其中以卜偃最爲特出；餘則除卜技外無所表現，不能與史中之人材相比並。左僖四年「初晉獻公欲以驪姬爲夫人，卜之不吉。筮之吉。公曰從筮。卜人曰，筮短龜長，不如從長」。則卜筮係兩個系統，甚爲明顯。且左昭元年鄭子產聘晉，問晉侯之疾，叔向問他「卜人曰，實沉臺駘爲祟，史莫之知，敢問此何神也」。卜人所卜出來的爲祟之神，須問之於史，而史不知，則其爲兩個系統更明。左僖十五年「初晉獻公筮嫁伯姬於秦，遇歸妹之睽，史蘇占之曰，不吉」。左僖二十八年「晉侯（文公）有疾，曹伯之豎侯獳貸筮史，使曰，以曹爲解」，終得到「復曹伯」的效果。左襄九年「穆姜薨於東宮。始往而筮之，遇艮之八。史曰，是謂艮之隨，隨其出也」。左襄二十五年崔武子欲妻齊棠公之妻，「武子筮之，遇困之大過，史皆曰吉」。左成十六年，晉楚鄢陵之戰，「公筮之，史曰吉。其卦遇復」。國語晉語「公子（重耳）親筮之曰，尚有晉國；得貞屯悔豫，皆八也。筮史占之，皆曰不吉」。以上都是由史主筮的證明。左哀九年「晉趙鞅卜救鄭，遇水適火，占諸史趙史墨史龜」。以史而占龜之兆，這是越卜人而借重於三位名史，不是常制。至禮記玉藻「卜人定龜，史定墨，君定體」，月令「命太史釁龜筴，占兆，審卦吉凶」。這大概是春秋以後，卜筮系統，漸混而不分的情形，非原來即是如此。

史的第三任務，爲主管天文星曆，以推動適時與農業生產有關的措施。國語周語「宣王即位，不籍千畝，虢文公諫曰……古者太史順時覛土。陽癉憤盈，土氣震發。農祥（注房星也）晨正，日月底於天廟（注：營室也），土乃脉發。先時九日（注：先立春九日），太史告稷曰，自今至於初吉（注：二月朔日也）陽氣俱蒸，土膏其動。弗震弗渝，脉其滿眚，穀乃不殖」。由此可以推知天文星曆，皆是史的職掌（註十三）。

因史主祭祀占筮，及天文星曆，與天神地祇人鬼，關係密切，所以他的第四任務，便又成爲災異的解說者。左莊三十二年「秋七月，有神降於莘。惠王問諸內史過曰，是何故也」。左僖十六年「春，隕石於宋五。隕星也。六鷁退飛過宋都，風也。周內史叔興聘於宋，宋襄公問焉，曰，是何祥也，吉凶焉在」？左昭二十九年「秋，龍見於絳郊，魏獻子問於蔡墨」。左哀六年「是歲也，有雲如衆赤鳥，夾日以飛，三日。楚子使問諸周太史」，皆其明證。

史的第五任務是錫命或策命。儀禮覲禮「天子賜侯氏以車服……諸公奉篋服加命，書於其上，升自西階東面，太史是右（注：乃居其右）。侯氏升，西面立，太史述命，侯氏降兩階之間，北面再拜稽首，升成事。太史加書於服上，侯氏受……」這是錫命。國語周語「襄王使邵公過及內史過錫晉惠公命」。這即是錫（賜）之命圭的錫命。禮記祭統「古者明君，爵有德而祿有功，必賜爵祿於太廟，示不敢專也。故祭之日，一獻，君降立於阼階之南，南鄉。所命北鄉。史由君右執策命之」。左僖二十八年「王（襄王）命尹氏及王子虎內史叔興父策命晉侯爲侯伯」。這是天子派到諸侯之國去策命。左襄三十年鄭「伯有旣死，使太史命伯石爲卿」。這是諸侯國內的策命。

史的第六任務是掌管氏族的譜系。左襄十年（晋）以偪陽子歸……偪陽妘姓也，使周內史選族嗣，納諸霍人，禮也」。國語魯語「故工史書世。宗祝書昭穆」。晋語「知果別族於太史爲輔氏」。由上面的材料，可以推知形成封建政治骨幹的宗法制度中之氏族的譜系，都是由史所記錄，因而也參與了這一方面的工作。因爲這種原因，周室的內史，也常擔任聘使諸侯，以加强宗法中的「親親」的責任。左僖十六年，「周內史與聘於宋」。左文元年春「王使內史叔服來會葬」。即其例證。

就史所紀錄的內容說，最重要的發展，是由宗教的對象，進而紀錄到與宗教無直接關係的重要政治活動。這是史由宗教領域，進入到人文世界的重要關鍵。禮記玉藻「天子……玄端而居，動則左史書之，言則右史書之」。把言與動分屬於左右史的各別紀錄，這是出自漢初儒者，喜作機械性的對稱分別，有如「剛日讀經，柔日讀史」之類，是不能相信的。但史之有左右，而天子的重要言行，皆由史加以記錄，則可以相信。所以左莊二十三年曹劌諫魯莊公如齊觀社中有「君擧必書」的話。執行書的任務的當然是史。左宣二年晋太史董狐書「趙盾弒其君」，孔子稱其「書法不隱」。左襄二十五年「齊崔武子弒齊君，太史書曰，崔杼弒其君。」。上面是兩個有名的故事。左襄二十一年「衞寧子疾，召悼子曰，吾得罪於君，悔而無及也，名藏在諸侯之策」。是列國又互相記錄。左襄二十三年「將盟臧氏。季孫召外史掌惡臣而問盟首焉」。杜注：「惡臣諸奔亡者也。盟首，載書之章首也」。國內逃亡之惡臣，猶爲外史所書，則國內供職之臣的重要言行，亦必爲內史太史所書。左襄二十九年「晉侯使司馬女叔侯來治杞田（注：「使魯歸前侵杞田也」），弗盡歸也」。晉悼夫人是杞女，對叔侯很憤恨。叔侯在解釋中曾說「魯之於晉也。職貢不乏，玩好時至。公卿大夫，相繼於朝。史不絕書」。由此可知列國間朝聘乃至兵戎之事，必爲史所書。綜上所述，史把國內及國際間的人物與事情，都加以記錄了。再加上時曆爲史所掌管，自然形成深刻地時間觀念。將人與事的紀錄，和時間相結合，這便出現了「百國春秋」（註十四），使史學在中國古代，已有了普遍的發展。而春秋時代出色的史官，除自己所記錄者外，更具備了豐富的歷史知識；對於茫昧的古代某些方面的情形，隨時加以口述，如數家珍，即使給他們以現代所流行的「史學專家」的名稱，他們當之亦略無愧色。例如左昭二十九年，晉史蔡墨答衞獻子因「龍見於絳郊」而發出「吾聞之，虫莫知於龍，以其不生得也。謂之知，信乎？」之問，而對豢龍氏御龍氏的歷史，及「五行之官」「社稷五祀」等，原原本本，一口氣作了四百八十一字的陳述；把極複雜的事實，說得有條有理；並引乾坤二卦中所述之龍，以證明在古代，龍本是「朝夕見」的東西。其中雖含有傳說史的特性；但蔡墨從「人實不知，非龍實知」起，全般作了合理性的處理與合理性的解釋。又如左昭三十二年晉史墨（即蔡墨）答趙簡子「季氏出其君而民服焉……何也」之問，而說出「社稷無常奉，君臣無常位，自古以(已)然。故詩曰，高岸爲谷，深谷爲陵。三后之姓，於今爲庶，主所知也」的對歷史發展中的重大規律，把握得這樣的確實而刻深，這不是沉浸貫通於歷史之中，斷不能具備這種突破時代的史識。同時，對魯國的情形，及季氏的歷史，說來眞是瞭如指掌。由此可以推見當時史官所達到的水準。春秋時代「博物」的賢士大夫，如子產之流，殆皆得力於史官之教。再加以國家的典籍，皆藏於太史氏（註十五），於是可以得到這樣的結論：我國古代文化，由宗教轉化而爲人文的展開，是通過古代史職的展開而展開的。文化的進步，是隨史官文化水準的不斷提高而進步的。史是中國古代文化的搖籃，是古代文化由宗教走向人文的一道橋梁，一條通路。黃帝之史倉頡造字，不過是一種傳說。但史因紀錄的要求，因而發明文字，這是很自然而合理的。大篆出於宣王太史籀，小篆除李斯趙高外，有太史令胡母敬的博學篇，文字與古代之史不可分，也是無可懷疑的。史由文字的紀錄與保管，而得到歷史知識，由歷史知識而得到人類行爲的經驗教訓，由此以開出有關人文方面一切學問，也是很自然而合理的。漢書藝文志，以諸子百家出於王官，乃依稀彷彿之談。欲爲中國學術探源索本，應當說中國一切學問皆出於史。

這裏附帶把古代可以考見的史官名稱交代一下，通過契文、金文、尙書、左傳、國語等可信的材料，殷代已如前所述，出現有史字，但其地位似不如巫、祝、貞人等的顯著。周代文化的特徵，可由史職的發達而加以說明。有天子之史，有諸侯之史，卿大夫或且有私史（註十六）。史的名稱，有內史，外史，太史，小史（註十七），左史（註十八），右史（註十九）。其僅稱史者，多爲泛稱或對太史而言之次一級的史官，亦即尙書金縢之所謂「諸史」。金文之中亦偶有女史相史的名稱（註二〇）。由尙書酒誥、立政、顧命所排列之次序，及周書商誓（哲）第四十三王會第五十九中，太史之任務看，周初的太史地位，在內史之上。但由左氏傳看，則春秋時代，甚至可推及西周中期以後之金文，內史的地位又似在太史之上。殆以內史近王近君，因與權力中心接觸之遠近而決定實際之地位。秦以內史掌治京師（註二一），乃是繼承此一傾向，遂脫離了原有史的職掌。

四　宗教精神與人文精神的交織與交融

因爲春秋時代，史綰帶着鬼神與人間兩方面的任務，所以對當時政治問題，史依然保持着傳統的宗教判斷。例如左昭八年「冬十一月壬午（楚）滅陳」「晉侯問於史趙曰，陳其遂亡乎？對曰，未也。公曰何故？對曰，陳顓頊之族也。歲在鶉火，是以卒滅，陳將如之。今在析木之津，猶將復出。且陳氏得政於齊，而後陳卒亡。自幕至於瞽瞍無違命，舜重之以明德，寘（遺留）德於遂（奉舜祀之國名），遂世守之。及胡公不淫，故周賜之姓，使祀虞帝。臣聞盛德必百世祀。虞之世數未也。繼守將在齊，其兆既存矣」。史趙判斷陳不會遂亡，是宗教性的判斷。但他的根據有二，一是星相學；這是因史主管天文，中國的星相學，可能即是史的副產品。另一是道德的報應說，這是史臣把歷史知識及他們的願望混合在一起所構成的。此在司馬遷著史記時，仍有很大影響。又左昭三十二年「夏，吳伐越。史墨曰，不及四十年，越其有吳乎？越得歲而吳伐之，必受其其災」。這也是以星相學爲根據的宗教性的判斷。此類判斷，我推測，在當時必相當流行，其中也夾有人事觀察的因素在裏面。史對於自己的判斷沒有效果的，人情上便未加記載。其因「多言而中」（註二二）的，在人情上便記載下來，不應懷疑是寫左氏傳的人追加的。

但最有意義的，是這些史官們，通過他們神人備載，古今備閱的特殊機會，使他們能乘載着宗教，以直接通向人文，這便使中國原始宗教在文化中失掉了劃疆堅守，以與人文相抗拒的固定疆域；把中國文化，推向全面的人文擴展。左桓二年春宋督殺孔父而弑殤公，召莊公於鄭而立之，以郜大鼎賂魯桓公。夏四月，取郜大鼎納於太廟，臧哀伯作了一次極有意義的諫爭，把當時宗廟的重大禮節，作了人文修養的解釋，說出了「國家之敗，由官邪也。官之失德，寵賂章也。郜鼎在廟，章孰甚焉」的一段非常有意義的話。「周內史聞之曰，臧孫達其有後於魯乎，君違，不忘諫之以德」。對臧孫達的預言，完全根據政治上的人文因素。左莊三十二年「秋七月，有神降於莘……內史過往，聞號請命，反曰，號必亡矣。虐而聽於神。神居莘六月，號公使祝應宗區史嚚享焉，神賜之土田。史嚚曰，號其亡乎？吾聞之，國之將興，聽於民；將亡，聽於神。神，聰明正直而壹者也，依人而行。號多涼德，其何土之能得」。認定國的命運，是決定於民，決定於人君之德，而不是決定於神，神是「依人而行」，不是人依神而行。這種對政治的合理思考，不出自祝應，不出自宗區，而出自史嚚，是來自史嚚由歷史經驗而來的智慧。左僖十六年「春隕石於宋五，周內史叔興聘於宋，宋襄公問焉曰，是何祥也，吉凶安在？對曰，今茲魯多大喪。明年齊有亂。君將得諸侯而不終。退告人曰，君失問。是陰陽之事也，非吉凶所生也。吉凶由人。吾不敢逆君故也」。他在宋襄公面前所說的預言，乃來自他在政治、人事上的觀察，實與隕石於宋五一事無關；只因宋襄公認定他是宗教中人，所以便在宗教的架子裏發問，他只好把平日觀察所得的，套上宗教的外衣以作答。實則「吉凶由人」，他早已從宗教中轉到人的自身上了。既已轉到人的自身上，於是他們的精神，不是對鬼神負責，而係對人負責。

不過，從宗教轉向人文，只是捨掉宗教中非合理的部分，轉向於人文合理基礎之上；但宗教精神，則係發自人性不容自已的要求，所以在轉化中，不知不覺地織入於人文精神之中，進而與其融爲一體，以充實人文精神的力量。於是在中國人文精神中含有宗教精神的特色。

所謂宗教精神，可概舉兩點。一是鬼神世界的存在，以滿足人類永生的要求。但觀於左昭七年晉趙景子問子產作「伯有猶能爲鬼乎」之問，足證當時對鬼神世界的信念，已甚爲稀薄。在左襄二十四年晉范宣子以范氏由虞唐以迄晉的歷史，爲范氏的死而不朽，此即以歷史代替宗教永生的徵驗。這是推進史學發展的重大因素。另一則是以神的賞善罰惡，爲神對人類前途提供保證的精神；這也可以說是神突破人世間一切阻力，對人類所作的審判。史向人文演進後，其最大任務，即在紀錄人世重要行爲的善惡，昭告於天下後世。他們在實行此一任務時，感到這是將人類行爲的善惡，交付史的審判，以代替神的審判。而當時貴族的心理，也是不害怕神的審判，卻害怕史的審判。下面所引的故事，只有由此種觀點，始能加以解釋。左襄二十一年：

「衛甯惠子疾，召悼子曰，吾得罪於君，悔而無及也，名藏在諸侯之策，曰，孫林父甯殖出其君。君入，則掩之。若能掩之，則吾子也。若不能，猶有鬼神，吾有餒而已，不來食矣。悼子許諾，惠子遂卒。」

甯殖（惠子）逐了衛君，使他死後的鬼，寧餒而不食的，不是在鬼神世界中所受的審判，而是「名在諸侯之策」的這種史的審判。所以他囑咐他兒子（悼子）的，不是爲他向鬼神祈禱，而是要迎入衛君以掩蓋他「出其君」的行爲，因而使諸侯之策得以改寫。這是史的審判，代替了神的審判的顯例。特出的史官，實際正是以「代天行道」的宗教精神，來執行他們的莊嚴任務。左宣二年：

「乙丑，趙穿殺靈公，宣子（趙盾）未出山而復。太史書曰，趙盾弑其君，以示於朝。宣子曰不然。對曰，子爲正卿，亡不越境，反不討賊，非子而誰？宣子曰，嗚呼，詩曰，我之懷矣，自詒伊戚，其我之謂矣。孔子曰，董狐，古之良史也，書法不隱。趙宣子，古之良大夫也，爲法受惡。惜也，越境乃免」。

在上面的故事中，首先我們應當了解的，董狐那樣的寫，並不僅是一般所說的「誅心之論」，而是當時已有一種作爲記錄準據的「書法」，董狐只是「書法不隱」；而趙盾也是「爲『法』受惡」。其次應當了解的，這種書法的意義，是在追究問題的根源以表達問題的眞實，使有權勢者無所逃避。沒有趙盾的背景及趙盾的動機，趙穿便不會弒君。弒晉靈公的是趙穿；而唆使趙穿動手的是趙盾；最大的證明是逃亡而不出境，以待靈公之死；反朝後又不討賊，以縱趙穿之惡。司馬遷在史記封禪書贊中說「具見其表裏」，趙穿是表，而趙盾是裏。事實的眞相，在裏而不在表。但在裏的眞相，經常是與政治權威結合在一起的。董狐這種書法，是把由權威而來的危險置之度外的一種書法。而在此一書法的後面，實有一種「代天行道」的宗教精神來要求他，支持他。趙盾的「自詒伊戚的『嗚呼』」，乃是來自此一書法的莊嚴性，審判性。左襄二十五年：

齊崔杼弒齊莊公「大史書曰，崔杼弒其君。崔子殺之。其弟嗣書，而死者二人。其弟又書，乃舍之。南史氏聞大史盡死，執簡以往。聞旣書矣，乃還」。

在這一故事中，爲了要寫出「崔杼弒其君」五個字，犧牲了三條人命，還有兩個人走向生死的邊緣，這不是西方「愛智」的傳統所能解釋的。因爲他們感到站在自己職務上，代替神來作一種莊嚴地審判，値得投下自己的生命。崔杼爲這五個字而殺了無辜的三個史官，因爲他也感到這五個字是對他作了絕望的審判。由此可知晉董狐之未被殺，乃是一種徼倖；所以孔子於讚美董狐之後，又贊美趙盾爲「古之賢大夫」。在中國的文字獄中，以由史學而來的文字獄，最爲慘酷，亦可由此見其端倪，得到解釋。

五　史的特出人物

古代良史的姓名與業績，多已湮沒無聞。這裏僅就今日可以知道的，略加撮錄。當然有不少遺漏了的。

呂氏春秋先識覽「夏太史令終古，出其圖法而泣之。夏桀迷惑，暴亂愈甚，太史令終古，乃出奔如商。……殷內史向摯，見紂之愈暴亂迷惑也，於是載其圖法出亡之周。」此一記載，經過了後人的塗飾，但在基本上是合理的，可能是眞實的。現在可以知道的周初良史，是前面已經提到的洛誥中的「作册逸」。即是後來所稱的尹佚、史佚。這是由宗教通向人文的關鍵性人物。茲先將有關的材料簡錄在下面：

一、左僖十五年十一月秦晉韓之戰，秦獲晉侯。公子縶認爲「不如殺之」，子桑則認爲應當「歸之」，引史佚之言「曰，無始禍，無怙亂，無重怒。怒重難任，陵人不祥。乃許晉平」。

二、左文十五年夏，齊人歸公孫敖之喪，其從父兄弟「襄仲欲勿哭。惠伯曰…史佚有言曰，兄弟致美，救乏，賀善，弔災，祭敬，喪哀……襄仲說，帥兄弟以哭之」。

三、左宣十二年「辛未，鄭殺僕叔及子服。君子曰，所謂勿怙亂者謂是類也」。

四、左成四年「秋公至自晉，欲求成于楚而叛晉。季文子曰，不可……史佚之志有之曰，非我族類，其心必異。楚雖大，非吾族也。其肯字我乎。公乃止」。

五、左襄十四年「晉侯問衛故（衛逐其君）於中行獻子。對曰，不如因而定之。……史佚有言曰，因重而撫之……君其定衛以待時乎」！

六、左昭元年「（楚）公子干奔晉，從車五乘。叔向使與秦公子（后子）同食（同祿）……使后子與子干齒，辭曰（秦后子）……且臣與羈齒，無乃不可乎？史佚有言曰，非羈何忌」。

七、國語周語下「晉羊舌肸（叔向）聘於周，發幣於大夫，及單靖公。靖公享之，儉而敬……單之老送叔向，叔向告之曰，異哉。吾聞之曰，一姓不再興。今周其興乎？其有單子也。昔史佚有言曰，動莫若敬。居莫若儉。德莫若讓。事莫若咨。單子之貺我禮也，皆有焉」。

八、淮南子道應訓「成王問政尹佚曰，吾何德之行，而民親其上？對曰，使之時而敬順之。王曰，其度安至？曰，如臨深淵，如履薄冰。王曰，懼哉王人乎？尹佚曰，天地之間，四海之內，善之則吾畜也。不善，則吾讎也。昔夏商之臣，反讎桀紂而臣湯武。宿沙之民，皆自攻其君而歸神農；此世之所明知也。如何其無懼也」。

據（四）的「史佚之志」的話，則史佚有專書，是可以相信的。雖無從斷定其爲自著或由他人所輯錄。漢書藝文志墨家類以「尹佚二篇」冠首，大概因墨子明鬼，史佚主鬼神之事；其中當有一部份是有關鬼神的紀錄。墨子主儉，而史佚亦主儉。但由上面所錄材料，他所留給後人的教訓，皆與鬼神無關，而係由歷史經驗所得的各方面的智慧。賈誼保傅篇「明堂之位曰……博聞强記，捷給而善對者謂之承；承者承天子之遺志者也；常立於後，是史佚也。」賈氏所引明堂之位，將史佚與周公太公召公，並列爲「四聖」。此雖係出於戰國時代儒家的緣飾，不一定是周初史實；但由此可知史佚在古代文化中的重要地位。

史佚之外，尚可提出五人。一是左襄五年晉魏武子（絳）所稱述的「昔周辛甲之爲太史也」的辛甲，杜注：

「周武太史」。他「命百官官箴王闕」魏武子所述的「芒芒禹跡，畫爲九州」的虞箴，表現了他的地理和知識及歷史興亡的智慧。其次是孔子在論語中稱引的「周任有言曰，陳力就列，不能者止」的周任，馬融謂爲「古之良史」，我推測應當是周室之史，所以稱爲「周任」。左昭五年的「仲尼曰」又引有「周任有言曰」當政者不賞私勞，不罰私怨」。左隱六年的「君子曰」中也引有「周任」有言，曰爲國家者見惡如農夫之務去草焉，芟夷薀崇之，絕其本根，勿使能殖，則善者信矣」。他所說的都是有關政府的大端，當然要算是良史。

又其根是宣王幽王時代的史伯。國語鄭語記鄭始封之君桓公在爲周室司徒時「問於史伯曰，王室多故，余懼及焉，其何所可以逃死」？在史伯的答復中，對各國的地理形勢，各國與周室的政治因緣，及各國國內的政治情形與錯綜複雜的利害關係，可以說是瞭如指掌。更由古代歷史，以考查各國先世的情形，以推斷他們以後的發展。而把褒姒的來源，上推及於夏代，經過如何的曲折，一直到「使至於後」，而斷定其「天生之此久矣，其爲毒也大矣」；「凡周存亡，不三稔矣」；而勸桓公「寄孥與賄」於虢鄶，遂奠定桓公開國的基礎。他若不是史，便很難對歷史與地理及各國內情，有這樣豐富的知識。沒有這些豐富的史地知識作基礎，便不可能有這樣的遠見。

再其次是周襄王時代，亦即是魯僖公時代的內史過及內史興。國語周語「襄王使邵公過及內史過賜晉惠公命（魯僖十一年），呂甥郤芮相晉侯不敬，晉侯「執玉卑，一拜不稽首」，內史過在襄王面前引夏書及盤庚爲根據，而推論「晉不亡，其君必無後。且呂郤將不免」。在他這段話中，把祭祀儀節中所含的精、忠、禮、信的意義，及此四者乃「長衆使民之道」的原因，說得條理暢達，這正反映出由宗教通向人文的智慧。其三是周語所記「襄王使太宰文公及內史興賜晉文公命」，內史興因晉文公「逆（迎）王命敬，奉禮（行合於禮）義成（而成之以義）」，而推出「且禮所以觀忠信仁義也」；更由忠信仁義以推出分、行、守、節度的四種具體內容；由四種具體內容而推出均、報、固、度四種效果。更由此四種效果而推出在政治上的無怨無匱不偷不攜（離）的四種成就（註二三），層層推出，無不合理。由此可以了解禮的發展，是通過主管之史，將人文精神，及客觀需要，不斷注入到裏面去，使禮的生命，得到合理的成長；再由成長的生命，推演向現實的人文世界的。應從這種地方去把握由春秋以迄西漢，許多賢人君子所說的禮的意義。

但周初從「殷人尚鬼」的文化中轉出人文精神的，周公當然比史佚及其他史官更爲重要。周公不是史；他的才藝，可以從時代經驗而得，不必倚賴歷史經驗。但他肯定人的禍福是決定於人自己的行爲，而不是決定於神，因而强調了「敬德」「明德」的觀念。更明確表示決定政治興亡的是人民；天的視聽，係由人民的視聽而見；因而決定政治的基本任務在於愛民。並將他的父親文王的偉大宗教精神（註二四），作徹底地道德人文的解釋。這在三千年前，宗教還佔有支配地位的時代，他自己也是宗教中的人物（註二五），而他的智慧，確突出了他所處的時代的限制，這便不可能僅靠時代經驗，而必須在歷史經驗中得到啓迪。換言之，假定承認周公在歷史文化上是一個創造性的人物，則他的創造動力，是來自他的豐富歷史知識。大誥完全是以「寧王遺我大寶龜」「上帝命」爲立言的根據。康誥則要康叔「往敷求於殷先哲王，用保乂民」。「別求聞由古先哲王，用康保民」。並「我時其惟殷先哲王德，用康乂民作求」。酒誥「王曰封，我聞惟曰，在昔殷先哲王廸（道也），畏天顯小民，經（行）德秉哲。自成湯咸（延）至于帝乙；成王（成其王功）畏，相（尙）惟御（治）事，厥裴（輔）有恭；不敢自暇自逸，矧曰其敢崇飲」。「我聞亦惟曰，在今後嗣王（謂紂）酣身……惟荒腆於酒……辜在商邑，越殷滅國，無羅（附麗）」多士「我聞曰，上帝引逸（牽引之使不至於放逸）。有夏不適（節）逸……厥惟廢元命，降致罰。乃命爾先祖成湯革夏，俊民甸四方。自成湯至於帝乙，罔不明德愼祀……在今後嗣王(紂)……罔顧於天顯民祇。惟時上帝不保，降若茲大喪」。「惟爾知，惟殷先人有册有典，殷革夏命」。無逸「周公曰，嗚呼，我聞曰，昔在殷王中宗，嚴恭寅畏，天命自度，治民茲懼，不敢荒寧。肆中宗之享國，七十有五年。其在祖甲，不義惟王，舊爲小人。作其及位，爰知小人之依，能保惠於庶民，不敢侮鰥寡。肆祖甲之享國，三十有三年。自時厥後立王，生則逸。生則逸，不知稼穡之艱難，不聞小人之勞，惟耽樂之從。自時厥後，亦罔或克壽，或十年或七八年，或五六年，或四三年。周公曰，嗚呼，厥亦惟我周太王王季，克自抑畏。文王卑服（作卑下之事），即康功（制器）田功（種田），徽柔懿恭，懷保小民，惠鮮（斯）鰥寡。自朝至於日中昃，不遑暇食，用咸和萬民。文王不敢盤（樂）於游田，以庶邦惟正之供。文王受命惟中身，厥享國五十年」。君奭「公曰君奭，我聞在昔，成湯既受命，時則有若伊尹，格于皇天。在太甲，時則有若保衡。在太戊，時則有若伊陟臣扈，格於上帝。巫咸乂王家。在祖乙，時則有若巫賢。在武丁，時則有若甘盤。率惟茲有陳（久）保乂有殷。故殷禮陟配天，多歷年所」。多方「亦惟有夏之民，叨懫日欽，劓割夏邑。天惟時求民主，乃大降顯休命於成湯，刑殄有夏」。「乃惟成湯，克以爾多方簡（擇），代夏作民主……以至於帝乙，罔不明德愼罰，亦克用勸……今至於爾辟（紂）弗克以爾多方享天之命」（註二六），立政亦歷言夏殷用人之得失及文王用人之方。由此可知周公由夏殷兩代所吸收的經驗之深刻豐富，成爲他開創時代，啓廸後世的源泉，動力。推測他曾從史佚及其他良史作過勤勉的學習，是不爲過的。

國語分爲二十卷，記周及其他七國之事，而晋獨有九卷；竹書紀年，出於戰國魏襄王墓，亦即是出自晋國；此非僅因其國大事繁，蓋亦因其良史輩出，有良好之紀錄足據。秦在春秋時代的前期，其地位已極重要；而國語獨缺秦語。史記六國年表序「秦既得意，燒天下詩書，諸侯史記尤甚，爲其有所刺譏也……獨有秦記，又不載日月，其文略，不具」。今證以一九七五年底在湖北雲夢縣睡虎地出土的一批秦簡中，有起自秦昭王元年至始皇三十年的大事記。在八十九年中，只有昭王五十六記有「九月」「正月」；始皇的三年四年六年七年十一年十二年十六年十八年二十年二十七年，每年記有一個月。此外概未記月，當然更未記日。所以史公的話是可信的。其主要內容爲極簡單的攻戰事實，間或有秦王生卒及少數人之死的記載。如：

昭王元年（無記載），二年攻皮氏。三年（無記載），四年攻封陵。五年歸蒲反（坂），六年攻新城。七年新城陷。八年新城歸。九年攻析。十年十一年十二年（皆無記載），十三年攻伊闕（闕）……

由這種史的記載，秦因雜西戎之俗而文化低落的情形，可以想見。爲秦敞開接納文化之門的是呂不韋的門客。呂不韋貶死後，呂的門客，還繼續在秦活動。

晋的良史，除董狐外，今日可以知道的還有史趙史蘇史墨史龜，左襄三十年，「於是魯使者在晋，歸以語諸大夫(論絳縣老人稱生四百四十有五甲子的年齡事)。季武子曰，晋未可媮也……有史趙師曠而咨度焉……其朝多君子，其庸可媮乎？勉事之而後可」。左昭八年「游吉(子太叔)相鄭伯以如晋，亦賀虒祁(新建成宮名)也。史趙見於子太叔曰，甚哉其相蒙也。可弔也，而又賀之」。可見他是由晋君的侈泰以見晋之衰弊。史墨，左昭二十九年稱蔡墨，左昭三十二年左哀九年稱史墨；而左哀二十年及國語晉語又稱史黯。左哀二十年「王(吳王夫差）曰，溺人必笑(此時越圍吳，吳即將亡)，吾將有問也，史黯何以得爲君子？(晉楚隆)對曰，黯也進不見惡(杜注：時行則行)，退無謗言(杜注：時止則止)。王曰，宜哉」。論語「子謂顏淵曰，用之則行，舍之則藏，惟我與爾，有是夫」(述而)。由此可知，此在當時是很有修養的人才可以作到。呂氏春秋先識覽「晉太史屠黍見晉之亂也，見晉公(出公)之驕而無德義也，以其圖法歸周。周威公見而問焉，曰，天下之國孰先亡，對曰，晉先亡」；「中山次之」，並歷舉其「先亡」「次之」的原因，卒有徵驗。這可能要算晉國最後的一位良史。

衛之良史，有史狗史鰌。左襄二十九年「吳公子季札……適衛，說蘧瑗、史狗、史鰌、公子荆、公叔發、公子朝。曰，衛多君子，未有患也」。左定十三年「初，衛公叔文子朝而請享靈公，退見史鰌而告之。史鰌曰，子必禍矣，子富而君貧……子臣，可以免。……戍也驕，其亡乎……驕而不亡者，未之有也」。

楚的良史，今日可以考見的是左史倚相。左昭十三年，楚靈王次於乾谿，向右尹子革說左史倚相，「是能讀三墳五典，八索九丘」，以極稱其博。但左史倚相的情形，以國語楚語下面的記錄較爲具體。

「左史倚相廷見申公子亹，子亹不出，左史謗之。舉伯以告，子亹怒而出曰，女無亦謂我老耄而舍我，而又謗我。左史倚相曰……昔衛靈公年數九十有五矣，猶箴儆於國曰，自卿以下，至於師長士，苟在朝者，無謂我老耄而舍我……於是乎作懿戒(韋注：昭謂懿詩大雅抑之篇也）以自儆也……周書曰，文王至於日中昃，不遑暇食，惠於小民，唯政之恭。文王猶不敢驕，今子老楚國而欲以自安也……楚其難哉。子亹曰，老之過也，乃驟見左史」。

「王孫圉聘於晉，定公享之，趙簡子鳴玉以相，問於王孫圉曰，楚之白珩猶在乎……其爲寶也幾何矣？曰，未嘗爲寶。楚之所寶者曰，觀射父能作訓辭以行事於諸侯，使無以寡君爲口實。又有左史倚相，能道訓典以敘百物，以朝夕獻善敗於寡君，使寡君無忘先王之業。又能上下說於鬼神，順其欲惡，使神無有怨痛於楚國」。

王孫圉對左史倚相的稱述，把一位特出之史的博學、智慧，及其傳統的宗教任務，都表達出來了。韓非子說林下「越已勝吳，又索卒於荆而攻晉，左史倚相謂荆王曰，夫越破吳，豪士死，銳卒盡，大甲傷。今又索卒以攻晉，示我不病也，不如起師與分吳。荆王曰善，因起師而從越，越……乃割露山之陰五百里，以賂之」。是左史倚相的年壽甚高。

六　孔子的學問與史的關係

古代史官的地位的失墜，是來自兩方面。一是他們所主管的鬼神，在政治中逐漸減輕原來的分量；二是他們由作册而來的知識，除星曆外，已散播於貴族，且進而下逮於平民，失掉了由史而來的知識上的專業性。孔子生於魯襄公二十二年（西前五五一），卒於哀公十六年（西前四七九）（註二七）。這正是各國的良史，最活躍的時代。他的學問，是來自兩方面。一是以學思並用的方法（註二八），及「發憤忘食」（註二九）「學如不及」的精神（註三〇），求之於歷史（註三一），求之於時代（註三二）的知識的追求。另一是來自他的「君子無終食之間，違仁。造次必於是，顚沛必於是」（註三三）的精神，以「主忠信」「自訟」「內省」「

克己復禮」的方法（註三四），畢生於道德的實踐，終於在自己生命之內，發現道德的根源（註三五），以奠定人格尊嚴，人類互愛互助的基礎。他從歷史、時代所追求到的知識，因道德的踐履，而得到提煉，而進入深醇，而歸於博大。例如「克己復禮，仁也」這句話，他本是得自古書上對仁所作的解釋；而這種解釋，只能算是一種知識（註三六），但他答復顏淵問仁時，說「克己復禮，爲（行）仁」，便把解釋性的話，轉化爲踐履中的方法，使這句話所含的客觀知識，成爲他生命中的道德主體的發現與成長，因而可以說出「一日克己復禮，天下歸仁焉（天下皆含融於自己仁德之內）。爲仁由己，而由仁乎哉」的話。這幾句話所表現的道德精神的深醇與博大，不是孔子所引的「古也有志」的話所能比擬的。但我必須指出，他學問的始基，及其所受的啓發與充實，乃是來自對歷史的追求，亦即是來自他繼承了周代良史的業績，及這些良史們將宗教轉化爲人文的精神（註三七），則是決無可疑的。孔子曾說「我非生而知之者，好古敏以求之者也」，（論語述而）這對他的學問的來源，已經說清楚了。他晚年的修春秋，首先應從此一線索去了解。

六經皆史之說，不必始於章實齋（註三八）。我現在再進一步說，孔子所雅言的「詩書執禮」，或如史記孔子世家中所說的孔子「以詩書禮樂教」的詩書禮樂，在春秋中期時代，即已成立（註三九）。其編集成爲當時貴族教材，幷加以補綴的，只能推測是出於周室太史們之手。龔定盦謂「欲知大道，必先爲史。」（註四〇）又謂「夫六經者，周史之宗子也」。「諸子也者，周史之小宗也」（註四一）。其言雖近於誇，要亦有其根據。

漢書藝文志謂「古有采詩之官」，及「舊說周太史掌採列國之風」（註四二），雖皆難盡信；而國語謂「正考父校商之名頌於周太師」，詩與樂不可分，太師主樂（註四三），則詩當爲太師所專主。但將歌唱之詩，書之簡策，且將篇章加以編次，就當時的情形來說，則非史臣莫屬。故上述舊說，或出自後人臆度之辭，要亦有其歷史上之線索。書與禮之出於史，無待多論。樂不出於史，而與詩與禮不可分；太史主管圖書，若樂而紀之典冊，亦勢必與史有密切關係。因此，孔子之所學所教的詩書禮樂，實可以說是來自古代之史。他說「吾猶及史之缺文也，今亡已夫」（註四四），他贊古時史官紀錄之慎，而嘆當時史官紀錄之疏，必由他熟讀古今史官的著作而始能感受得到的。他由此而引發出「多聞闕疑，多見缺殆，」「信而好古」，及「無徵不信」（註四五）的崇實崇眞的治學精神。他說「夏禮吾能言之，杞不足徵也。殷禮吾能言之，宋不足徵也。文獻不足，故也。足，則吾能徵之矣」。（論語八佾）禮記禮運稱孔子謂「我欲觀夏道，是故之杞，而不足徵也，吾得夏時焉。我欲觀殷道，是故之宋，而不足徵也，吾得乾坤焉」。這都可反映出他對文獻的重視；文是簡冊，是直接由史所記；獻是賢人，此處則應指的是良史。我們可以說，孔子在知識方面的學問，主要是來自史。史之義，莫大乎通過眞實的紀錄，給人類行爲，尤其是給政治人物的行爲以史的審判，此乃立人極以主宰世運的具體而普遍深入的方法；所以孔子晚年的修春秋，可以說是他以救世爲主的學問的必然歸趨，不是偶然之事。

七　孔子修春秋的意義

詩魯頌閟宮「春秋匪懈，享祀不忒」，此處的春秋，乃是一年四季的簡稱。古史記事，「以事繫日，以日繫月，以月繫時，以時繫年」。（註四六）以年爲紀錄的單元，於是春秋一詞，成爲古代各國史記之通稱，又成爲魯史之專稱（註四七）。孔子修春秋之時間，當在魯哀公七年自衛返魯以後（註四八），其絕筆爲「西狩獲麟」之哀公十四年。哀公十五年起，至哀二十七年，左氏有傳而無經，其事至爲明顯；公羊、穀梁，實亦無異辭。史記孔子世家，乃將「因史記作春秋」敘於獲麟之後，係受董仲舒以獲麟爲孔子受命之符，作春秋乃孔子受命改制之事的說法的影響（註四九），與原公羊傳無關。但史公亦未全般接受董氏之說。董氏謂孔子作春秋是「王魯」「親周」「故宋」。王魯是視魯爲王，實則是孔子自視爲王；這種說法過於誕妄，所以史公改稱「據魯親周故殷」；改「王魯」爲「據魯」，便較爲合理了。

概括的說明孔子修春秋的用心及其意義的，莫早於左成十四年「九月僑如以夫人姜氏至自齊，舍族，稱夫人也」下的「故君子曰」的一段話。「故君子曰，春秋之稱（竹鴻箋：「言其屬文」），微而顯，志（杜注：「記也」）而晦。婉而成章，盡而不汙，懲惡而勸善。非聖人誰能修之」。由「微而婉」到「盡而不汙」，說的是書法。「懲惡而勸善」，說的是目的。荀子大略篇「春秋賢穆公，以爲能變也」。又「故春秋善胥命」，皆出公羊傳。是荀子所習者乃公羊。但勸學篇說「春秋之微也」；儒效篇說「春秋言是其微也」。由此可見「微而顯」之「微」，是共同承認的。「志而晦」的「志」，我以爲應援莊子齊物論「春秋經世，先王之志」的志字作解釋。春秋係以先王之志，亦即是以政治的理想爲歸趨；但乃隨史實之曲折而見，故謂之「志而晦」。左氏不言「作」而言「修」，孔子本因魯春秋而加以修正，此較孟子之言「作春秋」，在語意上更爲恰當。

公羊傳哀十四年在「西狩獲麟，孔子曰，吾道窮矣」後的一段話，也是總論春秋的，但給何休注所攪亂了。「春秋何以始乎隱？祖之所逮聞也。所見異辭，所聞異辭，所傳聞異辭。（按此乃說明孔子修春秋，在取材上，必爲自己見聞之所及。而因材料之時間，與自己的關係，有親疏遠近之不同，故敘述之方法亦各異。此可參閱史記匈奴列傳贊）何以終乎哀十四年，曰，備矣。君子曷爲爲春秋？撥亂世反諸正，莫近諸春秋。則未知其爲是與？其諸（解云：其諸，辭也）君子（指孔子）樂道堯舜之道與？末（發聲，無義）不亦樂乎堯舜之（之作而字解）知君子也（按上句言孔子因樂堯舜之道而作春秋。下句言後學亦應由樂堯舜之道而始知孔子。論語中以堯舜爲最高的政治理想人物。）制春秋之義，以俟後聖，（按此兩句乃作傳者自稱他在傳中斷制春秋之義，以俟後之聖人。必如此解乃可與下句相連。） 以（因）君子（孔子）之爲，亦有樂乎此也。（此言因孔子之爲春秋，也是要以此俟後聖來取法的。）」

詳傳之意，孔子因樂堯舜之道（「先王之志」），以堯舜之道爲基準，是非於二百四十二年之中，作撥亂反正的憑藉，這是孔子作春秋的動機與目的。傳的作者不言「周道」而言堯舜之道，這是深於孔子「公天下」的用心，將歷史的理想，由周道更向上提高一層。按論語以「堯曰」章作結，孟子以「由堯舜至於湯，五百有餘歲」一段作結，荀子以「堯問篇」作結；由此可以窺見儒家相承的政治上的最高理想。公羊傳上面的話，是與此最高理想相應的。但公羊傳原傳（註五〇），成立的時間，與孔子相去不遠，上面的話說得相當隱約。史記自序下面的一段話，是司馬遷綜合董仲舒發揮公羊傳對孔子作春秋所把握的意義，也可以說是上引的一段話的平實化，明確化。

「上大夫壺遂曰，昔孔子何爲而作春秋哉？太史公曰，余聞董生曰，周道衰廢，孔子爲魯司寇，諸侯害之，大夫壅之。孔子知言之不用，道之不行也，是非二百四十二年之中，以爲天下儀表。貶天子，退諸侯，討大夫，以達王事（「堯舜之道」「先王之志」）而已矣。子曰，我欲載之空言，不如見之於行事之深切著明也。夫春秋上明三王之道，下辨人事之紀，別嫌疑，明是非，定猶豫，善善惡惡，賢賢賤不肖。存亡國，繼絕世，補弊起廢，王道之大者也」」。

穀梁傳成立的時間，我推測是在戰國中期以後。隱五年「初獻六羽」下，分引「穀梁子曰」及「尸子曰」，而兩人之意見並不相同，則此傳非成於穀梁之手，與其非成於尸子之手，道理是相同的。被稱為穀梁傳，也和被稱為公羊傳，同樣的不孚合事實，而是出於今日不能知道的偶然因素。漢儒對此的一套說法，皆不可信。作此傳的人，對春秋的史實，較之公羊傳，更為疏隔。但他的態度則非常謹慎。所以全傳中有「或曰」者十三，「或說」者一，「其一曰」者一，「其一傳曰」者一。此即對一事的兩種說法，不能斷定，乃都加以保留，聽任後之讀者的自由判斷。其中有一事而列兩「或曰」的，則表明一事而有三種說法。引有八「傳曰」，與公羊同者二（註五一），與公羊有關者二（註五二），與公羊之關係不明者一（註五三），有引「傳曰」為公羊所無，而解釋與公羊同者一（註五四），有穀梁引「傳曰」，而公羊無傳者一（註五五），有與公羊不同者一（註五六）。又定元年經「戊辰，公即位。癸亥，公之喪至自乾侯」；穀梁：「……沈子曰正棺乎兩楹之間，然後即位也。……」公羊「則曷為以戊辰之日，然後即位，正棺於兩楹之間，然後即位。子沈子曰，定君乎國，然後即位」。由此可知穀梁傳作者，誤以公羊傳之文，為沈子之言。從這些情形看，穀梁可能採用了公羊傳；但公羊傳以外，尚採用了他傳。若承認穀梁傳中之「傳曰」引有公羊傳及他傳，則其未引「傳曰」者，即可證明其實另有傳承，自成一家。穀梁傳對君臣之分，華夷之辨，男女之防，較公羊傳更為嚴峻。柳宗元說「參之穀梁，以厲其氣」（註五七），他對穀梁，有清切地感受。董仲舒與江公爭論公羊穀梁短長，結果，公羊得立於學官，而穀梁當時見絀，直至宣帝時始得立。但董氏所建立的「天的哲學系統」，我現在才知道，實受有穀梁的影響。公羊未及陰陽，而穀梁則四處提到陰陽（註五八）。董氏大言陰陽，雖未必由此而來，但與下面的因素連在一起，可以說在這一點上，董氏更接近於穀梁。董氏將天與君連在一起，但公羊除「天王」一詞外，未有將天與王連在一起的。莊三年經「五月葬桓王」。穀梁傳中有謂「故曰母之子也可，天之子也可，……其曰王者，民之所歸往也」。宣十五年經「王札子殺召伯毛伯」。穀梁傳中有謂「爲天下主者天也。繼天者君也」。這分明是把天與君連在一起，而「王者民之歸往也」一語，又爲董氏所採用。董氏的三代改制是「王魯，親周，故宋」；而「故宋」一詞，未出現於公羊，卻出現於穀梁。桓公二年經「二年春王正月戊申，宋督弒其君夷」傳，「或曰，其不稱名，蓋爲祖諱也。孔子故宋也」。襄公「九年春宋災」傳，「外災不志。此其志何也，故宋也」。尤其是董仲舒特別重視「正月」之「正」的意義。如他在對策中說「臣謹按春秋之文，求王道之端，得之於正。正次王，王次春。春者天之所爲也，正者王之所爲也。其意曰，上承天之所爲，而下以正其所爲，正王道之端云耳」（註五九）。公羊僅對「王正月」解釋爲「曷言乎王正月，大一統也」。正月由王所頒，統一於王，所以是「大一統」。隱十一年經，「冬十有一月壬辰公薨」，公羊傳「隱何以無正月，將讓乎桓，故不有其正月也」；上面都沒有董氏「下以正其所爲」的含義。惟隱十一年「公薨」的穀梁傳，「隱十年無正，隱不自正也。元年有正，所以正隱也」。這裏到可以找出董說的根據。由此可以推斷董氏亦曾習穀梁。穀梁出「春秋」之名者約十六次，引「孔子曰」者約七次，皆以申明春秋之義；然概括言之者甚少。惟哀公七年「秋公伐邾。八月己酉入邾，以邾子益來」。穀梁傳謂「春秋有臨天下之言焉。有臨一國之言焉。有臨一家之言焉。」的三句話，對孔子因時因事立言之態度，有概括性的解明的意義。其非直屬於春秋系統而論及春秋者，莫早於孟子。

（一）「世衰道微，邪說暴行有作；臣弒其君者有之，子弒其父者有之。孔子懼，作春秋。春秋，天子之事也。是故孔子曰，知我者其惟春秋乎？罪我者其惟春秋乎？……昔者禹抑洪水而天下平，周公兼夷狄，驅猛獸而百姓寧，孔子成春秋而亂臣賊子懼」。（滕文公下）

（二）「孟子曰，王者之迹息而詩亡，詩亡然後春秋作。晉之乘，楚之檮杌，魯之春秋，一也。其事則齊桓晉文，其文則史。孔子曰，其義則丘竊取之矣」。（離婁下）

（一）是孟子在歷數堯使禹治洪水，周公相武王誅紂伐奄之後所說的，以見孔子作春秋以救世的用心及功效，是與禹及周公相同的。所謂「春秋天子之事」，是說孔子通過春秋的褒善貶惡，以代替天子的賞罰。所謂「孔子成春秋而亂臣賊子懼」，這證以齊太史及晉董狐與後世屢次發生的「史禍」來說，孟子用一個「懼」字，不算過分。（二）是「王者之迹息而詩亡，詩亡然後春秋作」兩句話中的「詩亡」，及詩亡與作春秋究竟有何關係，有許多異說。這裏我應首先指出，清代乾嘉學派中的多數人，中專制之毒，已淪肌浹髓。他們對「春秋天子之事也」這一類的文句內容，全不敢作正面的了解；由此所生出的曲說，沒有參考的價值。所謂「詩亡」，到底是何意義？鄭玄詩譜序「故孔子錄懿王宣王時詩，訖於陳靈公淫亂之事」。陳靈公在魯宣公十年為夏徵舒所弒，可知詩所錄者直至魯宣公時代。由此可以了解，從作詩以言詩亡，是不容易講通的。所以不少注釋家，援漢書藝文志六藝略「故古有采詩之官，王者所以觀風俗知得失，自考正也」的話，而以為指的是采詩之官亡。漢志的說法，決非出於西漢末期；譬如武帝「採詩夜誦」，即是受此一說法的影響。但我感到在戰國中期以前的資料中，還沒有發現采詩之官的可靠資料。所以有的引范寧穀梁傳序「列黍離於國風，齊王德於邦君，所以明其不能復雅」，以作詩亡的解釋。但「不能復雅」，只能說詩中的雅亡，雅亡並不等於詩亡；而范氏這幾句話，是說明孔子作春秋時對周室的態度，蓋即「貶天子」之意，被後人誤解了他的本意。我認爲詩亡是指在政治上的「詩教」之亡。國語周語邵公諫厲王使衞巫監謗謂「是障之也。防民之口，甚於防川……是故爲川者決之使導，爲民者宣之使言。故天子聽政，使公卿至於列士獻詩，瞽獻曲，史獻書，師箴，瞍賦，矇誦，百工諫，庶人傳語，近臣盡規，親戚補察，瞽史教誨，耆艾修之，而後王斟酌焉，是以事行而不悖」。在這段話裏，不僅「使公卿至於列士獻詩」的一句分量最重，並且此外的「曲」，「箴」，「賦」，「誦」，都與詩有關。由此可知詩在對王者的教育上有其重大意義。詩大序說「上以風化下，下以風刺上，主文而譎諫，言之者無罪，聞之者足以戒，故曰風」。又說「國史明乎得失之跡，傷人倫之廢，哀刑政之苛，吟詠性情，以風其上；達於事變，而懷其舊俗者也」。此與邵公的話，可以互相參證。因爲詩在當時是反映政治社會的輿論與眞實，即王制所說的「命太師陳詩以觀民風」，所以便成爲政治上的重大教育工具。此觀周公所作諸詩的用意，而更可明瞭。周室文武王者的遺風（跡）尙在時，詩還發生政治教育的作用，使王者能知民情而端刑賞。詩教既亡，統治者與被統治者之間，失掉了溝通的橋梁，與風諫的作用，統治者因無所鑑戒而刑賞昏亂，被統治者因無所呼籲而備受荼毒，極其至，亂臣賊子相循，使人類在黑暗中失掉行爲的方向；於是孔子作春秋，辨別是非，賞罰善惡，以史的審判，標示歷史發展的大方向。孔子所說的「其義則丘竊取之矣」的義，指的即是公羊傳所說的堯舜之道，董仲舒所說的「仁義法」（註六〇）。這是他定是非賞罰的大標準。

綜上所述，可以斷定孔子修春秋的動機、目的，不在今日的所謂「史學」，而是發揮古代良史，以史的審判代替神的審判的莊嚴使命。可以說，這是史學以上的使命，所以它是經而不是史。今日可以看到的春秋，孟子說得很清楚，「其文則史」，這是魯史所記的。莊七年經「夏四月辛卯夜，恒星不見，夜中星霣如雨，」公羊傳「不修春秋曰，雨星不及地尺而復。君子修之曰，星霣如雨」。這種字句上的合理修正，當然很有意義，也可能不止此一處；但春秋的文字，主要是魯史之舊，而孔子主要的用心，並不在此，這是沒有疑問的。孔子在文字以外，另有「其義」，而「其義」只是口傳給他的某些弟子，並未由他親自筆之於書，也是可以斷定的。更由此推之，他的弟子，把他口傳的「義」，筆之於書的也決非一人（註六一），穀梁中的「傳曰」，並不與公羊傳完全相同；而由「其一曰」「其一傳曰」及許多「或曰」的情形推之，則在戰國中期前後，編定穀梁傳的人，所見的春秋傳尚不少。今日所看到的公羊傳，乃早期整理成書，再由戰國中期前後，有人把「子沈子」「魯子」「子公羊子」這些人的話補充進去的。穀梁成書更晚，猶夷之辭特多。然則由他們所傳之義，到底是否合於孔子的本意？又孔子的本意，是否由「書法」而見？春秋的文字，既出於魯史之舊，則所謂書法，也應分爲三部分，一部分是魯史之舊的書法；另一部分是孔子的書法；再一部分是作傳的人揣測的書法。三部份混合在一起，難於辨認；但由此可以得出既不應完全拘守書法，也不應完全否定書法的結論。完全拘守書法，則不論對同一書法，各傳的論釋不同；且一傳之中，亦難免前後自相矛盾（註六二）。但若因此而完全否定書法，則對隱公除元年外無正月（註六三），桓公除元年外無「王」（註六四），又作何解釋呢？因爲三種書法混在一起，無由辨認，則在今日只好暫時把書法的問題放在一邊，僅把握各傳由書法所言之義。孔子的書法不可知，則各傳由書法所言之義，又如何能判定是出於孔子呢？我以爲應由貫通以求其大端大體，由大端大體以與論語相印證。對於枝節性的東西，暫採保留態度。這是我對三傳自身作了全面性的考察後，所提出的一種看法。

八 孔子學問的性格及對史學的貢獻

孔子把他對人類的要求，不訴之於「概念性」的「空言」，而訴之於歷史實踐的事實，在人類歷史實踐事實中去啓發人類的理性及人類所應遵循的最根源的「義法」，這便一方面決定了由他所繼承的「史」的傳統，不讓中國文化的發展，走上以思辯爲主的西方傳統哲學的道路。一方面，把立基於人類歷史實踐所取得的經驗教訓，與和他由個人的實踐，發現出生命中的道德主體，兩相結合，這便使來自歷史實踐中的知識，不停留在淺薄無根的經驗主義之上；同時又使發自道德主體的智慧，不會成爲某種「一超絕待」的精神的光景，或順着邏輯推演而來的與具體人生社會愈離愈遠的思辯哲學。他所成就的，乃是與自己的生命同在（註六五），與萬人萬世的生活同在（註六六）的中庸之道。以「素隱行怪」（註六七）之心來看孔子之道，以鄉愿順世（註六八）之心來看孔子之道，孔道之不明，其原因正難以一二指。

孔子的目的雖然不在後世之所謂史學，但對後世之所謂史學，有了如下的重大貢獻。

第一，因爲他在史的文字紀錄上，賦予以人類運命所托的莊嚴使命，對由文字所紀錄的事實，自然採取了謹嚴、客觀的態度；並深入到內部去以發現事實所含有的意味。而在紀錄的文字上，也必然會採取相應的謹嚴精密的方法；這一點可由孔子崇實崇眞，闕疑重證的治學精神，及公羊穀梁兩傳所作文字的訓釋得到證明。這是史學的最基本的要求。

第二，因他深入於古代史中，發現了因、革、損、益的歷史發展的大法則（註六九），因而也向人類提供了把握歷史的大綱維，及順着歷史前進的大準據。可惜他的話被註釋家註壞了，所以這一點一直沒有被人了解，引起大家的注意。

第三，因爲他的動機、目的，是來自對人類運命的使命感，這一方面使他冒犯着政治的迫害，以探求事實的眞相，而不敢有所含糊隱蔽。春秋中的「微」，春秋中的「諱」，只有在各種專制下的史學家，要以客觀求眞的動機寫「現代地本國史」時，才可以了解、體會得到。孔子告訴他的學生，說那裏是「微」，那裏是「諱」，即係告訴天下後世，在「微」「諱」的後面，有不可告人的眞實，有不可告人的醜惡。不可告人的醜惡，較之可告人的醜惡，更顯示其爲醜惡（註七〇）。從春秋與孔子的時間關係看，孔子所處理的是近代史，現代史。而他的這種由道德來的大勇氣，是寫近代史現代史的人所必不可少的勇氣。近代史現代史，是構成歷史的可靠基礎。另一方面，主觀地價値判斷，容易歪曲歷史事實。但對人類沒有眞正關切的心情，也不能進入到歷史事實的內層去。「知子莫若父」，主要來自爲父者對子有眞正關切之情。要摒棄主觀而又要有眞正的關切，二者之間，似乎是一種矛盾；這種矛盾的尅服，要靠來自有最高道德責任的感情，這也可以說是「眞正史學者的共感」（註七一）。由此可以了解，孔子對人類運命使命感的偉大道德精神，在史學上有尅服上述矛盾的重大意義。我們評估一部歷史著作的價値，不是僅憑作者治學的方法即能斷定的。運用方法的是人，人一定被他的起心動念所左右。標榜純客觀，而對自己的民族國家人民，沒有一點眞正感情的人，即對人類前途，不會有一點眞正的關切。由近數十年的事實，證明了這種人常是只圖私利，賣弄資料的反道德的人。誰能相信這種人會保持客觀謹嚴地態度，寫出可以信任的歷史。所以一個史學者的人格，是他的著作可否信任的第一尺度。

第四，歷史是在時間中進行；歷史的秩序，是由時間的秩序所規定的。因此，中國古代所出現的「以事繫日，以日繫月，以月繫時，以時繫年」，由此以「紀遠近，別同異」（註七二）的紀年方法，看來簡單，實際這是史學的基石。今日所看到由魯隱公元年到哀十四年的春秋，二百四十二年，再加以左氏所錄「舊史之文」二年（註七三），再加左氏所錄十一年，共二百五十五年，由史實而得以使時間賴人類生活的內容所充實；由時間而得以使事實有條不紊的呈現；這在世界其他民族古代文化中是無可比擬的。這種紀錄的方法，是出於魯史之舊。但經孔子的整理（修）而更有秩序，且加上「春王正月」以表示天下的統一，同時也表現了時間的統一，這站在史學的立場，已經是非常有意義的了。更重要的是，由孔子的崇高地位，使這段歷史的時間與事實的紀錄，得以保存下來，不至像周史及各國之史一樣，經暴政及世亂而歸於泯滅。晉國史臣之紀錄，雖幸得保存於魏襄王（一謂「安釐王」）之墓中，在晉太康二年偶然發現，然終歸殘缺不全。由此可知此種記錄的保存，是如何的不易。也由此可知因孔子的崇高地位而得到的這種意外收穫，站在史學的立場，其價值是無可比擬的。

第五，因孔子修春秋而誘導出左氏傳的成立，在二千四百多年前，我國即出現了這樣一部完整的歷史的宏著，以下開爾後史學的興隆，形成了中國歷史文化的支柱。此一功績，必然與人類運命連結在一起而永垂不朽。

九　春秋左氏傳若干糾葛的澄清

漢武帝由董仲舒之建議，立五經博士，春秋立公羊，至宣帝加立穀梁後，博士對左氏的全力排擯，乃必然之勢。劉歆讓太常博士書中有謂「猶欲抱殘守缺，挾恐見破之私意，而無從善服義之公心。或懷妬嫉，不考情實，雷同相從，隨聲是非，抑此三學，以尙書爲備，謂左氏不傳春秋，豈不哀哉」。（註七四）「抱殘守缺」，是指拒斥古文尙書多出的十六篇及逸禮多出的三十九篇而言。「挾恐見破之私見」，是指拒斥春秋左氏傳而言。公穀雖有異同，然各可以空言自守。左氏傳則敷陳事實，「首尾通貫，學者得因是以考其是非」，而公穀「其事出於閭巷所傳說，故多脫漏，甚或鄙倍失眞」（註七五）。在左氏所敷陳的事實之前，公、穀所犯的錯誤，無遁形之餘地。所以博士們提出積極地口號「謂左氏不傳春秋」，以逃避由事實所表明的是非同異。消極的辦法是「深閉固距而不肯試，猥以不誦絕之」（註七六）。這完全是無賴的方式。此種無賴的方式，經東漢范升（註七七）之徒，以下迄清代劉逢祿的左氏春秋考證，斷定左傳本爲左氏春秋，與呂氏春秋等同一性質，與孔子之春秋無關。經劉歆附益改竄後，始稱爲左氏春秋。甚至說左氏只作國語，劉歆取國語以爲左氏傳。其出愈後而愈誕愈誣。章太炎著春秋左傳讀敍錄，對劉逢祿之說，逐條針鋒相對的駁正，雖其中間有辯其可不必辯，或舉證稍有問題，但大體上，已足澄清二千年之誣謬。章氏學力之表現，殆無過於此編。章氏在書中有一段話，可以轉用在許多人身上：

「烏呼，千載運往，游魂已寂。賴此曆譜，轉相證明（註七八），遺文未亡，析符復合。而逢祿守其蓬心，誣汙往哲，欲以卷石蔽遮泰山。逢祿復死，今欲起茲朽骸，往反徵詰，又不可得。後之君子，庶其無盲」。

由章氏已經澄清的許多謬說，此處不復涉及。至康有爲的新學僞經考，其誕妄實不足置辯。且錢穆氏的劉向劉歆父子年譜，亦已辯之有餘。下面只提到章氏所未涉及，或涉及而未及詳論的若干問題。春秋左氏傳成立的情形，及其直接發生的影響，在史記十二諸侯年表序，有明確的敘述。

「是以孔子明王道，干七十餘君，莫能用。故西觀周室，論史記舊聞，興於魯而次春秋。上次隱，下至哀之獲麟，約其辭文，去其煩重，以制義法，王道備，人事浹。七十子之徒，口授其傳指，爲有所刺譏褒諱挹損之文辭，不可以書見也。魯君子左丘明懼弟子人人異端，各安其意，失其眞，故因孔子史記，具論其語，成左氏春秋。鐸椒爲楚威王傅，爲王不能盡觀春秋，采取成敗，卒四十章，爲鐸氏微。趙孝成王時，其相虞卿，上采春秋，下觀近世，亦著八篇，爲虞氏春秋。呂不韋者，秦莊襄王相，亦上觀上古，刪拾春秋，集六國時事，以爲八覽六論十二紀，爲呂氏春秋。及如荀卿孟子公孫固韓非之徒，各往往捃拾春秋之文以著書，不可勝紀。漢相張蒼，歷譜五德；上大夫董仲舒推春秋義，頗著文焉。太史公曰，儒者斷其義；馳說者騁其辭，不務綜其終始；歷者取其年月；數家隆於神運；譜牒獨記世謚，其辭略；欲一觀諸要難。於是譜十二諸侯，自共和迄孔子，表見春秋國語學者所譏盛衰大指，著於篇，爲成學治古文者要刪焉。」

以下略加解釋。凡對史記下過一番工夫的人，應可以承認，史公所述史實，如有錯誤，乃來自他所根據的材料自身的錯誤，或編寫時的偶然疏忽；斷不會出之以隨意編造的手段。所以他特別强調「疑則傳疑」(註七九)的態度。他由董仲舒承受公羊春秋，但未曾言及公羊傳成立的情形，因爲沒有這種材料。上文他說左丘明「因孔子史記，具論其語，成左氏春秋」的話，必有確鑿的根據。他說「魯君子左丘明」，沒有說左丘明是孔子的學生。

班固在漢書藝文志「左氏傳三十卷」下注「左丘明魯太史」，這是史公以後所出現的一種推測；但這是一種很合理的推測；因爲若不是魯太史，如何能利用得上這樣多的材料。並且於春秋經所未書者，能知其本爲魯史所有，僅因某種原因而爲孔子所不書，這不是一般人所能作到的。但史公則連此種推測也不曾加上去。至「左氏春秋」之與「春秋左氏傳」的稱名不同，亦猶史記儒史列傳及漢書儒林傳稱「公羊春秋」「穀梁春秋」，而漢書藝文志則稱公羊傳，穀梁傳的情形，完全是一樣的。劉逢祿們卻在此等地方來證明左氏不傳春秋，眞不知從何說起。史公在此處旣明言「左丘明」，又言「左氏」，則左氏之爲左丘明，更何能有異說；而後人亦於此逞其胸臆，試問，在古代文獻中，何處可以發現明確之反證，其分量足以另立一說。簡朝亮謂「史記自叙云，左丘失明，厥有國語；蓋左丘，氏也。其稱左氏，省文也……或稱丘明，亦省文也，猶稱馬遷者，不稱司馬也。……唐書稱啖助說，以爲作春秋傳者非論語之左丘明，論語所引者，若古之人老彭也，集注從焉，失之矣。左氏長年，其傳書孔子卒後事者及知伯焉，亦如子夏逮魏文侯時爾」（註八〇）。論語中孔子稱引及其學生，如「子謂子賤，君子哉若人，尙德哉若人」，而啖助竟以稱引老彭爲一般之例。以爲凡被孔子所稱引者，必爲古人或先輩，可謂知二五而不知一十。章太炎謂「若夫左氏書魯悼公者，八十之年，未爲大耋，何知不親見夫子」（註八一）。簡、章兩氏之言，可互相發明。

漢人常稱傳爲經，如易傳有時即稱爲易；此種情形，可推及於戰國中期前後。所以史記中所用之「春秋」一詞，有的指經文而言，有的指公羊傳而言，有的指左氏傳而言，全視其所引之內容而定。前引十二諸侯年表序中「七十子之徒，口授其傳指」，這是指公羊、穀梁諸傳而言。但値得注意的是：孔子作春秋時，對不便見之文字的旨意，司馬遷認爲是「七十子之徒」，都曾與聞的；這與公羊、穀梁的內容，及董仲舒所稱述者完全符合；徹底否定了兩傳的一線單傳的虛構歷史。序中「上大夫董仲舒推春秋義」的春秋，指的是公羊傳；「儒者斷其義」，也指的是公羊傳穀梁傳。此外所言的春秋，如鐸椒的「爲王不能盡觀春秋」，虞卿的「上采春秋」，呂不韋的「删拾春秋」；荀卿韓非之徒的「往往捃拾春秋之文以著書」，及他自己「表見春秋國語，學者所譏盛衰大指著於篇」中的春秋，皆指的是左氏傳。自鐸椒以迄韓非，只採用左氏傳中的若干故事，以爲自己立說的張本，此即所謂「馳說者騁其辭，不務綜其終始」。吳太伯世家贊「太史公曰，……余讀春秋古文，乃知中國之虞，與荆蠻勾吳兄弟也」；按此指左僖五年宮之奇謂「太伯虞仲，太王之昭也」而言。則此處的「春秋古文」，亦必指左氏傳而言。歷書「周宣王二十六年閏三月而春秋非之」下面，由「先生之正時也」到「事則不悖」一段話，全出於左文元年傳「於是閏三月，非禮也」下面的一段話。而經文對閏三月並無記載。則此處之所謂「春秋」，也當然指的是「左氏傳」。宋微子世家「八月庚申，穆公卒，兄宣公子與夷立，是爲殤公。君子聞之曰，宋宣公可謂知人矣」。正引的是隱三年左氏傳的「君子曰，宋宣公可謂知人矣」。乃康有爲們，竟謂「君子曰」等，皆劉歆所僞造。西漢人引公羊、穀梁，固稱爲春秋，漢初的新語、韓詩外傳、新書等，皆廣引左氏傳，有的亦稱爲春秋。其大量引左氏傳而不稱春秋者，經我的考查，僅有劉向的新序說苑。漢書劉歆傳謂「歆以爲左丘明好惡與聖人同，親見夫子。而公羊、穀梁，在七十子後。親聞之與親見之，其詳略不同。歆數以難向，向不能非間也。」歆之所以「數以難向」，正因向明習左氏，而不以其爲傳春秋。劉向之見，係受當時博士的影響。

稱左氏傳爲春秋，今日可以考見的，當始於韓非。韓非著書，徵引所及者，遍及詩、書及諸子百家的言論與雜記，也特受了孔子作春秋的影響。內儲說上「魯哀公問於仲尼曰，春秋之記曰，冬十二月霣霜不殺菽（當作草），何爲記此？仲尼對曰，此言可以殺而不殺也」。僖三十三年「隕霜不殺草，李梅實」。左氏無傳；公羊傳「何以書、記異也。何異爾，不時也」；這是釋「李梅實」的。惟穀梁傳對「隕霜不殺草」的解釋是「未可殺而殺，舉重也。可殺而不殺，舉輕也」。其意謂隕霜則可以殺；可以殺而不殺，故舉草（輕）以言其不當，此與韓非引孔子之言相合。又外儲說左上「宋襄與楚人戰於涿谷上」，其內容實係僖二十二年宋楚泓之戰；末謂「公傷股，三日而死」；按左氏及公羊，皆沒有把宋襄公之死，與泓之戰直接連記在一起，僅穀梁則連在一起；惟穀梁謂「七月而死」，與事實相孚；韓非謂「三日而死」，或係韓一時誤記，或係後人傳抄的錯誤。我懷疑此條韓非係兼取自左氏穀梁兩傳。又說疑引「故周記曰，無尊妾而卑妻，無孽適子而尊小枝。無尊嬖臣而匹上卿，無尊大臣以擬其主也」數語，與穀梁僖九年傳「葵丘之會……明天子之禁曰，毋雍（壅）泉，無訖糴，勿易樹子，勿以妾爲妻，毋使婦人與國政」數語相似，疑係同一來源，或竟出自穀梁。穀梁傳對一事之不同解釋，常用「一曰」「或曰」，以並存其義，韓非子中亦常用此體；我懷疑韓非曾受有穀梁傳的影響。而外儲說右上「子夏曰，春秋之記曰，臣殺君，子殺父者以十數矣，皆非一日之積也，有漸而以至矣」；此可信爲子夏闡述春秋之言。以上皆可證明韓非子受春秋之影響；而所受影響最大者爲左氏傳。

我將韓非子全書引自左氏傳或出自左氏傳者約略統計一下，有二十三條之多（註八二）；而最值得注意的是：姦劫弒臣篇楚王子圍「以其冠纓絞王而殺之」一條，引自左昭元年傳。崔杼弒齊君一條，引自左襄二十五年傳，毫無可疑之處。韓非子對此兩條先作總挈的叙述說「故春秋記之曰」，這是韓非稱左氏傳爲春秋的鐵證。這也可見史公在史記中稱左氏傳為春秋，其來有自。而十二諸侯年表序中「表見春秋國語」的「春秋」指的是左氏傳，證以年表的內容，主要取自左氏傳及國語，更有何可疑？其所以兼及國語，不僅他認為國語係左丘明晚年所著；且係他以「共和行政」，乃周室由盛而衰的大轉捩點；所以他的年表是自「共和迄孔子」。隱元年以前，上至共和的材料，為孔子所未紀，即為左氏傳所無，他不能不取國語以補左氏傳之所缺。韓非子中，亦引有不少國語的材料，但決找不出稱國語為春秋的痕跡。還有難四的「鄭伯將以高渠稱為卿」條，係引自左桓十七年傳。其「君子曰，昭公知所惡矣」，即左氏傳的「君子謂昭公知所惡矣」；由此可以證明左氏傳中的「君子曰」，為原書所固有，以見康有為認為這是由劉歆所附益進去的說法，是如何的謬妄。

還有若干異說，不似今文家的謬妄，而係來自不以自己的歷史意識的自覺，去面對左氏這一偉大的歷史記載。首先是范寧春秋穀梁傳序（註八三）謂「左氏豔而富，其失也巫」。汪中謂「左氏所書，不專人事。其別有五，曰天道，曰鬼神，曰災祥，曰卜筮，曰夢。其失也巫，其斯之謂歟」（註八四），於是汪中援引左氏傳中的記載，從而釋之曰「左氏之言天道，未嘗廢人事也」「左氏之言鬼神，未嘗廢人事也。」「左氏之言災祥，未嘗廢人事也」。「左氏之言卜筮，未嘗廢人事也」。「左氏之言夢，未嘗廢人事也」。范寧及汪中，似乎皆以為左氏傳中的言巫，言人事，皆出於左氏一人之撰述；而忘記春秋二百四十二年之間，正是原始宗教與人文精神，互相交錯乃至交替的時代；左氏只是把此一段歷史中交錯交替的現象，隨其在歷史上所發生的影響，而判別其輕重，如實的紀錄下來；言巫，乃歷史人物之言巫；言人事，乃歷史人物之言人事，與左氏個人的是非好惡，毫不相干，何緣作此批評，亦何勞作此爭辯。

又有以左氏傳所載預言之不驗者，作推定左氏著書年代的根據。（註八五）顧亭林謂「昔人所言興亡禍福之故，不必盡驗。左氏但記其信而有徵者爾，而亦不盡信也。三良殉死，君子是以知秦之不復東征；至於孝公而天子致伯，諸侯畢賀，其後始皇遂併天下。季札聞齊風以爲國未可量，乃不久而簒於陳氏。聞鄭風以爲其先亡乎，而鄭至三家分晉之後始滅於韓。渾罕言姬在列諸侯者，蔡及曹滕其先亡乎，而滕滅於宋王偃，在諸姬爲最後。僖三十一年，秋圍衞，衞遷於帝丘，卜曰三百年，而衞至秦二世元年始廢，歷四百二十一年。是左氏所記之言，亦不盡信也」（註八六）。再加以左宣三年王孫滿謂「成王定鼎於郟鄏，卜世三十，卜年七百，天所命也」；而周至赧王末年，「合得八百六十七年」。以此反駁劉歆僞造左氏之說，固極爲有力（註八七）。若謂凡言之不驗者爲著者所未及見，則其意謂已驗者，即作者所附益，此則斷無是理。劉知幾謂「尋諸左氏載諸大夫詞令，行人應答，其文典而美，其語博而奧；述往古則委曲如存；徵近代則循環可覆。必料其功厚薄，指意深淺，諒非經營草創，出自一時；琢磨潤色，獨成一手。斯蓋當時國史，已有成文，丘明但編而次之，配經稱傳而行也」（註八八）。斯爲能得其實。

十　左氏「以史傳經」的重大意義與成就

過去對左氏傳價值的爭論，多集中在他是否係傳孔子所作的春秋這一點上。此在今日，沒有爭論的餘地。左氏之傳春秋，可分爲四種形式。第一種是以補春秋者傳春秋。如隱元年傳「夏四月，費伯帥師城郎。不書，非公命也。」「秋八月，紀人伐夷，夷不告，故不書。有蜚不爲災，亦不書」「冬十月庚申，改葬惠公，公弗臨，故不書。……衞公來會葬，不見公，亦不書」。「鄭人以王師號師伐衞南鄙，請師於邾，邾子使私於公子豫，豫請往，公弗許，遂行。及邾人鄭人盟於翼。不書，非公命也」。「新作南門，不書，亦非公命也。」魯春秋有，而孔子所修之春秋沒有，左氏採魯春秋以補其缺，蓋對孔子所以不採用之故，加以解釋。第二種是以書法的解釋傳春秋。如隱元年十二月「衆父卒，公不與小斂，故不書日」。三年經「夏四月辛卯，君氏卒」。傳「夏君氏卒，聲子也。不赴於諸侯，不反哭於寢，不祔於姑，故不曰薨。不稱夫人，故不言葬，不書姓。爲公故，曰君氏」。這所釋的書法，到底是魯史相傳之舊呢？還是僅指孔子所修的春秋呢？我以爲是指孔子所因的魯史之舊。不過對這種舊的書法所含的意義，孔子或左氏有所發明。第三種，是以簡捷的判斷傳春秋。隱元年經「秋七月，天王使宰咺來歸惠公仲子之賵」傳「豫凶事，非禮也」。這或者是秉承孔子之意，以爲非禮。或係左氏根據他所引的禮的準繩而認爲非禮。第四，是以「君子曰」的形式，發表自己的意見。這也是傳春秋的一種方式。此在左氏傳中，佔重要的地位（註八九）。有時也特引孔子的話。上面四種「傳春秋」的形式，除第一種爲公、穀所無外，餘皆爲三傳所通有。惟左氏論「書法」，很少採用一字褒貶之說。說孔子以一字表現褒貶，這是公、穀最大的特色。左氏所用的四種傳經的形式，與公、穀所用的形式，皆可概稱之爲「以義傳經」。而左氏在四種以義傳經之外，更重要的則是「以史傳經」。以義傳經，是代歷史講話，或者說是孔子代歷史講話。以史傳經，則是讓歷史自己講話，並把孔子在歷史中所抽出的經驗教訓，還原到具體的歷史中，讓人知道孔子所講的根據。例如魯僖公二十二年經「冬十有一月己巳，宋公及楚人戰於泓，宋師敗績」。公羊對宋公恭維得「雖文王之戰亦不過也。」穀梁則罵宋公爲「何以爲人」。這兩個極端，到底誰合於歷史眞實，誰合於孔子本意？恐怕很難斷定。而左氏傳則祇紀錄「子魚曰，君未知戰」的一段話。使讀者可以感到宋公既不是如公羊所說的那樣好，也不是如穀梁所說的那樣壞；而是一個志大才疏，有點呆頭呆腦的人物。此之謂讓歷史自己講話，把都以爲是出於孔子的兩種極端意見，還原到歷史自身中去，使宋襄公保持他的歷史本來面目。若用現代語言來詮表，由公羊穀梁所代表的，可以成爲一種歷史哲學，而左氏所兼用的以史傳經的方法，則除了含有歷史哲學的意味外，更重要的成就，是集古代千百年各國史學之大成的史學。例如一開始的隱公「元年春王正月」，公羊傳「王者孰謂，謂文王也。曷爲先言王而後言正月，王正月也。何言乎王正月，大一統也。」穀梁傳則謂「雖無事，必舉正月，謹始也」。這是將史實加以理論化。左氏傳則僅加一「周」字，成爲「元年春王周正月」，以表明此正月乃「周」所頒之正月。不言大一統的理論，而春秋是以周的正朔，統一二百四十二年的時間，由此一「周」字而可見。所用的是周正月，這是歷史事實，此之謂以史傳經。又對隱公不書即位一事，公羊傳謂「公何以不言即位，成公意也。何成乎公之意，公將平國而反之桓。曷爲反之桓，桓幼而貴，隱長而卑。其爲尊卑也微，國人莫知。隱長又賢，諸大夫扳隱而立之，隱於是焉而辭立，則未知桓之將必得立也？且如桓立，則恐大夫之不能相幼君也。故凡隱之立，爲桓立也。隱長又賢，何以不宜立？立適以長不以賢，立子以貴不以長。桓何以貴，母貴也。母貴則子何以貴，子以母貴，母以子貴。」綜公羊傳之意，對隱之「將平國而反之桓」，是合於當時宗法制度的。穀梁傳對此謂「何以不言即位，成公志也。焉成之？言君之不取爲公也。君之不取爲公，何也？將以讓桓也。其惡桓何也？隱將讓而桓弒之，則桓惡矣。桓弒而隱讓，則隱善矣。善則其不正焉何也？春秋貴義而不貴惠，信道而不信邪。孝子揚父之美，不揚父之惡。先君之欲與桓，非正也，邪也。雖然，既勝其邪心以與隱矣，已探先君之邪志而遂以與桓，則是成父之惡也。兄弟，天倫也。爲子，受之父；爲諸侯，受之君。已廢天倫而忘君父，以行小惠，曰小道也。若隱者，可謂輕千乘之國。蹈道則未也」。公羊穀梁對隱的評價不同，顯係因爲站在兩種不同的基礎。公羊傳是站在宗法制度的基礎，以爲桓應當立，所以隱當先立而後讓。後起的穀梁傳已忘記了當時的宗法制度，而只認爲想立桓，乃出於「先君之邪志」。公羊傳寫了一百四十七字，寫出了宗法制度的原則，但桓何以隨母而貴，眞象仍然不明。穀梁傳寫了二百一十二字；提出了春秋貴義不貴惠的原則，但何以知道隱的先君「既勝其邪心以與隱矣」，終古也猜想不透。並且孔子對此事的眞正看法，誰能由此兩傳而得出正確地結論？左氏傳對此，則僅寫上「不書即位，攝也」六個字，這六個字是史實而不是理論。但在經文的前面，寫了「惠公元妃孟子。孟子卒，繼室以聲子，生隱公。宋武公生仲子；仲子生而有文在其手，曰爲魯夫人，故仲子歸於我，生桓公而惠公薨，是以隱公立而奉之」的五十八字，由此而隱之爲攝，經之所以不書即位，使人得到明白的了解。此之謂以史傳經。杜預春秋左氏傳序（註九〇）謂「左丘明受經於仲尼，以爲經者不刊之書也。故傳或先經以始事，或後經以終義，或依經以辯理，或錯經以合異，隨義而發」；其中除「依經以辯義」，指的是以義傳經外，其餘皆說的是以史傳經的情形。不僅以史傳經，爲公、穀所無（註九一）。並且立足於史所得的判斷，與立足於一字褒貶的經所得的判斷，也常顯出兩種不同的性格。例如隱元年經「夏五月，鄭伯克段於鄢」，公羊傳「克之者何，殺之也。殺之則曷爲謂之克，大鄭伯之惡也。曷爲大鄭伯之惡？母欲立，已殺之，如勿與而已矣。段者何？鄭伯之弟也。何以不稱弟，當國也。其地何，當國也」。穀梁傳「克者何？能也。何能也？能殺也。何以不言殺？見段之有徒衆也。段，鄭伯弟也。何以知其爲弟也？殺世子母弟目君。以其目君，知其爲弟也。段弟也，而弗謂弟；公子也，而弗謂公子，貶之也。段失子弟之道矣。賤段而甚鄭伯也。何甚乎鄭伯？甚鄭伯之處心積慮，成於殺也。于鄢，遠也。猶曰取之其母之懷中而殺之云爾，甚之也。然則爲鄭伯者宜奈何？緩追逸賊，親親之道也」。左氏傳則在對此事之經過，作完整而委曲的敘述後，「書曰，鄭伯克段于鄢。段不弟，故不言弟。如二君；故曰克。稱鄭伯，失教也。謂之鄭志。不言出奔，難之也」。證以隱十一年左氏傳的「莊公曰，寡人有弟，不能和協，使餬其口於四方」，則段之未被殺甚明。這不僅使公、穀兩傳對「克」的解釋，皆失掉了根據；而在左氏心目中，鄭莊公的罪惡，也不如公、穀兩傳誅責之甚。按諸事實經過的曲折，左氏責莊的失教及鄭志，較合於情理之常。通括言之，左氏對人的罪責，多較公、穀爲寬。蓋公、穀只是順着一種理念推斷下去，而左氏則把歷史事實放在第一位；歷史決不是由某種理念演繹出來的，而是各種因素，在摻互錯綜中，有許多曲折的。只要承認了許多的曲折，便不容根據某種理念，下一往直前的評斷，其評斷自然歸於平實。董仲舒具有一種偉大人格。但因他的「天的哲學」的理念，遠超過了他的歷史意識；而公羊傳自身，亦缺少「歷史的意味」，遂使他憑公羊以逞臆說，擾亂了學術中所必不可少的求知的規律，緯書由他開其端，而淸代反知識的今文學，都是言義而離開歷史的必然歸結。穀梁傳則始終停頓在夾雜鏁碎的狀態中，沒有發揮出眞正的影響力。以史傳經，使讀者對經文脫摸索之苦，免臆造之厄。其所表現之價值觀念，乃反映出生活在具體歷史中者的價值觀念；少突出的精采，亦無誕妄的災禍。僅以「傳經」而言，三傳或亦可謂得失互見；但公羊穀梁兩傳之得失，必待左氏傳而明。漢人謂爲「不傳春秋」，固然是誣妄的；將其與公羊穀梁兩傳之傳經，視爲一類，而與之爭先後是非，也是不正確的。因爲左氏主要是採用了以史傳經的方法，因而發展出今日可以看到的一部偉大的史學著作——左氏傳，其意義實遠在傳經之上。傳經是闡述孔子一人之言；而著史則是闡發了二百四十二年的我們民族的集體生命，以構成我們整體文化中的一段生動而具體的形相，這是出自傳經，而決非傳經所能概括的意義。

十一　從史學觀點評估左氏傳

春秋時代，是各方面都在發生變遷的時代；是封建政治在承轉期中，以貴族爲中心的文化，由宗教轉向人文，新舊交錯的時代。又因貴族的沒落，在貴族手上的文化，開始下逮於一般社會平民的時代。左氏傳的最大成就，是在孔子所修春秋的提挈之下，把這個時代的各方面的變遷、成就，矛盾、衝突，都以讓歷史自己講話的方式，系統地、完整地、曲折地、趣味地表達出來，使生在今日的人，對由西紀前七二二年（魯隱元年）到西紀前四八一年（魯哀十四年）的這一段古代史，還可以淸楚而生動的把握得淸淸楚楚。這種史學上的成就，可以說是世界性的空前的成就，比傳經的問題遠爲重要。

呂祖謙「左氏傳說」，首言「看左氏規模」；有謂「看左傳，須看一代之所以升降，一國之所以盛衰，一君之所以治亂，一人之所以變遷」。接着舉出具體的若干例證。呂氏只說「須看」，實則因左氏傳中寫透了一代、一國、一君、一人的變遷，才可如此去看。呂氏對鄭伯克段於鄢一事的見解，十分陳腐，但謂「左氏鋪叙好處，以十分筆力，寫十分人情」，這話可用到左氏全書中去，不僅克段于鄢一事是如此。呂氏又說「軍制如鄭敗燕，以三軍軍其前，潛軍軍其後，（魯隱五年）若此之類，人孰不知其爲兵制。至於不說兵制，因而見之者，須當看也。如諸侯敗鄭徒兵（隱四年），此雖等閒句，而三代兵制大沿革處，可見於此。蓋徒兵自此立，而車戰自此浸弛也。財富之顯然者，人孰不知其爲財賦。至於不說財賦，因而說之者，須當看也。如臧僖伯之諫觀魚（亦魯隱五年），此固非論財賦；然所謂魚鼈鳥獸之肉，不登於俎，皮革齒牙骨角毛羽，不登於器之類，此亦見當時惟正之供；其經常之大者雖歸之公上，而其小者常在民間，此所以取之無窮，用之不盡也。」按呂氏的話，應當了解爲左氏傳實包羅了當時各方面的情形，可以作多方面發掘。顧棟高春秋大事表，共列表五十，更附有春秋輿圖；此爲了解當時形勢的最方便扼要之書。顧氏雖意在推重孔子之作春秋，而實則所以發明左氏。因除春秋朔閏表，及春秋長曆拾遺，與春秋三傳異同共表，及春秋闕文表，春秋杜注正譌表外，其餘皆可謂出於左氏。沒有左氏，顧氏之書，便不能成立。在地理方面，有列國疆域，列國犬牙相錯，列國都邑，列國山川，列國險要等表。在政治結構方面，有列國爵姓及存滅，列國姓氏，卿大夫世系等表。在制度方面，有列國官制，刑賞田賦軍旅吉凶賓軍嘉禮，晉中軍，楚令尹，宋執政，鄭執政等表。在政治變遷方面，有王迹拾遺，魯政下逮等表。及齊紀鄭許宋曹呑滅表、亂賊表。在國際活動方面，有齊楚、宋楚、晉楚、吳晉、齊晉等爭盟表。在軍事方面，有秦晉、晉楚、吳楚、吳越、齊魯、魯邾莒、宋鄭等交兵表及兵謀表。另有城築表，有四裔表，有天文表，五行表。左傳引據詩書易三經表，人物表，終之以列女表。由顧氏所列的各表，正可反映出左氏所寫的歷史面貌的完整性。當然有爲顧氏認識所不及的，如裏面所包含的平民生活、活動的情形，便爲他所遺漏。同時，又有爲表的體裁所限制而不能不遺漏的，如二百四十二年間，許多賢士大的多采多姿的言論。這一點，漢書多錄賢臣奏議，差可與它相比擬；但漢書所錄者是簡牘上寫出的文字；而左氏所錄者絕對多數是當時口頭上說出的語言；所以比漢書所錄的遠爲生動。而這些語言的內容、風格，不僅與戰國時的遊士，截然不同；即在春秋的早、中、晚三期中——假定可以劃爲三期的話，也互相異致；這說明了左氏所錄的語言，能忠實地反映了說這種語言的人的時代。因爲當時史官及若干賢士大夫的博學多聞，常援引歷史的線索、教訓，以解釋他們面對的問題，於是又得到了另一意外的收穫，即是對春秋以前茫昧的古史，投入了一道曙光，可以成爲後人言古代史的基點。但這一方面，至今還被利用得不夠。

然則左氏傳何以能收到這樣的效果，首先當然是受到孔子的求眞精神，及道德精神的啓發，及經孔子所整理出的綱領——春秋經的導引。年月日的次序，實際即是歷史的秩序。國語亦出於左氏，但國語缺少了由年月日而來的顯明地歷史的秩序。其次，當文化因轉形而得到一種新熱情新生命的時候，也常是把它推向最高發展的時候。推論左氏的生平，正當貴族政治加速崩潰，在貴族手上的文化正開始下逮於平民，使其得到新的廣大活動的基礎，並因而重新賦予以新生命的轉形期的時代；作爲此時代最高標誌的當然是孔子；而左丘明則在此一新時代中，總結了數百年的各國史官的智慧、教養、及他們的業績，乃能造成此種偉大的結晶。

由左氏傳中的「君子曰」，我們可以很淸楚了解左氏個人的學養及他在文學上的高度表現能力。玆姑就魯隱公時代引若干例證如下：

一、隱元年鄭莊公因潁谷封人潁考叔之言，而與其寘於城潁的母姜氏，「遂爲母子如初」。「君子曰，潁考叔，純孝也。愛其母，施及莊公。詩曰，孝子不匱，永錫爾類，其是之謂乎」。

二、隱三年左氏傳補述周鄭由交質以至「周鄭交惡」一事後，「君子曰，信不由中，質無益也。明恕而行，要之以禮，雖無有質，誰能間之？苟有明信，澗谿沼沚之毛，蘋蘩薀藻之菜，筐筥錡釜之器，潢汙行潦之水，可薦於鬼神，可羞于王公。而況君子結二國之信，行之以禮，又焉用質。風有采蘩采蘋，雅有行葦泂酌，昭忠信也。」

三、隱三年「八月庚辰，宋穆公卒，殤公即位」；「君子曰，宋宣公可謂知人矣。立穆公，其子饗之，命以義夫。商頌曰，殷受命咸宜，百祿是荷，其是之謂乎」。

四、隱六年，鄭因過去曾請成於陳，爲陳桓公所拒，遂於此年「五月庚申，鄭伯侵陳，大獲。」「君子曰，善不可失，惡不可長，其陳桓公之謂乎。長惡不悛，從身及也。雖欲救之，其將能乎。商書曰，惡之易也，如火之燎于原，不可鄉邇。其猶可撲滅？周任有言（馬融論語注，周任，古之良史）曰，爲國家者，見惡如農夫之務去草焉，芟夷薀（積）崇（聚）之，絕其本根，勿使能殖，則善者信矣。」

五、隱十一年鄭師入許，鄭莊公「使許大夫百里奉許叔以居許東偏，留待許之復國」。「君子謂鄭莊公於是乎有禮。禮，經國家，定社稷，序民人，利後嗣者也。許無刑（法）而伐之，服而舍之，度德而處之，量力而行之。相時而動，無累後人。」

我們無法了解左丘明的平生。但由上引五例：第一，可以了解他對當時由詩、書、禮等所代表的文化漸漬之深，運用之熟，所以他在精神上，可以把握得到他所面對的這段歷史，作完整而有深度的處理。

第二，他的文字，平易條暢，與宋代以後的散文，相去不遠。范寧說是「艷」，韓愈說是「浮誇」（註九二），這是很難令人索解的。他的這種文體，因無所拘滯，所以特別富於表現力。劉知幾說「左氏之敘事也，述行師，則簿領盈視，咤聒沸騰。論備火，則區分在目，修飾峻整。言勝捷，則收獲都盡；記奔敗，則披靡橫前；申盟誓，則慷慨有餘；稱譎詐，則欺誣可見；談恩惠，則煦如春日；紀嚴切，則凜若秋霜；敘興邦，則滋味無量；陳亡國，則凄涼可憫。或腴辭潤簡牘，或美句入詠歌。跌宕而不羣，縱橫而自得。若斯才者，殆將工侔造化，思涉鬼神。著述罕聞，古今卓絕」。（註九三）劉氏可謂知言。

左丘明因爲具備有上面兩個基本條件，所以他便有能力將他所把握到的這段歷史，完整地表現出來。其最大的成就，我僅舉出三點。第一點在於他以行爲的因果關係，代替了宗教的預言，由此而使歷史從一堆雜亂的材料中，顯出它是由有理性的人類生活所遺留下來的大秩序，大方向，可由繼起的人類順着此大秩序，大方向，作繼續無窮的演進。並由此而更有力的表達了褒善貶惡的意義。由非當事人用語言來褒善貶惡，即使是出自孔子，其所給與於人類的教訓，終不及由行爲自身的因果關係以證明善與惡在歷史中所得的審判，更爲深刻有力。第二點，他把構成一個行爲之果的許多因素，綜合條理起來，使人了解行爲的因果關係，不可以由簡單化而陷於偏枯地抽象地拘滯地某種形態的觀念公式，以至脫離了具體地人類生活的實態。第三點，人類生活，在由行爲因果關係所表現的意義以外，還有一種可以說是趣味性的，或者可以說是藝術性的生活；這種生活，與行爲的成敗利害，沒有直接關連；但人生常因此而得到充實，歷史常因此而得以豐富。著史的人，若將這一面加以忽視，等於遺失了人類生活的一個重要方面，有損於歷史中的具體生命。所以偉大的史學家，必然同時秉賦有偉大地藝術心靈，能嗅出歷史中這一方面的意味，而將其組入於歷史重現之中，增加歷史的生氣與活力。左丘明便是這樣偉大的史學家。後來除司馬遷外，再找不出第二人。下面我只舉出三個例子加以說明。

中國原始宗教的最大作用，便是通過卜與筮，對人的行爲的決擇與其歸趨，作預言性的指示。從殷代甲骨文看，殷代的王者，幾乎可以說是生存在卜辭的預言中。但就常情推測，好的「貞人」，當他們憑灼痕作預言時，也有意或無意的組入了人事的或人文的因素。此一傳統，在春秋時代，還相當流行，並還發生相當作用，所以左氏不能不加以記載。但這是歷史事實，而不是左氏處理歷史所用的方法。他處理歷史所用的方法，主要是把歷史中的行爲因果關係擺清楚，同時，也即是把行爲善惡的結果擺清楚；這不僅達到了「孔子作春秋而亂臣賊子懼」的目的；並且把宗教性的預言，轉變爲行爲的責任，以合理性代替了神祕性。而站在史學的立場，由這種因果關係的系列，使人類歷史，呈現出一種有機體的構造；使各種史料，在有機體的構造中，得到與本質相符應的地位與秩序。隱四年二月經「戊申，衛州吁弒其君完」。「九月，衛人殺州吁于濮。冬十有二月，衛人立晉」。左氏傳在隱三年有下面的一段叙述：

衛莊公娶於齊東宮得臣之妹曰莊姜，美而無子，衛人所爲賦碩人也。又娶於陳曰厲嬀，生孝伯，早死。其娣戴嬀生桓公，莊姜以爲己子。公子州吁，嬖人之子也，有寵而好兵，公弗禁，莊姜惡之。石碏諫曰，臣聞愛子，教之以義方，弗納於邪。驕奢淫泆，所自邪也。四者之來，寵祿過也。將立州吁，乃定之矣。若猶未也，階之爲禍。夫寵而不驕，驕而能降，降而不憾，憾而能昣（自重）者鮮矣。且夫賤妨貴，少陵長，遠間親，新間舊，小加大，淫破義，所謂六逆也。君義，臣行，父慈，子孝，兄愛，弟敬，所謂六順也。去順效逆，所以速禍也。君人者，將禍是務去，而速之，無乃不可乎？弗聽。其子厚，與州吁遊，禁之不可。桓公立，乃老（致仕）。

上面這段敘述，即杜預之所謂「先經以始事」。衞州吁弒其君，是在隱四年，所以經便寫在四年。左氏卻於隱四年的前一年，即隱三年，敘述了上面的一段話，把州吁弒君的背景擺淸楚，也即是把弒君之「因」擺淸楚；有了這樣的因，所以便有四年弒君的果。由四年弒君的果，而可使人視衞莊公不教子以義方所種下之因爲大戒。隱四年傳在「四年春，衞州吁弒桓公而立」後，有下面的敘述：

「公（魯隱公）與宋公爲會，將尋宿之盟。未及期，衞人來告亂。夏，公及宋公遇於淸。宋殤公之即位也，公子馮出奔鄭，鄭人欲納之。及衞州吁立，將修先君之怨於鄭（隱二年，鄭曾伐衞），而求寵於諸侯，以和其民。使告於宋曰，君若伐鄭以除君害，君爲主，弊邑以賦與陳蔡從，則衞國之願也。宋人許之。於是陳蔡方睦於衞，故宋公陳侯蔡人衞人伐鄭，圍其東門，五日而還。公（魯隱公）問於衆仲（魯大夫）曰，衞州吁其成乎？對曰，臣聞以德和民，不聞以亂。以亂，猶治絲而棼之也。夫州吁，阻（恃）兵而安忍。阻兵無衆，安忍無親。衆叛親離，難以濟矣。夫兵猶火也，弗戢，將自焚也。夫州吁弒其君而虐用其民，於是乎不務令德，而欲以亂成，必不免矣。」

「州吁未能和其民。厚（石碏之子）問定君於石子（石碏）。石子曰，王覲爲可。曰，何以得覲（因弒君自立，未得王命）？曰，陳桓公方有寵於王。陳衞方睦。若朝陳使請，必可得也。厚從州吁如陳。石碏使告於陳曰，衞國褊小，老夫耄矣，無能爲也。此二人者，實弒寡君，敢即圖之。陳人執之，而請涖於衞。九月，衞人使右宰醜涖，殺州吁於濮。石碏使其宰獳羊肩涖，殺石厚於陳。君子曰，石碏，純臣也。惡州吁而厚與焉。大義滅親，其是之謂乎」。

衛人逆公子晉于邢。冬十二月，宣公（即晉）即位。書曰，衛人立晉，衆也。
隱三年所叙述者爲因，隱四年衛州吁弒君爲果。四年春，衛州吁弒君爲因，九月衛人使右宰醜涖殺州吁濮是果。而石碏之子石厚的因果關係也附在裏面。這種行爲因果關係的自身，即是對行爲者所作的審判；較之神的審判，較之聖人的審判，不是更爲莊嚴而深刻嗎？但歷史的因果關係，不同於科學中的因果法則，不能用抽象捨衆的方法以得出因；也不能由因便能直接推出果。所以弒君者不一定便被殺；須通過人的具體地相關行爲而始能決定。衆仲向魯隱公所說的州吁「阻兵而安忍」一段話，說明了此種因果關係中的具體條件；而此一具體條件，又來自隱三年所叙述的「有寵而好兵」，於是在州吁一人行爲中，又自有其因果關係。此乃最顯而易見之例。顧棟高謂「看春秋，眼光須極遠。近者十年數十年，遠者通二百四十二年」（註九四）；並歷舉事例爲證。顧氏雖因受時代限制，頗多迂腐之談。但他所說的，實際係要求應通貫人與事的因果關係，以把握春秋時代的演變。有十年以內的因果關係，有十年乃至數十年的因果關係。有由各別的因果關係，各時間內的因果關係，滙而爲一個時代演變的整體地因果關係；於是歷史乃以有機體的構成秩序，復活於吾人之前；此之謂史學的成就。

把許多因素，各按其分位綜合在一起，以解答一個歷史關鍵性問題，這裏祗以魯僖二十八年晉楚城濮之戰爲例。

顧棟高謂：「自僖十七年齊侯小白卒，至二十七年，楚人圍宋，公會諸侯盟於宋，首尾十一年，連書凡三十四事，志宋襄嗣伯無功，荊楚暴横莫制，諸夏瀾倒汲汲，有左衽之憂，而晉文之出，爲刻不可緩也。自僖二十八年春，晉侯侵曹，晉侯伐衞，至二十九年盟於翟泉，兩年之中，連書凡二十三事，志晉文之一戰而伯……患楚之深，故予晉之亟也」（註九五）。可知晉楚城濮之戰，是春秋時代重大關鍵問題之一。楚的主角是成得臣，（子玉），左僖二十三年秋「楚人伐陳」傳，「楚成得臣帥師伐陳……遂取焦夷城頓而還。子文以爲之功，使爲令尹。叔伯曰，子若國何？對曰，吾以靖國也。夫有大功而無貴仕，其人能靖者與有幾」。由此敘述，以見子玉在楚之能力與地位。晉的主角是晉文公。在同年「晉公子重耳之及於難也」一段，詳述重耳在外流亡的情形，不僅爲二十四年秦伯納重耳（文公）的張本；且由他們君臣在患難中的情形，以表明晉文伯業的人的因素。而其流亡至楚，詳述楚成王與重耳的一段問答，並加入「子玉欲殺之」一事，乃所以爲城濮之戰作伏線。僖公二十七年，傳在「冬，楚人陳侯蔡侯鄭伯許男圍宋」之前，先述「楚子將圍宋，使子文治兵於睽，終朝而畢，不戮一人。子玉復治兵於蔿，終日而畢，鞭七人，貫三人耳。國老皆賀子文，子文飲之酒。蔿賈尙幼，後至，不賀。子文問之，對曰，不知所賀。子之傳政於子玉，曰以靖國也。靖諸內而敗諸外，所獲幾何……子玉剛而無禮，不可以治民。過三百乘，其不能以入矣。苟入而賀，何後之有。」圍宋是城濮之戰的序幕，圍宋前的「治兵」，是爲圍宋作準備，也實是爲城濮之戰作準備。在此一準備中，又加强說明了楚國這一方面的人的因素。

傳在「冬，楚子圍宋」之後，接着叙述「宋公孫固如晉告急。先軫曰，報施救患，取威定霸，於是乎在矣」一段，以說明晉決心救宋，這是一般叙述中應有之義。但難得的是：在這段叙述中，把晉國在城濮之戰中所以能得勝的各種因素，先作了集中的叙述。計：

一、戰略：「狐偃曰，楚始得曹而新婚於衛。若伐曹衛，楚必救之，則齊宋免矣」。直接救宋，道途既遠，且處於被動。伐曹衛以致楚師，道近，且轉被動爲主動。故此一戰略之決定，爲致勝之重大因素。

二、整軍：「於是乎蒐於被廬，作三軍」。

三、置帥：「謀元帥。趙衰曰，郤穀可。臣亟聞其語矣，說禮樂而敦詩書。詩書，義之府也。禮樂，德之則也。德義，利之本也。……君其試之。乃使郤穀將中軍，郤溱佐之。使狐偃將上軍，讓狐毛而佐之。命趙衰爲卿，讓於欒枝先軫。使欒枝將下軍，先軫佐之。荀林父御戎，魏犨爲右。」將中軍的郤穀的教養，與楚令尹子玉，恰作一顯明的對照。可惜的是次年一出兵而郤穀即死，乃超擢先軫代替郤穀的「元帥」的地位。

四、教民：「晉侯始入而教其民，二年，欲用之。子犯曰，民未知義，未安其居；於是乎出定襄王，入務利民。民懷生矣，欲用之。子犯曰，民未知信，未宣其用。於是乎伐原以示之信。民易資者，不求豐焉；明徵其辭。公曰，可矣乎？子犯曰，民未知禮，未生其恭。於是乎大蒐以示之禮，作執秩以正其官，民聽不惑，而後用之。出穀戍，釋宋圍；一戰而霸，文之教也。」按晉經驪姬之亂，國內陷於混亂廢弛者，二十餘年；不經文公君臣的一番教民工作，則軍事的基礎不能及楚。左氏在此處特作綜合性的敘述，更接觸到決定勝負的基本因素。

僖二十八年春，晉侵曹伐衛，開始了戰略上的緒戰。在此一緒戰中，紀錄了有關各國隨形勢轉移而向楚向晉的許多曲折，並用閒筆敘述了魏犨顚頡違命燒了有恩於文公的曹僖負羈之宮，魏犨束胷傷以見文公派來的使者，

「距躍三百，曲踊三百」以示勇，因而得以免死的故事。在當時形勢上，晉欲成霸業，必全力以求一戰。但楚則遠涉中原，可戰可不戰；楚王本意又不欲與晉決戰。所以晉國的謀略，首先集中在如何拉攏齊秦共同作戰，同時又激怒子玉，隱蔽自己求戰之心，轉而把釁端轉嫁在子玉身上，示內外以係不得已而應戰。當宋國向晉求援時，先軫建議「使宋舍我而賂齊秦，藉之告楚（藉齊秦之力，以請求楚釋宋）。我執曹君而分曹衞之田，以賜宋人。楚愛曹衞，必不許也（必不許齊秦的請求）。喜賂（齊秦喜宋人之賂）怒頑（齊秦怒楚人拒絕釋宋的請求），能無戰乎？（齊秦能不與楚一戰嗎？）」用現代的語言表達，這種國際關係的運用，已夠巧妙了。及「子玉使宛春告於晉師曰，請復衞侯而封曹，臣亦釋宋之圍」。子玉的這一請求，正如先軫所說，「楚一言而定三國」，是和平解決問題的合理方法；晉若如子犯之言，逕加拒絕，不僅是「棄宋」，且與曹衞結怨太深，會引起諸侯的反感（「謂諸侯何」）。但若答應子玉的要求，則違反了求戰的目的。於是先軫建議「私許復衞曹以携之（使曹衞在晉的威迫利誘下，携貳於楚），執宛春以怒楚」，卒達到「曹衞告絕於楚，子玉怒，從晉師」的目的。此一國際關係的玩弄，更可說是狠毒巧妙。左氏了解，在這樣大的戰役中，由外交手段以求得國際關係對己有利，是求勝的重大因素，所以他對此，作了曲折盡致的叙述。

晉文公流亡在楚時，楚成王對他有恩。而以子玉之才，用楚的聲威正盛之衆，這兩點在晉文公的心理上，不能不形成一種壓力；此種心理上的壓力，也會影響到他個人的決心，因而影響全軍的氣勢。除了在決戰之前，實踐「退避三舍」諾言，且以驕子玉外，左氏更叙述晉公「聽輿人之誦」而「疑焉」，這是因楚之强盛，遂對戰爭的結果發生疑懼的心理。「子犯曰，戰也！戰而捷，必得諸侯。若其不捷，表裏山河，必無害也」；把這一方面的心理壓力解除了。「公曰，若楚惠何？欒貞子曰，漢陽諸姬，楚實盡之。思小惠而忘大恥，不如戰也」；又把另一方面的心理壓力解除了。「晉侯與楚子搏，楚子伏已而盬其腦，是以懼」；這是懼楚的深層心理的表現。「子犯曰，吉，我得天（仰在地上可以望見天），楚伏其罪（楚子面向地，故謂伏其罪），吾且柔之矣」；這是以詭辭解除晉文公藏在深層心理中的壓力。決戰前，對心理狀態作這樣詳細的描述，在史書中是不易多見的。

晉文公在與楚子玉約定「詰朝(平旦)相見」後，先叙明兩方對陣形勢。「晉車七百乘，韅靷鞅靽（杜注：「言駕乘修備」），晉侯登有莘之墟以觀師曰，少長有禮，其可用也。遂伐其木以益其兵。己巳，晉師陳於莘北（城濮），胥臣以下軍之佐當陳蔡」。這是晉國一方面對陣的形勢。「楚師背酅（丘陵之名，蓋險阻之地）而舍」。「子玉以若敖之六卒將中軍，曰，今日必無晉矣。子西將左，子上將右」，這是楚國一方面對陣的形勢。必先把這種形勢擺明，在叙述決戰行動時才有條不紊。

決戰時：「胥臣蒙馬以虎皮，先犯陳蔡，陳蔡奔，楚右師潰」，這是採用先攻擊敵人弱點，以奪敵人之氣而動搖其軍心的戰術。「狐毛設二旆（大旗）而退之（杜注：「使若大將稍卻也」），欒枝使輿曳柴而僞遁，楚師馳之（爲晉師所欺，以爲晉師退卻，故向前追逐），原軫卻溱以中軍公族橫擊之（因楚師向前逐追，其側背暴露於晉中軍之前，故中軍攔腰（橫）截擊），狐毛狐偃以上軍夾攻子西（楚師因向前追逐而陷入於晉軍之包圍圈中，故晉上軍得與中軍夾擊），楚左師潰。楚師敗績。子玉收其卒而止（集結若敖之六卒，使其不奔逃。）故不敗」。上面的叙述，把晉在戰場上戰術運用的高度藝術性，完全表達出來了。

寫一個戰役，而能把與戰役有關的，由內政以至外交，由人事以至心理，由謀略以至戰術戰鬥等複雜因素，及包含在這些複雜因素中相互間的複雜因果關係，都能盡其曲折，極其條理地表達出來；此即在今日，大概也不是一件易事。

左氏傳中，紀錄了許多有興味，或值得使人感嘆的小故事，把死去的歷史人物，由這類的小故事，而復活了起來，這是左氏的偉大藝術心靈的表現。這裏僅引左襄三十年絳縣老人的故事以作例證：

「二月癸未，晉悼夫人食輿人之城杞者。絳縣人或年老矣，無子而往，與於食。有與疑年，使之年（杜注：「使言其年」），曰，臣小人也，不知紀年。臣生之歲，正月甲子朔。四百有四十五甲子矣。其季，於今三之一也（六十日一甲子。三之一，是二十日）。吏走問諸朝，師曠曰，魯叔孫惠伯會郤成子於承匡之歲也（杜注：「在文十一年」）。是歲也，狄伐魯，叔孫莊叔於是乎敗狄於鹹，獲長狄僑如，及虺也，豹也，而皆以名其子。七十三年矣。史趙曰，亥有二首六身，下二如身，是其日數也。士文伯曰，然則二萬六千六百有六旬也」。

上述的故事，無關於善惡，無與於成敗興亡，而只是這個窮苦孤獨的老人，在自己的年齡上，耍點半謎語式的花頭，引起了師曠這一般人的好奇心，以自己的博聞强記，爲此一老人的年齡問題湊趣，這可說都是藝術性的「不關心的滿足」。左丘明的藝術心靈，能與此相印，便生動地記了下來，遂使這位窮苦孤獨的老人，在師曠們烘托之下，他的精神面貌，及由他的精神面貌所反映出的當時的平民文化水準，得以照耀千古。

十二　左氏晚年作國語，所以補左氏傳所受的限制

最後要略略談到國語的問題。史記自序謂「左丘失明，乃作國語」，史公此言，必有所本；後人許多臆說，其立言根據，皆沒有推翻史公此言的力量。所謂「失明」，與子夏晚年西河失明之情形相類。是左丘明先作春秋傳，後作國語。史記將春秋（即左氏傳）國語並稱，東漢人稱左氏傳為內傳，國語為外傳；我認為是有道理的。左氏傳為依春秋而作，在取材上不能無所限制，對歷史的說明，亦不能無所限制。我認為左氏晚年將他平日所收集的材料，編為國語，主要是為了補救這種限制。其次，是補救編定左傳時之所忽，或盡材料中的詳略異同，以增加歷史的說明力量及其完整性。也可以說，國語是配合左氏傳而作的。

孔子修春秋，起於隱公，這可能是以魯國為中心，由隱公之攝，及隱公之被弑，紀世變之大。左氏於此，只能在「元年春王正月」前面，補上「惠公元妃孟子」五十八字，以說明「攝也」的背景。但這對歷史全局轉變的說明，實有所不足。歷史全局的轉變，乃在平王的東遷。而平王的東遷，乃來自幽王寵褒姒，廢申后，以至申侯與繒、西夷、犬戎將幽王攻殺於驪山之下。而周室的沒落，實由厲王的暴虐，及宣王未能眞正中興。左丘明若不說明周室東遷的大變局，即不能使人澈底了解王綱解紐後的春秋時代之所以出現。但這不能在孔子所修的春秋上著筆，只好以國語補此缺憾。武王之所以能伐紂，從牧誓看，是得到了西戎的幫助；而西周之亡，卻直接亡在西戎手上。所以國語周語，便從穆王征犬戎，「自是荒服者不至」開始，這裏指出了幽王被繒、西夷、犬戎所攻殺的遠因。接着便用力敘述「厲王虐，國人謗王」，及厲王說（悅）好利的榮夷公，被國人流於彘等

情形。再接着是宣王即位，即不籍千畝，抛棄了周室以農業開基的精神；立魯武公之少子戲爲太子，破壞了周室的宗法制度；及既喪南國之師，而又料兵於大原，「害於政而妨於後嗣」「及幽王乃廢滅」。再接着叙述「幽王二年，西周三川皆震，伯陽父曰，周將亡矣」；「十一年，幽王乃滅，周乃東遷」。這都是在行爲因果關係的觀念之下，突破左氏傳所受的春秋經的限制所補的重要材料。自「惠王三年」（魯莊十九年）以後，進入到春秋時代，有的則補左氏傳所缺，有的則與左氏傳的詳略乃至異同互見；此殆出於不願輕易放過已經到手的資料，以求紀錄詳備的苦心，實良史盡忠於他所要復活的時代所不容自已的努力。「惠王三年」，紀王子頽之亂，分見於左莊十九年二十年二十一年；兩者的情節及文字，在基本上是相同的。但左氏傳則詳於事之首尾，而周語在鄭厲公見虢叔，批評王子頽的一段話中，多「夫出王而代其位，禍孰大焉」數語。「十五年有神降於莘」一段，見於左莊三十二年，情節與文字，也是基本上相同的；但內史過答惠王之問，左傳略而周語較詳。「襄王使邵公過及內史過賜晉惠公命」，內史過「歸以告王」的一段話；及襄王使太宰文公及內史興賜晉文公命，「內史興歸以告王」的一段話；皆意義深遠，又皆爲左氏傳所無。也即是爲編定左氏傳時所忽。此乃所以補左氏傳之缺失。國語全書，均應以此一角度去了解。如管仲佐齊桓致霸的政治設施，略於左氏傳，而詳於齊語。鄭居中原要衝，終春秋之世，參與了劇烈地國際活動；當宣王封鄭桓公之先，桓公「問於史伯曰，王室多故，余懼及焉，其何所可以逃死」，史伯盱衡全局，認爲「其濟洛河潁之間乎」，這便決定了鄭國以後的命運，這是左氏傳所無法紀錄的，左丘明便特在鄭語中補出。國語所記，凡時間在左氏傳之先者，皆係爲左氏傳補充背景。而各國紀事的終結，決沒有超出左氏傳的終結。再加以文字上的兩相對勘，其出於左丘明一人之手，係以國語補左氏傳之不足，不應當有疑問的。此應有專文研究，這裏僅提出一個端緒。

附註：

註一：觀堂集林卷第六。

註二：王筠說文釋例謂「作中者偶見」。

註三：見王筠說文繫傳校錄。

註四：詩節南山「尹氏大師」，左僖二十八年「王命尹氏及王子虎內史叔興父策命晉侯爲侯伯」，及左昭二十三年「尹氏立王子朝」。二十六年「尹氏召伯毛伯以王子朝奔楚」。以上尹氏之地位，則有如後來之所謂三公。

註五：攈古錄金文卷之一頁四三奉冊匜「舉兩手奉冊形」。卷一之二頁六奉冊父癸尊「奉冊形父癸」，又頁六四守冊父己爵「守冊父己」。

註六：如：趩尊「王呼內史冊命趩」。望敦「王呼史年冊命望」。無專鼎「王呼史友冊命無專」。師奎父鼎「王呼內史駒冊命師奎父」。吳彝蓋「王呼史戊冊命吳」。師酉敦「王呼史秆門冊命師酉」。揚敦「王呼內史先冊命揚」。虎敦「王呼內史吳曰，冊命虎」。頌壺「王呼史虢生冊命頌」等皆是。

註七：易繫辭上，「以卜筮者尚其占」，「成天下之亹亹者莫大乎蓍龜」。

註八：本論文一切論証，皆不引周禮，以其後出，其中有關材料，眞僞相混。

註九：儀禮士喪禮「卜人先奠龜」「卜人坐作龜興」，「卜人抱龜燋」「卜人徹龜」。左僖四年及昭元年皆有「卜人曰」。昭三十二年「卜人謁之曰」。左桓六年「卜士負之」。

註十：左閔元年「卜偃曰，畢萬之後必大」杜注「卜偃，晉掌卜大夫」。按卜偃在晉，堪入賢士大夫之列。

註十一：左僖十五年「卜徒父筮之，吉」杜注「徒父，秦之掌龜卜者。卜人而用筮，不能通三易之占，據其所見雜占而言也」。

註十二：左僖十七年「惠公（晉）之在梁也，梁伯妻之。梁嬴孕過期，卜招夫與其子卜之」杜注「卜招夫，梁大夫也」。

註十三：呂氏春秋十二紀紀首對此有相同而更詳備之紀述。然乃根據古典而加以作者的增飾，故不引用。

註十四：墨子明鬼篇「吾見百國春秋」。

註十五：左昭二年春「晉侯使韓宣子來聘……觀書於太史氏」。

註十六：儀禮既夕禮（注：士喪禮之下篇）「主人之史請讀賵執筭（注：古文筭皆爲筴）……讀書釋筭。公史（注：公史，君之典禮者）自西方東命，命毋哭」。君之史所以稱爲「公史」，所以檢別於「主人之史」，則主人之史，亦可稱「私史」。惟此恐係臨時設置而非常設。

註十七：儀禮大射「釋獲者命小史。小史命獲者」。周書商誓（解）第四十三「王若曰，……及太史比小史昔」。

註十八：周書史記第六十一「維正月，王在成周，昧爽，召三公左史戎夫曰……」左襄十四年「夏，諸侯之大夫從晉侯伐秦……左史謂魏莊子曰……」左昭十二年「王復出，左史倚相趨過」。

註十九：尚書酒誥「矧太史友內史越獻臣百宗工」。此友非人名，當與右通。惟據此，則右史以其所居之位而言，並非專名。然既有左史，當有右史。庚午父乙鼎「作冊友史」，當即「作冊右史」，與師艅敦之「作冊內史」正同。無專鼎「王呼……友（右）史冊命無專曰……」。

註二十：金文中有女史鼎。鬲攸從鼎，有「王命相史南……」之文。

註二一：漢書百官公卿表「內史，周官，秦因之，掌治京師。景帝二年，分置左內史，右內史。武帝太初元年，更名京兆尹。左內史更名左馮翊。」

註二二：這是左昭十八年鄭子產批評裨竈言天道的一句極有智慧的話。

註二三：原文是「忠所以分也（注：心忠則不偏也）。仁所以行也。信所以守也。義所以節也。忠分則均。仁行則報。信守則固。義節則度。分均無怨。行報無匱。守固不渝。節度不攜。……臣入晉境，四者不失。臣故曰，晉侯其能盡禮矣」。

註二四：從周初文獻看，對殷的以刑為主的政治，文王實在是轉迴以仁為主。但從詩大雅文王一詩的「文王涉降，在帝左右」的詩句看，他的仁，可能是由宗教精神中發出的。

註二五：從書金滕等材料看，周公自身也可以說是宗教性的人物。

註二六：以上句讀，採用曾運乾尚書正讀。

註二七：孔子生於魯襄公二十一年或二十二年，頗有爭論。此從史記孔子世家。

註二八：論語上言治學之方法頗多，如「多聞闕疑」，「多見闕殆」，「博學於文，約之以禮」等；但以「學而不思則罔，思而不學則怠」（為政）兩語最為深切而富有概括性。

註二九：論語述而「葉公問孔子於子路，子路不對。子聞之曰，子奚不曰，其為人也，發憤忘食，樂以忘憂，不知老之將至，云爾。」

註三〇：論語泰伯「學如不及，猶恐失之」。

註三一：論語述而「子曰，述而不作；信而好古，竊比於我老彭」。中庸「仲尼祖述堯舜，憲章文武」，即其一例。

註三二：論語述而「子曰，三人行，必有我師焉」。學而「子禽問於子貢曰，夫子之至於是邦也，必聞其政。求之與？抑與之與？子貢曰，夫子温良恭儉讓以得之。夫子之求之也，其諸異乎人之求之與」，可解釋爲求之於時代。

註三三：論語里仁。

註三四：論語言主忠信者三，主忠信即中庸的存誠。公冶長「子曰，吾未見能見其過而內自訟者也」。顏淵「子曰，內省不疚，夫何憂何懼」。顏淵「顏淵問仁，子曰克己復禮爲仁」。論語言道德實踐之精神與方法者甚多，姑舉上例以概其餘。

註三五：孔子以仁總持道德之各方面。其言「仁遠乎哉，我欲仁，斯仁至矣」（里仁），「爲仁由己，而由人乎哉」（顏淵），必仁之根源，是在人的生命之內，乃可言之如此。

註三六：左昭十二年，於叙述楚靈王在乾谿受到右尹子革援祭公謀父所作祈招之詩的諷諫，「王揖而入，饋不食，寢不寐，數日不能自克，以及於難」後，便引「仲尼曰，古也有志，克己復禮，仁也，信善哉。楚靈王若能如是，豈其辱於乾谿」。

註三七：通過易傳中所引的「子曰」，都是把易中所說的休咎，解釋爲人自身行爲其結果，此其顯証。易傳出於孔子的後學，但易傳中所引的三十多條「子曰」，則出於孔子無疑。

註三八：章實齋文史通義卷一原詩上，「六經皆史也」。但王充論衡謝短篇，已把當時的五經當作歷史材料看。所以我在王充論考一文中特指出，「以得到歷史知識爲目的去讀五經，則五經本來就是歷史資料」。但五經的成立，不在講歷史知識，而「在建立政治、社會、人生之道」；由此一角度看，則是經而非史。

註三九：左僖二十七年楚圍宋，晉將救宋「作三軍，謀元帥。趙衰曰，郤縠可。臣亟聞其言矣，說禮樂而敦詩書」。

註四〇：定盦續集卷一尊史。

註四一：同上卷二古史鈎沈論二。

註四二：此說展轉傳述，尚未能考出其最早所出。此引崔述讀風偶識。彼固不信此說。

註四三：論語八佾「子語魯太師樂曰，樂其可知也……」是太師主樂。

註四四：論語衞靈公。

註四五：中庸「子曰，吾說夏禮，杞不足徵也。吾學殷禮，有宋存焉。吾學周禮，今用之，吾從周。……上焉者雖善無徵。無徵不信，不信民弗從」。由此可知孔子之重徵驗。

註四六：引自杜預春秋左氏傳序。

註四七：孟子離婁下「晉之乘，楚之檮杌，魯之春秋，一也」。乘與檮杌，乃晉楚史之專名。左昭二年，晉韓宣子「觀書於太史氏，見易象與魯春秋」，與孟子此處之言相印証，可知春秋實爲魯史之專名。國語晉語司馬侯對晉悼公說「羊舌肸習於春秋」，此當指晉之乘而言。楚語申叔時論傅太子之法謂「教之以春秋」，此當指楚之檮杌而言。墨子明鬼篇引周之春秋，燕之春秋，宋之春秋，齊之春秋，又謂「吾見百國春秋」，韓非子備內又引有「桃左春秋」；可知春秋又爲史之通名。

註四八：左氏傳記「魯人以幣召之（孔子）乃歸」於魯哀公十一年。竹添光鴻左氏會箋引吳英之說，謂孔子返衞在哀六年，返魯在哀七年，其言甚明辯有據。竹添氏箋謂叙孔子歸魯於此，乃「因事及事」，即因衞孔文子將攻太叔，「訪於仲尼」，孔子答以「甲兵之事，未之聞也」，並「退命駕而行」，「文子，遽止之」，「將止，魯人以幣召之乃歸」；此乃因十一年「冬，衞太叔疾出奔宋」而追述前事。細讀上下文，孔文子之將攻太叔，並非在哀十一年。參以旁証，則吳英之說爲可信。當從之，以正史記之誤。

註四九：請參閱春秋繁露三代改制質文篇及拙著兩漢思想史第二卷董仲舒春秋繁露之研究「六，董氏的春秋學之二」「（四）受命改制質文問題」。

註五〇：我在董仲舒春秋繁露之研究一文的「（二）公羊傳的成立情形」，將公羊傳全般文字加以分析，認爲今日的公羊傳，係由兩部份所構成。一爲孔門屬於齊國系統的第三代弟子所整理的原傳；一爲戰國中期前後由若干人對原傳所作的補充、解釋。

註五一：莊三年經「五月葬桓公」穀梁「傳曰改葬也」。公羊「此未有言崩者。何以書葬，蓋改葬也」。文十二年經「二月庚子，子叔姬卒」穀梁「其曰子叔，貴也。公之母姊妹也。其一傳曰，許嫁，以卒之也」。公羊「此未適人，何以卒，許嫁矣，……其稱子何？貴也」。

註五二：隱四年經「二月莒人伐杞，取牟婁」。穀梁「傳曰，言伐言取，所惡也。諸侯相伐取地於是始，故謹而志之也」。公羊「牟婁者何，杞之邑也。外取邑不書，此何以書，疾始取邑也」。昭元年經「晉荀吳帥師敗狄於太原」穀梁「傳曰，中國曰太原，夷狄曰大鹵。號從中國，名從主人」。公羊「此大鹵也，曷爲謂之大原？地物從中國，邑人名從主人」。

註五三：成公九年經「九年春王正月，杞伯來逆叔姬之喪以歸」穀梁「傳曰，夫無逆出妻之喪，而爲之也」。公羊「杞伯曷爲來逆叔姬之喪以歸，內辭也，脅而歸之也」。疑穀梁「而爲之也」的「而」字上失一「脅」字，或左氏傳之「請」字。故此處與公羊之關係，不易斷定。

註五四：成十六年經「十有六年春王正月，雨木冰」穀梁「雨而木冰也，志異也。傳曰，根枝折」。公羊「雨木冰者何，雨而木冰也。何以書？記異也」。無「根枝折」句。

註五五：襄三十年經「天王殺其弟佞夫」，穀梁「傳曰，諸侯且不首惡，況於天子乎……」公羊無傳。

註五六：隱五年經「五年春，公觀魚於棠」穀梁「傳曰，常事曰視，非常曰觀。禮，尊不親小事，卑不尸大功。魚，卑者之事也。公觀之，非正也」。公羊「何以書？譏。何譏爾？遠也。公曷爲遠而觀魚，登來之也。百金之魚，公張之……」

註五七：柳河東集卷第三十四與韋中立論師道書。

註五八：隱九年經「庚辰大雨雪」穀梁傳「……陰陽錯行……」莊三年經「葬宋莊公」穀梁傳「……獨陰不生，獨陽不生……」莊二十五年經「六月辛未朔，日有食之」穀梁傳「……言充其陽也」。定元年經「九月大雩」穀梁傳「……通乎陰陽……」。

註五九：漢書五十七董仲舒傳。

註六〇：春秋繁露仁義法第二十九「春秋之所治，人與我也。所以治人與我者，仁與義也」。

註六一：據今日所稱的公羊傳中除有「子公羊子曰」一條外，尚有「子沈子曰」兩條，「魯子曰」三條，「子司馬子曰」一條，「子北宮子曰」一條，「子女子曰」一條，「高子曰」一條。而公羊傳的原文，並非出於上述諸人之手，是可以推定的。春秋繁露俞序第十七更有「故子貢閔子公肩子言其（春秋）切而爲國家資也。」又引有「衛子夏言」「故世子曰」，故「曾子子石」，「故子池言」。「其一傳曰」參閱註五〇。

註六二：莊二年經「夏，公子慶父帥師伐於餘丘」穀梁傳「國而曰伐於餘丘，邾之邑也。其曰伐何也，公子貴矣…… 病公子所以譏乎公也。其一曰，君在而重之也」。其意見恰恰相反。文十二年經「二月庚子，子叔姬卒」穀梁傳「其曰子叔姬，貴也……其一傳曰、許嫁以卒之也」。

註六三：隱十一年經「冬十有一月壬辰，公薨」公羊傳「隱何以無正月，隱將讓乎桓，故不有其正月也」。穀梁傳「隱十年無正，隱不自正也」。兩傳解釋不同，但十年無正，應當是出於孔子的書法。

註六四：桓元年經「元年春王」穀梁傳「桓無王。其曰王，何也？謹始也。其曰無王（元年以後，經皆無王字，皆書「春正月」，而不書「春王正月」）何也？桓弟殺兄，臣弒君，天子不能定，諸侯不能救，百姓不能去，以爲無王之道，遂可以至焉耳」。

註六五：中庸「道也者不可須臾離也，可離非道也」，應從這種地方領會。

註六六：中庸「夫婦之愚，可以與知焉」，「夫婦之不肖，可以能行焉」及易繫辭上「百姓日用而不知」，皆說的是此種事實。

註六七：中庸「子曰，素隱行怪，後世有述焉，吾弗爲之矣」。

註六八：論語「子曰，鄉愿，德之賊也」。

註六九：論語爲政「子張問十世，可知也？子曰，殷因於夏禮，所損益，可知也。周因於殷禮，所損益，可知也。其或繼周者，雖百世，可知也」。由春秋時代言禮的內容來看，孔子此處之所謂禮，是指政治社會的制度及規範而言。前代的禮，仍合於現代需要的，便加以因襲。其不合於現代的，便應損去。其有新要求而爲前代所無的，便應增益。這本是對歷史發展所提出的最有概括性的法則。乃朱熹集注引「馬氏曰，所因謂三綱五常，所損益謂文質三統」作解釋。殊不知這一套說法，乃在孔子死後數百年才出現的，這是把活句解成死句的顯例。

註七〇：其中亦有「爲賢者諱」，「爲親者諱」的，這一方面是不顧以一事一行之過失而抹煞了「賢者」，損害了「親者」，但也是不肯因其爲賢者親者而輕輕放過其過失。

註七一：參閱日譯本卡西拉（E. Carsier 1874—1945）的人間（Essay on Man）第十章「歷史」頁269—270他對蘭克（L. Von Ranke 1795—1886）史學的解釋。

註七二：杜預春秋序。

註七三：孔子卒於哀公十六年夏四月己丑，在未卒時左氏仍錄舊史之文以爲經。

註七四：見漢書三十六劉歆傳。

註七五：見顧棟高春秋大事表，春秋三傳異同表叙。

註七六：俱見劉歆讓太常博士書。

註七七：見後漢書范升傳。

註七八：劉逢祿以漢相張蒼之曆譜五德，「或捃摭及左氏春秋，不曰傳左氏春秋」。章氏則証明「曆譜五德，專釋左氏，故表（十二諸侯年表）亦特詳左氏事」。

註七九：史記三代世表序謂孔子「故疑則傳疑，蓋其愼也」。

註八〇：見簡氏論語集注補正述疏「左丘明恥之，丘亦恥之」的述疏。

註八一：見章氏春秋左傳讀叙錄章氏叢書本頁二十。

註八二：計十過四條，說難一條，姦刼弒臣兩條，喩老一條，內儲說上兩條，內儲說下五條，外儲說左上兩條，外儲說右上一條，難一難三各一條，難四則有三條。其中有一兩條頗有異同，此亦古人引書常事。其詳請參閱陳奇猷著韓非子集釋。

註八三：范寧之穀梁傳集解，遠勝於何休之注公羊。范寧通達明暢，不爲曲說所拘。何休則引讖緯及董氏之說，以亂公羊之眞，實公羊之罪人。此意特於此表明，以俟好學深思之士。

註八四：見汪中述學內篇二左氏春秋釋疑。

註八五：如衛聚賢著左傳的研究。

註八六：日知錄卷五「左氏不必盡信」條。

註八七：見日狩野直喜博士君山文卷一左氏辨。

註八八：劉著史通卷十四申左。

註八九：公羊傳的「君子」，是指孔子。左氏傳的「君子曰」的「君子」，是左氏自稱。

註九〇：顧棟高在春秋三傳異同表叙中謂左氏傳注，以「杜最精密」，此乃平實之論。惜其猶不免存有與二傳爭勝之心，特强調凡例，反爲其所拘滯。而日人竹添光鴻本杜注以作會箋，在版本及內容上之貢獻亦甚大。我所用的即漢文大系之會箋本。

註九一：公、穀中所叙史實，都是片斷的，很少能達到傳經的目的。

註九二：昌黎先生集第十二卷進學解「左氏浮誇」。

註九三：劉著史通卷十六雜說上左氏傳。

註九四：見顧氏讀春秋偶筆。

註九五：同上。

中國中古「士族政治」考論之一（淵源論）

陳啓雲

一、引言

中國歷史的發展，自晚周「封建」制度解體①，士人參政活動日漸頻繁，國家權力集中，以至秦漢大一統帝國之建立，爲一大變化。其後一統帝國衰落，地方勢力抬頭，由三國分爭以至南北朝對峙，而作爲政治、社會、文化中堅之士人，亦轉變爲「士族」、「貴族」及門第勢力，又爲一大變化。其後隋唐大一統帝國之重建，又是一大變化②，而貴族門第勢力仍然存在。直至唐末宋初，門第消融，士人由科舉制度而參政，與國家政治力量結合而成明淸中央集權之專制局面，更是一大變化。在明淸專制局面下，政治腐化、士氣消沉，文化保守落後，及爲西方近代政治、經濟、文化突進勢力之衝激，而引起近百年來之變化革命。賓四師昔年主講國史，於此中變化關鍵，嘗一再申述。

此一變化發展有二點値得特別注意：一爲大一統國家制度之一再重建，由秦漢、隋唐、明淸以至今日；一爲「士人」之變爲「士族」，而再變爲「士人」。

時代	先秦	秦漢	六朝	隋唐	宋明淸
政局	分裂	統一	分裂	統一	統一
士之集團型式	個別「士人」	由「士人」而「士族」	由「士族」而「門閥」	由「門閥」而「士族」	由「士族」而科舉「士紳」

其中士人之參政與秦漢一統帝國之建立，及明清中央集權政局之形成與科舉制度所產生之「士人」，二者間之相互關係比較清楚。而自漢帝國衰落，經南北朝之分裂，以至隋唐一統帝國之興起與衰亡，其中近千年間士族之勢力及國家權力之相互作用則較爲錯綜複雜。一九七四年全美亞洲學會(Association for Asian Studies)於四月一日至三日在波士頓城召開年會，內中「中國中古時期之家族與政治」(Clanship and Polity in Medieval China）專題研究組提出四篇論文：哥倫比亞大學 David Johnson 教授之「中國中古大族對政治之控制」（Political Dominance of the Great Clans in Mediveal China）；筆者「從西晉楊氏賈氏之政爭論貴族與官僚政治」（Aristocratic Bureaucrats Versus Bureaucratic Aristocrats：the Yang and the Chia Factions in Western Chin）；伊利諾大學 Patricia Ebrey 教授之「北朝山東大族貴顯身份之保持」）Preservation of Elite Status by the Great Northeastern Families in the North ern Dynasties）；及士丹福大學 Albert E. Dien 教授之「從宗族社會與部落社會之關係論北朝之改姓與賜姓」(Bestowal of Names in the NorthernDynasties：Tribes for Clans）。另由堪薩斯大學 Carl Leban 教授及彼士堡大學王伊同教授作特約討論。與會諸君於會中、會外曾就「六朝士族政治」所牽涉之各種問題熱烈討論並廣泛交換意見。茲就拙文所牽涉之若干問題畧加論考如次，以就正高明，並爲　賓四師壽。

二、西方關於中國傳統社會之主要論點

西方學者對於中國歷史發展之認識與研究與西方人對於中、西文化和社會之比較觀念有密切關係。關於中

西文化及社會之比較觀念，在西方淵源亦甚早。馬可孛羅稱東方爲黃金世界；利瑪竇稱中國政府主要受學者哲人理性所指導。國人對國史討論所注重之特點：如果中國歷史文化之一貫性與悠久性，其精神爲儒家調和折衷思想所瀰漫，其社會以儒士爲中堅，其政局以大一統爲常態而以動亂分裂爲變態，其發展多屬漸變而富於連續性等等，亦早爲西方學者所接受。然由於雙方價值觀念不同，此等特點爲國人所申重贊揚者，則每每爲近代西方學者所貶斥。如著名之歷史哲學家黑格爾即謂歷史文化以變化發展爲要義，西方文化有變化發展，故有「歷史」，東方文化缺少變化，是爲「無歷史」。馬克斯繼起，亦於歷史發展中之「原始」、「奴隸」、「封建」、「資本主義」、「共產社會」等階段以外，另列一落後停滯之「東方（亞洲）社會」，不在正常發展之中。（按以上通論西方對中國歷史文化之觀點來自 Raymond Dawson, *"Western Conceptions of Chinese Civilization"*, in Raymond Dawson ed., the Legacy of China (1964), pp. 1-27. Dawson 另有 ***The Chinese Chameleon: An Analysis of European Conceptions of the Chiness Cevilization*** (1967) 一書，對此敍述更詳，且有較爲中允之評論。）

在美國採用馬克斯關於「東方、亞洲社會」(Oriental or Asiatic type of society) 一觀點而加以研究發揮者有 **Karl A. Witlfogel** 之「東方專制極權論」（見所著 *Oriental Despotism: A Comparative Study of Total Power* (1957)，又稱「水利社會型論」(*Hydralic Society*)。畧謂東方型之社會（廣義包括中亞及埃及），因早期農業之發展賴於水力灌溉（古所謂溝洫河渠）。水利工程須用大量勞力公共合作，集中分配管理；因而產生權力集中，以「公」制「私」之傳統；私利無由發展，社會亦缺少變化。此說之用以解釋中國傳統，曾受中西學者嚴肅評擊。（如 ***Wolfram Eberhard, Conquerors and Rulers: Social Forces in Medieval China*** (1965), pp. 53-88 及

Masubuchi Tatsuo, "Wittfogel's Theory of Oriental Society and the Development of Studies of Chinese Social and Economic History in Japan", *Developing Economics* 4 (1966), 316-333)。其本人後來亦修改其論點，認爲中國傳統社會並非典型的「東方專制極權」傳統。中共歷史學者對馬克斯「東方、亞洲社會」一觀點亦多加以揚棄，惟對於馬克斯史觀中「原始」、「奴隸」、「封建」、「資本主義」等階段在國史上之分期，則議論不定。其中尤其困難者爲中古「封建」社會之劃分。蓋殷商及西周初年奴隸之存在，明代資本主義之萌芽，畧有迹象可尋；西周之封建亦可就傳統說法加以解釋，然若根據傳統說法解釋西周爲「封建」時期，其後春秋戰國以下即歸入資本主義時代，則決無是理；若就史料迹象，把奴隸社會下延至戰國秦漢，把「資本主義萌芽時期」上推至兩宋，則六朝隋唐屬於「封建貴族」時代似較合理。然由「奴隸社會」變爲「封建社會」乃屬質變，是則隋唐大一統帝國之重現乃與秦漢大一統帝國之傳統絕緣，於中國政制之連貫解釋固發生困難，於西歐「封建社會」之典型亦不符。以是中共史學家多部份採用「東方、亞洲（專制極權）社會」論，把秦漢及隋唐時期解釋爲「中央集權(專制)國家下之封建時代」。此一解釋，亦即間接承認在馬克斯所提出決定「原始」、「奴隸」、「封建」、「資本主義」等社會之基本經濟結構以外，尚有一高層之政治制度傳統不盡受此基本結構所決定：在中國，此即爲歷史上大一統之政治文化傳統；此一傳統之產生雖或受早期基本經濟結構因素之影响，然此傳統成立以後，即不受後期「封建社會」地主基層經濟所決定，反而影响漢唐帝國之產生，而與西方中古封建時期成一强烈對比③。

在西方繼馬克斯而起之社會學理論家 Max Weber 一反馬克斯「基層經濟決定高層政治制度及思想意識」

之說法，而强調思想意識及制度對於社會經濟之影响。Weber氏主要之貢獻在分析人類思想及制度發展之傾向於合理化、共通化、系統化 (Rational, universal, systematized) 而使社會政治組織進入「公共組織系統之典型」(Bureaucracy，按此辭直譯爲「官僚型」。惟「官僚」一辭意近貶斥，與原意不合；且 Bureaucracy 在西方之發展不盡在於政府官僚，而普遍於私人工商之大企業組織。故本文不直譯，而意譯爲「組織公共系統化之典型」；以下或簡稱爲「公型」。）就此新理論而對中國傳統社會文化加以分析研究者有法國漢學家 Etienne Balazs（所著論文選集，英譯爲 *Chinese Civilization and Bureaucracy*, 1964）。Weher 氏謂思想及制度之發展大抵由利慾紛爭而趨向合理化，由個別分歧而趨向共通化，由自由競爭而趨向系統化，因此進入分工合作而定於「公型」。Balazs 則謂中國社會文化自秦漢以來已先進入「公型」傳統。西方社會則自資本主義現代化以後亦進於「公型」而定止。西方社會之發展於各時期中均由代表某一特殊力量之集團（如古代之市民貴族，中古之地主，武士近代之小市民大資本家等）所控制，一旦社會經濟力量發生變化，此一特殊集團即爲另一集團所取代，而整個社會結構爲之改易。而爲中國傳統社會中堅之儒士則集經濟、政治、社會、學術思想文化力量之大成；其地位亦不建立於某一經濟或政治基礎而爲所有重要支點之共通；其功能亦不專代表某一方面之特殊利益而在於節制均衡之「公務」：重要者如定時曆，開水利交通，主持救荒濟災，統一度量衡及貨幣、策劃邊防等，爲對農、工、商、兵等利益及力量之制衡；而教育、選舉、考試、考課等，則爲對儒士本身之制衡。此說法一方面近乎中國知識份子對於士大夫傳統之理想；另一方面更與西方歷來對中國社會文化之整體性，一貫性等特點之認識相合。惟Balazs 基於西方强調「自由」、「變化」之價値觀點，對中國社會文化之整體性及一貫性有極苛刻之貶斥，以至謂之爲全盤僵化。影射之下，意謂西方近代文明發展，以後亦將進入「公型」而僵化。

Balazs 由法國漢學出身，對六朝經濟、法制史及漢末魏晉思想政治，都有專門研究著述（其漢末，魏、晉思想政治之研究論文英譯收在上述論文選集內）。其結論謂中國歷史雖經秦漢帝國之覆亡、六朝之大動亂，然法律制度並無基本變化；思想仍舊以儒、法、道爲中心（其中儒法結合爲積極主流，儒道結合爲消極主流）；至於佛學雖流傳中土，盛行於南北朝隋唐數百年，然於中國傳統法制並未發生重大影響。此結論影響 Balazs 關於中國歷史文化之整個看法，因而產生若干過於偏激之議論。然其對於兩漢政治法制之傳統對於六朝隋唐之影响，及中國中世於釋老思想瀰漫下，而儒家傳統仍然繼續不斷等論點，對於治六朝史及論文化史者均有參考價值。

以上馬克斯之經濟基層理論及 Max Weber 之思想制度中心論對於戰後日本之史學漢學之研究有很大的影响。其中接近東京大學的學者，因處於首都，對政治較爲敏感，遂由戰前戰時之右傾國家主義帝國主義史觀，一變爲左傾之馬克斯主義史觀，而以所謂「歷史學研究派」爲代表。這一派對中國中古史之研究着重於社會基層之地主、豪彊、大族勢力之結合，與西歐中古之封建領主勢力相比論，而與中國大陸學者對中國封建社會之研究較爲接近。至於以京都大學爲中心之學者，則受政治力量左右較小，史觀之變化亦較小，多繼承早期漢學界內藤虎雄、岡崎文夫對於中國思想制度之研究再作深進之分析，而與西方 Max Weber 之理論相呼應。這派學者多與京都大學人文科學研究所有若干淵源，或可稱之爲「人文學派」。這一派對中國中古史之研究，着重於作爲當時政治、社會、文化中堅之「士人——士族——貴族」之內在發展，及其對於上層政府權力及下層地方勢力所發生之影响作用。其主要論點有所謂「貴族論」與「豪族論」，大意謂自晚周封建解體，士人參政，形成國家大一統權力，數百年來此政治力量對各地方、各階層、各集團之特殊「私」利加以調和、折衷、制衡而納於合理化、共通化、系統化之「大一統」之「公型」局面（即前論 Bureaucracy）。此「公型」亦即成爲「士」之主要傳統（按「士」一辭，無論英譯爲 Literati, Scholar-officials, Mandarin, bureaucrats均含有「官」或Bureaucracy之意義，與中文「士、仕」之義相應。）其後中央政府（公的）權力衰落，地方豪彊大族（私的）勢力興起，「士」亦由「士人」變爲「士族」、「貴族」而含有私的組合；地方豪彊大族甚而侵佔把持中央政權而形成「私門」政治。然「公型」政治傳統，仍有其相當作用。蓋一人、一家、一族、一地方集團雖有其特殊私利，甚或發展此私利而與他人、他家、他族、他地方集團發生衝突。然一旦出而主持較大之局面，則必須排難解紛，調和折衷及抑制各種私利衝突而維持「公道」，因而接受「士」之主要傳統。是以六朝「士」雖多由豪族出身，豪族亦多興起而主政，然既出身主政以後，每每反而抑制本身原來私慾，及抑制其他豪族之私利，因此脫離原來豪族背景，而進入「公型」的方正「士」途。一旦此輩不能「自律」、「律他」，無法維持中央權力，又已脫離豪族背景而喪失其地方勢力，其政權必不能維持而爲另一地方或豪族勢力所取代。此一新勢力又再進入「自律」、「律他」之「士」途。是以「士族」與「豪族」乃屬不同之政治社會階層，而中國中古之「豪族」，亦由於「士」之自律、律他之作用而未發展爲眞正之「封建」力量。至於「士」之所以能產生「自律」、「律他」之作用，一則由於過去的傳統，二則由於現實之需要。而「士」之所能接受過去傳統以應付現實之需要而發揮「自律」、「律他」之作用，則在其學識、修養、經驗之結合。此一論點與我國人文主義學者之說法頗爲接近④。

以上各家理論，其系統與重點雖不同，但均與「公」之觀念有密切關係。國人之論六朝中世史者多着眼於「私」一觀念，如地主經濟，宗族力量，以及由賓客、門生、故吏、部曲所結合之特殊勢力（按六朝時代賓客、門生、故吏、部曲身份是屬於由「公」而「私」之轉化，值得注意），即所謂「私門政治」之發展。其論「士族」亦多注重「累世經學」、「四世三公」等由文化背景學術素養而形成之「私門特權」。此節特別提出「公」一觀念以供參考。

在西方漢學家中特別强調「私門」力量者，以加州大學社會史教授Wolfrom Eberhard之「士族」論(Gentry State, Gentry Society)較為顯著。Eberhard以民族學文化學為出發點，對中國西北、東南之邊疆民族及各地方傳說、迷信、宗教、風俗、習慣，以至先秦、六朝、五代之政治社會史均有深入之研究及專門著作。（其於Wittfogel之「東方、亞洲社會」與「東方專制極權論」之精細批評已見前引）其「士族」論畧謂周人以異族入主中原，西周之「封建」、「井田」均為周系統下諸族對付中原各族而建立之統治中心。其後周民族與非周民族逐漸同化，此統治中心亦與邊沿地帶相融合；「封建」、「井田」因而解體；周之沒落貴族與廣大農村中之宗族力量相結合而形成新「士族」。此「士族」之基本力量在於廣大農村之宗族與土地所有權（地主）；「士族」之成員藉此地方勢力進而參與國家政事，結合成中央權力。而此「中央、地方」二元系統即為「士族政治」之特色：地方有事，則「士族」之成員藉其中央權力對宗族勢力加以維護；中央有政變，則地方之宗族地主力量仍延續不絕；中國傳統之政治、社會、經濟、文化亦因此「二元士族」之持久性而延續不絕。此一理論對於「中央與地方」、「城市與農村」、「個人與家族」等關係在歷史上的發展均能顧及；對於中西學者關於中國歷史之重要理論及專門研究亦直接或間接加以批評接受；而 Eberhard 本人對於六朝、五代之政治社會更有專精之個案研究。故此一理論在美國頗具影响力，而值得國人之注意。（按其「士族論」散見 Eberhard, A History of China, (1950, 1960, 1969); 及 Conquerors and Rulers: Social Forces in Medieval China(1952, 1965), pp. 19-21, 33-47, 89-91 至於其他研究著作畧見後書 pp. 178-179，茲不列舉）。

Eberhard之「士族論」於各家理論研究以及對史料之分析解釋，牽涉極廣，本文爲篇幅及時間所限，不能一一論列。大致而言，其立論有極精密處，亦有極空疏處。其於邊疆及各地方性文化之研究，近乎體大思精；惟對以漢族爲中心之文化政治傳統則比較忽畧。其史學亦注重六朝、五代等離亂時代，對於大一統之漢唐王朝比較忽畧（此點筆者於其 **A History of China** 書評中已約畧指出，見 **Journal of the American Oriental Society** 92.4〔1972〕, 542-544）。影响所及，其「士族論」重點，乃在地方性農村中之宗族地主基層力量；對於中央政府權力自秦漢大一統國家成立數百年以來在思想意識上、政治制度上、以至社會經濟組織上，對於農村基層結構所發生之重要作用的分析則過於粗疏。（按關於政治力量由上而下對於社會組織以至宗族結合之影响之研究可參閱 Morton H.Fried, Fabric of Chinese Society〔1953〕; 又 "Ideoloy, Social Organization, and Economic Development in China", in Robert A. Manners ed., **Process and Pattern** in Culture〔1964〕, pp. 47-62; 又 The Evolution of Political Society〔1967〕; 及 "Clans and Lineages: How to tell them apart and Why", in Bulletin of the Institute of Ethnology of Acadomia Sinica 中央研究院民族研究所集刊 29〔1970〕, 11-36）。舉一明顯例證，**Eberhard** 在其 **Conquerors and Rulers** 一書，對於農民革命力量之形成，由一村一里而發展至一政權之成立，就黃巢朱温史例詳加分析，對於外族政權之建立亦就沙佗李氏後唐爲例，加以分析。惟於漢「士族」本身之分化，以及地方宗族如何互相結合而成爲控制政局之力量，則僅提出：（一）地域性之集團；（二）婚姻關係之結合；（三）同窗同年之關係。對於各「士人」、「士族」在政治、社會較高階層中各種錯綜複雜之關係則畧而不論；並謂士人同窗同年之關係僅限於近代及現代社會，於中國中古之事例無所知云云(p.90)。關於東漢太學、清流、清議之互相標榜，私淑、私諱、門生、弟子、故吏之結合；士人中「三君」、「八俊」、「八顧」、「八及」、「八厨」之名目（後漢書黨錮列傳序）；韋氏「四世三公」，「皆博愛容衆，無所揀擇，賓客入其門無賢愚皆得所欲爲，天下所歸」，及「袁紹生……有清名……非海內知名不得相見，又好游俠，與張孟卓……皆爲奔走之友。」（三國志袁紹傳及注）等史證竟無所及，實爲空疏之極。

受Eberhard理論影响者，乃有謂兩漢官吏盡由地方大族出身，中央政權亦由大族所把持，於地方宗族勢力絕未加以控制云云。不知漢世中央官吏其著者如：

郅都，景帝爲濟南太守，至則誅瞷氏（宗人三百餘家豪猾）首惡，餘皆股栗。遷爲中尉……先嚴酷致行法不避貴戚，列侯宗室見都側目，號爲「蒼鷹」。

甯成景帝時爲中尉，宗室豪桀人皆惴恐。

周陽由景帝武帝時爲郡守，所居郡必夷其豪。自甯成周陽由之後，事益多，民巧法，大抵吏治類多成由等矣。

義縱武帝時爲長安令，直法行治不避貴戚。上以爲能，遷爲河內都尉，至則族滅其豪穰氏之屬；遷爲南陽太守，至郡遂按甯氏破碎其家（按甯成時家居，貰貳陂田千餘頃，假貧民役使數千家，致產數千萬。），及孔暴之屬皆奔亡南陽。

王溫舒爲河內太守，捕郡中豪猾相連坐千餘家，上書請大者至族，小者乃死，家盡沒入償臧，奏行不過二日得可事論報至流血十餘里。

是時郡守尉、諸侯相、二千石欲爲治者，大抵盡效王溫舒等。

嚴延年，宣帝神爵中爲涿郡太守。大姓西高氏、東高氏，自郡吏以下皆畏避之。延年至，按高氏得其死罪，更遣吏分考兩高，窮竟其姦，誅殺各數十人。遷河南太守，賜黃金二十斤，豪彊脅息。其治務在摧折豪彊，扶助貧弱；貧弱雖陷法，曲文以出之；其豪桀侵小民者，以文內之，奏可論死，流血數里，河南號爲屠伯。（以上均見漢書酷吏傳。）

均爲代表國家權力，對地方豪彊大族勢力打擊之最明顯例子。至於大一統皇朝之政策、政制、法制、以及經濟稅收、選舉、考試、考課、學校等措施，對於地方宗族地主等勢力之作用，則與前述注重「公」一觀念諸理論息息相關。

上述各家學說或謂中國傳統過於注重「公」的統制以至社會經濟變成僵化；或謂其過於倚賴「私」的結合以至國家政權受到腐化。此二觀點各有所偏，應該調和折衷。平心而論，即在秦漢大一統政局之下，以宗族爲中心之「私門」勢力仍有特殊之發展， 此爲不諱之事實⑥。至於在六朝分裂之形勢下，「公」的傳統能否延續？換言之，即六朝之「士族政治」究竟純屬私門宗族力量之結合，抑或仍有其「公」的典範規模？以下僅就所見畧爲考論。考證中心在於魏晉；惟引論所及，則於先秦兩漢之早期傳統亦有所牽涉。

三、從「公、私」或「官、家」之對稱論「士」之結合與「族」之結合

公、私兩辭之含義帶有强烈道德及價値之意識，牽涉太廣，茲存而不論。至於「公」一觀念在中國之發展，有謂殷人崇拜「帝」，爲殷民族之私（亦卽殷民族之公）神；周人事「天」，乃衆神之合體，爲諸民族之公神；由是而引伸出「天子」、「天命」、「天下」，及「天道無私」、「至大至公」之理想，而爲大一統政制之先河者⑥。有引「至大無外」、「無名者萬物之母」、及「鴻濛」、「渾沌」等道家思想與初民心理相結合，甚至引禮記先「大同」後「小康」之思想而與「原始共產社會」之傳說相牽連而謂爲石器時代之遺風者⑦，茲亦存而不論。「公」爲整體，「私」爲個體；二者發展之先後，究是由整體分爲個體，抑由個體集爲整體，亦可存疑。

由文字發展而論，韓非子五蠹篇云：「古者蒼頡之作書也，自環者謂之私，背私謂之公。公私之相背也，乃蒼頡固知之矣。」是謂公私二字對立而存在；其觀念之發展，則私乃自發，公則是後來之反義。然此屬戰國法家之說。甲骨文似未見「ㄙ（私）字；「公」字則甲骨文作「八口」，義則似指「君」上。金文「公」仍似「八口」，引伸有「方正」義；「ㄙ」則象「方正有缺」，似以「公」爲先義，「私」爲後來反義。文字與政制之發展屬於社會文化之上層，二者比較接近，而「公」、「君」等字亦在文化上層中先出現；「私」近於下層，故其字亦晚出耶？說文：「私」從禾ㄙ聲，北道名禾主人曰私主人；則「私」字屬下層經濟財產觀念，更爲晚出。說文又云「公，平分也；從八從ㄙ，八猶背也，韓非曰背ㄙ爲公。」則以「公」爲後義。龔氏段注札

記曰：「以平分爲公者非古義也；王篇曰：公，方平也，正也，通也，居也；亦無平分語。疑此後人所竄改，許君既取背私爲公，則不以平分爲公明矣。」是不以「公」義爲後出也。記此以供參考。

詩、小雅「雨我公田，遂及我私」，「此公」字或兼「君侯」之稱，然其公私對立之義則頗明顯。書、周官「以公滅私」或受法家思想影响。禮記孔子閒居「天無私覆」；賈誼新書道術「兼覆無私謂之公，反公爲私」；春秋苞元命苞「公之爲言，公正無私也」；公私之對立，于周末漢初已深入人心。其立論最爲詳盡者，爲禮記禮運篇：

「大道之行也，天下爲公，選賢與能……故人不獨親其親，……是謂大同。」

「今大道既隱，天下爲家，各親其親……大人世及以爲禮……是謂小康。」

是以大同至公爲最高之理想，小康爲迫切之現實局面，並由「公、私」之極端對立而提出「家」一中層觀念，蓋小康之世雖未及於大同，亦不至於大亂也。禮記大學篇：「修身、齊家、治國、平天下」等條目，亦以家爲個人最近切者，然平天下之「至公」觀念仍是最高理想，二者亦約畧相對⑧。

「家」爲近於私之轉化，「官」則爲近於公的組織(此與英文Bureaucracy「公」型化與「官僚化」二譯可對照)。

漢書蓋寬饒傳：

寬饒奏封事……引韓氏易傳言：五帝官天下，三王家天下；家以傳子，官以傳賢；若四時之運，功成者去；不得其人，則不居其位。書奏，上以寬饒怨謗終不改，下其書中二千石。時執金吾議以爲寬饒指意欲求禮，大逆不道。

是由思想史上「公、私」觀念之對立，演化爲制度史上「官、家」觀念之對立。所云「五帝官天下」，即「五帝公天下」之意；「官以傳賢」、「不得其人，則不居其位」，即禮運「選賢與能」之意。終漢世，官事多稱爲「公事」：如後漢書趙典傳：「轉右扶風，公事去官」，郅壽傳：「爲京兆尹，以公事免」等事例甚多。關於當時「公、私」、「官、家」界限，如後漢書楊震傳：「性公廉，不受私謁」，又「先公道，後身名」；王良傳：「爲大司徒司直，妻子不入官舍」等事例，不勝枚舉。漢故事，「通官文書不著姓」如：漢書高帝紀下，「諸侯上疏曰：楚王韓信……淮南王英布」稱姓（諸侯以家立國）；而文帝紀即位時，羣臣議曰「丞相臣平，太尉臣勃」云云則均不著姓（百官以公事居位），此類史證甚多，或亦有「家、國」之界限。

中國歷史上之王朝，除「五帝官天下」、「堯舜禪讓」等傳說理想以外，均爲一姓君主，即「家天下」之小康政制。所謂「處公憂國」、「守職奉上」之「官事」亦不過一姓王朝之私權而已。然所謂「一姓王朝」及「家天下」，乃指帝統帝位之傳遞；非謂一姓、一族、一家均掌國柄。西漢制度，大司農主天下公賦爲國家財政；少府主天子特殊收入爲宮室之用；天子雖爲劉姓、劉氏宗室亦僅受爵食祿，其從政者受到各種限制。而「天命無常」，「天視自我民視，天聽自我民聽」等，仍屬「公」之觀念，即蓋寬饒所謂「若四時之運，不得其人不居其位」之革命求禪思想。漢書張釋之傳有：「法者，天子所與天下公共也」之論；後漢書申屠剛傳：

> 平帝時舉賢良方正，因對策曰：「王者承天順地，典爵主刑；不敢以天官私其宗，不敢以天罰輕其親。」

其他如漢世「朝廷」、「宮掖」、「宗室」、「官俸」、「爵祿」之劃分，亦處處寓有「公、私」、「官、家」之界限。是一姓王朝非即謂一宗一族之政權，其義甚明。此「小康」之爲「小康」，而未至於大亂之局面也。

玆本「公、私」、「官、家」等相對觀念，就「士」一辭涵義之演變畧爲論考。關於「士」一辭之古意，及其在西周封建制度下之定位，論者已多不再列述。孟子梁惠王首篇云：「王曰何以利吾國，大夫曰何以利吾家，士庶人曰何以利吾身。」其時「士」似已脫離封建貴族，而接近於平民個人身份。封建解體，學術由封建宗法之舊傳統（所謂「王官」）分化爲遊學之士，而產生諸子百官思想；政治亦由公卿大夫世系轉入遊士縱橫之手。戰國策一書，其論說中心不在主政之「國」君，亦不在統軍作「戰」之將帥，而在參政、謀國之策「士」焉。對「士」一身份作最高度之表揚者在戰國策、齊策、顏斶篇云：

齊宣王見顏斶，曰：「斶前」；斶亦曰：「王前」。宣王不說；左右曰「……可乎？」斶對曰：「夫斶前爲慕勢；王前爲趨士；與使斶爲慕勢，不如使王爲趨士。」王忿然作色曰：「王者貴乎？士貴乎？」對曰：「士貴耳；王者不貴」。王曰：「有說乎？」斶曰：「有，昔者秦攻齊，令敢有去柳下季壟五十步而樵採者，死不赦；令曰有能得齊王頭者，封萬戶侯，賜金千鎰。由是觀之，生王之頭，曾不若死士之壟也。」宣王默然不說；左右皆曰：「……大王據千乘之地……萬物無不備……今士之高者，乃稱匹夫，徒步而處農畝，下則鄙野監門閭里，士之賤也，亦甚矣。」斶對曰：「不然；斶聞古大禹之時，諸侯萬國；何則，德厚之道，得貴士之力也。……當今之世，南面稱寡者……稍稍誅滅，滅亡無族之時，欲爲監門閭里安可得而有也哉。……是以明乎士之貴也。」

顏斶對答之語近似黃老縱橫之論，其事或未必有。然既有此說：「士貴、王不貴」一思想之存在，實爲中國思想之一大特色。而「士之高者，匹夫徒步」與「南面者之有族」之對立，亦爲「士」個人身份之特色。至於提出「生王之頭，不若死士之壟」，更表明高士之傳統。顏斶與柳下季，則爲在此傳統之下，超越時間而相結合（近人所謂認同，Identification, Identity），成爲「士」之精神模範。至於當時遊行好士之徒，「千里交結」、作超地域性之組合，例證更多。則「士」之相結合，乃超越宗族超地域之結合，而近乎「公」之範疇焉。

說文：「士，事也。數始於一，終於十，從一十。」段注：「引伸之，凡能事其事者偁士」。左傳昭公七年疏：「士者，事也，言能理庶事也。」姑不論此解是否合於古義，其爲戰國秦漢以來共認之觀念無疑。所謂「能」，與禮運篇：「選賢與能」爲「公」之第一要素；所謂「事」與「庶事」，亦與前論「公事」之與「官事」相照應（亦即士仕之後義）。至於「士」之選舉參政制度之建立，以漢武帝時公孫弘一例爲最著名。漢書儒林傳：

公孫弘以治春秋爲丞相封侯，天下學士靡然鄉風……弘爲學官，悼道之鬱滯，迺請爲博士置弟子……自此以來，公卿大夫士吏彬彬多文學之士矣。

公孫弘之建制，以「士」之「能事」與文化學術之傳統合一，而擴大「賢能」之觀念爲其要點。公孫弘不但在選擧教育制度上增强「士」的政治力量，且在社會上極力提高「士」之地位，此點似較爲人所忽畧。

漢初地方勢力由豪彊游俠所把持，論者已多。其姦雄之尤著者爲武帝時之郭解。漢書游俠傳：

郭解……所殺甚衆……軹有儒生侍使者坐。客譽郭解，生曰：「解專以姦犯公法，何謂賢？」解客聞之，殺此生，斷舌。吏以責解，解實不知殺者，殺者亦竟莫知爲誰。吏奏解無罪。御史大夫公孫弘議曰：「解……當大逆無道」。遂族解。自是以後，俠者極衆，……雖爲俠，而恂恂有退讓君子之風。」

郭解勢傾天下，而與郭解同爲軹人之一不知名儒生乃以「公法」爲立場，不避地域，不懼權勢，公然評擊郭解，其爲解勢力所迫害乃可想知。郭解殺人無數，雖在赦前，其罪可誅；及殺一無名儒生，雖在赦後，且解實不知殺者；而公孫弘乃議其大逆而族之。此段史文牽涉西漢士風，及中央、地方勢力演變之處甚多，極宜細味。公孫弘議族郭解與前段述西漢「酷吏」對地方豪彊大族勢力之打擊相配合，成爲西漢地方力量變化之轉輾點。「士」力量發展之結果，部份士人增强其對宗族鄉黨之影响；而强宗大族亦多改變其政治、文化意識而培植其成員進爲士流；甚至閭巷之豪俠亦漸帶有士君子之風；地方勢力一變而以「士」爲中心。在政府各階層中，士人亦以門生、故吏等關係相集結爲特殊勢力。

部份「士」之結合，雖由「公」轉「私」，變爲特殊勢力。然士之傳統仍保有高度超越之「公」型觀念。如東漢末年。

> 陳仲舉言爲士則，行爲世範，登車攬轡，有澄清天下之志。爲豫章太守，至便問徐孺子所在，欲先看之。主簿白羣情欲府君先入廨，陳曰：「武王式商容之閭，席不暇煖。吾之禮賢，有何不可。」（世說新語、德行第一）
>
> 李元禮風格秀整，高自標持，欲以天下名教是非爲己任。後進之士，有升其堂者，皆以爲「登龍門」。（世說新語，德行第一）

是以天下道義而超脫一官一職之籬藩而標榜「士」風。

「升堂」、「登龍」之語，雖不免於私蔽，然其標持乃在「天下名教是非」一超越之理想也。東漢末年士人中親黨門戶之見最深者爲荀爽。世說新語，言語第二：

荀慈明與汝南袁閬相見，問潁川人士，慈明先及諸兄。閬笑曰：「士但可因親舊乎？」慈明曰：「足下相難，依據何經？」閬曰：「方問國士，而及諸兄，是以尤之耳。」慈明曰：「昔者祁奚內舉不失其子，外舉不失其仇，以爲至公。」

荀爽論士，先及諸兄，是由「士人」轉變爲「士族」之明顯迹象。袁閬針對此點加以批評，是保持「士人」原來「至公」之理想。荀爽之自辯，亦以諸兄賢能近於國士，「選賢與能」近於「至公」，並未直接揚棄「公」之理想。

兩漢魏晉數百年間，「豪宗」、「豪姓」、「豪族」、「大姓」、「大族」等辭彙，屢見於史籍。「貴人」、「貴游子弟」、「貴門」、「貴望」、「貴戚」等辭彙亦不少。而「貴族」一辭，似僅於晉書列女傳中一見。在當時人意識中「淸貴」、「顯貴」與「大姓」、「豪宗」之間，似仍有相當距離。關於「士」之相結合，亦以超宗族、超地域性之「士類」、「士流」等辭較爲常見；「士族」一語亦僅於晉書許邁傳中一現。大概「士」與「宗族」之結合，雖然爲當時事實，「士族」一辭則遲遲未爲「士論」所認可。原因似在「士」之原來理想屬於「公」，「族」則屬於「私」的結合。然耶？否耶？有待正諸高明。

四、論魏晉之際潁川荀、陳二名門之轉化

東晉南朝門第以王、謝爲首，王謝之前則有荀、陳。世說新語德行第一：

客問陳季方（諶）：「足下家君太丘（陳實曾爲太丘長）有何功德，而荷天下重名？」季方曰：「吾家君譬如桂樹，生泰山之阿；上有萬仞之高，下有不測之深；上爲甘露所霑，下爲淵泉所潤；當斯之時，桂樹焉知泰山之高，淵泉之深？不知有功德與無也。」

又品藻第九：

正始中人士比論，以五荀方五陳：荀淑方陳寔；荀靖方陳諶；荀爽方陳紀；荀彧方陳羣；荀顗方陳泰。又以八裴方八王：裴徽方王祥；裴楷方王夷甫；裴康方王綏；裴綽方王澄；裴瓚方王敦；裴遐方王導；裴頠方王戎；裴邈方王玄。

後漢書列傳五十二以荀淑、陳寔並列：

荀淑……潁川潁陰人……少有高行，博學而不好章句，多爲俗儒所非，而州里稱其知人……安帝時徵拜郎中後再遷當塗長，去職還鄉里……補朗陵侯相……棄官歸，閒居養志，產業每增，輙以贍宗族知友……初荀氏舊里名西豪，潁陰令渤海苑康以昔高陽氏有才子八人，今荀氏亦有八子，故改其里曰高陽里。

荀淑似是出身彊宗大族而具有地方勢力之「士」。其爲學則以不守章句而爲儒者所非，其任職則屢去官而治產。世說新語德行第一：

荀巨伯（見荀氏家傳）遠看友人疾，值胡賊攻郡，友人語巨伯曰：「吾今死矣！子可去。」巨伯曰：「遠來相視，子令吾去，敗義以求生，豈荀巨伯所行耶？」賊既至，巨伯曰：「友人有疾，不忍委之，寧以我身代友人命。」

荀氏之言行，士而有俠義者也，與前論豪俠轉化爲士而有君子之風者相似。後漢書陳寔傳：

陳寔……潁川許人也，出於單微……少作縣吏，嘗給事廝役，後爲都亭刺佐，而有志好學，坐立誦讀。縣令鄧邵試與語，奇之，聽受業太學，後令復召爲吏……家貧復爲郡西亭長，尋轉功曹……司空黃瓊辟理劇，補聞喜長……復再除太丘長。

是陳寔之出身、爲學、行事與荀淑相異而成對比。荀氏出身富家大族，陳氏則出身單寒，二氏同入士流。世說新語、德行第一：

陳太丘（寔）詣荀朗陵（淑），貧儉無僕役，乃使元方將車，季方持杖後從，長文尚少，載箸車中。既至，荀使叔慈應門，慈明行酒，餘六龍（均淑子）下食，文若亦小坐箸厀前。於時太史奏眞人東行。（檀道鸞續晉陽秋曰：陳仲弓從諸子姪造荀父子，於時德星聚，太史奏五百里賢人聚。）

陳寔因貧儉而以諸子從，荀淑爲富戶豪宗而以諸子相接。御覽四百三十二及七百五十七引袁山松書云：

淑及陳寔神交，及其棄朗陵而歸也，數命駕詣之……相對怡然。嘗一朝求食，食遲，季方尚少，跪曰：「聞大人與荀君言，甚善，竊聽」。寔曰：「汝聽談，解否乎？」諶曰：「解」。因令與二慈說之，不失一詞，二公大悅。

時尚淸議，荀陳背境不同，乃在淸議傳統下作道義之結合，成爲「士」之模範。「當世名賢李固、李膺皆師宗淑」（本傳），淑「建和三年卒，李膺時爲尚書，自表師喪」（本傳）。陳寔於中平四年卒於家，「何進遣使弔祭，海內赴者三萬餘人（自太原郭泰等無不造門），制衰麻者以百數（司空荀爽，太僕令韓融並制緦麻執子孫禮），共刋石立碑，（私）諡爲文範先生。」（本傳）

當時士以清流風氣互相標榜而結成之特別勢力，較諸彊宗大族之力量，似有過而無不及。然「士」之傳統中，有「自省、自制」之作用，因此對本身之特別勢力能夠加以轉化。荀淑雖不好章句而爲儒者所非，淑子爽乃「積十餘年，以著述爲事，遂稱爲碩儒……著禮、易傳、詩傳、尚書正經、春秋條例，公羊問、及辨讖。」（本傳）是學術上之轉化也。荀陳二家雖立私諡，而爽以「時人雖在親憂，猶有弔問喪疾者，又私諡其君父及諸名士，爽皆引據大義，正之經典，雖不悉變，亦頗有改。」（本傳）是在社會風氣習俗上之「自省」也。

荀爽雖爲儒學之士，其言行仍不免以宗族親黨爲中心。上引其與袁閬論國士一文即其例證。漢世由「公、私」、「官、家」之觀念對立，而產生「忠、孝」之對立。國事以「公忠」爲要，家族則重「孝」道。孝以喪禮爲本，故儒家重「三年喪」。而漢公卿大臣則多以「公職」爲重，不行三年之喪。荀爽於延熹九年舉至孝，拜郎中，對策，陳便宜曰：

「……漢爲火德……其德爲孝……今之公卿及二千石，三年之喪，不得即去，殆非所以增崇孝道而克稱火德者也。往昔孝文勞謙過乎儉，故有遺詔，以日易月。此當時之宜，不可以貫之萬世……昔丞相翟方進以自備宰相而不敢踰制，至遭母憂，三十六日而除。夫失禮之源，自上而始……有夫婦然後有父子，有父子然後有君臣……。」

亦本家族立場，對漢世「滅哀」、「尚主」等制度加以評擊。荀淑之孫，荀爽之姪荀悅作漢紀，於論公孫弘議族郭解一事（見前）極力讚揚，於結黨譁衆「游俠、游說、游行」之士，極力斥責，謂：

「世有三游，德之賊也……立氣勢，作威福，結私交以立强於世者，謂之游俠……色取仁，以合時好；連黨類，立虛譽以爲權利者，謂之游行。此三游者，亂之所由生也……奔走馳騁，越職僭度……簡父兄之尊，而崇賓客之禮；薄骨肉之恩，而篤朋友之愛；忘修身之道，而求衆人之譽；割衣食之業，以供饗宴之好；苞苴盈於門庭，聘問交於道路……游引之本，生於道德仁義，汎愛容衆，以文會友，和而不同，……以正行之謂之君子，其失之甚……其相去殊遠……故大道之引，則三遊廢矣。」

則本「公」義，對於荀陳之交好，荀淑陳寔之聲勢，以至士流結合而形成之龐大勢力均作痛切「自省」的批評。

荀淑孫荀彧，於黃巾董卓亂後，「將宗族」初歸袁紹，後歸曹操，其言行可誌者如：

何顒……少與郭泰、賈彪等游學洛陽，泰等與同好。顒顯名太學……顒既奇太祖（曹操），而知荀彧，袁紹慕之，與爲奔走之友。是時天下士大夫多遇黨難，顒歲再三私入洛陽，從紹計議，爲諸窮窘之士解釋患禍。而袁術亦豪俠……而顒未嘗造術，術深恨之。（三國志荀攸傳注引張璠漢紀。）

何顒爲太學名士，荀彧爲潁川名士，袁氏「四世三公」，曹操則宦官曹騰養子曹嵩之後（嵩雖官至太尉，然莫能審其出生本末，見三國志武帝紀。）背境各有不同；均在清議運動中結合而成反宦官力量。（曹操出身宦官集團而參加反宦官活動。）至於袁術，雖與袁紹同出「四世三公」之後，因道義不同，不相交往，均是「士流」結合之特色。

及曹操脅天子以令諸侯：

彧爲漢侍中， 守尙書令， 常居中持重。（典略曰：彧折節下士，坐不累席，其在臺閣， 不以私欲撓意。彧別傳曰：彧自爲尙書令，常以書陳事，臨薨皆焚毀之，故奇策密謀不得盡聞也。）（三國志本傳及注）

其不以私欲撓意是處事之「公」，陳事奇策不以外聞，是行事之「密」、「公、密」二點爲魏晉官事之特色，後更詳論。

彧德行周備，非正道不用心。名重天下，莫不以爲儀表， 海內英儁咸宗焉。司馬宣王（懿）常稱「書傳遠事，吾自耳目所從聞見，逮百數十年間賢才未有及荀令君者也。」前後所舉者，命世大才，邦邑則荀攸、鍾繇、陳羣； 海內則司馬宣王。及引致當世知名郗慮、華歆、王朗、荀悅、杜襲、辛毗， 趙儼之儔，終爲卿相以十數人。取士不以一揆，戲志才、郭嘉等有負俗之譏，杜畿簡傲少文，皆以智策舉之，終各顯名。

荀彧超越宗地域觀念，舉士以海內不以一揆，故名重天下。及卒，孫權以露布於蜀，劉備聞之曰：老賊（指曹操）不死，禍亂不已（指彧爲曹操所害）。則荀彧之聲名不但在曹操政權，在吳蜀異國他方亦極顯揚也。

荀彧從子荀攸。

後爲魏尙書令，亦推賢進士。太祖（曹操）曰：「二荀令之論人， 久而益信，吾沒世不忘。（三國志荀彧傳注引彧別傳）

深密有智防，自從太祖征伐，常謀謨帷幄，時人及子弟，莫知其所言。（三國志本傳）。

攸姑子辛韜曾問攸說太祖取冀州時事，攸曰：「……吾何知焉」。自是韜及內外莫敢復問軍國事也。（

本傳注引魏書。）

荀攸參與軍國「公事」、家族子弟不得與聞，「公」與「密」也。與前述王良傳：「妻子不入官舍」條可相參考。

而荀彧子荀顗，晉書本傳曰：

荀顗……幼爲姊壻陳羣所賞（按荀、陳之交起於道義，終結姻親，爲由「公」而轉「私」）……總角知名，博學洽聞，理思周密……爲僕射領吏部……加以淑愼，綜核名實，風俗澄正。咸熙中遷司空……進爵爲公……爲司徒尋加侍中，遷太尉……引太子太傅……泰始十年薨……詔曰：「太尉不恤私門、居無館宇，素絲之志，沒而彌顯。其賜家錢二百萬使立宅舍。」

荀顗身爲三公十餘載，家無私舍，死後乃由朝廷賜錢代建府邸，是爲忘私。

荀爽曾孫荀勗，晉書本傳：

年十餘歲能屬文……既長博學達於從政……拜中書監加侍中領著作，與賈充共定律令……性愼密，每有詔令大事，雖已宣布，然終不言，不欲使人知己豫聞也。族弟良曾勸勗曰：「公大失物情，有所進益者自可語之，則懷恩者多矣」。其婿武統亦說勗宜有所營置，令有歸戴者。勗並默然不應。退而語諸子曰：「人臣不密則失身、樹私則背公，是大戒也。汝等亦當宦達，宜識吾此意。」

此是以「公、密」行事之最明顯例證。荀顗荀勗處西晉衰世，本身德行理想雖不及父祖，其守「公」典模或過之。此亦是荀氏由潁川豪族成爲佐理國政之高級「士流」後之轉化迹象⑨。

陳寔孫陳羣，三國志本傳：

太祖辟爲司空西曹掾……除蕭、贊、長平令……以司徒掾舉高第爲治書御史，轉參丞相軍事，魏國既建，遷爲御史中丞……轉爲侍中，領丞相東、西曹掾。在朝無適無莫，不以非道假人……遷尚書僕射加侍中徙尚書令……爲司空故錄尚書事。初太祖時劉廙坐弟與魏諷謀反當誅，羣言之太祖，太祖曰：「廙名臣也，吾亦欲赦之」，乃復位。廙深德羣，羣曰：「夫議刑爲國，非爲私也，且明主之意，吾何知焉？」其弘博不伐皆此類也。（注引魏書曰：羣前後數密陳得失，每上封事，輒削其草，時人及其子弟莫能知也。論者或譏羣居位拱默，正始中詔撰羣臣上書以爲名臣奏議，朝士乃見羣諫事，皆歎息焉。）

陳羣子泰，三國志本傳：

正始中徙游擊將軍，爲並州刺史，加振威將軍，使持節護匈奴中郎將，懷柔夷民，甚有威惠。京邑貴人多寄寶貨，因泰市奴婢。泰皆挂之於壁，不發其封。及徵爲尚書，悉以還之。

其行事之「公」，雖遜於諸荀，然亦相近矣。

他如三國魏時賈詡，武威姑臧人，少爲漢陽閻忠所知（按漢陽，前漢天永郡，閻姓爲大族），後董卓入洛陽以爲平津都尉，似是出身邊郡豪宗。後歸太祖（曹操）爲太中大夫。

自以非太祖舊臣，而策謀深長，懼見猜嫌，闔門自守，退無私交，男女嫁娶，不結高門。天下之論智計者歸之。

雖爲時勢所逼，亦一時之風氣之所趨也。

袁渙……父滂爲漢司徒……爲諫議大夫丞相祭酒，前後得賜甚多，皆散盡之，家無所儲，終不問產業。（三國志本傳）

張範……祖父歆爲漢司徒，父延爲太尉。太傅袁隗欲以女妻範，範辭不受……爲議郎參丞相軍事……救恤窮乏，家無所餘，中外孤寡皆歸焉。贈遺無所逆，亦終不用，及去皆還之。（三國志本傳）。

王脩……守高密令，高密孫氏素豪俠，人客數犯法，民有相劫者，賊入孫氏，吏不能執。脩將吏民圍之，孫氏拒守，吏民畏憚不敢近。脩令吏民敢有不攻者與同罪，孫氏懼乃出賊，由是豪彊懾服。……太祖……破南皮閱脩家，穀不滿十斛，有書數百卷。太祖歎曰：「士不妄有名」。乃禮辟……遷魏郡太守，爲治抑彊扶弱。」（三國志本傳）

西晉王祥拜司空，轉太尉加侍中拜太保：

以太保高潔清素，家無宅宇，其權留本府，須所賜第成乃出。（晉書本傳）。

鄭冲……起自寒微（晉書本傳）。

羊祜……世吏二千石至祜九世，並以清德聞。……歷職二朝，任典樞要。政事損益皆諮訪焉。勢利之求無所關與，其嘉謀讜議，皆焚其草，故世莫聞，凡所進達人皆不知所由。或謂祜愼密太過者，祜曰：「……拜爵公朝，謝恩私門，吾所不取」。祜女夫嘗勸祜有所營置，令有歸戴者可不美乎。祜默然不應，退告諸子曰：「……人臣樹私則背公，是大惑也，汝宜識吾此意。」（晉書本傳。）

餘例尚多。

李胤……雖歷位外內之寵，不異寒賤之家（同上傳），家至貧儉，兒病無以市藥。帝聞之賜錢十萬。……

為司徒……帝後思胤清節，詔曰：「故司徒李胤，太常彭灌，並履忠清儉，身沒家無餘積。賜胤家錢二百萬，穀千斛；灌家豐之。」（晉書李胤傳）。

盧欽……祖植，漢侍中，父毓魏司空……為尙書僕射……領吏部，以清貧特賜絹百匹。欽舉必以材，稱為廉平。咸寧四年卒詔：以欽忠清高潔，不營產業，身沒之後，家無所庇，特賜錢五十萬，為立第舍。（晉書本傳）

劉毅……夙夜在公……為朝野之所式瞻。嘗散齋而疾，其妻省之，毅便奏加妻罪而請解齋。其公正如此……帝以毅清貧賜錢三十萬，日給米肉……年七十告老……年耆偏疾，而神明克壯……遂為州都銓……其所彈貶，自親貴者始。（晉書本傳）

或疑西晉此例過多，詔書屢下，未必盡為實情。然即使有此虛文，「公廉」意識之特立，亦為治史者所宜參詳。

漢末魏晉名士雖或不治產業，不市私恩，不倚靠宗族子弟力量，然乃屢世高位，漸成名門。即上舉史文，亦多此類。其原因一則在「士」人家學、家風之傳統，此在漢世，即已有之。今再就魏晉出仕之重要制度着眼，略為考論。

五、論九品中正制度下「上品無寒門，下品無勢族」一語之由來及真意

世人論六朝門第之形成，多歸咎於九品中正制度之流弊，並引「上品無寒門，下品無勢族」一語為證。更

有斷章取義，不復檢視原文，而逕謂自九品中正制度建立後，任中正者或則私其宗親，或則爲勢族左右，以至六朝仕途盡爲大姓所把持。今按九品中正制爲陳羣任吏部尚書時所建立；潁川荀、陳二門子弟言行皆強調「公、密」，

羣爲司空西曹掾屬，時有荐樂安王模、下邳周逵者，太祖辟之。羣封還敎，以爲模、逵穢德終必敗，太祖不聽。後模、逵皆坐姦宄誅，太祖以謝羣……世以羣爲得人。」（三國志本傳）

九品之制，因建安兵興，士流播遷，詳覈無所。陳羣以選用不盡人才，乃立九品官人之法，州郡皆置大小中正，各以本處人任諸府公卿及召省郎吏有德充才盛者爲之。區別所管人物，定爲九等，其有言行修著，則升進之，或以五升四，以六升五；倘或道禮虧缺，則降下之，或自五退六，自六退七。是以吏部不能審覈天下人才士庶，故委中正銓第等級，憑以補授，謂免乖戾（三國會要、十六）。其原意在於加强中央對地方之管制，以免選舉盡爲地方大族或士流之鄉論品藻所左右⑩，魏中葉時更加考核：

太和之後，俗用浮靡，遞相標目，夏侯、諸葛、何、鄧之儔，有四聰八達之稱，帝深嫉之，於是士大夫有名聲者，或禁錮廢黜以懲之，作考課之法，考覈百官。」（三國會要，卷十六）。

魏晉之間，亦多選舉公平之士。如：

華廙……弘敏有才義，妻父盧毓典選，難舉姻親，故廙年三十不得調，晚爲中書通事郎（晋書本傳）。鄭默……遷爲太常，時僕射山濤欲舉一親親爲博士，謂默曰：「卿似尹翁歸，令吾不敢復言」。（晋書本傳）

盧欽……爲尚書僕射……領吏部……擧必以材，稱爲廉平。（晉書本傳）

任愷……既在尚書，選擧公平，盡心所職。（晉書本傳）⑪。

在此情勢之下，何以會發生「上品無寒門，下品無勢族」之流弊？今考此語出自劉毅。其史文本源，値得詳細討論。晉書劉毅傳：

毅……少厲淸節，然好臧否人物。王公貴人，望風憚之。僑居平陽，太守杜恕請爲功曹，沙汰郡吏百餘人，三魏稱焉。……轉司隸校尉，糾正豪右，京師肅然。司部守令望風投印綬者甚衆，時人以毅方之諸葛豐、蓋寛饒（按卽前引「五帝官天下……不得其人，不居其位」者）。……帝嘗南郊，禮畢，喟然問毅曰：「卿以朕方漢何帝也？」對曰：「可方桓、靈。」帝曰：「吾雖德不及古人，猶克己爲政；又平吳會，混一天下；方之桓靈，其已甚乎？」對曰：「桓靈賣官，錢入官庫；陛下賣官，錢入私門；以此言之，殆不如也。」帝大笑曰：「桓靈之世，不聞此言，今有直臣，故不同也。」……在職六年，遷尚書左僕射……以魏立九品，權時之制，未見得人，而有八損，乃上疏云云。

上引史文，可注意之處有三：

一、西晉君主爲政流於私弊，然朝臣則操持「公亮」傳統，此點於上節所引史文，例證頗多；劉毅更爲特出。

（至於此「公」、「私」二勢力在西晉一朝之錯綜分合的發展，及其對於末年賈氏、楊氏之政爭及八王之亂的影响，爲拙文於亞洲學會年會中之議論中心，以後在論六朝「士族政治」之流變時再詳細考論。）

二、劉毅臧否人物理想過高，時人以引「五帝官天下」提倡禪讓之蓋寛饒相比可見。其論晉武帝不如東漢桓帝靈帝，實在太過甚其辭，此亦時人所共識。劉毅以「天下爲公」、「官以傳賢」之理想，欲改革當時選舉制度，九品中正制遂爲其攻擊中心。其面對晉武帝，尙斥爲不如桓靈；論九品制，有「上品無寒門，下品無勢族」一語，亦近於過甚其辭，不足爲可靠之史證。

三、若劉毅「上品無寒門」一語爲針對當時大姓大族把持中正官人法之弊而發，其疏論「九品」制之「八損」，應即以此爲中心。今細讀劉毅疏文，其所指乃不在此，茲更引論如後。

晉書劉毅傳引疏文畧云：

「立政者以官才爲本，官才有三難……人物難知，一也；愛憎難防，二也；情僞難明，三也。」

關於愛憎難防一點，似與親族私門有關，然劉毅所論：

「今之中正，不精才實，務於黨利；不均稱尺，務隨愛憎……所欲下者，吹毛求疵……一人之身，旬日異狀，或以貨賂自通，或以計協登進，……是以上品無寒門，下品無勢族……」。

中正主品第，既能吹毛求疵；一人之等第，既可旬日而異狀；其進者以貨賂計協中正則有之；謂一姓一族可久居上品，不爲評第所左右者，實不可能。

關於情僞難明一點，謂中正評第缺乏一客觀確準可靠之標準，注重虛譽。「賢」、「能」本屬高度抽象觀念，不若大姓彊宗富豪之明顯可見。今中正評第，既不同在官之考績，而仍標榜「賢」、「能」抽象觀念，不免流於空汎。然此亦非專就宗族財勢爲基準者也。劉毅謂：

「用心百態，求者萬端……天下訩訩，但爭名位……今之中正，務自遠者，則抑割一國，使無上人；穢劣下比，則拔舉非次。」

用心百態，求者萬端，則非「財雄、族大、勢厚」三類所能包括。而名位之重，則遠過「財雄、族大、勢厚」三端。中正之權高者可抑制一國諸族使無上品，亦可超次地方勢力而拔舉「穢劣」，與「魏武拔奇決於胸臆，收人才不問階次」（御覽引孫楚集奏）相近，亦非宗族力量所盡可操縱者。至劉毅謂：

「公無考校之負，私無告訐之忌……官無繩姦之防……置中正委以一國之重，無賞罰之防。」

蓋一謂評第不由「有司考績以明功過以定黜陟」，二謂「中正推評得當與否，不受繩責。」三謂「今之九品，所下不彰其罪，所上不列其善，廢褒貶之義」也。然毅又云：

「天下訩訩……駮違之論，橫於州里；嫌讎之隙，結於大臣……」

則中正之評第亦非「無爭執」、「無是非」而盡爲一人一姓所把持者。毅結論云：

「事名九品而有八損；或恨結於親親，猜生於骨肉，當身困於敵讎，子孫離其殃咎。」

則中正九品之評第，與宗親之結合固有互相衝突之處。而中正之權重、勢危，所遇是非爭執萬端，亦不似可爲一二大族所把握者。

關於人物難知一點，劉毅所論頗爲詳盡確實，其與魏晉中正制有密切關係者，如謂：

「置州都者，取州里清議，咸所歸服，將所以鎮異同，一言議。不謂一人之身，了一州之才……若然，自仲尼以上至於庖犧，莫不有失，則皆不堪，何獨責於中人者哉……

「今一國之士，多者千數；或流徙異邦，或取給殊方；面猶不識，況盡其才力？其中正知與不知，其當品狀，來譽於臺府，納毀於流言；任己則有不識之蔽；聽受則有彼此之偏；所知者，以愛憎奪其平；所不知者，以人事亂其度。旣無鄉老紀行之譽，又非朝廷考績之課，遂使進官之人，棄近求遠，背本逐末；位以求成，不由行立；品不校功，黨譽虛妄。」

蓋魏晉離亂之後，中央政府權力衰落，學校教育被破壞；漢世鄉議里選之舊制，一則由於動亂之際，人才離鄉別井流散他方，二則地方勢力多由當地殘餘之豪雄（能以宗親武力自保者）所把持。在此狀況之下，中央爲統一仕途，建立若干官吏選用標準，不得不就現任諸府公卿及臺省郎吏中較有才德識見之士委爲中正，銓第本處人物分爲等級以供參考。惟人才難知，自古已然，今中正銓第旣缺乏學校考試任職考功等客觀標準，或憑本身理想而品評他人，不免流於主觀武斷；或采納他人意見而不免有所倚仗。

前節討論集團勢力之結合，有近於「私」的宗親結合，有近於「公」的「士流、士類」結合。今任中正者旣爲才德之士，其主觀標準自偏於「士」傳統中較超越之抽象觀念，而有愛於「士類」。其有所倚仗者，亦多倚仗本身「士流」、「士類」。是則九品中正制度之偏失，不在於發揚宗族之勢力，而在於推奬「士流」、「士類」勢力之結合。然古代理想之所謂「至公」者，在「天視自我民視，天聽自我民聽」，不在「天視自我士視、天聽自我士聽」；在於「天下爲公」，不在於「天下爲士」。「士」之所以爲「士」，蓋因賢德才智爲天下公有，賢德才智宜於服務公益，不在於「士類」、「士流」相結合爲特殊階級，更不在於其結合爲特殊集團黨派，「士」而爲「私」則失去「士」之大本。劉毅論九品中正之「八損」，雖有「上品無寒門，下品無勢族」一語，然其疏文所評擊之中心不在宗族勢力，而在「黨利」、「部黨」、「黨譽」、「朋黨」、「邪黨」

（均疏中語），意或在此。

所謂「至公」，實爲一極抽象觀念。甚或流爲「混沌」、「無名」等道家玄虛思想。蓋一旦提出具體特殊觀念，即爲「有名」、「有執」。所謂「天視」、「天聽」，屬於遼茫玄虛，不得不化爲「民視」、「民聽」；所謂「民視」、「民聽」，流於「混沌」「囫圇」；乃有所謂賢能之代表性之「士聽」、「士論」；「公」之含義漸有「限制」。至於實際王朝，爲一人一姓之傳遞，名爲「官」，實有「家天下」之目；所謂「官府」、「官僚」亦成一特殊體制，「公」之範圍更狹。魏晉君主爲維持私權，不但容許黨派之對立，且扶植黨派之爭鬥，更爲私之又私。其著名例子，如晉書賈充傳：

賈充……從容任職，褒貶在已，頗好進士，每有所荐達，必始終經緯之，是以士多歸焉……而充無公方之操，不能正身率下，專以諂媚取容。侍中任愷，中書令庾純等剛直守正，咸共疾之。」

是以充爲「士」之姦黨，而任愷爲「士」之公方者也。而任愷傳：

愷惡賈充之爲人也，不欲令久執朝政，每裁抑之。……庾純、溫顒、向秀、和嶠之徒，皆與愷善。楊珧、王恂、華廙等充所親敬。於是朋黨紛然。帝知之，召充、愷宴於式乾殿而謂充等曰：「朝廷宜一，大臣當和。」充、愷各拜謝而罷。既而充、愷等以帝已知而不責，結怨愈深，外相崇重，內甚不平。

是任愷亦不免偏於好憎而流爲朋黨。晉武帝則更助長其風，而成假公濟私之局。任愷傳又云：

或爲充謀曰：「愷總門下樞要，得與上親接，宜啓令典選，便得漸疏……且九流難精，間隙易乘。」充因稱愷才能，宜在官人之職……以愷爲吏部尙書……選舉公平，盡心所職，然侍覲轉希……遂免官。

賈充固屬假公濟私，任愷亦不免倚仗帝室門下「樞要親接」。而選舉之難精，即以公方之士處之亦不免有間隙可乘也。是西晉選舉制度之破壞，不盡由於豪族之操持，而多由於「士流」、「士類」之朋黨鑽照攻訐也。

六、小結

魏晉政局極為錯綜複雜，有中央勢力與地方勢力之紛爭，有一姓皇室與朝臣百官之紛爭；有大姓彊宗豪富與「士流、士類」之對立；有南北地方甚至漢族與邊族勢力之交錯。凡此種種，對於政治制度、經濟政策、及社會組織之演變，影响甚大。九品中正制度之流弊，門第界限之建立，因素亦甚多；宗族力量之龐大，僅屬其中一端。本文特別提出「士」之傳統，以及「士流」、「士類」結合成為特殊勢力之趨向，亦僅舉一端，與所謂宗族力量畧作對比。

「公」、「私」觀念之對立，帶有强烈之道德批判意味。中國傳統思想多頌揚「公」而貶斥「私」；而西方人論中國傳統社會文化者，則每以此為咎病。如上所論，「士類」之結合，較近於「公」；「宗族」之結合，則較近於「私」。然士流朋黨之害，或更甚於宗族。宋明儒每以「天理」為至公，與「人欲」之私相對立，而「天理殺人」有更甚於「人欲」者。道德價值批判之困難，於此可見。

魏晉士類之流弊雖如上論，然其對於政治、經濟、社會之功過得失，尚難確定。蓋「士」之本源，在於「公」義。其後「士類」交結而流於「私」弊，於是每每發生「公私衝突」、「天人交戰」之現象。由此而產生「自省」、「自律」之作用，而保持「士」之本質[12]。魏晉亂世，地方勢力超於中央勢力，宗族力量駕凌政府權威，而居於領導地位的「士大夫」亦多由大族出身，論者已多。然即在此形勢之下，「士」之能操持「公」義，發揮「自制、制他」作用者，仍不乏其人，有如前述。西晉之能統一三國，維持中央政權二十餘年。其後雖西晉覆亡、五胡入侵，中原離亂，而各地方勢力仍未若西歐中古之流爲武士專横，封建割裂，終於一統國家能重建於隋唐者，與此一「士」傳統中之「自制」、「制他」作用，有相當密切關係⑬。

歷史演變，其迹象有顯有晦。當秦漢一統國運方興之際，政府「公」權得以伸張，而對宗族私門勢力加以壓抑，此迹象比較明顯，然亦因此而爲治史者所忽畧。漢代宗族豪彊勢力受壓抑而潛伏發展，終而破壞統一帝國基礎，導致六朝分裂局面，此迹象比較隱晦，然每因此而爲治史者所注目研究，論者較多。六朝時代，宗族私門勢力展至於高峯，政府「公」權受到破壞，此迹象亦比較明顯，論者亦多。影响所及，關於當時一統政制之傳統觀念如何由顯入晦而繼續潛伏發展，終於導於隋唐一統帝國之建立一問題，不但迹象晦澀，論者亦較少⑭，本文特別提出討論，原因在此。戰國「士人」脫離舊日「封建」制度，以個人身份遊離參政而建立秦漢一統帝國，明清「士人」以個人身份經科舉考試而成爲中央政權之附庸，其迹象較爲明顯。魏晉南北朝隋唐時代，「士人」與宗族勢力結合而成爲「士族」、「貴族」門第，其屬「私」迹象亦較明顯；至於「士大夫」之能沉存反覆，產生「自省」、「自制」，而操持從「公」制他之功能，其迹象則更爲晦澀。本文特別提出討論，原因亦在此。

一九七四夏於康橋初稿

後記：

筆者一九七三年夏在加拿大溫哥華舉行之太平洋區亞洲學會中，曾宣讀「文中子與唐宋思想」一文，原擬改寫爲　賓四師祝壽論文。其後應邀往哈佛大學授課，並於波士頓一九七四年亞洲學會年會中提出「西晉賈氏楊氏政爭論考」一文；同時並在哈佛開「正史列傳研究」一課，指導研究生在漢魏晉南北朝範圍內，參閱列傳史文，牽涉既廣，乃改變計劃草成「中國中古士族政治考論」一文。引論所及，對西方及日本學者解釋中國傳統社會政治及六朝士族之理論，亦畧舉要點，加以評介。然篇幅有限，未能暢所欲言，書目徵引，僅舉一隅。關於士族政治之考論，從古代「公、私」觀念之對立，漢代「官、家」界限之形成，並由先秦「士人」活動，至漢代「士流」、「士類」之結合，名門朋黨之風氣之發展，對九品中正制度之影响各點，均畧作檢討。牽涉既廣，於史實全面未能縷列。然於六朝「士族」政治之本源，所舉一隅，大致無差。至於「西晉賈氏楊氏政爭論考」原文中，就「朋黨」、「族黨」之紛爭以論西晉之覆亡一中心命題，日後當歸入「士族政治」流變考一文中論列（見前⑬）。

附註：

①：中文「封建」一辭，在現代的用法，約有三種不同涵義：一爲中文原義，概指西周初年「封土建國」、分立諸侯、貴族世襲、土地專有之制；二爲轉譯西文 Feudalism ，概指西歐中世諸侯、武士、貴族分立，等級及特權世襲之制；三爲馬克斯對「封建社會」之特殊解釋。此處「封建」所指屬第一義。

②：自古以來，無相同之人，亦無相同之國，更無相同之事。推而論之，每一個人之過去經驗均與他人不同，每一民族之過去歷史亦與他民族不同；就此極端而論，歷史不可比較。惟人與人雖各不相同，其同爲人類者則一；國與國，一民族與他民族，雖各不相同，其爲人羣集體生活演進之組織則一。推而論人，人之所以爲人，民族之所以爲民族，國家之所以爲國家，以至歷史之所以爲歷史，均有一基本準繩；就此極端而論，歷史無不類同，均可比合。所謂比較，在乎二者異同之間，就其同以求其異，（亦可就其異以求其同）；以此推論，其比較之着眼點愈近於二者之基點者（如物質經濟基礎），其比較之範圍愈狹而近於比合求同(如把秦漢、南北朝、隋唐合爲「封建社會」時代與馬克斯史觀下之西方中古封建社會相比合，見後文)。其比較之着眼點愈接近上層架格者（如政治制度、思想系統等），其取材愈廣而近于求異（如西周之封建與西歐之封建在法制上之差異，佛教與中古基督教之不同等等）。

粗畧言之，中國古代文化歷史之發展不少可與歐西相倫比者：其中如古生物之化生，原人之演進，舊石器新石器，以至銅器鐵器文化之次第發展，固不待言。早期歷史，如春秋列國與希臘城邦，戰國之合縱連橫與希臘後期之攻守聯盟，諸子百家與希臘之古典哲學（細分亦有人以孔子比蘇格拉底，孟子比帕拉圖，荀子比亞里士多德等等），秦始皇比亞力山大大帝，漢帝國比羅馬帝國，漢末中世比西歐中世（細分如蠻族之入侵，封建莊園之興起，佛教與基督教之流行等等）。惟中古以後中西歷史之發展，差異漸大：中國中世有隋唐一統帝國之重現及宋、明、清帝國之延繼；西歐中世則發展爲近代各民族國家。中國文明，自六朝經唐宋而繼續發揚光大；西歐文明，則待文藝復興而變化。

就其同以求其異，中西歷史發展趨勢之分歧以中世隋唐時代爲一大轉捩點。就此轉捩點往上推索，則春秋戰國與希臘前後期，秦漢帝國之與羅馬帝國，亦同中有異。同異之論乃可較然而商榷。中國中世隋唐歷史趨勢之所以異於歐西者，因素頗多，其中較明顯之主要跡象之一爲中國中古「士族」乃承續「士人」傳統而形成者，其社會經濟背景及政治勢力固有異於前此之「士人」，然其文化教養，政治思想，及從政經驗，則接近於前此之「士人」；其於秦漢文化之保持及於隋唐一統帝國之再造之貢獻，與西歐中古武士之多由蠻族出身而成爲封建貴族者，大不相同。本文論中古「士族」淵源，即以「士人」、「士族」之政治理想及從政治經驗爲着眼點。

③：關於「封建」一辭之涵義見註①。中國大陸學者在「反孔」運動中對「奴隸社會」、「封建社會」之劃分比較一致。大概以西周爲「奴隸社會」，秦漢爲「封建社會」，春秋戰國則爲二者之轉型時代。

④：強調此一論點之日本漢學家以川勝義雄之研究著作最值得注意，參閱川勝義雄：「シナ中世貴族政治の成立について」史林三十三卷四期四十七——六三頁；「曹操軍團の構成にフハて」人文科學研究所創立廿五周年紀念論文集，二〇一——二二〇頁；「六朝貴族制」歷史教育十二卷五期二十四——二十九頁；「漢末のレジスタンス運動」東洋史研究二十五卷四期二十三——五十頁；「劉宋政權の成立と寒門武人（貴族制との關連にすハて」東方學報三十六卷二一五——二三三頁；「重田氏の六朝封建制論批判につハて」歷史評論二四七期五十八——六十九頁。其餘日漢學家關於中國中世「公」權「私」權、「貴族」「豪族」、「共同體」等之爭論及研究，東京大學文學部史學會所出版之「史學雜誌」每年均有「歷史學界之回顧與展望」一專文介紹，可資參考。此處不列舉。

⑤：余英時：「東漢政權之建立與士族大姓之關係」，新亞學報一卷二期二〇九——二八〇頁。

⑥：關於此點 H. G. Creel, The Origins of Statecraft in China, Vol. One: The Western Chou Empire,（University of Chicago Press 1970）爲最晚近、最詳盡之研究，並有頗爲大胆之假設。

⑦：Joseph Needham, Science and Civilization in China, Vol. 2（Combridge Uvneirsity Press 1956）pp. 86 —120.
鈴木隆一，「姓にする族的結合」東方學報三十六期，頁三十三——五十二。

⑧：關於「公」、「私」對立觀念在先秦諸子思想中之演變，在此不能細論。概畧而言：道家、名家辯者偏於個人中心，較近於「私」，然其論「太上」、「大一」、「渾沌」、「無我」、「大同異」等觀念，則又入於「至公」。墨家、法家較近於「大公」，然名（實）法合爲刑名，賞罰所針對者爲「私欲」，則又不離「私」之基準。儒家思想近於公私折衷，惟孔子、孟子、荀子之立論又有不同。漢儒雜合儒、法、道、陰陽五行各家思想，其「公、私」觀念，早期近於法家，後期近於道家，畧如下文所論。

⑨：關於潁川荀氏在漢末魏晉時代之轉化經過史迹，參閱筆者：Chi-yun Chen, *Hsun Yueh (A. D. 148-208) The Life and Reflections of an Medieval Confucian*, Combridge University Press, 1975。

⑩：參閱拙作「兩晉三省制度之淵源、特色及其演變」，新亞學報三卷二期，頁一六一——一六三中考證。

⑪：參閱註十引拙作頁一六一——一六四中考證。

⑫：參閱註九引拙作關於荀悅思想之分析。

⑬：關於西晉末年「士流」與「強宗」勢力之衝突與楊氏賈氏之政爭及「八王之亂」之關係，爲筆者在亞洲學會所宣讀論文之中心命題。此點以及「五胡亂華」，中原喪亂以後，「士」傳統之延續轉化等問題，日後有暇，更續爲六朝士族政治流變考一文討論。

⑭ 楊師　蓮生 L. S. Yang, "Notes on the Economic History of the Chin Dynasty", Studies in Chinese Institutional History(1963), pp. 119—148論文中特別提出西晉「占田」、「課田」建制之原意，及其與西漢「限田」北朝隋唐「均田」之關係，開從制度史着眼而研究漢唐政治傳統之延續問題之先河。自後中日學者研究「均田制」者更多；筆者於論兩晉三省制度兼及魏晉九品中正制時，亦特別提出其加強中央集權之用意（見註十）。至於直接討論政治權力運用一問題，則以川勝義雄，「劉宋政權」一論較爲突出（見註④）。

漢代爵位制度試釋

廖伯源

下編　關內侯以下十九等爵制度試釋

第一章　關內侯制度試釋

漢書卷十九上百官公卿表曰：

「爵……十九關內侯。」（師古曰：「言有侯號而居京畿，無國邑。」）

卷四文帝紀補注引王啓原曰：

「惟關內侯則食邑關中，比於周之圻內諸侯。」

按謂關內侯「居於京畿」或「食邑關中」，顧名思義之解釋耳，與漢代關內侯之事實不符。秦漢地方行政制度第一章引章氏叢書文錄卷一封建考云：

「墨子號令曰：『勝圍城周里以上，封城將三十里地，爲關內侯。』（孫詒讓墨子閒詁卷十五號令第七十）此則關內侯不始於秦制……本起於附庸之君，在封疆之中，故曰關內；猶有君長之位，故謂之侯。」（見台灣世界書局章氏叢書，此引文稍有改動。）

關內侯不始於秦制。商鞅變法，秦立有等級之爵位制度，借用關內侯名號。後漢書續志卷二十八續百官志注引荀綽晋百官表注曰：「時六國未平，將帥皆家關中，故以爲號。」按秦滅六國之前是否將帥皆家關中，不可知，然秦將帥非皆爵關內侯，考之史籍，則彰彰明也。謂將帥皆家關中而號關內侯，是以古爵名之意義解釋秦代史實，有附會之嫌。關內侯既爲古爵名，後代但借用其名稱耳。其名稱非由秦漢關內侯之性質而來，故不可以關內侯之名去解釋秦漢關內侯之內容。漢代之關內侯食邑者附食於所在縣。後漢書續志卷二十八續百官志曰：

「關內侯……無土，寄食在所縣；民租多少各有戶數爲限。」

西漢關內侯食邑者之「寄食在所縣」，秦漢地方行政制度第一章引漢書卷四十二申屠嘉傳及卷九十酷吏田廣明傳已證明是矣。此再舉數例以見之。史記卷五十三蕭相國世家謂關內侯鄂君言蕭何位次當第一之理由，高祖以此多之，「於是因鄂君故所食關內侯邑封爲安平侯。」漢書卷三十九蕭何傳謂鄂君即鄂千秋。又史記卷九十六張丞相列傳褚先生補曰：韋玄成襲父賢爵爲列侯，「後坐騎至廟，不敬，有詔奪爵一級，爲關內侯，失列侯，得食其故國邑。」魏相、邴吉子嗣侯，亦以同罪削爵一級，爲關內侯，得食故國邑。（註一）申屠嘉以其關內侯之故邑封爲故安侯。補注引齊召南曰：「故安縣屬涿郡。」而田廣明傳：陳留圉縣小吏爲關內侯食其本鄉六百戶。鄂千秋以其所食關內侯邑爲安平侯；漢書卷十六高惠高后文功臣表補注，先謙曰：「豫章安平，注云侯國，涿郡安平，非侯國，此蓋豫章之安平也。」卷七十三韋賢傳：賢封扶陽侯。注引孟康曰：「屬沛郡。」卷七十四魏相傳：相封高平侯。卷十八外戚恩澤侯表補注先謙曰：「高平，臨淮縣。」卷七十四丙吉傳：吉封博陽侯。外戚恩澤侯表補注，先謙曰：「南頓、博陽並汝南縣。」考之地理志，皆是也。涿郡、豫章郡、陳留郡、沛郡、臨淮郡、汝南郡皆在關外。漢代關內侯食邑者是否有食邑於關中，不知；而可考知其食邑之地者六例，皆是食邑於關外，因關內侯之名而謂漢代關內侯食邑者皆食邑於關內，誤矣。

西漢關內侯食邑者之食邑賜法，秦漢地方行政制度第一章謂 西漢關內侯無封地，限戶 爲食；所舉例子甚多，下文某些例子亦可爲證，於此不贅。

西漢關內侯食邑，史書明言者固多，然亦有不少不謂其是否有食邑者。下例可見之：

漢書卷八宣帝紀曰：「（五鳳）四年春正月……大司農中丞耿壽昌奏設常平倉，以給北邊，省轉漕，賜爵關內侯。」（卷二十四上食貨志亦謂「下詔賜壽昌爵關內侯。」）

宣帝紀又曰：「（神爵）四年……夏四月，潁川太守黃霸以治行尤異，秩中二千石……賜爵關內侯，黃金百斤。」（卷八十九循吏黃霸傳同。）

卷五十五衞青霍去病傳曰：「趙食其……元狩三年賜爵關內侯，黃金百斤。」

卷五十八卜式傳曰：「（武帝）下詔曰：『……其賜式爵關內侯，黃金四百斤，田十頃，布告天下，使明知之。』」

卷七十段會宗傳曰：「天子賜會宗爵關內侯，黃金百斤。」

卷二十九溝洫志曰：「（成帝時王延世治河有功，）上曰：『……其以延世爲光祿大夫，秩中二千石，賜爵關內侯，黃金百斤。』」

記、傳、志謂賜爵關內侯而不謂其是否有食邑者可見甚多，上列只是一小部份而已。或謂其所以不書者，省書或漏書耳。此可作一說法。然上述例子有賞賜黃金若干，或增加秩祿，都詳細寫明；若有食邑，依理不會省書。卜式傳且謂賜「黃金四百斤，田十頃，布告天下，使明知之。」布告天下，使知天子對出財助邊者之賞賜；若是有賜食邑，一定會寫明，而此有賞金，有賜田，獨闕食邑。漢書卷十成帝紀謂王閎、淳于長奏罷昌陵。成帝永始二年十二月下詔曰：「『……閎前賜爵關內侯，黃金百斤。其賜長爵關內侯，食邑千戶，閎五百戶。』」觀其文意，似是王閎前此賜爵關內侯只賜黃金百斤，並無食邑，及淳于長賜爵關內侯時，纔以同功得賜食邑五百戶。又卷五十五衛青傳曰：

「元朔五年……將軍李沮、李息及校尉豆如意、中郎將綰皆有功，賜爵關內侯。沮、息、如意食邑各三百戶。」

四人同賜爵關內侯而只有三人有食邑，餘下一人不言是否有食邑。若四人皆有食邑，不應餘下一人不書其食邑。且此條不可能是漏書一人的名字，（除非中郎將綰食邑不是三百戶，而脫漏「綰食邑××戶」整句。）因爲若是四人皆食邑三百戶，則史文不會書各人之名，只謂「食邑各三百戶」，已淸楚明瞭。又漢書卷八宣帝紀曰：

「本始元年春正月……詔曰：『……賜右扶風（周）德、典屬國（蘇）武、廷尉（李）光、宗正德、大鴻臚（韋）賢、詹事（宋）疇、光祿大夫（丙）吉、京輔都尉（趙）廣漢（按各人之姓皆見師古注。）爵皆關內侯，德、武食邑。』」（補注，先謙曰：「韋賢食邑見本傳，是食邑不獨德、武也。」）

八人同賜爵關內侯，而只謂二人有食邑；王先謙又考出韋賢亦有食邑。是所謂「德、武食邑」此句有脫字或是班固漏書，然此並不否定此條可以證明上述八人中有人無食邑。因爲若是八人皆有食邑，則班固絕不會書作「德、武食邑」，加上名字如此累贅，而祇書「皆食邑」即可，以上所列諸例，都有相當大的可能證明西漢關內侯有一部份無食邑。下列引文可更明之：

卷八宣帝紀注引張晏曰：「舊關內侯無邑也，以蘇武守節外國……故特令食邑。」

史記卷九呂太后本紀裴駰集解引如淳曰：「列侯出關就國。關內侯但爵其身，有加異者，與關內之邑，食其租稅也。」

自漢高祖以來，漢代關內侯食邑者不必食邑關中，已詳上文。張晏、如淳皆以爲關內侯「但爵其身」，本無食邑，加異者乃賜食邑。按若以此說解釋上述各例，甚爲合適。或者西漢爵與食邑分離，列侯必定有食邑，已如上論；而爵關內侯以下，則不一定有食邑，爵但爵其身，提高其身份而已，並不包括食邑在內，有加異者才賜予食邑。此或可作爲解釋西漢關內侯食邑之一說法。

東漢關內侯食邑者之食邑賜法，秦漢地方行政制度第一章曰：

「續百官志五注引古今注曰：『建武六年，初令關內侯食邑者俸月二十五斛。』如宦者張讓傳：黜趙忠爲關內侯，食本縣租千斛。（卷七十八）曹節傳：封六人爲侯，各食定戶；又封十一人爲關內侯，歲食租二千斛。（卷七十八）事在同時，書在一傳，而「食戶」、「食租」分別爲言，是可知彼時關內侯所食實但論租斛，不論戶數，亦儉西京一等矣。」

謂東漢關內侯食邑者所食但論租斛。然後漢書卷二明帝紀曰：

「（永平）二年……冬十月……詔曰：『……五更桓榮授朕尙書……其賜榮爵關內侯，食邑五千戶。』」卷三十七桓榮傳同。以關內侯食邑五千戶，何其多也？或者可以說東漢關內侯食邑者一般計斛食租，特異者則賜以食戶。上文說西漢之關內侯可能但爵其身，加異者乃賜予食邑；考之東漢關內侯，亦可作同樣之推測。由後漢書所見關內侯得以食戶或食租者，只有五條。（卷三十七桓郁傳：桓榮卒，子郁嗣，以租給其兄子。加前引宦者張讓傳、曹節傳、明帝紀及桓榮傳四條，共五條，而其中三條是說桓榮者。）張讓傳趙忠前此以誅梁冀功封都鄉侯，後黜爲關內侯食本縣租千斛；由列侯削爵爲關內侯，且其前有誅梁冀之功，有其特異之處。曹節傳謂宦者十一人爲關內侯，歲食租二千斛。以誅大將軍竇武及太傅陳蕃有功，功大爲列侯，此十一人功小，乃爲關內侯食租，其是加異，自不待言。及桓榮爲明帝師，又以年高德劭爲五更，賜爵關內侯食邑，亦特異也。除以上所舉者外，於後漢書可見之關內侯至少有二十六人，皆不言其是否食戶或食租，祇謂賜爵關內侯。（註二）若謂二十六人爲關內侯史書不言其是否食戶或食租，是史家漏書耳，恐不通。按書其食租或食戶者五條，而不書者二十七條，（鄧彪二條，楊音二條，梁巡、梁騰共一條。）若關內侯規定有食邑，不應書其食戶或食租者如此少而不書者如此多，太不成比例。故漏書說不通。又前引續百官志章懷注引古今注曰：「建武六年，初令關內侯食邑者俸月二十五斛。」既然謂「關內侯食邑者」，則有「關內侯無食邑者」，否則若關內侯皆有食邑，但稱「關內侯」可也，何必加上「食邑者」三字。是一般關內侯無食邑明矣。

再者，爵爲關內侯謂之「賜爵」而爵爲列侯則謂之「封」，此在兩漢書中舉不勝舉，例如：

漢書卷三高后紀曰：「八年春，封中謁者張釋卿爲列侯；諸中官宦者令丞皆賜爵關內侯，食邑。」

卷八宣帝紀曰：「本始元年春正月……詔曰：『……封御史大夫(田)廣明爲昌水侯……賜右扶風德……爵皆關內侯。』」

卷九元帝紀曰：「竟寧元年……夏，封騎都尉甘延壽爲列侯；賜副校尉陳湯爵關內侯。」

卷十成帝紀曰：建始元年二月詔曰：「『……封舅諸吏光祿大夫關內侯王崇爲安成侯；賜舅王譚、商、立、根、逢時爵關內侯。』」

卷九十九上王莽傳曰：「（王莽既爲安漢公，）建言宜立諸侯王後及高祖以來功臣子孫，大者封侯或賜爵關內侯食邑。」

後漢書卷三十三馮魴傳曰：「（魴）中元元年……代張純爲司空，賜爵關內侯。二年，帝崩，使魴持節起原陵，更封揚邑鄉侯，食三百五十戶。」

卷十六寇恂傳曰：「恂同產弟及兄子、姊子以軍功封列侯者凡八人……初所與謀閔業者，恂數爲帝言其忠，賜爵關內侯……（建武）十三年復封（恂嗣子）損庶兄壽爲洨侯。後徙封損扶柳侯。」

卷三十二陰興傳曰：「（建武）九年遷（興）侍中，賜爵關內侯……卒……永平元年詔曰：『……其以汝南之鮦陽封興子慶爲鮦陽侯。』」

皆是「事在同時，書在一傳」，且有在同一詔書之中，而「封爲列侯」、「賜爵關內侯」分別爲說。（註三）列侯曰「封」，有食邑封君之意也。關內侯曰「賜爵」，是只賜爵位以崇高其身份耳。此或可作關內侯只是爵位，並不包括食邑，有加異者才賜予食邑之旁證。

關內侯食邑者在西漢限戶食租，在東漢計斛爲食；關內侯不別立國。漢書卷七十四丙吉傳曰：

「（丙吉以舊恩封爲博陽侯。）吉薨……子顯嗣，甘露中有罪削爵爲關內侯……顯卒，子昌嗣爵關內侯（註四）。成帝時修廢功，以吉舊恩尤重，鴻嘉元年制詔丞相御史：『……故博陽侯吉以舊恩有功而封，今其祀絕，朕甚憐之……其封吉孫中郎將關內侯昌爲博陽侯，奉吉後。』國絕三十二歲復續云。」

丙吉子顯削爵爲關內侯，仍以關內侯傳子昌；及繼絕世，昌紹封爲博陽侯，本傳乃曰：「國絕三十二歲復續云。」是列侯有國而關內侯無國也。前文列侯之國、家一章謂列侯薨，得立廟，列侯國祖之廟世世不毀。而上引成帝紹封丙昌之詔書謂丙吉「今其祀絕」，是關內侯無國，卒，亦不立廟也。列侯有國，故因其國號而名其侯，如曹參封於平陽，而稱爲平陽侯是也。即東漢之鄉亭侯不別立國，然其食鄉亭之定戶，亦以鄉亭之名名之。關內侯食邑者則並不指定食何地，但附食於所在縣，照其所食之戶數或米穀之斛數，由縣給予錢穀而已。故關內侯不以其所在之地爲名。史記卷九十九劉敬傳曰：「（高祖）迺封敬二千戶，爲關內侯，號爲建信侯。」此謂「號」，是美其號之謂也。非依其所食地爲名也。

在二十等爵中，列侯與關內侯雖只相差一級，但是地位相差很遠，因此，封爲列侯之條件，遠比賜爵關內侯之條件嚴格。漢書卷九十八元后傳曰：

「（成帝立，）尊皇后爲皇太后，以（王）鳳爲大司馬大將軍領尚書事，益封五千戶……又封太后同母弟崇爲安成侯，食邑萬戶。鳳庶弟譚等皆賜爵關內侯，食邑。其夏，黃霧四塞終日……『皆以爲陰盛侵陽之氣也。高祖之約也，非功臣不侯，今太后諸弟皆以無功爲侯，非高祖之約，外戚未曾有也，故天爲見異。』言事者多以爲然。」

觀其文意，高祖約非功臣不得侯包括關內侯在內。但在執行上，對於關內侯之要求遠不如列侯嚴格。例如職官治有異等亦得賜爵關內侯。其例如下：

漢書卷八十九循吏傳曰：「（宣帝）以爲太守吏民之本也……故二千石有治理效，輒以璽書勉厲，增秩、賜金或爵至關內侯……王成……爲膠東相……宣帝……地節三年下詔曰：『……今膠東相成……治有異等之效，其賜成爵關內侯，秩中二千石』……（黃霸爲潁川太守，潁川大治。詔）『賜爵關內侯，黃金百斤，秩中二千石。』」

皆見於宣帝朝，與宣帝特重地方長吏有關。又天子師多賜爵關內侯。下例可見之：

漢書卷九元帝紀曰：「（初元二年）冬，詔曰：『……故前將軍（蕭）望之傅朕八年……其賜爵關內侯，食邑八百戶。』」

卷八十一孔光傳曰：「元帝即位，徵（孔）霸以師賜爵關內侯，食邑八百戶，號褒成君。」

卷八十一張禹傳曰：「成帝即位，徵禹、（鄭）寬中，皆以師賜爵關內侯，寬中食邑八百戶，禹六百戶。」

又卷三十六劉向傳，弘恭、石顯及許、史譖周堪，元帝有所疑。長安令楊興順指謂帝曰：「『臣愚以爲（周堪）可賜爵關內侯，食邑三百戶，勿令典事，明主不失師傅之恩，此最策之得者也。』」是賜師傅以關內侯，竟成尊崇師傅之最佳方法。前引後漢書明帝紀，桓榮賜爵關內侯，食邑五千戶。所食戶數太多，是特異。然不封之爲列侯，以桓榮無大功，不中封侯之科；而師傅賜爵關內侯西京多矣，故引爲先例以賜之，另多賜食邑以示寵異。賜食邑多少但憑皇帝之意，而封侯則有一定的資格。此條亦可見之。列侯既然地位遠高於關內侯，賜爵關內侯之資格遠比封侯爲低，自無疑問。大凡有功而又功不及封侯者，乃賜予關內侯以下爵，如上引漢書衛青傳，元朔五年，衛青破匈奴，其將功大者如公孫敖、韓說等七人封爲列侯，而李息等四人以功稍次，賜爵關內侯。又如後漢書卷七十八宦者曹節傳，曹節等誅大將軍竇武、太傅陳蕃，功大者封列侯，餘十一人功小，皆賜爵關內侯。

因爲賜爵關內侯比封侯資格爲寬，故若天子無正當理由而欲封某人爲列侯，則可先賜爵關內侯，然後再由關內侯進爵一級，封爲列侯。如漢書卷五十九張安世傳：安世兄賀有恩於宣帝，「無子，子安世小男彭祖，彭祖又小與上同席研書指，欲封之，先賜爵關內侯……明年，復下詔曰：『……其封賀弟子侍中關內侯彭祖爲陽都侯。』」又據卷十八外戚恩澤侯表：宣帝外親如平昌侯王無故、樂昌侯王武、樂陵侯史高、將陵侯史曾、平台侯史玄、樂成侯許延壽等，皆是先賜爵關內侯，後封爲列侯。前引元后傳謂王鳳庶弟譚等五人及外戚恩澤侯表謂元后同產弟王崇亦是先賜爵關內侯，後封爲列侯。其他例子尚有：

漢書卷九十三淳于長傳曰：「（長助趙飛燕立爲皇后，成帝德之，）『賜長爵關內侯。』後遂封爲定陵侯。」

卷八十六王嘉傳曰：「（哀帝寵幸董賢，而息夫躬、孫寵等告東平王雲祝詛。）傳嘉勸上因東平事以封賢。上於是定躬、寵告東平本章，掇去宋弘，更言因董賢以聞，欲以其功侯之。皆先賜爵關內侯，頃之，欲封賢等。」

此類例子以宣帝朝爲多。因宣帝起自民間而爲天子，在朝廷無舊識爲之憑藉，不得不引用外戚，疏遠之外戚亦在引用之列。宣帝之外戚多出身寒微，欲任用之，必須高其身份，封爲列侯是提高其身份之最佳方法。但疏遠之外戚不應封侯之科，若突然皆封爲列侯，太過顯著，故先賜爵關內侯，再升一級爲列侯，不若由白衣而突至列侯之引人注目也。宣帝已行此法，成帝、哀帝師其故智，以關內侯爲封侯之踏脚石；要者皆皇帝利用爵位制度以達成私人之目的。而賜爵關內侯比之封爲列侯之資格要低得多，卻可由此看出。下列資料亦可見之：

漢書卷八宣帝紀曰：「（地節）三年……夏四月戊申，立皇太子……賜御史大夫爵關內侯，中二千石爵右庶長，天下當爲父後者爵一級。」

後漢書卷五安帝紀曰：「（永初）三年……夏四月……三公以國用不足，奏令吏人入錢穀得爲關內侯。」卷八靈帝紀曰：「光和元年……初開西邸賣官，自關內侯、虎賁、羽林入錢各有差。」

賜爵、賣爵得至關內侯，但兩漢的列侯卻是不中封侯之科不得封，亦不可買。

兩漢關內侯世襲。（註五）上文引丙吉傳謂吉子顯嗣列侯，有罪削爵爲關內侯，卒，子昌襲嗣爲關內侯。是關內侯世襲之證也。下例亦可證之。

漢書卷九十酷吏田廣明傳補注引錢大昭曰：「隸釋載國三老袁良碑云：『孝武征和三年，袁幹斬賊公先勇，拜黃門郎，封關內侯，食遺鄉六百戶。幹薨，子經嗣，經薨，子山嗣。』」（洪适隸釋卷六，此文所引有刪略。）

卷九十七上外戚傳曰：「孝宣王皇后，其先高祖時有功賜爵關內侯，自沛徙長陵，傳爵至后父奉光。」卷七十九馮野王傳曰：「初，野王嗣父爵爲關內侯，免歸。數年，年老終於家，子座嗣爵。至孫坐中山太后事絕。」卷八十一孔光傳曰：「元帝即位，徵霸，以師賜爵關內侯……及霸薨……長子福嗣關內侯。」後漢書卷三十七桓榮傳曰：「永平二年……迺封榮爲關內侯……榮卒，郁當襲爵，上書讓於兄子汎，顯宗不許，不得已受封，悉以租入與之。」

由桓榮傳看，關內侯爵亦由嗣子襲封，不得私讓；且若關內侯而有食邑，則食邑亦與爵一同傳後。漢書卷七十八蕭望之傳曰：

「制詔御史：『……其賜望之爵關內侯，食邑六百戶……』……望之有罪死，有司請絕其爵邑，有詔加恩，長子伋嗣爲關內侯。」

蕭望之有罪死，有司乃請絕其關內侯爵及食邑，是關內侯依律當世襲也，有罪才不得傳後耳。又漢書卷十二平帝紀曰：

「元始元年春正月……詔『……又令諸侯王、公、列侯、關內侯亡子而有孫若子同產子，皆得以爲嗣。』」

是關內侯亦與列侯一樣，傳之嗣子，無子絕其爵，不得傳其他戚屬也。及元始元年王莽秉政，欲恩結天下，乃推而使孫及昆弟之子亦得襲爵。前文列侯爵邑之傳襲一章，已謂東漢光武又復西漢之舊制，列侯無子國除；則東漢關內侯無子亦不得傳爵於後。平帝紀詔令得以孫及同產子襲爵，乃王莽之一時措施，非制度也。關內侯世襲，無子不得傳爵於後，是兩漢之制度。

關內侯是古爵名，秦爵位制度借用其名，漢承之，然漢代關內侯不必居於京師，關內侯之食邑者亦不必食邑於關內。漢代關內侯但爵其身，不包括食邑，加異者才賜予食邑。西漢關內侯食邑者限戶食租，而東漢則計斛爲食。漢代關內侯雖比列侯爵只低一級，但無論地位及經濟利益都遠不及列侯；因此，賜爵關內侯之資格也遠比封侯低得多。在世襲問題上，關內侯與列侯則相同，皆得傳之後嗣，亦皆無子而絕其爵也。

第二章　食邑、君

漢代爵與食邑分離，並不混而爲一。除列侯皆有食邑外，關內侯只是爵，不包含食邑在內，加異者乃別賜食邑以寵異之。至於爵第十八等大庶長以下，亦有加異而賜予食邑者。漢書卷一下高帝紀曰：

「五年……夏五月，兵皆罷歸家。詔曰：『……其七大夫以上皆令食邑。』」（注引臣瓚曰：「秦制列侯乃得食邑；今七大夫以上皆食邑，所以寵之也。」師古曰：「七大夫，公大夫也，爵第七，故謂之七大夫。」）

臣瓚謂七大夫以上皆得食邑，所以寵之。是也。其時剛滅項羽，天下初定，故以食邑賞賜將士，安撫功臣也。非常制。高帝紀又曰：

「十二年……三月，詔曰：『吾……與天下之豪士賢大夫共定天下，同安輯之。其有功者上致之王，次爲列侯，下乃食邑。』」（注，師古曰：「謂非列侯而特賜食邑者。」）

分爲諸侯王、列侯、食邑者三等。所謂食邑者，即是其爵關內侯以下而得加賜食邑。有食邑而不知其爵者，如史記卷九十一黥布列傳：黥布反，薛公說高祖，高祖「封薛公千戶。」司馬貞索隱引劉氏云：「薛公得封千戶，蓋關內侯也。」觀劉氏之語氣，乃推測之辭耳；薛公究竟何爵無考。漢書卷四十二周昌傳曰：「（趙）堯亦前有軍功，食邑。及以御史大夫從擊陳豨有功，封爲江邑侯。」史記卷十八高祖功臣侯者年表及漢書卷十六高惠高后文功臣表亦無語及趙堯封侯前之爵位。大概是因前述高帝五年令七大夫以上得食邑而有食邑者也。漢書卷四文帝紀曰：

「四年……夏五月……賜諸侯王子邑各二千戶。秋九月，封齊悼惠王子七人爲列侯。」（補注引錢大昭曰：「王子侯表，悼惠王子十人皆以五月甲寅封，此作七人，又作九月，皆誤。」「見錢大昭漢書辨疑卷一文帝紀」）

諸侯王子數目甚多，而只封齊悼惠王子十人爲列侯，其餘諸侯王子皆非列侯而各食邑二千戶。諸侯王子恐亦非全部爵爲關內侯，或有大庶長以下爵也。又卷五十五衞青霍去病傳：元狩四年擊匈奴返，大將軍青部屬不得封，「唯西河太守常惠，雲中太守遂成受賞。遂成秩諸侯相，賜食邑二百戶，黃金百斤。惠爵關內侯。」遂成之爵位亦無考。以上各條皆謂其食邑而史書不語及其爵者。按爵至列侯、關內侯，史書例有明言，只謂食邑而不語及其爵者，疑是以大庶長以下爵食邑也。甚至無爵之庶人，亦可以有食邑。漢書卷四十七代孝王參傳曰：

「地節中……有司奏（孝王五世孫）年……淫亂。年坐廢爲庶人，徙房陵，與湯沐邑百戶。」

劉年以庶人而有食邑」。又昌邑王賀於元平元年免廢以後，受賜湯沐邑二千戶，至元康三年乃得受封爲海昏侯。（見卷八宣帝紀、卷六十三昌邑王賀傳。）昌邑王被廢爲庶人至封侯凡十二年。是大庶長以下爵乃至庶人亦可以有食邑，不一定要爵至關內侯、列侯也。爵位制度是身份之等級制度，可崇高受爵者之身份地位；食邑則純粹是經濟上之利益，由天子至庶人皆可以享有，與爵位無涉。雖然列侯皆有食邑，但此只是對列侯之賞賜。列侯皆有食邑，並不表示漢代爵位制度與食邑不可分。漢代二十等爵與食邑分離，下列各例亦可見之：

史記卷八高祖本紀曰：「（十二年十月，高祖過沛曰：）『其以沛爲朕湯沐邑。』」

漢書卷十九上百官公卿表曰：「皇太后、皇后、公主所食曰邑。」

漢書卷十二平帝紀曰：「元始元年……六月……太皇太后省所食湯沐邑十縣屬大司農，常別計其租入以贍貧民。秋九月……以中山苦陘縣爲中山孝王后湯沐邑。」

後漢書卷四十上班彪傳曰：「彪上言曰：『……舊制太子食湯沐十縣。』」

後漢書卷十下皇后紀曰：「諸王女皆封鄉亭公主。」

史記卷四十八陳涉世家曰：「高祖時爲陳涉置守冢三十家碭，至今血食。」

漢書卷六十三武五子傳曰：「（宣帝即位，有司奏請）『親謚宜曰悼皇，母曰悼后，比諸侯王，園置奉邑三百家。故皇太子謚曰戾，置奉邑二百家。史良娣曰戾夫人，置守冢三十家。』」

卷六武帝紀曰：「（元封）元年，詔曰：『……其令祠官加增太室祠，禁無伐其草木，以山下戶三百爲之奉邑。名曰崇高。』」

是天子、太皇太后、皇太后、皇后、皇太子、公主、諸侯王太后、諸侯王女等皆得有湯沐邑。湯沐邑即是食邑也。後漢書卷十上皇后紀，章懷注曰：「湯沐者，取其賦稅以供湯沐之具也。」以其租賦作爲私人之收入。故漢書卷九十七下外戚孝成許皇后傳：許皇后上疏曰：「『幸得賜湯沐邑以自奉養。』」至於與皇帝有特殊關係者死去，乃至山神，亦賜食邑以供其祭祀。食邑之賜予純粹是給予經濟利益，與爵位無關。

二十等爵之外，又有「君」。漢書卷一下高祖本紀：婁敬說高祖都關中，「拜婁敬爲奉春君。」史記卷九十九劉敬傳司馬貞索隱引張晏曰：「春爲歲之始，以其首謀都關中，故號奉春君。」漢書卷四十三叔孫通傳曰：「漢王拜通爲博士，號稷嗣君。」史記卷九十九叔孫通傳裴駰集解引徐廣曰：「蓋言其德業足以繼蹤齊稷下之風流也。」婁敬、叔孫通之稱君，只是一種稱號，不是爵號，也不表示其有食邑。皆見於漢初。稍後，「君」之性質有所改變。史記卷四周本紀曰：

> 「漢興九十有餘載，天子將封泰山……（漢書卷六武帝紀作元鼎四年）求周苗裔，封其後嘉三十里地，號曰周子南君，比列侯，以奉其先祭祀。」

周子南君有食邑，比列侯，是其稱君而地位比列侯也。至元帝初元五年又改「爲周承休侯，位次諸侯王。」（卷九元帝紀）地位較一般列侯爲高，因其奉周代之後而特異之，前此稱君而比列侯恐亦是特異之也。「君」之地位稍低於列侯。漢書卷六武帝紀補注引沈欽韓謂周子南君之「子南」即古爵子男之義，地位低於侯。又漢書卷六十五東方朔傳曰：「隆慮公主子昭平君尚帝女夷安公主。」不知此昭平君之爵位，要者其地位亦得比列侯或稍低於列侯也。漢書卷九十七上外戚孝宣許皇后傳：宣帝立許倢伃爲皇后，「霍光以后父廣漢刑人，不宜君國；歲餘，乃封爲昌成君。」及誅霍氏後，乃封爲平恩侯。謂其不宜君國，是不得封侯立國也，而封爲君，可知許廣漢爲昌成君，不立國，地位低於列侯。漢書卷八十一孔光傳曰：

「元帝即位，徵（孔）霸，以師賜爵關月侯，食邑八百戶，號褒成君。」（注引如淳曰：「爲帝師，教令成就，故曰褒成君。」）

孔霸號褒成君只是稱號，非爵，其爵爲關內侯。但其所以得稱君或是其爵爲關內侯又有食邑之故。後漢書卷一下光武本紀曰：

「（建武）十二年……九眞徼外蠻夷張遊率種人內屬，封爲歸漢里君。」

張遊歸義蠻夷之君長，封之爲君以羈縻之也。以上所列舉諸「君」，有不知其身份地位之高低者，亦有地位低於列侯者，故漢代男性而稱君者，其性質頗難下一確定之界說。漢書卷六武帝紀補注引沈欽韓曰：「漢制未爲通侯而食邑者，皆稱君。」沈氏之說，或是也。

二十等爵本爲賞賜軍功而設，故其對象是男性。女性封侯凡五見，皆在高帝及高后時。漢書卷十六高惠高后文功臣表，謂魯侯奚涓食四千八百戶，功比舞陽侯，死軍事，無子，高祖六年封其母疵（史記作疵，漢書作底，漢書補注王先謙以爲作疵是。）爲重平侯，十九年薨。史記卷十八高祖功臣侯者年表謂侯疵，高后五年薨，無後國除。史漢相合。封魯侯奚涓母在高帝六年，其時正需功臣效命，故死事之功臣無後亦不絕其國而封其母。此高祖之治術也。至高后當政時，封其女弟樊噲夫人呂須爲臨光侯，又封蕭何夫人同爲酇侯；此外，高帝兄伯妻爲陰安侯，仲妻亦爲列侯。但此乃是一時之措施，非常制也。故誅諸呂後，文帝即免蕭何夫人同酇侯，而別封蕭何之小子延爲酇侯。（註六）再者，漢代賜民爵，亦是祗賜予男子，女子則百戶牛酒。此見於史記及兩漢書多矣。漢制二十等爵祗封賜予男性，對於女性之尊寵者，則賜食邑而別稱之爲「君」。女性封君，以其身份可分成三類。第一類是皇室之戚屬，其中以皇后母爲主。漢書卷十二平帝紀補注引周壽昌曰：

「帝后之母賜封君，自武帝王皇后（按王皇后武帝母，武帝時爲太后。）母臧兒封平原君始，後漢則屢見。」（見周壽昌漢書注校補卷四平帝紀第十二）

皇室之戚屬稱君者，自臧兒封平原君始。以後見者，如：

漢書卷九十七上外戚史皇孫王夫人傳曰：「（宣帝）賜外祖母號博平君，以博平、蠡吾兩縣戶萬一千爲湯沐邑。」

卷九十七下外戚孝平王皇后傳曰：「（立王莽女爲平帝皇后，賜王莽母）號曰功顯君。食邑。（卷九十九上王莽傳曰：食邑二千戶。）」

後漢書卷五安帝紀曰：「永初元年……六月戊申，爵皇太后母陰氏爲新野君。（卷十上和熹鄧皇后紀曰：萬戶供湯沐邑。）」

卷十下安思閻皇后紀曰：「追尊后母宗爲滎陽君。」

續志卷十四續五行志曰：「（順帝）追號后母爲開封君。」

卷十下桓帝鄧皇后紀曰：「梁冀誅，立后爲皇后……封后母宣爲長安君……更封宣……大縣，宣爲昆陽君。」

卷十下靈思何皇后紀曰：「光和三年立爲皇后，明年……因封后母興爲舞陽君。」

以上是以皇后、皇太后母或祖母封君食邑也。此外與皇室有戚屬關係之同姓或異姓婦女而封君者尚多。漢書卷九十七上外戚傳，武帝母王太后於民間所生女，武帝賜之湯沐邑，「號修成君。」其他如：

漢書卷九十八元后傳曰：「（王莽白太后）尊太后姊妹君俠爲廣恩君，君力爲廣惠君，君弟爲廣施君，皆食湯沐邑。」

漢書卷九十七下外戚中山衞姬傳曰：「（王莽既立中山王爲平帝，）賜帝三妹謁臣號修義君、哉皮爲承禮君、鬲子爲尊德君，食邑各二千戶。」

太后姊妹封爲君，前無先例，後亦不見。而平帝三妹本已是諸侯王女，平帝即位又爲帝妹，王莽不使至京師而封之爲君，是貶也。皆是王莽之政治手段。

第二類是以皇帝乳母而封君者。如：

後漢書卷四十六陳忠傳曰：「（安）帝又愛信阿母王聖，封爲野王君。」

續志卷十四續五行志曰：「（順帝）爵號阿母宋娥爲山陽君。」

乳母封君祇見於東漢安、順二朝。

第三類是權臣之女屬。如：

後漢書卷三十四梁冀傳曰：「（梁冀酖質帝，立桓帝。弘農人宰宣上言以爲冀）妻宜爲邑君，詔遂封冀妻孫壽爲襄城君，兼食陽翟，租歲五千萬；加賜赤紱，比長公主。」

卷七十二董卓傳曰：「（董）卓爲相國……封母爲池陽君，置丞、令。……（及遷都長安，卓總朝政。）宗族內外並居列位……男皆封侯，女爲邑君。」

以上除平帝妹外，皆是異姓婦女食邑封君。至於其地位如何，後漢書卷五安帝紀集解引惠棟曰：「獨斷云：異姓婦女以恩澤封者曰君，比長公主。（蔡邕獨斷卷上）」（見惠棟後漢書補注卷三帝紀第五）今考之續輿服志，謂婦女封君比長公主似乎不確。續志卷二十九續輿服志曰：「長公主赤罽軿車，大貴人、貴人、公主、王妃、封君油畫軿車，大貴人加節畫輈。」續志卷三十續輿服志又曰：「自公主，封君以上皆帶綬。」婦女封君之地位低於長公主，勉强得比公主，前謂梁冀妻孫壽「加賜赤紱，比長公主。」是加異也。據後漢書卷十下皇后紀曰：「漢制皇女皆封縣公主，儀服同列侯。」則婦女封君地位大致與列侯等。故漢書卷九十八元后傳謂「莽母及兩子皆封爲列侯。」上文已謂莽母封功顯君，此謂其爲列侯，是婦女封君之地位如列侯也。及其卒，亦得傳封邑與後。後漢書卷十下桓帝鄧皇后紀曰：

「（后母宣封昆陽君，）宣卒，賵贈葬禮皆依后母舊儀，以（宣孫）康弟統襲封昆陽侯。」

婦女封君皆有食邑，其地位比列侯且可傳爵邑於後。婦女食邑稱君之「君」，雖不屬二十等爵，然其性質大致如列侯，不過對象是婦女而已。

漢代爵大庶長以下乃至庶人亦可以享有食邑，食邑之賜予，純粹是給予經濟之利益，與爵無關。以至天子、太皇太后、皇太后、皇后、皇太子、公主、諸侯王太后及諸侯王女等皆得有湯沐邑，以其租賦作爲私人之收入。漢代之「君」可以分爲兩種，男性稱君，沈欽韓謂是未爲通侯而食邑者也。女性稱君，則其性質大致如列侯。

第三章　大庶長以下十八等爵制度試釋

漢書卷十九上百官公卿表曰：

「爵，一級曰公士，二上造，三簪褭，四不更，五大夫，六官大夫，七公大夫，八公乘，九五大夫，十左庶長，十一右庶長，十二左更，十三中更，十四右更，十五少上造，十六大上造，十七駟車庶長，十八大庶長，十九關內侯，二十徹侯，皆秦制，以賞功勞。

列侯與關內侯已詳上文。大庶長以下，則史料甚少，其內容如何，已難詳之。漢書師古注由其名號之意義去解釋，恐非漢代之眞實情形。（註七）如其注不更謂不豫更卒之事也。補注引沈欽韓駁之曰：「爵五大夫以上方不豫更徭，顏說非。」沈說是也，其證詳後文。漢爵之名號承自秦，而秦爵號又有源於春秋戰國之時者，此在上文已論及。這些爵號最初或依其內容而起名，但至漢代，其名雖存而用之，其內容則已改變矣。所以不可據爵號顧名思義去解釋其在漢代之內容。漢代 大庶長以下 諸 爵 位之情形，史記及兩漢書有零星資料可見其一鱗半爪。

爵位之賜予，無論高爵低爵，都是漢天子特有之權力，天子以外任何人均不得賜爵予人。此在上編第三章論列侯之統隸關係時已論之。

上引漢書百官公卿表謂二十等爵以賞功勞，大庶長以下諸爵位賞功勞，可見諸例如下：

史記卷一百一十一衞將軍驃騎列傳曰：「元狩二年……其夏……天子曰：『驃騎將軍踰居延，遂過小月氏……賜校尉從至小月氏爵左庶長。』」（漢書卷五十五衞青霍去病傳作元狩三年。誤。補注，王念孫已證之。）

漢書卷二十四下食貨志曰：「桑弘羊爲治粟都尉領大農……斡天下鹽鐵……民不益賦而天下用饒，於是弘羊賜爵左庶長。」

卷五十八卜式傳曰：「（卜式獻財助邊，）賜爵左庶長，田十頃，布告天下。」

卷九十五西南夷傳曰：「（牂柯太守陳立）平定西夷……爲巴郡太守……賜爵左庶長。」

爵位既然是用以賞功勞，則功勞不及爵關內侯者，當以其功之大小賜予大庶長以下爵各有差。兩漢常賜民爵，賣爵又很普遍。擁有低爵的人太多，故以功賜予低爵史書不特別記載，所以見於史書者少。

　爵位除賞功勞外，皇帝爲達成某些政治目的或炫耀其無上權威，亦賜爵予民。荀悅漢紀卷五孝惠紀元年條下曰：「凡賜民爵，所以宣恩惠，慰人心，必有所由也。」賜民爵首見於史記卷五秦本紀：昭襄王「二十一年……魏獻安邑，秦出其人，募徙河東，賜爵。」次見於卷七十三白起列傳：白起於秦昭襄王四十七年圍趙兵於長平，「秦王聞趙食道絕，王自之河內，賜民爵各一級，發年十五以上悉詣長平。」其後始皇二十八年及三十六年亦賜民爵。（史記卷十五六國年表）漢承秦制，漢代賜民爵自高祖到獻帝，無代無之。下列兩漢賜爵事例表可見之。

兩漢賜爵事例表

（此表所列之事例，以向天下吏民或某一特定地區之吏民賜爵爲準，凡個人之賜爵皆不及焉。）

	賜爵之年月	賜爵之理由	賜爵之對象	賜爵之級數	出處
高祖	二年二月	立漢社稷	民		卷一上
	十二年春二月	燕王盧綰反	燕吏六百石以上	1	卷一下
			與綰居，去，來歸者	1	
惠帝	高祖十二年五月	即皇帝位	民	1	卷二
			中郎、郎中、宦官、尚食滿六歲	3	
			中郎、郎中、宦官、尚食滿四歲	2	
			外郎、謁者、執楯、執戟、武士、騶滿六歲	2	
			太子御、驂乘	五大夫	
			太子舍人滿五歲	2	

惠帝	元年		民（每戶）	1	卷二
	五年九月	長安城成	民（每戶）	1	卷二
高后	元年二月		民（每戶）	1	卷三
文帝	高后八年九月	初即位	民	1	卷四
	元年正月	立皇太子	民當爲父後者	1	卷四
景帝	元年夏四月		民	1	卷五
	三年夏六月	平定七國之亂	民	1	卷五
	四年夏六月	立皇子榮爲皇太子(四月)	民	1	卷五
	七年四月	立膠東王徹爲皇太子	民爲父後者	1	卷五
	中元年夏四月		民	1	卷五
	中五年六月		民	1	卷五
	後元年三月		民	1	卷五
			中二千石、諸侯相	右庶長	
	後三年春正月	皇太子冠	民爲父後者	1	卷五

武帝	建元元年春二月		民	1	卷六
	元光元年夏四月		民長子	1	卷六
	元狩元年夏四月	立皇太子	中二千石	右庶長	卷六
			民爲父後	1	
	元鼎四年冬十月	行幸雍，祠五畤	民	1	卷六
	元封元年	改元	民	1	卷六
昭帝	始元五年六月		中二千石以下至吏民	爵各有差	卷七
	元鳳四年春正月	帝加元服	中二千石以下及天下民		卷七
宣帝	本始元年五月	鳳皇集膠東、千乘	吏二千石、諸侯相下至中都官宦吏六百石	爵自左更至五大夫各有差	卷八
			民	1	
			孝者	2	
	本始二年六月	尊孝武廟爲世宗廟	民	1	卷八
	地節三年夏四月	立皇太子	御史大夫	關內侯	卷八

宣帝	地節三年夏四月	立皇太子	中二千石	右庶長	卷八
			民爲父後者	1	
	元康元年三月	鳳皇集泰山、陳留。甘露降未央宮	勤事吏中二千石以下至六百名	中更至五大夫	卷八
			佐史以下	2	
			民	1	
	元康二年三月	鳳皇甘露降集	吏	2	卷八
			民	1	
	元康三年春	神爵數集泰山	吏	2	卷八
			民	1	
	元康四年三月	神爵五采以萬數集長樂、未央宮	吏	2	卷八
			民	1	
	神爵元年三月	神魚舞河、神爵翔集	勤事吏	2	卷八
			民	1	

帝	時間	事由	對象	賜爵	出處
宣帝	神爵四年春二月	祥瑞	民	1	卷八
	神爵四年夏四月	潁川太守黃霸治有異行	潁川吏民有行義者	2	卷八
			潁川民力田者	1	
	五鳳元年春正月	皇太子冠	列侯嗣子	五大夫	卷八
			男子爲父後者	1	
	五鳳三年三月	鸞鳳集長樂宮東闕中樹上	民	1	卷八
	甘露二年春正月	祥瑞	民	1	卷八
	甘露三年二月	鳳皇集新蔡	新蔡民	2	卷八
元帝	初元二年春正月	行幸甘泉郊泰畤	雲陽民	1	卷九
	初元二年夏四月	立皇太子	御史大夫	關內侯	卷九
			中二千石	右庶長	
			民當爲父後者	1	
	初元四年三月	行幸河東祠后土	民	1	卷九
	永光元年春正月	行幸甘泉郊泰畤	民	1	卷九

元帝	永光元年三月		吏六百石以上	五大夫	卷九
			勤事吏	2	
			民爲父後者	1	
	永光二年春二月		吏六百石以上	五大夫	卷九
			勤事吏	2	
			民	1	
	建昭五年春三月		民	1	卷九
	竟寧元年春正月	皇太子冠	列侯嗣子	五大夫	卷九
			民爲父後者	1	
成帝	建始三年春三月		孝弟、力田	2	卷十
	河平元年春三月	塞河決，改元	吏、民	各有差	卷十
	河平四年春正月	匈奴單于來朝	孝弟、力田	2	卷十
	鴻嘉元年春二月		民	1	卷十
	永始二年二月	關東歲不登，吏民以義收	百萬以上	右更	卷十

成帝		食貧民，入穀物助縣官賑贍者，已賜值，現加賜	三十萬以上	五大夫	
	永始四年春正月	行幸甘泉郊泰畤，神光降集紫殿	雲陽吏民		卷十
	永始四年三月	行幸河東，祠后土	河東吏民		卷十
	綏和元年二月	立皇太子	當爲父後者		卷十
哀帝	綏和二年	即皇帝位	吏民		卷十一
	建平四年夏五月		中二千石至六百石及天下男子		卷十一
平帝	元始元年	王莽爲安漢公	民	1	卷十二
	元始四年二月	立皇后	九卿以下至六百石，宗室有屬籍者	五大夫以上各有差	卷十二
			民	1	
王莽	始建國元年秋	改漢爲新	吏	2	卷九十九中以上西漢見漢書
			民	1	

光武帝	建武三年閏月	擇吉日祠高廟	長子當爲父後者	1	卷一上
	建武二十九年春二月	日有食之	男子	2	卷一下
	建武三十年五月	大水	男子	2	卷一下
	建武三十一年夏五月	大水	男子	2	卷一下
明帝	光武中元二年四月	即皇帝位（二月）	男子	2	卷二
			三老孝弟力田	3	
			流人無名數欲自占者	1	
	永年三年二月	立皇后、皇太子	男子	2	卷二
			三老、孝弟、力田	3	
			流人無名數欲占者	1	
	永平十二年五月		男子	2	卷二
			三老、孝弟、力田	3	
			流民無名數欲占者	1	
	永平十五年夏四月	封諸子爲王	男子	3	卷二

明帝	永平十七年夏五月	公卿以神物顯應奉觴上壽	男子	2	卷二
			三老、孝弟、力田	3	
			流人無名數欲占者	1	
	永平十八年夏四月	久旱不雨	男子	2	卷二
			流民無名數欲占者	1	
章帝	永平十八年八月	即皇帝位	民	2	卷三
			爲父後、孝弟、力田	3	
			脫無名數及流人欲占者	1	
	建初三年三月	立皇后竇氏	民	2	卷三
			三老、孝弟、力田	3	
			民無名數及流民欲占者	1	
	建初四年夏四月	立皇太子	民	2	卷三
			三老、孝弟、力田	3	
			民無名數及流人欲占者	1	

章帝	元和二年五月	嘉祥屢降	吏	3	卷三
	元和二年九月	鳳凰，黃龍現	鳳凰黃龍所見亭部男子	2	卷三
和帝	永元三年春正月	皇帝加元服	民		卷四
	永元八年春二月	立皇后陰氏	男子	2	卷四
			三老、孝弟、力田	3	
			民無名數及流民欲占者	1	
	永元十二年三月	天災、不登	男子	2	卷四
			三老、孝弟、力田	3	
			民無名數及流民欲占者	1	
殤帝	元興元年冬十二月	即皇帝位	男子	2	卷四
			三老、孝弟、力田	3	
			民無名數及流民欲占者	1	
安帝	永初三年春正月	皇帝加元服	男子爲父後及三老、孝弟、力田	2	卷五
			流民欲占者	1	

安帝	永初六年五月	旱	中二千石下至黃綬	各有差	卷五
	永初七年八月	京師大風、蝗蟲飛過洛陽	民		卷五
	元初元年春正月	改元	民	2	卷五
			孝弟、力田	3	
			脫無名數及流民欲占者	1	
	永寧元年夏四月	立皇太子、改元	民		卷五
	延光元年三月	改元	民		卷五
			三老、孝弟、力田	2	
	延光三年春二月	鳳凰集臺縣	鳳凰所過亭部男子	2	卷五
順帝	永建元年春正月		男子	2	卷六
			爲父後、三老、孝弟、力田	3	
			流民欲自占者	1	
	永建四年春正月	帝加元服	男子及流民欲占者	1	卷六
			爲父後、三老、孝弟、力田	2	

順帝	陽嘉元年春正月	立皇后	民	2	卷六
			三老、孝弟、力田	3	
			民無名數及流民欲占著者	1	
	永和元年夏四月		民		卷六
	建康元年夏四月	立皇太子，改元	民		卷六
質帝	永嘉元年春二月	即皇帝位（正月）	民		卷六
	本初元年六月		民		卷六
桓帝	建和元年春正月	日有蝕之	男子	2	卷七
			爲父後及三老、孝弟、力田	3	
靈帝	建寧元年二月	即皇帝位（正月）	民		卷八
獻帝	建安二十年春正月	立皇后曹氏	男子	1	卷九　以上東漢，見後漢書
			孝弟、力田	2	

上表所列賜爵，除特別注明外，皆是賜予天下男子。賜爵之理由，皇室之喜慶，賜爵予民，表示與民同樂而恩及萬民也。皇帝之無上權威，表現無遺矣。災異而賜爵，示恤民而以此報之於天也。至於宣帝時則以祥瑞賜爵者最多，（註八）前後賜吏民爵凡十四次，竟有十次是以祥瑞爲理由。兩漢賜爵均是賜予吏者較賜予民者之級數爲多。以官有職事而貴於民也。而孝弟、力田之屬，所賜亦多於常人，特別是在東漢，三老、孝弟、力田受賜爵特別優異。此是利用爵位之賜予而欲純化社會之風氣，獎勵孝順、友悌及勤於務農者也。至於民無名數及流民欲占者亦得賜爵，流民及無戶籍之民皆不交租賦，然其占後，即有戶籍，以後即有義務交租納賦。（註九）皇帝賜爵但出之於口，而卻收回錢粟；此漢政府有由賜民爵中獲取利益也。從賜爵之級數看，惠帝高后時賜民爵每戶一級，以後終西漢之世，除宣帝時賜孝者、行義者二級外，賜民爵皆人一級。到東漢多賜民爵二級，而三老、孝弟、力田皆三級，可以說漢代之爵位越來越賤。漢皇帝賜民爵次數很多，如宣帝朝由本始元年至甘露三年，二十二年之間賜吏民爵凡十四次，民受爵凡十級，民爲父後者凡十二級，若是官吏或特定地區之人民（如潁川民、新蔡民），則所受賜爵更多。又如東漢明帝於建武中元二年到永平十八年，十九年間，共賜民爵六次，民受賜共十三級之多，而三老、孝弟、力田之屬所受賜凡十七級。但民受賜爵不得超過公乘，民由受賜爵而積累其爵到公乘以後，即要轉移多餘之爵級予其子或兄弟、兄弟之子。後漢書卷二明帝紀：明帝即位，詔賜民爵，又曰：「『爵過公乘得移與子若同產、同產子。』」卷三章帝紀亦曰：「『爵過公乘得移與子若同產子。』」卷五安帝紀安帝元初元年及卷六順帝紀順帝陽嘉元年之賜爵詔書中亦有此語。卷二明帝紀章懷注曰：「漢制賜爵自公士已上不得過公乘，故過者得移授也。」民受賜爵，永不能積累至公乘以上。爵五大夫以上才可以復免租賦（詳後文），公乘爵低於五大夫，仍有義務繳交租賦。故政府賜爵予民，本身並無損失。而民欲求復免者，只有買爵至五大夫以上，因此，漢天子除賜民爵外，亦賣爵。

漢代賣爵亦源於秦代。史記卷十五六國年表：秦始皇四年「七月，蝗蔽天下，百姓納粟千石，拜爵一級。」此開賣爵之先河。漢代之初，即有賣爵。漢代之賣爵，下列兩漢賣爵事例表可見之。

兩漢賣爵事例表（附注一）

	賣爵令頒布之年月	爵級	價錢	民買爵之用途	政府賣爵之原因	出處
惠帝	元年	三十級（附注二）	級直二千錢（注應劭曰）	以免死罪		卷二
文帝	前元十二年以前（附注三）	上造 五大夫 大庶長	入粟六百石 入粟四千石 入粟萬二千石	入粟受爵至五大夫以上迺復一人。得以除罪	欲使「主用足，民賦少，勸農功。」（時邊粟不足給當食者）	卷二十四上
景帝	前元二年後		減於文帝時之價格		上郡以西旱，欲入粟以給之	卷二十四上

武帝	元朔六年	一級曰造士、二閑輿衛、三良士、四元戎士、五官首、六秉鐸，七千夫、八樂卿、九執戎、十左庶長（政戾庶長）、十一軍衛。得買至第八等樂卿（附注四）	級十七萬，凡值三十餘萬金	官首者試補吏，先除；千夫如五大夫。其有罪又減二等	二十等爵賤，入粟賜爵漸失效，而開邊財用不足，故以武功爵代替錢賜予軍士以寵軍功。亦賣之以斂財。	史記卷三十、漢書卷二十四下、宋叙五漢文帝時期入粟受爵政策之探討。
成帝	鴻嘉三年夏四月		級千錢			卷十
安帝	永初三年夏四月	關內侯以下			國用不足	卷五
桓帝	延熹四年秋七月	關內侯、五大夫	各有差			卷七
靈帝	光和元年	關內侯以下				卷八
	中平四年	關內侯	五百萬			卷八

附注

（附注一）本表所列之賣爵事例，都是在賣爵令頒布後，實行一段時期。及爵賤，舊令價錢太高，則又頒新令。

（附注二）漢爵二十級，此三十級。又漢代列侯不賜不賣，但賞功勞，此賣爵三十級不可能是二十級之誤。應劭謂一級值二千，則二級值四千。漢書卷二十四上食貨志孝文帝入粟賜爵令，六百石賜爵上造。若以石三十錢計算，值一萬六千錢；若以石八十錢計算，則值四萬八千錢。與四千相差太遠。此賣爵三十級不知與二十等爵關係如何？

（附注三）漢書卷二十四上食貨志謂文帝從晁錯入粟賜爵之策，然後「下詔賜民十二年租稅之半，明年遂除民田之租稅。後十三歲，孝景二年令民半出田租，三十而稅一也。」是入粟賜爵政策生效也。故入粟賜爵之開始實施，當在孝文十二年之前。按宋敘五著漢文帝時期入粟受爵政策之探討一文已先作此判斷。又晁錯說文帝行入粟賜爵之策，文帝從之。荀悅漢紀列之於卷七孝文二年十一月下。

（附注四）按武功爵見史記卷三十平準書裴駰集解，瓚引茂陵中書及漢書卷二十四下食貨志注，臣瓚引茂陵中書；出處同而文稍異。上之武功爵錄自史記，若與漢書異，則書漢書之異文於括號之內。

由上表看，漢代政府賣爵之理由，除文帝時欲以入粟賜爵以豐國用，減少農民租賦，刺激人民重視農業生產外，皆是因爲國用不足，以賣爵斂錢糧。（按文帝初行入粟賜爵之政策之原因之一也是「邊粟不足給當用者」，稍後國用已足而仍行之，其理由已變爲入粟賜爵以代替農民之田租。）民買爵過五大夫之後，可以免租賦，以後政府之收入，相應減少；政府賣爵可以說是把逐年向民徵收之租賦一次過收足以供急用，是國家財政困難時之應變方法。但此法會減低以後之國家稅收，故對於改善國家財政來說，並不完善。及武帝時開邊財匱，而舊之二十等爵又賤，民買爵至五大夫能復其租賦之後，即不再買爵，財力不足買爵至五大夫者，亦不買爵，（註十）故武帝乃創造武功爵，以賜戰功之士及賣之以斂財。武功爵是武帝所創造，史記平準書及漢書食貨志所述相同，此後史文祗在漢書卷十六高惠高后文功臣表宣帝元康四年復高祖功臣後裔時，有長安官首灌匿及鄮陽秉鐸須聖。官首、秉鐸是史記平準書及漢書食貨志注臣瓚引茂陵中書所述之武功爵號。恐怕在武帝之後，武功爵與二十等爵共存不廢。然除此之外，不再見有關武功爵之文字於史記及漢書。武功爵之資料太少，較爲可靠者皆已列之於兩漢賣爵事例表中。後世諸家注釋史記、漢書對武功爵雖有所論述，然所據祇有史記、漢書原文數十字之簡單叙述及注臣瓚引茂陵中書所列武功爵十一級之爵號。材料所限，其不能對武功爵有所闡明，固宜也。皆見於史記平準書注及漢書食貨志注、補注，此處不論。賜民爵者，民受賜爵不得過公乘，但買爵則否。西漢最高可買至大庶長，而東漢則關內侯亦可以錢粟購買。爵五大夫以上才可以免復租賦，此所以漢代雖經常賜民爵，而賣爵仍然不廢也。除漢政府賣爵外，民有爵亦可轉賣予他人。漢書卷二惠帝紀曰：「六年……令民得賣爵。」補注，先謙曰：「官本賣作買。」若官本是，則此條仍是官賣爵予民，若否，則是民得賣其爵予他人矣。史記卷十孝文本紀曰：「後六年……天下旱、蝗。帝加惠：……弛山澤……發倉庾以振貧民，民得賣爵。」司馬貞索隱引崔浩云：「富人欲爵、貧人欲錢，故聽買賣也。」漢書卷二十四上食貨志：賈誼說文帝曰：「『失時不雨，民且狼顧，歲惡不入，請賣爵子，既聞耳矣。』」注引如淳曰：「賣爵級又賣子也。」卷六十四上嚴助傳：淮南王安上書曰：「『歲比不登，民待賣爵贅子以接衣食。』」是皆民得賣其爵予他人之證也。然武帝以後，不見有民賣爵之事例者，或是其時賜民爵太過普遍，民多有爵，爵賤；而且貧民之爵皆由賜民爵而來，不得高於公乘，無復免租賦之利益，故貧民雖欲賣爵，卻找不到要買低爵之人。富人買爵皆向政府買可以復免租賦之五大夫以上高爵也。

漢代皇帝經常賜爵予民，而民又得以錢財買爵，因此，漢代之平民多擁有爵位。此由上文之兩漢賜爵事例表及兩漢賣爵事例表已可得出此結論。此外尚有一强證。考漢書侯表，宣帝元康四年功臣後裔已免侯者得復免其家租賦，所得復免者皆書其所在縣、爵位（亦有削爵而稱士伍者。）及名字。（註十一）如「元康四年（夏侯）嬰玄孫之子長安大夫信詔復家。」又如「（董）渫玄孫平陵公乘詘詔復家。」大夫、公乘皆爵號。因侯表書明其復家時之爵號，故可作一統計，列成下表：

元康四年詔復家者爵位統計表

復家者之爵位（附無爵者與士伍）	復家者之人數
無爵	1
士伍	2
公士	31
上造	13
簪裹	12
不更	9
大夫	21
官大夫	2
公大夫	3
公乘	29
五大夫	1
官首	1
秉鐸	1
總數	126

除無爵者與士伍外，皆是爵號；官首、秉鐸是武功爵爵號，餘皆是二十等爵爵號。百二十六人之中，一人無爵；二人曾有爵，免爲士伍；其餘百二十三人，皆有爵位。而且其時間全部是在元康四年，因此可以說漢代之平民，絕大多數擁有爵位。或曰：這些人皆是列侯之後，雖然或於數代前已免侯，但曾爲列侯，經濟較爲豐

裕，可以買爵，故幾全部有爵耳。漢代大多數平民無餘錢買爵，故不可以列侯之後裔以推論至整個漢代之平民階層。按此說不成立，因爲上表百二十六人之中，除二人武功爵，二人削爵爲士伍，一人無爵不論外，祗有一人是爵爲五大夫，其他全部爵位在公乘以下。爵位五大夫以上乃得復免租賦，若其爵位是購買者，自不會買到公乘即止。元康四年詔復家者爵位統計表中，爵爲公乘者有二十九人，所佔比例相當大。民受賜爵不得過公乘，過者得轉移與子或兄弟、兄弟之子；故公乘人數甚多也。又公士有三十一人，最多。公士，爵第一級，恐是由受賜爵而有者。由於漢代經常賜爵予民，而民又得買爵，因此，漢代平民多數有爵位。

漢簡內有關爵位之資料亦很多，勞榦居延漢簡考釋之部除居延漢簡釋文外，附有敦煌漢簡校文。又中國科學院考古研究所編輯居延漢簡甲編，其中有勞榦釋文所不載者，今據此三部份鈎出與爵位有關之各條，列成下表：

漢簡爵位統計表

爵位(附士伍)	人數
士　伍	6(一)
公　士	43(二)
上　造	12
簪　裹	4
不　更	6(三)
大　夫	28(四)
官大夫	3
公大夫	1
公　乘	106(五)
總　數	209

（一）「一七三四，田卒昌邑國湖陵治昌里五士彭武年廿四。」「一九二四，寸符劵付居延第一里五士周。」此二條之「五士」疑是「士五」之誤，圖片模糊不可辨認。不計算在內。

（二）其中有六條里以後有「公」字，其下闕。是「公士」、「公大夫」或「公乘」。計入此項。

（三）「一〇九七，免翁誤不更」之不更，疑非爵號，不計算在內。

（四）其中三條（二八〇六、二九九七、九七〇四）「大夫」之上闕文，可能是官大夫或公大夫。計入此項。

（五）公乘徐宗凡二見，作一人計算。又居延漢簡釋文第四三〇葉：「六九三三，□人令史居延廣都里公乘屈並」，第四三一葉：「六九五六，千人令史居延廣都里公乘居並」。據圖版之部，此二條釋自同一簡，作一人計算。另外有二條：「一〇〇九　乘王弘年廿八……」、「六九七五乘□偉年廿四」，皆是公乘而字跡壞佚。又「四九六七□卒故小男丁未丁未丙辰戊寅乙亥癸巳癸酉令賜各一級丁巳令賜一級」。（四九六八，四九六九，四九七〇與之類同。）此條所列之干支是賜爵之時間。共賜爵八次，其爵當是公乘。下例可證之：「八〇三六□□卌七□公乘鄴宋里戴通卒故小男下（丁字之誤，見圖版之部）未丁未丙辰戊寅乙亥癸巳癸酉令賜各一級丁巳令賜一級一」。上列四條皆脫去「公乘某某縣某某里某某名，今視此四條之四人皆爵公乘。全部計算在內。

上文之漢簡爵位統計表中，士伍在內，有爵位者凡二百零九人，而公乘竟佔一百零六人。超過總數之二分之一。此亦是前文所謂民受賜爵不得過公乘，過者得移與子、兄弟或兄弟之子的證據。以元康四年詔復家者爵位統計表與漢簡爵位統計表作比較，二表都是「公士」、「公乘」之人數所佔比例很大，又同是以「大夫」的人數佔第三位。「公乘」、「公士」、「大夫」人數之多，與「官大夫」、「公大夫」之人數同是最少，少至一人或二、三人，成爲强烈之對比，令人注意。而且二表之上造、簪褭、不更的人數都是參差不齊。據上文兩漢賜爵事例表，由昭帝始元五年至元康二年，廿一年之間，共賜民爵八次，民受賜爵最少七級。元康四年詔復家者爵位統計表之資料非常完整，但所統計出各爵位的人數多少懸殊，而且各爵位人數所佔之百分比與漢簡爵位統計表大致相同。疑賜民爵除不得過公乘外，尙有其他限制，如對某一類人賜爵不得過「公士」或「大夫」。但史無明文，且無證據，只能作推測而已。

爵位制度是身份的等級制度，上文已有所述。而以大庶長以下爵位看，亦可以如是說也。漢書卷一下高祖本紀：八年春三月，「令……爵非公乘以上毋得冠劉氏冠。」後漢書續志卷三十續輿服志曰：「長冠，一曰齋冠……以竹爲裏。初，高祖微時，以竹皮爲之，謂之劉氏冠……以爲祭服，尊敬之至也。」爵高至公乘以上才得冠劉氏冠，是爵位之高低，由其服飾可見也。爵位等級表示其身份之高低，明矣。又在史記、漢書、後漢書所見人之稱號，不少是有爵稱其爵於姓名之前。上文所述漢書侯表元康四年功臣後復家者百二十六人之中，百二十三人有爵，皆是以此方法稱謂。又史記卷一百五扁鵲倉公列傳：倉公「受師同郡元里公乘陽慶，」後醫治「安陵阪里公乘項處病。」漢書卷三十五劉澤傳：哀帝封「澤玄孫之孫無終公士歸生爲營陵侯。」後漢書續志卷二續律曆志：章帝使賈逵問治曆者「鉅鹿公乘蘇統」等人。而永元十二年，「蒙公乘宗紺上書」。先書其家所在郡或縣（或加上所在里），次書其爵位之號，次再及其姓名；以此才可以明白表明其身份也。故漢書卷八宣帝紀：地節四年九月詔曰：「『令郡國歲上繫囚以掠笞若瘐死者所坐名縣爵里。』」注，師古曰：「名，其人名也。縣，所屬縣也。爵，其身之官爵也。里，所居邑里也。」至於身有官職者，如其爵不高，多只稱其官號，而不稱爵名。然亦有官爵並書者，如漢書卷七十六王尊傳：「湖三老公乘興等上書」言不當免尊官。至有高爵者；多官爵並稱，卷五十四蘇武傳：甘露三年，宣帝思股肱之臣，「迺圖畫其人於麒麟閣，法其形貌，署其官爵姓名。唯霍光不名曰：大司馬大將軍博陸侯姓霍氏，次曰衞將軍富平侯張安世。」大致爵至列侯、關內侯，則無論是否有官職，稱其名時多先稱其爵，至官吏而爵不及侯，則多稱其官而不及爵。（以上所論，當以其人不是在處理行政公務時之稱謂爲限。因爵位與行政公務無關。故官吏於處理行政公務時只稱其官銜，而不及爵號。）但此恐是史書之體例。因爲漢代平民多數擁有低爵，若無論爵位高低，凡人皆書其爵，則行文累贅，而且低爵無甚重要性，故史家刪之。其實漢代官文書之名册，狀辭中，稱官吏之姓名例冠以其官名爵名，即使非官吏而只是士卒，亦稱之戍卒、田卒之類的職務之名稱及其爵號。如居延漢簡釋文：

「一四七七　田卒淮陽郡長平東洛里公士尉充年卅　襲一領　私單絝一　犬絿一兩　貫
絝一兩　私絝練　私絿一兩　贊取」

（「犬絿一兩」「私絿一兩」釋文誤作「犬一絿兩」「私二絿兩」，見圖版之部）

「七八六〇　戍卒淮陽郡□堂□里上造趙鹿　皁□複袍一令　□二　牛革輅二兩
絲復□□一　□綀二兩　右縣官所給
□□□□一　□□二兩
□□□□一　□□二兩」

「七三三四　第十三隧戍卒河南郡成臯宜武里公乘張秋年卌四　三石具弩一
稾矢銅鍭五十」

「二八三〇　肩水候官始安隧公乘許宗　功一勞一
中□十五日　能書會計治官民頗知律令文年卅六長七尺二寸觻得千秋里家去官六百里」

「二八二一　東郡田卒淸靈里一里大夫聶德年廿四長七尺三寸黑色」

「六六〇六　戍卒梁國睢陽新平里公乘孫顧年廿六　九月丙寅出
癸巳入」

「二六五八　狀辭居延肩水里上造卌六歲姓匽氏除爲卅井士吏主亭隧候望通蓬火備盜賊爲職」

「八二五五　居延𣪠胡隧長龍山里公乘樂喜年卅（徙）補甲渠候史代復敕」

漢簡中此類資料有百餘條，但多數殘闕，此數條較爲完整且有代表性，故引以爲證。史家修史時刪去低爵者之爵號不書，然亦有刪削未盡者，上文引漢書王尊傳謂「湖三老公乘興等上書」是也。此可與漢簡互相佐證。漢代官文書之名冊、狀辭中要書明其人之爵位，又可證明爵位是身份之表示。（註十二）無官職之平民，有爵多以爵冠其名，無爵但稱男子。漢書卷八宣帝紀曰：「長安男子馮殷等，謀爲大逆。」卷二十七下上五行志曰：「成帝綏和二年八月庚申，鄭通里男子王褒衣絳衣小冠，帶劍入北司馬門。」後漢書卷七十九上尹敏傳曰：「永平五年詔書捕男子周慮。」漢簡亦有類似的稱謂，居延漢簡釋文曰：

「一五一七　詔所名捕平陵長霍里男子杜光字長孫故南陽杜衍……」
「二二一〇　昭武萬歲里男子呂未央年卅四——五月丙申入　用牛二」
「三九二七　……城北襍里男子王子高家」
「四一四一　……自言五月中行饋貫賣皁復袍一領直千八百……居延平里　男子唐子平取」
「七二二二　書曰大庸里男子張宗責居延甲渠收虜隧長趙宣用馬錢凡四千九百五十……」

皆是稱男子，縣名、里名加上「男子」，冠於其姓名之上，是其無爵而稱男子也。後漢書卷五十樂成靖王党傳曰：「故掖庭技人哀置嫁爲男子章初妻。」章懷注曰：「稱男子者，無官爵也。」無官爵稱男子，（註十三）而免爵爲庶人則稱士五。如漢書卷七十陳湯傳：湯爵關內侯，後「奪爵爲士伍。」史記卷一百一十八淮南衡山列傳曰：「大夫但、士五開章等七十人」與淮南厲王長欲謀反。裴駰集解引如淳曰：「律：『有罪失官爵稱士五』者也。」漢書卷五景帝紀注師古曰：「謂之士伍者，言從士卒之伍也。」漢簡中亦有士伍之資料。居延漢簡釋文：

「一四〇七　昌邑國□垣里士五淳于龍年卅四」
「一四八一　田卒淮陽郡長平：里士五李□酒」
「二四四九　戍卒（釋文脫「卒」字，見圖版之部）趙國邯鄲邑中陽隧里士伍趙安達年□十五」
「五七六七　●　居延甲渠候官第廿七隧長士伍李宮建昭四年功勞案」

至於囚徒、奴隸，另有特別稱謂，此處不贅。（關於囚徒之稱謂，中國科學院考古研究所洛陽工作隊之東漢洛陽城南郊的刑徒墓地一文有詳細資料可供參考。）

總結上述，漢代公文上之稱謂有爵者稱其爵，無爵稱男子，失爵稱士伍；身份等級，井然不可亂。爵位表示其身份之高低，爵位制度是身份之等級制度，明矣。

爵位除表示身份等級外，高爵尚可享受某些經濟的利益。漢書卷一下高祖本紀，五年詔曰：

「『其七大夫以上皆令食邑，非七大夫以下皆復其身及戶勿事。』又曰：『七大夫，公乘以上皆高爵也。諸侯子及從軍歸者，甚多高爵，吾數詔吏先與田宅及所當求於吏者，亟與……其令諸吏善遇高爵稱吾意。』」

食邑問題已詳上文。師古注謂七大夫即公大夫，以其爵第七級，故稱。按此謂七大夫以上皆有食邑，又得賜田宅；非七大夫以下則得復免其家之租賦。此恐是高祖寵異有功將士之一時措施，非常制也。漢書卷二十四上食貨志，朝錯上書請文帝行入粟受爵之策曰：「『令民入粟受爵至五大夫以上，迺復一人耳。』」爵為五大夫以上得復一人之租賦，或是在朝錯上書時已實行之制度，故朝錯引用此成例於入粟賜爵之政策中。及至武帝創武功爵，又令買武功爵第七級「千夫如五大夫。」（漢書卷二十四下食貨志）是千夫亦得復免一人之租賦。史記卷三十平準書曰：武帝征邊，「兵革數動，民多買復及五大夫。徵發之士益鮮，於是除千夫、五大夫為吏，不欲者出馬。」千夫、五大夫皆得復其身，不能徵發，故使為吏，欲以吏事苦之，其不欲為吏者則出馬，武帝之目的為歛財耳。千夫為武功爵號，武功爵武帝以後少見；而爵五大夫以上恐在東漢時仍是得復其身也。又漢制度之實施在內郡與邊郡有差異，爵位復身者亦然。漢書卷四十八賈誼傳：誼上書曰：「『今西邊北邊之郡，雖有長爵，不輕得復。』」則爵五大夫以上在邊郡亦未必得復其身。但據上文漢簡爵位統計表，連士伍在內，有爵者二百零九人，全部皆是爵在公乘以下。按漢簡所載之吏卒，有內郡人，亦有邊郡人；漢簡中無人爵五大夫或五大夫以上爵，（註十四）除可作爵五大夫以上得免復其租賦之强證外，尚可證明即使在邊郡，如果不是戰爭等緊急時期，爵五大夫以上亦如內郡一樣，得復其身。賈誼所說爲特異，固不得以此而否定常制。

擁有爵位在法律上亦有便利。其制源於秦代。後漢書卷八十六南蠻西南夷列傳曰：

秦惠王幷巴中，以巴氏爲蠻夷君長，世尚秦女，其民爵比不更（集解引劉攽謂衍民字），有罪得以爵除。」

以其有爵，故犯罪得以除其罪也。及至漢代，漢書卷二惠帝紀曰：

「（惠帝即位，令）『爵五大夫、吏六百石以上……有罪當盜械者皆頌繫。上造以上……有罪當刑及當爲城旦、舂者皆耐爲鬼薪、白粲。』」（補注，先謙曰：「荀紀盜械作刑械，頌繫作容繫。」［荀悅漢紀見卷五孝惠皇帝紀。」）

是爵五大夫以上有罪，當加刑具而得寬容不加也。又注引應劭謂城旦治城，舂者舂米，四歲刑；鬼薪取薪給宗廟，白粲坐擇米使正白，則三歲刑。有爵上造以上得減其勞役之强度及徒刑之年期也。卷二十四上食貨志：朝錯說文帝入粟賜爵曰：「『縣官得以拜爵以除罪，如此富人有爵，農民有錢。』」爵位得以免罪，鼓勵富人向農民買粟以貢獻政府求爵；故謂富人有爵，農民有錢。卷五景帝紀：元年秋七月廷尉與丞相議著令曰：「『吏遷徙免罷受其故官屬所將監治送財物奪爵爲士伍，免之，無爵罰金二斤，令沒入所受。』」有爵免爵，無爵則蒙受財物之損失。卷八十三薛宣傳：宣與博士申咸不和，宣子況爲右曹侍郎，使客楊明「遮斫咸宮門外，斷鼻脣身八創。」事下有司，廷尉以爲「『殺人者死，傷人者刑……況與謀者皆爵減完爲城旦。』」注，師古曰：「以其身有爵級，故得減罪而爲完也。」有爵得免其罪或減輕其刑罰，此或是漢代平民所能享受皇帝賜民爵的唯一利益。（註十五）因爲賜爵不得過公乘，不得免租賦，經濟之利益無與也；爵位雖然是榮譽身份的表示，但當整個社會多數人皆擁有同樣之爵位時，則無復榮譽可言。而且即使是爵得免其罪或減輕其刑罰，平民所能享受者亦相當有限，因爲正常之平民犯法受刑畢竟不多，而且低爵免罪減刑之效力恐怕也不大。反而富人以錢粟買高爵，恃其免罪減刑之特權，橫行無忌，非法鄉里。因此，賜民爵特別優異三老、孝弟、力田，欲以之純樸社會之風氣之目的能否達成，是疑問；而賣爵則無疑破壞了法律之平等性，縱容不肖之富人違法亂紀。此其賜爵、（賜爵但有其名而實不至，此漢政府不欲有所損失也。）賣爵政策祇從政府之利益出發，不考慮及其將會在社會引起之反應的後果也。

漢代之爵位是祇有皇帝才有權封賜予人，用以賞功勞及親近。但是爲表現其身爲天子之無上權威或爲達成某些政治目的，皇帝又賜天下民爵及賣爵。賜民爵不得過公乘，而爵高公乘一級之五大夫才可以復免一人之租賦。因此，賜民爵不能給予平民多大之利益，反而富人以錢粟買高爵會得到經濟上之利益與法律上之便利。而由於經常賜民爵及賣爵，漢代之平民絕大多數擁有爵位。

結　論

一、漢代二十等爵之淵源可上溯至商鞅變法。商鞅變法制定含有二十等爵精神之爵位制度，以後秦爵位制度在此基礎上改良發展。漢代二十等爵承襲秦爵位制度，但恐非完全抄襲，而是有些少增減及更改。

二、兩漢之列侯受封之資格可分爲功臣、王子、恩澤三大類，此班固漢書侯表所分也。恩澤侯在西漢分外戚、丞相、降者，而東漢則分外戚、降者、公主子及宦官數類，此分法據嚴耕望師秦漢地方行政制度。

三、西漢侯國之封法以戶數爲斷，然既略準食戶以定疆域，即以區域爲限矣，其國內之戶口之增長歸侯所有。東漢封侯以戶數爲限，不一定食其侯國境內之全部戶口，則侯國境內之戶口之增長與侯無關。此秦漢地方行政制度說也。

四、西漢列侯只有縣侯一等，及至東漢，列侯分縣侯、都鄉侯、鄉侯、都亭侯、亭侯五等。此說見於秦漢地方行政制度。此外，西漢中葉以後有特進侯及列侯奉朝請。「特進」是加官，所加限於列侯。漢初公卿皆以功臣列侯任之，且列侯皆居於京師，故對漢初朝政有很大影響，但到武帝之世，列侯經歷數世，政治勢力大衰，宰割任由天子，例遣之國，而對特別親近或尊重之列侯，則使居於京師，加「特進」或「奉朝請」之號，提高其地位或使參與朝政。特進及列侯奉朝請之出現，顯示出列侯之政治力量已不足重視。及至東漢，由列侯與皇帝關係之親疏及參與政治權力之大小，可以分爲特進侯、朝侯、侍祠侯、猥諸侯及歸國之列侯五等。

五、漢初侯國有領轄於郡，亦有領轄於王國者。大約在文景之世，侯國祇轄於郡而不轄於王國。但到西漢末，侯國不得轄於王國之限制是否存在，卻成問題。至東漢則王國及郡皆可領轄侯國。此秦漢地方行政制度說也。而王國相自漢初至漢末，皆由漢中央政府委任。西漢中葉以後，王國相且有監視諸侯王之職責，故無論侯國轄於郡抑是轄於王國，皆是轄於漢中央政府所委任之官吏，而不轄於諸侯王。至於列侯，祇有漢天子才可以封拜，要向漢天子朝貢。在漢中央政府中，初期有主爵中尉（都尉），武帝太初元年後有大鴻臚主掌列侯，而大鴻臚屬官大行令之主要職掌之一就是掌理列侯之事務。列侯之封拜，先經朝議，再由皇帝作最後之決定。由這些漢中央政府與列侯之關係看，列侯之隸屬於漢中央政府，無可懷疑。

六、列侯所食縣曰國，列侯不與其國之政事而置國相以治之，如縣令長之治縣也，此外侯國相尚有監察列侯之職責。侯國之組織、制度，一如縣制。此見之於秦漢地方行政制度。但侯國相名義上仍對列侯稱臣。列侯之家有家臣，西漢列侯之家臣有家丞、門大夫、庶子；東漢列侯則但有家丞、庶子，且食邑千戶以下不置家丞。西漢初列侯之家臣由列侯自置，大約在景、武之際轉變成由漢政府爲之置。而且家丞之職掌總理侯家之事務，列侯完全受漢政府控制。但無論如何，列侯名義上仍是一國之君，其所食吏民對之稱臣且有限度之爲其勞役；列侯之出入，威儀甚盛；列侯之母稱太夫人，妻稱夫人，嗣子稱太子，且侯國得立宗廟及可能有社稷，國君之氣象，在表面上仍然維持。

七、在漢代社會中，列侯之身份高貴。宗室疏屬已淪爲庶人，欲以之繼大宗爲天子，則先封爲列侯以高貴其身份使相配，而皇室又以列侯爲婚姻之對象。列侯在漢代是貴族階級。

八、列侯是爵位，無行政之職責，在行政系統中沒有地位。但由於列侯之身份地位高貴，得以參與朝議及選舉。

九、兩漢列侯之收入主要來自食邑之租賦。列侯食邑向列侯貢獻之稅率，一如郡縣向人民徵收租賦之稅率。千戶侯之歲入約爲錢八十萬，比宰相之年奉還要多，漢代一般農民家庭歲入爲錢約一萬一千，約是千戶侯之八十分之一。列侯在經濟上之利益是漢代人民夢寐以求封侯之原因之一。

十、漢代列侯爵邑世襲，列侯薨，嗣子繼承，無子國絕。列侯之嗣子由列侯在諸子中擇定，嗣子不得私讓與兄弟。西漢列侯傳國邑與嗣子，可能減其食邑十分之二，但此制不復行於東漢。列侯國絕，皇帝有以私恩紹封者，紹封非制度，純視皇帝之喜愛。東漢之紹封者食其故國之半租。

十一、漢天子或爲政治之理由，或爲表現其無上權威及對親近之賞賜，封拜列侯，但卻不想列侯以其特權與財富成爲地方勢力，故以種種限制束縛之。危害或企圖危害皇朝及天子之安全，固是棄市滅族之大罪，而非禮、不敬、不孝及殺人、橫行不法等皆爲廢侯之理由。若列侯任官，職事廢，免官之外，尚要削除其爵邑。至於列侯出其國界，亦罪至爲刑徒。可見漢政府欲使列侯皆成爲淳謹之食租地主，不會也不能對漢政府作絲毫反抗。由此可看出漢代一人專政之政治形態。

十二、關內侯是古爵名，秦爵位制度借用其名，漢承之。西漢關內侯食邑者之食邑賜法是限戶食租，而東漢則計斛爲食。此秦漢地方行政制度說也。

十三、漢代關內侯不必居於京師，關內侯之食邑者亦不必食邑於關中。漢代關內侯但爵其身，是不包括食邑，加異者才賜食邑。關內侯雖比列侯爵祗低一級，但無論地位及經濟利益，都遠不及列侯，因此，賜爵關內侯的資格也比封爲列侯低得多。在世襲問題上，關內侯與列侯則相同，皆得傳之後嗣，亦皆無子而絕其爵。

十四、漢代大庶長以下爵乃至庶人亦可以享有食邑，食邑的賜予純粹是給予經濟的利益，與爵位無關。以至天子、太皇太后、皇太后、皇后、皇太子、公主、諸侯王太后、諸侯王女等皆有湯沐邑，以其租賦作爲私人之收入。漢代的「君」可以分爲兩種，男性稱君，沈欽韓謂是未爲通侯而食邑者也；女性稱君則其性質大致如列侯。

十五、兩漢之爵位是祇有皇帝才有權封賜予人，用以賞賜功勞及親近者。但是爲炫耀其身爲天子之無上權威或爲達成某些政治目的，皇帝又經常賜天下民爵及賣爵，故漢代平民絕大多數擁有爵位。賜民爵不得過公乘，而爵高公乘一級之五大夫才可以復免一人之租賦。因此，賜民爵不能給予平民多大的利益，反而富人以錢粟買高爵會得到經濟的利益及法律上之便利。

註釋

註一：史記卷九十六張丞相列傳褚先生補曰：

「邴丞相吉者……封爲列侯…病死。子顯嗣。後坐騎至廟，不敬，有詔奪爵一級，失列侯，得食故國邑。」

漢書卷七十四丙吉則謂吉傳以舊恩封爲博陽侯，邑千三百戶。（外戚恩澤侯表爲千三百三十戶）子顯嗣爵，於甘露中（外戚恩澤侯表作甘露元年。）有罪削爵爲關內侯，不語及是否食故邑。後顯爲太僕有姦，有司請逮捕。「上曰：『故丞相吉有舊恩，朕不忍絕，免顯官，奪邑四百戶。』」卷十九下百官公卿表謂丙顯於永光元年爲太僕，十年免。丙顯免太僕在建昭五年，明年即竟寧元年，表有太僕譚，是代丙顯爲太僕者也。甘露元年距建昭五年有二十年之久。丙顯奪爵爲關內侯後二十年又被奪邑四百戶。是削爵爲關內侯時不奪其食邑之證也。史記張丞相列傳褚先生補謂丙顯削爵爲關內侯得食其故邑，是也。

註二：後漢書所見關內侯不言其是否食戶或食租者，如楊音（卷十一劉盆子傳，又見續志卷十三續五行志）、黔陵（卷十二劉永傳）、高峻（卷十六寇恂傳）、閔業（卷十六寇恂傳）、王霸（卷二十）、傅昌（卷二十二傅俊傳）、趙憙（卷二十六）、馮勤（卷二十六）、侯霸（卷二十六）、鮑永（卷二十九）、孔奮（卷三十一）、梁巡、梁騰（卷三十四梁統傳）、桓典（卷三十七）、馮魴（卷三十三）、陰興（卷三十二）、黃儁（卷六十六陳蕃傳）、鄭石讎（卷七十八鄭衆傳）、劉普（卷七十八單超傳）、侯覽（卷七十八）、丁恭（卷七十九下）、閻柔（卷七十三公孫瓚傳）、黃琬（卷六十一）、曹成（卷八十四列女傳）、王梁(卷二十二)、鄧彪（四十四，又見卷四和帝紀）。（以上若出自本傳者皆不書其傳名。）

註三：後漢書亦有謂「封關內侯」者，如卷三十七桓榮傳曰：「迺封榮爲關內侯。」卷八十四列女傳曰：「特封（曹大家）子成關內侯。」卷六十一黃琬傳：琬「封關內侯」。卷七十三公孫瓚傳謂閻柔「封關內侯」。七十九下丁恭傳：恭「封關內侯」。此類謂「封關內侯」之寫法只見於後漢書而不見於漢書，或者班固以漢人記漢事，較爲確切；范曄以後人追述漢事，或有混淆也。而班孟堅之書法嚴謹，范蔚宗遠不及，於此可見。

註四：史記卷九十六張丞相列傳褚先生補曰：「顯爲吏至太僕，坐官耗亂，身及子男有奸贓，免爲庶人。」漢書卷七十四丙吉傳則謂丙顯爲太僕有姦，有司請逮捕。「上曰：『故丞相吉有舊恩，朕不忍絕，免顯官，奪邑四百戶。』……顯卒，子昌嗣爵關內侯，成帝時修廢功…詔…『…其封吉孫中郎將關內侯昌爲博陽侯。』」詔書明謂不絕顯爵。及成帝繼絕世，又稱丙吉爲關內侯，是丙顯爲太僕有姦，但免官耳，並無削爵。諸先生補謂「免爲庶人」，或誤。或關內侯屬庶人乎？

註五：史學年報二卷一期（一九三四年）勞貞一之釋士與民爵曰：「至漢乃襲其（秦）制，除列侯、關內侯而外，皆不世襲。」謂列侯、關內侯世襲，是也。然其文不舉任何證據。

註六：史記卷九十五樊噲傳曰：「孝惠六年，樊噲卒，謚爲武侯。子伉代侯，而伉母呂須亦爲臨光侯。」（卷九呂太后本紀作呂嬃。司馬貞索隱引韋昭云封林光侯。）漢書卷三十九蕭何傳曰：「（何薨，）子祿嗣，薨，無子，高后乃封何夫人同爲酇侯，小子延爲筑陽侯。孝文元年罷同，更封延爲酇侯。」是樊噲妻及蕭何妻皆在高后當政時爲列侯。又史記卷十孝文本紀謂羣臣請代王爲皇帝曰：「『臣謹請（與）陰安侯、列侯頃王后…議。』」裴駰集解引蘇林曰，謂陰安侯乃高帝長兄伯妻，而如淳曰謂高帝次兄仲妻「頃王后封陰安侯。」司馬貞索隱從如淳之說。按前引孝文本紀本文明謂「陰安侯、列侯頃王后」，是二人。陰安侯非頃王后也。如淳說非是。若蘇林謂陰安侯乃高帝長兄伯妻，則頗爲合理。高帝次兄劉仲免爲郃陽侯，及薨，謚曰頃王，故其妻稱頃王后，或於高后時別封爲列侯，故稱之爲「列侯頃王后」也。

註七：漢書卷十九上百官公卿表顏師古注二十等爵曰：公士，言有爵命異於士卒，故稱公士也。上造，造成也，言有成命於上也。簪褭，以組帶馬曰褭；簪褭者，言飾此馬也。不更，言不豫更卒之事也。大夫，列位從大夫。官大夫、公大夫，加官、公者，示稍尊也。公乘，言其得乘公家之車也。五大夫，大夫之尊也。左庶長、右庶長，庶長言爲衆列之長也。左更、中更、右更，更言主領更卒，部其役使也。少上造、大上造，言皆主上造之士也。駟車庶長，言乘駟馬之車而爲衆長也。大庶長，又更尊也。又後漢書續志卷二十八續百官志注引劉劭爵制曰：「一爵曰公士者，步卒之有爵爲公士者。二爵曰上造，造成也；古者成士升於司徒曰造士，雖依此名，皆步卒也。三爵曰簪褭，御駟馬者，要褭，古之名馬也，駕駟馬者，其形似簪，故曰簪褭也。四爵曰不更，不更者，爲車右不復與凡更卒同也。五爵曰大夫，大夫者，在車左者也。六爵爲官大夫，七爵爲公大夫，八爵爲公乘，九爵爲五大夫，皆軍吏也。吏民爵不得過公乘者，得貰與子若同產。然則公乘者，軍吏之爵最高者也。雖非臨戰，得公卒車，故曰公乘也。十爵爲左庶長，十一爵爲右庶長，十二爵爲左更，十三爵爲中更，十四爵爲右更，十五爵爲少上造，十六爵爲大上造，十七爵爲駟車庶長，十八爵爲大庶長……自左庶長已上至大庶長，皆卿、大夫，皆軍將也。所將皆庶人更卒也。故以庶、更爲名。大庶長即大將軍也，左右庶長即左右偏裨將軍也。」顏師古與劉劭所述皆依爵名顧名思義以釋其內容。皆不可視之爲漢制度。劉劭所述則稍滲入漢制。如謂「吏民爵不得過公乘者，得貰與子若同產，」即是由漢制賜民爵不得過公乘而來。因此引申而曰：「然則公乘者，軍吏之爵最高者也。」但其前文已說「八爵爲公乘，九爵爲五大夫，皆軍吏也。」五大夫既爲軍吏，其爵高公乘一級，則如何可以說公乘是「軍吏之爵最高者」。其既以爵號之名釋其義，又加入些少漢制以釋之，因此發生矛盾。是漢代之爵制不可由其爵號顧名思義去了解，甚明矣。陳直漢書新證卷一證百官公卿表曰：「簪褭。直按：論衡射短篇云：『名曰簪褭上造何語。』（按商務印書館發行，黃暉撰論衡校釋卷十二謝短篇，設問文吏曰：「名曰簪褭、上造，何謂？」）可見簪褭二字，在東漢初期，已難解釋，後來注家，多屬望文生義，不若闕疑爲是。」陳氏之說是也。

註八：徐復觀師謂宣帝時之所以祥瑞特多，因爲宣帝出身平民，爲顯示其登基是天意，故特別注重祥瑞。

註九：民無名數及流民占後有戶籍，要交租賦。此說由李龍華同學提示。

註十：此說見宋叙五著漢文帝時期入粟受爵政策之探討，新亞學術年刊第十二期。

註十一：漢書卷八宣帝紀：元康元年五月「復高皇帝功臣絳侯周勃等百三十六人家子孫，令奉祭祀，世世勿絕，其毋嗣者復其次。」但侯表記功臣子孫復家全部記在元康四年，相差三年之久。補注引錢大昕云：「考…表稱元康四年，而紀書於元年，蓋有司奉詔檢校得實，請於朝而復之，非一時所易了。紀所書者，下詔之歲；表所書者，賜復之歲也。」（見錢大昕潛研堂全書廿二史考異六漢書一宣帝紀）錢說是也。錢大昕又曰：「考功臣表諸功臣之後詔復家者實百二十三人。與紀人數不合，或表有脫漏矣。」今考漢書侯表，元康四年所復高祖所封侯之後裔百二十人，（其中一人見王子侯表，百一十九人見高惠高后文功臣表。）惠帝功臣後者三人，高后功臣後者二人及衛青（武帝所封。）之後裔，共百二十六人。然則宣帝紀曰百三十六家是百二十六家之譌歟？抑如錢氏所云表有脫漏，不可考矣。

註十二：現可見的漢簡最大多數是只書其職務之名（官銜），而不書其爵號，居延漢簡釋文：

「一二八〇　四月丙子肩水騂北亭長敏以私印兼行候事謂關嗇夫吏寫移言
□如律令　　／令史憙」光」博尉史賢」

「一七六二　□上計卒史郝卿詣即千人令史」

「一九〇七　水都尉政千人宗兼行丞事下官承書從事下□者如詔書
□月廿日　　兼掾豐屬佐忠」

「一九七〇　元康四年二月己未朔乙亥使護鄯善以西校尉吉副衛司馬富昌丞慶都尉寫達都通元康二年五月癸未以使都護檄書遣尉丞赦將𢮿刑士五千送致將車所發」（按「將車」當是「將軍」之誤「𢮿刑士」當是「弛刑士」之誤。）

「二〇九八　建平三年閏月辛亥朔丙寅祿福倉丞敞移肩水金關居延塢長王攴」

「二一〇〇　肩水左後候長樊褒詣府對功曹　二月戊午平旦入」

「二二一二　出賦錢六百　給東望隧長晏萬閏月奉　閏月　守令史霸付候長慶」

「五〇四八　初元五年四月壬子居延庫嗇夫賀以小官印行丞事敢言□」

「六五五五　□□年九月丁巳朔庚申陽翟長猛獄守丞就兼行丞事移函里男子李立弟臨自言取傳之居延過所縣邑侯國勿苛留如律令　候自發」（據圖版之部，釋文中「陽翟長猛獄守丞就」之「猛獄」二字是一字，圖版模糊且闕，不能肯定其爲何字。又「勿苛留如律令」之「如」字，釋文誤作「加」字）

「二二三八　士吏傑得高平里公乘范吉年卅七，迎司御錢居延　八月戊戌入」

凡是祇書其官銜而無爵名者，都如上列例子，所述之事是行政之公務，推測官吏在處理行政公事時所署之銜頭只書官銜，而不書其爵。若此，則爵位制度祇是身份之等級制度，與政府行政無涉，又有一强證。但亦有數例官爵並稱者。居延漢簡釋文：

「三九三五　居延甲渠侯（候字之誤）官當曲隧長公乘關武　建平三年以令秋試射發矢十二　中帤矢口」

（「令秋試射」釋文誤作「令秋秋試射」，見圖版之部。）

「四四九二　居延甲渠逆胡隧長公乘王毋何　五鳳元年秋以令射發矢十二中帤六當」

皆是述及公務而名銜官爵並稱。此類例子雖然極少，但與上述證明之例證互相矛盾，故上述證明之結果只能說是推測，而不能作肯定之辭。

註十三：無官爵稱男子，漢簡中有些是姓名之上不冠以爵號，亦不書明「男子」，如居延漢簡釋文：

「二八六三　居延都尉結事佐居延始后里萬賞善年卅四歲長七尺五寸黑色」

「二八二五　河東襄陵陽門亭長郵里郛彊長七尺三寸」

「二五〇九　名捕平陸德明里李蓬字游子年廿二…」

此類例子不多。雖可以省書解釋，但是謂漢代官文書之名冊、狀辭中凡是無官爵之平民便稱爲男子，也不能作肯定之辭。

註十四：漢簡有一、二條提及列侯，但不是指戍邊之吏卒。又居延漢簡釋文：

「三七三九　□中更相委不便今更□里即」

觀其文意，此條之「中更」似不是爵號。

註十五：居延漢簡釋文：

「二五九〇　幾□歲爲公士以上當得臧」

「一〇一三七　□□歲爵公士以上當得藏」（按此二條所據爲同一簡。簡片之編號爲一七・一一；釋文前後二釋，而其文不同；據圖版之部，以前釋較爲近眞）

不知所藏者何？此或是有爵者比無爵者優異之處。

附記

本文寫成後，由研究所交由徐復觀師審查，徐師閱後，借予日本學者西嶋定生著中國古代帝國　形成　構造一書。此書之副題爲二十等爵制　研究。由其目錄，知其對列侯完全不加討論，而幾乎全部篇幅是討論大庶長以下之十八爵等，與本文下編第三章大庶長以下十八等爵制度試釋所探討之問題相同。又由其引用書目，知日本學者研究漢代爵位制度之著作尚有鎌田重雄著西漢爵制、栗原朋信著兩漢時代　官民爵　就　　、守屋美都雄著漢代爵制　源流　見　　商鞅爵制　研究等。以不通日文，且其文求之不可得，故不能引用其成績。其文皆早於本文，若本文結論有與之雷同之處，固不能奪其首創之功也。

魯迅與胡風之反控制鬪爭

翟志成

引言

由一九二七年至一九五五年，中國的文藝家爲反抗中共的操縱和控制而進行了各種形式的鬥爭。但是，這些鬥爭，大都是個人的零星的反抗。眞正能把個人的零星反抗上昇爲有組織的集體反抗，在這廿八年中只發生過兩次。第一次發生在三十年代，是以魯迅爲盟主，胡風、馮雪峯、茅盾、巴金、黃源等人爲羽翼的作家聯盟公開反抗周楊一伙中共在文藝界的負責人的鬥爭。第二次發生在魯迅逝世（一九三六年十月十九日）以後，是以胡風爲主帥，胡風的門生和追隨者爲羽翼的胡風集團反抗中共以及馬列教條對文藝界的統治的鬥爭，這次鬥爭，一直到一九五五年胡風集團被中共武力鎭壓後，才暫告結束。兩次鬥爭，雖然在鬥爭手法的表現上略有不同，但是，他們的鬥爭方向卻是完全一致的。他們的鬥爭自標，都是爲了要拆毀那個已被中共勢力和馬列教條嚴密控制下的文壇，重建一個有更多的思想自由和創作自由的新文壇。因此，無論在時間上或精神上，第二次鬥爭完全可以視爲第一次鬥爭的延續和發展的結果。本文作者的動機，就是試圖通過大量的事實，把這兩次鬥爭的要點和演變的經緯，一一勾勒出來，謹供中外的中共問題專家或有志研究中共文學史或中共文學批評史的讀者參考。

（1）

第一章　左翼文壇的建立

一八四〇年中英鴉片戰爭，英國遠征軍的大炮，轟開了中國閉關自守的大門。早已唾涎着這個文明古國的富饒的西方列强，立刻，憑藉着優勢的武備，挾持着先進的科技和大量的商品，沿着這一突破口，像洪流一樣湧進了中國。

軍事上的優勢，使他們能用戰爭或訛詐等手段，壓逼清朝政府，從中榨取大量的賠款和索取更多的割地或租借地，劃分更大的勢力範圍。工業器械的先進，又足以使他們能大量掠奪中國的資源，剝削中國的勢力，壟斷中國的市場，絞殺中國正在萌芽中的民族工業。

在列强的巧取豪奪，蠶食鯨吞之下，清朝政府卻表現出極端的腐敗無能。被瓜分和亡國滅種的陰影，沉甸甸地壓逼着中國知識分子的心田。

有志有識之士，紛起求變。首先是以李鴻章、張之洞爲首的洋務派大臣，力倡「中學爲體，西學爲用」的自强運動。但是，洋務派的「炮利船堅」的自强理想，很快被甲午之戰的慘敗所粉碎。康有爲、梁啓超師徒代之而起，鼓吹君主立憲。康有爲在「上皇帝書」中，痛陳洋務派之弊：「今天下非不稍變舊法也，洋差、商局、學堂之設，開礦、公司之事，電線、機器、輪船、鐵艦之用，不睹其利，反以藪奸。夫泰西行之而富强，中國行之而奸蠹，何哉？上體太尊而下情不達故也。」因此，他大聲疾呼：「守舊不可，必當變法，緩變不可，必當速變，小變不可，必當全變」，「變事而不變法，變法而不變人，則與不變同耳」。

由此，可見康梁之改良派與李張之洋務派的根本分歧，在於是否要求皇權開放，是否要求速變，全變的變法，而變法的最根本問題，又在於是否要求「變人」（改革官僚機構）。

但是，西太后的屠刀，粉碎了維新黨的迷夢。六君子用他們的頭顱和鮮血，證明了和平讓權的改良主義，在中國是根本行不通的。

孫中山先生和他領導的國民革命運動，把温和的政治改良一變爲暴烈的武裝奪權。

如果說，洋務運動只觸及了中國統治階級上層的極少數高級官僚，和其他人毫無關係；康梁維新只觸及了中國統治階級中下層的一些知識分子，和其他人毫無關係；那麼，孫先生的國民革命的接觸面，要比洋務運動和康梁變法深得多及廣得多。它不但觸及了統治階級的知識分子，更重要的是把廣大的被隔離在統治階級之外的知識分子的積極性和革命性也大大地調動起來了。所以，辛亥革命的成功，使中國的民心士氣，爲之一振。中國革命的偉大啓蒙者和先行者孫中山以及他創造的三民主義學說的出現，在被封建帝制禁錮了二千多年的中國思想界中，不啻是一顆光芒四射的啓明星。

但是，辛亥革命畢竟是知識分子的革命，它對佔全國人口絕大多數的中國工人階級和農民階級，幾乎可以說是沒有產生很大的影響。由於得不到工農的直接支持，它不能不是軟弱的，充滿了妥協性和革命不徹底性的。它只能在上層推翻了中國二千多年的封建帝制，卻不能在底層從根本挖掉封建帝制的老根——各地腐敗透頂的官僚機構；更不能建立一個強大而統一的民主的革命政權 。在袁世凱新軍的武力迫逼下，革命勝利的果實，很快被袁世凱完全竊奪過去了。隨之而來的，是袁世凱的稱帝，張勛的復辟，各大派系的軍閥在各國帝國主義的扶植卵翼下，爲爭奪地盤（當然也是爲了替其後台老板爭奪勢力範圍），進行了長期的無休止的大混戰。內憂外患，成了兩股攪動中國大地的龍卷風。

因辛亥革命勝利而暫現光明的中國上空，又重新壓滿了濃密的黑雲，瓜分的慘禍，亡國滅種的陰影，又一次沉甸甸地壓在愛國志士的心坎上。

變則勝，不變則敗！變則存，不變則亡！民心在求變！社會在求變！這種民心和社會的變革要求，反映到意識形態領域裏的，是「五四」的新文化運動。

義憤和偏激，使當時求變的愛國知識分子，把鬥爭矛頭直指中國的傳統道德以及表現這種道德的傳統文化。他們衝動地以爲，中國的傳統道德和傳統文化，是造中成國的積弱及不民主不科學的罪魁禍源，是社會變革的最大障礙。

他們當時未能省察到，他們那股爲救國愛國而求變的力量的源泉，就是中國的傳統道德與傳統文化。

「五四」新文化運動在極大程度上破壞了中國的傳統道德和傳統文化 。但是，破不等於立。舊的是破壞了、新的卻又不能立刻建立起來。這種思想和文化的眞空，造成了共產主義的乘虛而入。

阿芙諾爾巡洋艦轟擊冬宮的炮聲，一傳到中國，立刻變成了打破「萬馬齊喑」僵局的春雷。共產主義，給正處於歧途中的中國前進的知識分子，送來一朵希望的紅雲。因爲中國的傳統思想和傳統文化，已在新文化運動中被蹂入泥濘，而資本主義的文化體系，由於列强對中國的長期的無耻掠奪和欺淩，以及它們强加在中國政府頭上的無數不平等條約，對比他們的文化體系一貫宣傳的「自由、平等、博愛」，眞是一個絕大的諷刺。「名」與「實」的完全相反，深深地激起了中國知識界的仇視和反感。這種仇視與反感，使不少中國知識分子拒絕承認資本主義的文化體系是挽救中國的藥方。要救中國總得先要有一個指導思想，既然中國傳統的不能用，西方資本主義的又不願用，那麽，唯一可姑且一試的，只剩下共產主義了。

十月革命的勝利經驗，證明了共產主義可以救國成功。新生的蘇俄政權，又立刻向中國人民伸出友誼之手。她自動廢棄沙俄時代强加在中國政府頭上的一切不平等條約，放棄沙俄侵華所獲得的一切利益。儘管這種友誼，僅僅是口惠而實不至，被沙俄强佔去的黑龍江北岸幾十萬方公里的中國領土，蘇俄連一尺也沒有歸還，但當時中國前進的知識階級，還是用無限感激和欽佩的心情去接納了這種友誼，同時也用無限感激和欽佩的心情接納了共產主義。

中國前進的知識階級接納共產主義，固然是出於感激和欽佩，然而更重要的，還是十月革命向中國前進的知識階級提出了發動工農兵武裝奪權建立强大的蘇維埃政權的成功道路。當時正痛感自身軟弱和乏力而徬徨無計的中國知識階級，突然在十月革命的工農兵暴動中，找到了自己的力量和救國的鬥爭方向。一九二一年，中國共產黨正式成立；不久，孫中山先生即改組國民黨，提出了「聯俄、容共、扶助農工」的三大救國新策。「只有共產主義才能救中國」（註一），已矇矓地或明確地變成了當時一部份的中國知識分子的不自覺或自覺的信念。更兼「二七」大罷工的激勵（中國工人階級第一次在政治舞台中顯示了自己的力量），「五卅」慘案的刺激（

加深了知識分子對帝國主義的憤慨）再加上在淸黨和圍剿中失利的共產黨人，鑽進文化圈子，暫時糾正了左翼文人以往强烈的宗派主義和關門主義的作風，全力向各派作家進行統戰工作，一時有影响力的成名作家紛紛向左。一九三〇年二月十六日，中國左翼作家聯盟（以下簡稱「左聯」）在上海正式成立，公開在宣言中鼓吹「階級鬥爭」、「人類的徹底解放」以及「無產階級藝術」（註二），從那時候起，「左聯」就在中共的直接領導下，有目的，有計劃，有綱領，有步驟地赤化和控制整個中國文壇。在赤化和控制的過程中，由於中間派與右翼文人沒有一明確的指導思想，更沒有一能配合作戰的統一陣線，根本沒有能力進行反抗，即使偶有抵抗（例如梁實秋的「人性論」，王平陵黃震遐的「民族主義文藝」、胡秋原的「自由人」及蘇汶的「第三種人」等的挑戰和反抗），也是各自爲戰的散兵線，很快被「左聯」逐個攻破。可以毫不誇張地說，自三十年代起，至大陸易手時止，在國民黨的統治區，一直都是由左派文壇控制和支配着那裏的文運。

附　註：

註一：李大釗「我的馬克思主義觀」，一九一九年五月號「新靑年」。

註二：轉引自王瑤「新中國文學史稿」第一編一五五頁。

第二章　魯迅胡風的第一次「拆壇」

(一)文藝——中共政爭黨爭的工具

共產黨人的文藝理論，根本不承認世界上有超階級的文藝。毛澤東說：「在現在世界上，一切文化或文學藝術都屬於一定的階級，都屬於一定的政治路線的。爲藝術而藝術，超階級的藝術，和政治並行或互相獨立的藝術，實際上是不存在的。」(註一)從這種觀念出發，共產黨人只把文藝簡單地視爲政爭黨爭的工具，階級鬥爭的利器，毛澤東又說：「文藝是從屬於政治的，但又反轉過來給予偉大的影响於政治。革命文藝是整個革命事業的一部份，是齒輪與螺絲釘……」(同註一)，既然是工具與利器，任何階級在奪權鬥爭時，都可以而且當然會使用這一工具和利器，毛澤東更認爲：「凡是要推翻一個政權，總要先造成輿論，總要先造意識形態方面的工作，革命的階級是這樣，反革命的階級也是這樣」。

因此，共產黨爲了要推翻國民黨，不能不同時開闢一文一武的兩條戰線。毛澤東說得坦白極了：「我們要戰勝敵人，首先要依靠手裏拿槍的軍隊。但是僅僅這種軍隊是不夠的，我們還要有文化的軍隊，這是團結自己，戰勝敵人必不可少的一支軍隊。」(同註一)

「左聯」——就是為配合中共顛覆國民黨政權而大造輿論準備的一支文化軍隊。儘管在武鬥戰場上，中共的武裝部隊迭遭慘敗；然而在文鬥戰場上，中共的文化部隊卻戰無不勝。中共在文鬥戰場上的長勝，固然與當時的文化人大部份思想左傾有關，然而也與它非常重視意識形態的鬥爭，而國民黨則沒有予以足夠的重視有關。中共對「左聯」的領導和控制一直是牢牢抓緊，絕不放鬆，因之它能通過左聯，進而以反對黨的身份在整個大陸的文壇取得了控制權和領導權。國民黨雖是執政黨，正因如此，它不能不背上了當政的包袱。文學的最大功能，從來都是鞭撻和暴露黑暗的。國民政府內的一切貪污、腐敗、官僚、黑暗，統統都成爲文藝家們鞭撻和攻擊的目標。鞭撻和攻擊造成了政府與文人之間的矛盾，政府在不能忍耐時，則用查禁的手段對付之。這種查禁，不但用以對付左翼作家，往往中間派文人，甚至右派文人的作品，也在查禁之列。查禁的結果，必然更使政府與文人之間的矛盾深化與僵化。由於作品的被查禁，憤怒的文人們向政府更猛烈地開火，甚至加入反政府的隊伍。要之，國民黨在大陸文壇是一直處於被動挨打的地位，它的政治失敗，和它在文化戰場上的失敗不能說沒有關係。

（二）魯迅在「左聯」時期身受的種種逼害

能夠向中共在文壇上的領導權挑戰，動搖甚至差點拆毀左翼文壇的基柱的力量，不是來自右翼或中間派的作家，而是來自左翼作家羣中的部份成員。這些人雖然左傾，雖然前進，但卻酷愛個人自由和創作自由。因此，他們反對有一個騎在自己頭上發號施令的王，反對這個王對自己的軟硬兼施的逼迫和奴役控制，而首先豎起反抗的大纛的，就是被中共吹捧爲「中國高爾基」的魯迅。

「中國的高爾基」雖然在「左聯」的成立時被捧上了第一把交椅，但是，在實際上，他只不過是周揚——中共派到「左聯」的太上皇——玩弄於股掌之中的傀儡（周揚旗下猛將，後來又變節倒戈的穆木天，在他的反正供狀中，便證實魯迅與茅盾，同是「左聯」的兩大傀儡。轉引自「魯迅書信選」一七八頁）。他不但分享不到任何實際的領導權，而且也得不到應有的尊重。據丁玲透露，魯迅雖名爲「左聯」的負責人，但「左聯」開會，卻經常不通知「老頭子」（魯迅）參加（見「憶魯迅」第七七頁，一九五六年北京人民文學出版社）。即使讓魯迅參加，也是百般封鎖，生怕讓他接觸到「左聯」的核心機密；據北平「左聯」負責人陸萬美透露；由一九三二年十一月十三——廿八日，魯迅在北京共逗留了十五天，公開演講凡五次。北平「左聯」於廿四日，曾在范文瀾家中爲魯迅設洗塵宴。代表「左聯」常委會赴會的陸萬美，在宴會前就受到「文總書記」老周的關照，要他見到魯迅時「組織的情況不必多談什麼，還不知來的目的怎樣」。所以，儘管魯迅「非常關心北京文聯的工作情況」，陸萬美也不敢向他「正式彙報」，「只簡單談幾句」便支吾過去（「憶魯迅」九四——一〇一頁）。但是，一有任務，特別是出錢出力的任務，「左聯」又從來不曾忘記起用「老頭子」。演講、寫文章，攻擊國民政府及非「左聯」的文化人，是出力；捐銅鈿，獻版稅，救助青年作家，是出錢。「左聯」對搾取魯迅的血汗錢興趣很高，例如一九三三年三月，「左聯」成員艾蕪在上海因「危害民國罪」被捕，「左聯」便要魯迅一人捐出五十大元的營救費（「憶魯迅」八一頁）。一九三四年秋，黨員作家以羣「一時生活陷入絕境」，便去找魯迅，終於又「借」去了十大圓（「憶魯迅」九一頁）。魯迅在一封向胡風訴苦的信中，自承是周揚的奴隸：「以我自己而論，總覺得縛了一條鐵索，有一個工頭（翟按：指周揚）在背後用鞭子打我。無論我怎樣起勁的做，也是打，而我回頭去問自己的錯處時，他卻拱手客氣地說，我做得好極了，他和我的感情好極了，今天天氣哈哈哈……眞常令我手足無措，我不敢對別人說關於我們的話，對於外國人，我避而不談，不得已時，就撒謊。你看這是怎樣的苦境」（註二）。

在這種「啞子吃黃蓮，有苦說不出」的苦境中(同註二)，爲了少挨打，魯迅已儘量少開口說話，但有一次（一九三二年底），周揚在其主編的「文學月報」上發表了署名芸生的白話長詩「漢奸的供狀」，對胡秋原極盡潑婦罵街之能事（註三），魯迅覺得這種庸俗低級的罵街太不像話了，便寫了「辱駡和恐嚇決不是戰鬥」一文，批評了周揚幾句。周揚等人本來就視魯迅爲「絆脚石」，以爲只要能將魯迅除去，他們才有機會成爲「光焰萬丈」的「文豪」（註四），現在有了口實，便立刻指揮黨徒對魯迅展開或明或暗的攻擊。

首先，周揚指使他的部下祝秀俠等人，在「現代文化」第一卷第二期上聯名發表了「對魯迅先生的『恐嚇和辱駡決不是戰鬥』有言」(署名爲首甲，方萌，郭冰若等)攻擊魯迅「帶上濃厚的右傾機會主義色彩」（註五）。緊接着，周揚親自出馬，化名爲芷因發表文章，以極「左」面貌醜詆魯迅「不革命」和「不做事」（註六）。

一九三四年七月，周揚的同伙廖沫沙化名林默，接連兩次在「大晚報」副刊「火炬」上撰文，攻擊魯迅是「買辦」（註七）。

一九三四年八月三十一日，周揚死黨田漢化名紹伯，在「火炬」上發表「調和」一文，醜詆魯迅「善於調和」及「替楊邨人氏（翟按：此人是中共的文化叛徒，曾發表反共文章「赤區歸來記」，與魯迅的一篇文章同登在一九三四年八月「社會月報」一卷三期）打開場鑼鼓」（註八）。

一九三四年九月十六日在上海出版的純文藝翻譯雜誌「譯文」，開始時是由魯迅和茅盾親自負責翻譯、選稿、編輯、校對，執行編輯是黃源；其目的只不過是介紹外國的好作品，給中國的創作者作爲「他山之石」。由於譯製特別認眞，出版後極受讀者歡迎，得以一紙風行於上海灘（見黃源「魯迅先生與『譯文』」、「憶魯迅」一一八——一二七頁）。然而這「與世無爭」的雜誌，由於和魯迅扯上關係的緣故，竟然也不能容於周揚一伙；通過向出版該雜誌的生活書店橫施高壓，「譯文」便終於以莫名其妙的藉口——「折本」而被迫在一九三五年九月停刊。後來由擁護「譯文」的廣大讀者筆伐口誅，抗爭了大半年，「折本」的藉口才「起了動搖」，「譯文」終於在一九三六年三月再次與讀者見面（見魯迅「『譯文』復刊詞」、「且介亭雜文末編」二三一——二三三頁）。

「譯文」是因爲魯迅的緣故而被腰斬，就連與魯迅親近的人，也被無辜殃及。例如田軍（亦即蕭軍）的長篇小說「八月的鄉村」，本是一部反映東北義軍抗日事迹的波瀾壯闊的史詩，但由於田軍是魯迅的入室高足，而該書又是魯迅出錢排印並爲其作了熱情洋溢的序言（「且介亭雜文二集」五六——五八頁），周揚一伙便把所謂「國防文學」的口號忘得干干淨淨（「八月的鄉村」其實最夠標準被冠以「國防文學」的高帽，因爲它是第一部反映東北國防的長篇），對田軍及其作品，極多冷言冷語。當時尚在周揚旗下跑龍套的狄克（即張春橋），在一九三六年三月十五日「大晚報」副刊「火炬」撰「我們要執行自我批判」一文，借題發揮，攻擊「八月的鄉村」，不但「裏面有些不眞實」，而且在「技巧上，內容上，都有許多問題」；而這些「不眞實」和「問題」，主要是源於對「生活的體驗和學習不夠」，因而「田軍不該早早地從東北回來」。自己躲在租界的堡壘裏隔岸觀火，而別人從炮火連天的淪陷區冒死逃回，竟然也能成爲大搖其頭的口實。魯迅以爲這種「模模糊糊的搖頭」，實質上是企圖「令人揣測到壞到茫然無界限」，這簡直是要「比列舉十大罪狀更有害於對手」（「三月的租界」「且介亭雜文末編」四二——四四頁）。

對於這些惡毒的汚蔑和攻擊，以及掣肘甚至殃及他人，魯迅氣苦之餘，當然向周揚提出抗議和質詢，周揚則用「賴」和「拖」的手法應付魯迅的質問，在賴不掉，拖不下去的時候，則强詞奪理，詭辯到底。魯迅在一九三五年二月七日給曹靖華的信中，對此非常憤怒：

去年春天，有人（翟案：指廖沫沙）在大晚報上作文，說我的短評是買辦意識，後來知道文章其實是朋友做的，經許多人的責問，他答說已寄信給我解釋，但這信我至今沒有收到，到秋天，有人把我的一封信，「在社會月報」上發表了，同報上又登有楊邨人的文章，於是又有一個朋友(即田君，兄見過的)，化名紹伯，說我已和楊邨人合作，是調和派。被人詰問，他說文章不是他做的。但經我公開詰責時，他只得承認是自己所作。不過他說：這篇文章，是故意寃枉我的，爲的是想我憤怒起來，去攻擊楊邨人，不料竟回轉來攻擊他，眞是出乎意料之外云云。這種戰法，我眞是想不到，他從背後打我一鞭，是要我生氣，去打別人一鞭，現在我竟奪住了他的鞭子，他就「出乎意料之外」了。

（三）魯迅的憤怒和反抗

最後，魯迅把這種現象歸咎於周揚等「惡意地拿我做玩具」。他在許多給朋友的私信中，流露出對周揚一伙逼迫無已的歹毒行爲的無比憎惡：

「敵人是不足懼的，最可怕的是自己營壘裏的蛀蟲，許多事都敗在他們手裏，因此，就有時會使我感到寂寞。」（註九）

「倘有同一營壘中人，化了裝從背後給我一刀，則我的對於他的憎惡和鄙視，是在明顯的敵人之上的。」（註十）

「敵人不足懼，最令人寒心而且灰心的，是友軍中從背後來的冷箭，受傷之後，同一營壘中快意的笑臉。」（註十一）

私憤很快昇華爲公憤，由個人被逼害而產生的憤恨很快轉化爲同文被逼害而產生的憤恨：

「這裏有一種文學家，其實就是天津之所謂青皮，他們專用造謠，恫嚇，播弄手段張網，以羅致不知底細的文學青年，給自己造成地位；作品呢，卻並沒有。眞是惟以嗡嗡營營爲能事……他們自有一伙，狼狽爲奸，把持着文學界，弄得烏煙瘴氣。」（註十二）

「我憎惡那些拿了鞭子，專門鞭撲別人的人們。」（註十三）

「……抓到一面旗幟，就自以爲出人頭地，擺出奴隸總管的架子，以鳴鞭爲唯一的業積——是無藥可醫，於中國也不但毫無用處，而且還有害處的。」（註十四）

由對周揚一伙「奴隸總管」的憎惡很快而轉化爲對中共的不滿和憎惡。一個叫楊之華（中共領袖瞿秋白之妻）的中共文藝負責人曾談到當時魯迅對中共的態度：

「一九三三年底，當瞿秋白同志進入江西革命根據地以後，黨曾派我到魯迅先生那裏去過幾次。最後一次去魯迅先生家，是在一九三四年底。我見魯迅先生身體很瘦弱，心境很不愉快，他對人向來是很誠懇和爽直的，那一天的談話爲過去從來未有過的。他突然很衝動地說：你們敵我不分，爲什麽攻擊一個正在攻擊敵人的人？」（註十五）

由「不愉快」、不肯「交心」以至「很激動地」公開申斥，不滿與憤恨之情，溢於言表。魯迅是倔强的，開始，他想用消極的退隱和怠工來反抗中共的命令：

「我也時時感到寂寞，常常想改掉文學買賣，不做了，並且離開上海。」（註十六）

「我實在憎惡那些暗地裏中傷我的人，我不如休息休息，看看他們的非買辦的戰鬥。」（註十七）

但是，周揚一伙對魯迅的逼害仍然是有增無已，逼得魯迅由消極的退避變爲積極的反抗。他在著名的「答徐懋庸並關於抗日統一戰線問題」一文中激昂地寫道：「首先應該掃蕩的，倒是拉大旗作爲虎皮，包着自己，去嚇呼別人；小不如意，就倚勢（！）定人罪名，而且重得可怕的橫暴者。」

必須指出，那些包着馬列主義或共產黨的大旗作虎皮，動輒倚勢陷人於罪的橫暴者，正是周揚一伙。三十年來，這些人的橫蠻卑劣的戰法，始終不變。由於歷史的條件限制，周揚的左翼反對者們往往不自覺或不敢公開反抗這面作虎皮的大旗，但卻敢於伸手把這面作虎皮的大旗從周揚等人的身上扯下來，剝露出周揚們的原形。

（四）「典型」與兩個口號的論爭

胡風、茅盾、曹禺、巴金、唐弢、靳以等一羣不堪周揚們的奴役和壓逼的左翼作家們，齊集在魯迅的周圍。魯迅，憑着他在文壇上的聲望和地位，成了當時的反對黨的當然盟主。

「反對黨」的行動，表現在文字上是公開的對抗，表現在組織上是拆「左聯」的台，建立一個沒有共產黨在裏面發號施令的新「左聯」。首先燃起論爭戰火的，是魯迅的得意弟子胡風。一九三五年中，胡風在回答「文學」雜誌的徵文（「文學百題」裏的「什麼是『典型』和『類型』？」）提出典型人物要有共通性和普遍性。一九三六年一月，周揚在「文學」上撰「現實主義試論」，「修正」了胡風的論述，只承認典型人物的代表性。胡風再撰「現實主義的『修正』」一文反駁他，雙方展開了歷時半年的激烈論戰。周揚其實不大懂文學，對文學理論更不甚了了，只好又重施故技，靠扣大帽子嚇人。誰知胡風有魯迅在背後撐腰，絕不怕嚇，反而運用魯迅筆法，狠狠地挖苦了周揚一通（註十八）。周揚自覺面目無光，託田漢去見魯迅，要魯迅逼令胡風低頭，但卻被魯迅一口拒絕了（註十九）。爲了挽回面子，周揚在「文學」四月號發表「典型與個性」，再次企圖用大帽子罩住對手。他無理指責胡風的文章「沒有一字提及」「第一等重要地位」的「國防文學」，就是有「取消文學的武器作用的危險」云云。

所謂「國防文學」，實質上是王明路線的產物。因爲當時蘇聯正在西線全力防備德軍的襲擊，害怕日軍乘虛而入，從東線攻入她的腹心，於是指令中共和國民黨合作，把日軍主力在中國戰場上牢牢縛住。加上當時中共剛從江西長征至陝北，喪師什九，喘息未定，爲了消弭國民黨追兵鐵壁合圍的重壓，從中取得休養蘇息的時間，也贊成在抗日救國的大纛下，再次與國民黨合作。一九三五年八月一日，中共發表「爲抗日救國告全國同胞書」，呼籲織組抗日民族統一戰線。但是，在統一戰線應由誰來領導的這個問題上，中共領導集團又存在着很大的歧見，明顯地分裂成兩大派。一派是以毛澤東為首的死硬派，頑固地堅持統一戰線必須由中共來領導。另一派是以王明為首的親蘇派，生怕死硬派的要求會刺激了國民黨，進而破壞了國共合作，不能完成第三國際交下來的任務。因此，他們藉口「當前民族矛盾大於階級矛盾」，主張中共應在統一戰線中服從國民黨的領導，提出了所謂「一切權力歸統一戰線」的口號。由於親蘇派奉了第三國際的聖旨，又披上了愛國救國的外衣，名正而言順，使毛澤東派一時不敢公開反對，暫時取得了實際的領導地位。這就是中共黨史上的所謂「第二次王明路線」。當時在國民黨地區主持文化領導工作的周揚，堅決地執行了王明路線，在一九三六年春解散了「左聯」，力圖建立一個包括全國不同派系的作家在內的文化統一戰線，「國防文學」這個口號，就在這時被周揚等人提出來了。

魯迅早在「左聯」未解散之前，就已處處拆周揚的台。例如在他那一九三五年九月十二日給胡風的信中，就是吩咐胡風勸阻蕭軍蕭紅夫婦不要加入「左聯」（同註二）。「左聯」的解散，作為「左聯」領袖的魯迅並不知情（註二十），自尊的受傷，就更增加了魯迅對周揚一伙的憤恨。周揚因為魯迅的招牌還有利用的價值，曾指示何家槐、徐懋庸等人先後去信魯迅，逼魯迅參與發起組織「作家協會」（「國防文學」的產物），但都被魯迅斬釘截鐵地拒絕了（註二一）。在當時，魯迅是有意另起爐灶，建立一以自己為首的新文壇，與周揚一伙鬪法的。周揚見拉魯迅不成，即對魯迅採取打的辦法，在集會上公開宣布魯迅「破壞統一戰線的罪狀」，指魯迅為「托派」（註二二）。魯迅聞訊後，怒不可止，和茅盾、馮雪峯、胡風等人商議一番，決意一反到底，在理論上，提出「民族革命戰爭的大衆文學」這一新口號，和周揚的「國防文學」的口號對抗；在組織上，則團結一些不甘受周揚一伙奴役的左翼作家，另建一新團體，和行將成立的「作家協會」對壘。負責放火的任務，又落在胡風身上。五月九日，胡風在「人民大衆向文學要求什麽？」一文中，正式把這一新口號公開提了出來，也算是間接反擊了周揚對他「沒有一字提及」「國防文學」的指責。

其實，「國防文學」與「民族革命戰爭的大衆文學」這兩個口號之間，除了前者要求與一切反日的作家無條件聯合，後者則要求在聯合中要由由左派掌握領導權（換言之，亦即有條件的聯合）外，並無任何的不同。雙方都贊成統一戰線，並且，雙方都互相指對方實行「宗派主義」和「關門主義」，以致「破壞」了統一戰線。然而，這些都不過是藉口，魯迅系的拆壇，以及周揚一伙的護壇，才是這兩個口號鬭爭的實質。

拆壇與護壇的鬭爭，由於胡風文章的發表，掀起了高潮。周揚、郭沫若、徐懋庸等人，紛紛撰文猛烈圍攻胡風及「民族革命戰爭的大衆文學」這個口號。魯迅系的刋物「夜鶯」在第四期上，以「民族革命戰爭的大衆文學」特輯一欄發刋了龍貢公，聶紺弩等人的論文，公開聲援胡風。因爲胡風等是小人物，在學術上地位不高，撲殺容易，所以，周揚一伙都捨魯迅而圍攻胡風，通過撲殺胡風再撲殺魯迅系的反抗。深沉老練的魯迅，卻看透了周揚的用心，指示胡風等人沉默。據胡風在「密雲期風習小紀」的前記中說：「『人民大衆向文學要求什麽』這篇短文會引起了軒然的大潮，但我自己，這以後沒有寫一個字，因爲當時我底主將下了命令，說沉默是最有力的回答。而事實上，我底有些挑戰者們，確實是只想用我的應戰去襯出他們底英雄面貌的。我是小兵，懂得服從的道德，只好眼望着問題一直混亂下去了。」

代替「小兵」的沉默的，是主將的應戰。六月十日，魯迅發表了一篇「論現在我們的文學運動」，重申「

民族革命戰爭的大衆文學」這口號的正確性，痛斥周揚一伙是「極胡塗的昏蟲」。

（五）兩大營壘的正式組成和鬥爭

兩大派的營壘，由文字的公開論爭而趨於表面化和明朗化。一九三六年六月七日，周揚系的王任叔，郭沫若，魏金枝等一一二人成立了中國文藝家協會，並發表了宣言。魯迅、曹禺、唐弢、巴金等四二人在「文季月刊」一卷二期(一九三六年七月一日出版)發表了中國文藝工作者宣言，與之相抗。兩個宣言都號召建立統一戰線，在字面上也沒有什麼相異之處。既然大家宣佈都要抗日，都要統戰，但雙方又絕不肯合作，更沒有一點互相「統戰」的意思，唯一的原因，就是雙方都在假借「抗日」和「統戰」之名，在各立山頭，大唱對台戲。

「天無二日，民無二王」，周揚一伙決不能容忍另有一個和自己對立的文壇存在。爲了摧毀以魯迅爲首的新文壇，他們繼續用辱罵，恐嚇，誣陷等手段，加强文字上的圍剿。同時，他們也採取了造謠中傷的辦法，企圖離間魯迅和他的得力助手胡風、巴金，黃源等人的關係，以達到各個擊破的目的。周揚、田漢、夏衍、陽漢笙這「四條漢子」曾親自找魯迅，告發胡風是「官方派來的內奸」，周揚控制的「社會日報」，更造謠說魯迅準備投降南京政府，而從中牽線的又是胡風。周揚系的小報，更時時報道魯迅，茅盾，郭沫若，鄭振鐸「爭座位，鬬法寶」的「消息」從中大肆挑撥離間(同註十四)……更甚的是，周揚一伙得悉魯迅患了嚴重的肺病，不能讀和寫，更受不了任何刺激，卻指使徐懋庸在八月一日寫信給魯迅，「雄赳赳首先打上門來」，「大有抄家之意」(註二二)，立心要把魯迅活活氣死。徐懋庸的信中，除了攻訐胡風性情詐，黃源行爲諂，巴金是「無異於托派」的「安那其」外，更教訓魯迅不該在「最近半年來的言行」「助長了惡劣的傾向」，威脅要用「文字鬪爭」和「實際解決」來對付之。（同註十四）

徐懋庸在不得意時，曾奔走魯迅門下，諂媚魯迅「人格好」，以魯迅弟子自居，哄魯迅替他的兩本書作序。後來投靠了周揚，弄了個「文藝家協會」理事的頭銜和「文學界」的編輯職位，就翻臉不認人了。魯迅對這種忘恩反噬的行為，非常憤恨，更覺得「寫信的雖是他一個，卻代表着某一羣」，因此以為「更有公開答覆的必要」（同註二二）。他掙扎着從病床上爬起來，花了四天功夫（因為沒有氣力）（註二三），寫成了一篇公開討伐周揚一伙的近萬言的檄文——「答徐懋庸並關於統一戰線問題」，並把徐懋庸給他的恐嚇信也一並發表了。檄文中對周揚一伙「白天裏講些冠冕堂皇的話，暗夜裏進行一些離間，挑撥，分裂的勾當」，以及動輒陷人「破壞聯合戰線」和「漢奸」的罪名，作了最憤怒的揭露和指責。他公開替胡風、巴金、黃源辯護，反過頭來譴責周揚一伙是「謀殺抗日力量」，心胸狹隘的「白衣秀士王倫」。他重申「『民族革命戰爭的大衆文學』這名詞，在本身上，比『國防文學』這名詞，意義更明確，更深刻，更有內容』」，攻擊周揚領導的「文藝家協會」「還非常濃厚地含有宗派主義和行幫情形」。最後，他堅決表示要把周揚一伙「以嗚鞭為唯一事業」的「奴隸總管」們，列為「首先應該掃蕩」的對像。

「投一光輝，可使伏在大纛蔭下的羣魔嘴臉畢現」（同註二二），面對魯迅光明正大的公開挑戰，周揚一伙卻顯得理屈詞窮，心虛氣短，沒有一個人敢站出來公開應戰。只有一個郭沫若，寫了篇「蒐苗的搜集」，一方面是出來打圓場，一方面是曲曲折折地替周揚的「國防文學」辯護。周揚的「文藝家協會」，本來只不過是一條「嚇成的陣線」，大多數作家是爲了避免成爲周揚一伙打擊的鵠的，才不得不簽名敷衍的。現在，有了魯迅公開挑戰於前，脅從者自然乘勢倒戈於後，很多人紛起詬責周揚一伙對魯迅的逼害和攻擊，周揚的陣脚立時大亂起來。

八月二十八日，馮雪峯化名呂克玉，寫了篇「對於文學運動幾個問題的意見」，登在「作家」一卷六期（一九三六年九月十五日出版）。這篇長達萬多字文章，不啻是向搖搖欲墜的周揚系文壇，投下一枚重磅炸彈。馮雪峯是參加過二萬五千里長征的老共產黨員，曾奉命潛伏上海，領導上海的文化統戰工作，在「左聯」成立前，他爲了拉攏魯迅靠左，曾替魯迅買菜帶孩子管家，成了魯迅最親信的入室弟子之一，「左聯」成立後，被調回共區，瓦窰堡會議後，他又奉命潛回上海（註二四），發現上海文壇正被周揚一伙獨霸。他的資格比周揚老，當然不甘在周揚手下雌伏，便參加了魯迅的倒周揚運動。他從延安來，知道毛澤東派與王明派正在明爭暗鬬，也知道所謂「國防文學」的口號是王明路線的產物，便向魯迅獻計，提出親毛澤東路線的新口號「民族革命戰爭的大衆文學」與之相抗（詳見「文藝報」一九五七年第二十一期：「馮雪峯是文藝界反黨分子」）當時魯迅只要能反周揚一伙就行，並不在乎什麽樣的旗子和口號，便採納了他的建議。誰知竟誤打誤撞碰個正着，被毛澤東許爲知己，死後追封爲「聖人」，這是魯迅始料不及的。馮雪峯在魯迅的檄文發表了不久，立刻以上級教訓下級，內行指正外行的態度，當衆把周揚「共產黨的代言人」以及「馬列主義的權威」的外衣，一件件剝了下來，這篇一萬多字的長文，沒有一個字不是針對周揚的；而且罵得極刻毒，極露骨，簡直是指着周揚的鼻子申斥。魯迅的一揭與馮雪峯的一罵。周揚被弄得威信掃地，終於被中共撤職，調回延安學習。馮雪峯不顧大局的分裂行爲，也受到了中共負責人的批評。爲了緩和兩大派的矛盾，陳伯達親自出馬「和稀泥」，號召兩大派以抗日救國爲重，立刻停止兩個口號的論爭（註二五）。在中共的竭力調解下，十月初，魯迅系的作家終於同意在中共發起的「文藝界同人爲團結禦侮與言論自由宣言」上簽字。但這僅僅是表面上的團結，左翼文人的兩大派繼續在離心力的作用下沿着分裂的路子走下去。

魯迅陣營的異軍突起，對中共在文藝界的控制權和領導權，構成了極嚴重的威脅和挑戰。爲了瓦解這一文壇上的「反對黨」，中共甚至玩弄了調虎離山計，希望以「養病」爲名，先把魯迅「請」到蘇聯，再掃蕩魯迅的黨羽。據茅盾透露，一九三五年十一月，與中共有不尋常的親密關係的美國記者史沫特萊，便突然「憑直覺」知道魯迅的身體「很不行」，過份熱心地力勸並策劃魯迅赴俄休養，但爲魯迅所拒。以後，便一直有人爲此與魯迅「爭論」多次，魯迅意不能回。於是便頗有人在四處傳播魯迅要出國的消息，企圖用謠言攻勢動搖魯迅支持者的軍心士氣，魯迅大怒，公開辟謠，堅決地表示「他們（案：指周揚一伙）料我要走，我偏不走，使他們多些不舒服」。茅盾以爲「那時文壇上的糾紛，恐怕是魯迅不願出國的一個原因」（「憶魯迅」六二——六四頁）。魯迅眞不愧是硬骨頭的戰士，爲了堅守戰鬥崗位，個人的安危生死，早已置之度外了。一九三六年九月間，魯迅病篤，他在一篇非正式的遺囑——名叫「死」的文章中，非常堅決而明確地表示他對一生中所有的怨敵（當然包括周揚一伙）「一個都不寬恕」（「且介亭雜文末編」一二五頁）。他在最後的一篇文章「女吊」中，借着贊嘆女吊死鬼的報復精神，暗示着自己倘能死後變成厲鬼，也絕不肯相信「犯而勿校」或「勿念舊惡」的格言，而一定要向那些「明明暗暗，吸血吃肉的兇手或其幫閑們」（當然更包括周揚一伙）一逞其報復的毒心（「且介亭雜文末編」一三二頁）。中國古語有謂「人死仇了」，但到了魯迅，便變成了「人死仇不了」。陶潛讀山海經詩，有「精衞銜微木，將以塡蒼海。刑天舞干戚，猛志固常在」之句。如果用塡海的精衞，舞戚的刑天，來形容魯迅那種戰鬥到死，死猶不已的精神，誰敢說不妥貼？

十月十九日，魯迅在上海病逝，團結在魯迅旗下的新陣線也因此而解體了。由於魯迅的奮起反抗，一直被中共統治下的左翼文壇幾乎被摧毀，也由於魯迅的早死，又使文學界擺脫中共控制的離心力暫時消除。

（六）關於魯迅反黨的幾點說明

魯迅——自從死後被毛澤東追封，一直是中共文學界的偶像和聖人。筆者明確地指出魯迅曾爲反對中共對文學界的統治和控制而進行了堅決的鬬爭，這見解可視爲研究魯迅的重大突破。爲了把這種見解發揮得更透徹，有必要通過以下幾個問題作進一步的闡述：

第一，在文革前反對周揚即反黨。由三十年代至文革前，周揚一直是中共文藝界的決策人和直接領導人。文革初期中共中宣部清算周揚的文章，把這點說得十分清楚：「從三十年代到六十年代，周揚一直自封爲中國革命文藝運動的『主帥』，把自己打扮成『黨的文藝理論家』，文藝界的『最高權威』和文藝界『正確路線』的代表。……」（註二六）藥可以亂吃，官卻不能「自封」，周揚敢於「自封」「主帥」及其它，是因爲他確實有這種權能。據批判文章顯露：「以周揚爲總頭目的文藝黑線和他們的反革命修正主義文藝綱領，對我國文藝界造成了極大的危害……他們用一套反革命修正主義文藝綱領統治着文藝界。他們把持了文藝界的絕大多數領導機關……濫用職權，發號施令……他們控制了許多文藝報刊、出版社、藝術團體、電影製片廠、廣播電台等文藝陣地……」（註二七）請注意「統治」、「把持」、「控制」這些字眼。如果這些字眼還不足以說明周揚在文藝界是黨的化身，請再聽一些更直接的話；當中共清算丁玲時，有人揭露丁玲曾以憤怒的口吻談到：「周揚統治了文藝界廿多年」，「黨在他們（按：指周揚一伙）手裏」（註二八），魯迅的未亡人許廣平女士說得更明白：「周揚同志是代表黨的身份」（註二九）。由此，可證周揚確是黨在文藝界的化身。

反對周揚到底算不算反黨？當然算！胡風在一九五四年七月中向中共上書針對周揚、何其芳、林默涵等人，結果他的「意見書」成了反黨的「鐵證」（參看本文第四章第四節）。丁玲、陳企霞等在一九五七年被打成「反黨集團」而遭清算，其最主要罪行也不過是不服和反對周揚等人的領導而已（註三〇）。爲什麽說反周揚即反黨呢？請聽張天翼等人的解釋：

他（按：指陳企霞）承認仇恨某些人，某些人指的是誰？是黨。他們（按：指丁玲陳企霞集團）當然不敢公開說反對黨，仇恨黨，但攻擊具體的黨組織，黨的領導人。在黨組擴大會議上，攻擊了白羽、周揚、林默涵、作協黨組、中宣部。黨沒有抽象的領導，當然就是通過具體組織、具體人，他們就是通過對具體黨組織和領導人而攻擊黨的。一般進攻我們黨的集團和個人，都愛用這個方法……（註三十一）

說穿了，是因爲「黨沒有抽象的領導」，故凡是反對和攻擊黨的具體組織和具體領導人的行爲，都是反黨和攻擊黨的行爲。周揚由三十年代至文革前更是文藝界具體黨組織的代表及其最主要的領導人，所以凡是反對周揚的行爲，都是反黨的行爲。胡風集團和丁玲陳企霞集團，就是在這種標準下被定罪。一直到周揚被清算後，胡風集團和丁陳集團的反黨罪名，依舊是不容推翻的鐵案。

第二，魯迅確曾反對過周揚。由於魯迅是御封的聖人，御封的聖人當然不可能是反黨分子。因此，在馮雪峯、胡風、徐懋庸被清算以前，周揚等對魯迅在卅年代反對自己及反對自己提出的「國防文學」的反黨行爲，一直絕口不提。直到魯迅的學生和戰友胡風、馮雪峯以及周揚的爪牙徐懋庸相繼被清算後，周等揚才能擺脫這種尷尬的處境，把魯迅說成是受了胡風和馮雪峯的欺蒙，在三十年代一切反對周揚及周揚提出的「國防文學」的反黨行爲，都是馮、胡二人扛着魯迅的招牌背着魯迅幹出來的，而當時正患重病的魯迅並不知情。爲了把馮、胡二人當成頂替魯迅「反黨」的罪責的替罪羔羊，在一九五七年七月九日中國作協黨組擴大會議上，周揚等不惜歪曲歷史，硬說魯迅在三十年代提出的與「國防文學」相對抗的「民族革命戰爭的大衆文學」這個口號，是馮雪峯、胡風共謀提出的，魯迅向周揚公開宣戰的檄文——「答徐懋庸並關於抗日統一戰線問題」及其他幾篇反周揚的文章，統統都是馮雪峯寫的，而且又都「是在魯迅病重甚至連話都說不出的情況下通過發出的」（註三二）。這種顚倒歷史的手法，最突出表現在周揚伙同林默涵、邵荃麟一伙人在製作一九五八年人民文學出版社出版的「魯迅全集」第六卷第六一四頁，「答徐懋庸並關於抗日統一戰線問題」的一條注釋上。

一九五七年十月十九日，「魯迅全集」編輯室負責人王士菁，爲了愼重起見，以人民文學出版社的名義，向周揚等人發出「魯迅全集」第六卷的注釋稿，並在信中特別申明：「答徐懋庸並關於抗日統一戰線問題」的注釋稿，是遵照中國作協黨組擴大會議時周揚等定下的調子寫的。（同註三二）

但是，周揚等還是不滿意，於是由周揚、林默涵、邵荃麟三人在一起作了修改（見附圖）。

附圖：

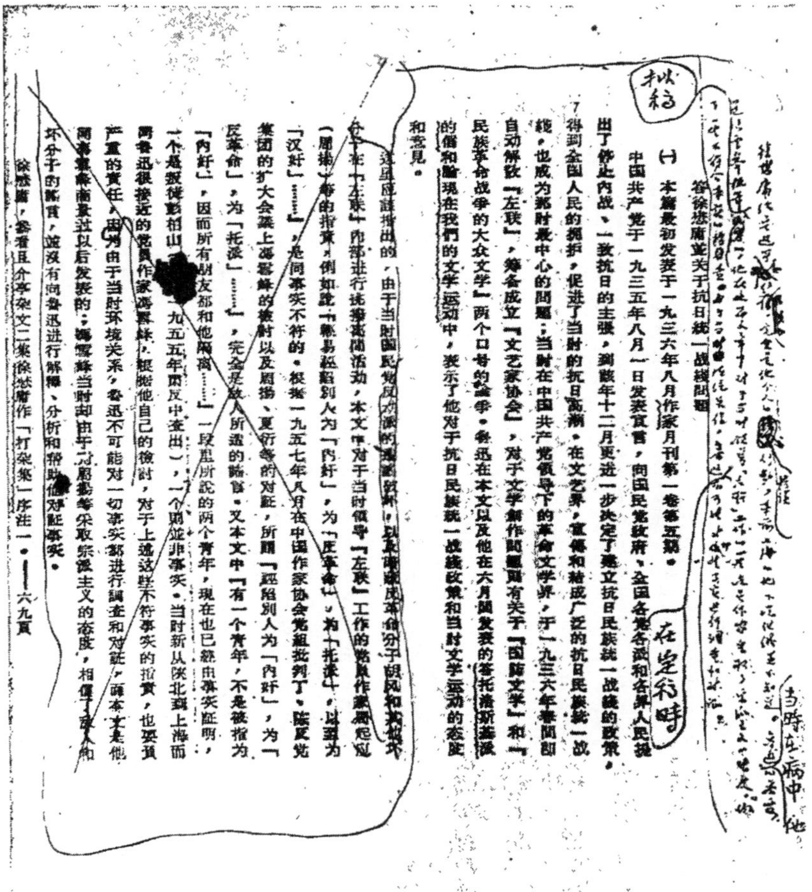

答徐懋庸並关于抗日統一战綫問題

(一) 本篇最初发表于一九三六年八月作家月刊第一卷第五期。

中国共产党于一九三五年八月一日发表宣言，向国民党政府、全国各党各派和各界人民提出了停止内战、一致抗日的主張，到該年十二月更进一步决定了建立抗日民族統一战綫的政策，得到全国人民的拥护，促进了当时的抗日高潮。在文艺界，宣傳和結成广泛的抗日民族統一战綫，也成为当时最中心的問題；当时在中国共产党領导下的革命文学界，于一九三六年春間自动解散「左联」，筹备成立「文艺家协会」，对于文学創作問題則有关于「国防文学」和「民族革命战争的大众文学」两个口号的論爭。魯迅在本文以及他在六月間发表的答托洛斯基派的信和論現在我們的文学运动中，表示了他对于抗日民族統一战綫政策和当时文学运动的态度和意見。

这里应該指出的，由于当时国民党反动派的[illegible]以及混入革命队伍的反革命分子胡风和其他坏分子在「左联」内部进行挑撥离間活动，本文中对于当时領导「左联」工作的党員作家周起应（周揚）等的指責，例如說「輕易誣陷別人为『內奸』，为『反革命』，为『托派』，以至为『汉奸』……」，是同事实不符的。根据一九五七年八月在中国作家协会党組批判丁、陈反党集团的扩大会議上馮雪峰的檢討以及周揚、夏衍等的对証，所謂「誣陷別人为『內奸』，为『反革命』，为『托派』……」，完全是敌人所造的謠言。又本文中「有一个青年，不是被指为『內奸』，因而所有朋友都和他隔离……」一段里所說的两个青年，现在也已經由事实証明：一个是叛徒彭柏山（一九五五年肅反中查出），一个則並非事实。当时新从陕北到上海而同魯迅很接近的党員作家馮雪峰，根据他自己的檢討，对于上述这些不符事实的指責，也要負严重的責任，因为由于当时环境关系，魯迅不可能对一切事实都进行調查和对証，而本文是他同馮雪峰商量过以后发表的；馮雪峰当时却由于对周揚等采取宗派主义的态度，相信了敌人和坏分子的謠言，並沒有向魯迅进行解釋、分析和帮助他对証事实。

徐懋庸，參看且介亭杂文二集徐懋庸作「打杂集」序注一。——六九頁

[illegible]一起对鲁迅《答徐懋庸并关于抗日统一战线问题》的一条注释的修改稿。其中，钢笔字是林默涵的笔迹，铅笔字是周扬的亲笔。 新华社发

從修改稿的附錄可以看到，他們刪去了一大段又改寫了一段。刪去那一段，原因有二：一是對魯迅有明顯的攻擊性，並表明了魯迅和周揚的公開對立的反黨立場。二是仍肯定文章是魯迅寫的，只是「同馮雪峯商量過以後發表的」，和周揚在一九五七年七月九日在作協黨組擴大會議上的結論自相矛盾。

改寫的一段，鋼筆字是林默涵的筆迹，鉛筆字是周揚的親筆。從文字的改動上，可見周揚要比林默涵油滑得多，撒謊也撒得更像些：第一，林默涵搞了個馮雪峯「執筆代寫」，破綻太多，因爲無論在「魯迅日記」、「魯迅書簡」，都可以找到大量證據證明該文確是按照魯迅自己的意思寫的（註三三），周揚把「代寫」改成「擬稿」，既可說明該文出於馮雪峯之手，又不至於和這些證據有太明顯的矛盾，因之更能欺騙讀者。第二，周揚指明魯迅「當時在病中」，補救了林默涵的重大疏漏，因爲魯迅是最著名的雜文家，打筆戰又更是拿手好戲，若非「當時在病中」，怎會用得着馮雪峯捉刀（擬稿）？若非「當時在病中」，以魯迅的强幹精明和負責精神，又怎麽可能「在定稿時」對用自己名字發表的文章中所揭露的「那些事實」不進行「調查和對證」？

一九五七年十一月十五日，林默涵把改好的註釋送出，同時給王士菁寫了一封信：「魯迅答徐懋庸的註釋，經與周揚、荃麟同志商量，作了一些删改，請再斟酌。」（同註三二）但到了第二天，林又給王士菁「匆匆」發出另一封信：「昨天寄上魯迅答徐懋庸文註釋修正稿，諒已收到。我們修改那一段第二句話『……事前上海的地下黨組織並不知道。』不大確切，請改爲『……當時處於地下狀態的中國共產黨在上海文化界的組織，事前並不知道。』匆匆」（同註三二）

照筆者分析，周揚當時並非上海地下黨的領導人，而只是上海地下黨在文藝界的領導人，這一改動，更能切合周揚當時的身份。

一九五七年十二月二日，林默涵去信王士菁下令定稿，現把該顚倒歷史的註釋照錄於下：

中國共產黨於一九三五年八月一日發表宣言，向國民黨政府，全國各黨派和各界人民提出了停止內戰，一致抗日的主張。到該年十二月更進一步決定了建立抗日民族統一戰線的政策，得到了全國人民的擁護，促進了當時的抗日高潮。在文藝界，宣傳和結成廣泛的抗日民族統一戰線，也成爲那時最中心的問題；當時在中國共產黨領導下的革命文藝界，於一九三六年春間即自動解散「左聯」、籌備成立「文藝家協會」、對於文學創作則有關於「國防文學」和「民族革命戰爭的大衆文學」兩個口號的論爭。魯迅在本文以及他在六月間發表的「答托洛斯基派的信」和「論現在我們的文學運動」中，表示了他對於抗日民族統一戰線政策和當時文學運動的態度和意見。

徐懋庸給魯迅寫那封信，完全是他個人的錯誤行動，當時處於地下狀態的中國共產黨在上海文化界的組織事前並不知道。魯迅當時在病中，他的答覆是馮雪峯執筆擬稿的，他在這篇文章中對於當時領導「左聯」工作的一些黨員作家採取了宗派主義的態度，做了一些不符合事實的指責。由於當時的環境關係，魯迅在定稿時不可能對那些事實進行調查和對證。（「魯迅全集」第六卷第六一四頁，一九五八年人民文學出版社版）

這註釋寫得雖略嫌隱晦曲折，但對當時歷史稍有認識者，仍不難理解其眞意：

（１）「文藝家協會」是共產黨籌備成立的，而「國防文學」又是「文藝家協會」的創作口號，所以也是黨的口號。

（2）「民族革命戰爭的大衆文學」的口號，是與「國防文學」唱對台戲的，因而客觀上是反黨的。

（3）「答徐懋庸文」是對當時中共在「左聯」的領導人作出宗派主義的和不符合事實的指責，在客觀上也是反黨的。

（4）「答徐懋庸文」是馮雪峯「執筆擬稿」的，因而在該文中宣揚「民族革命戰爭的大衆文學」，反對「國防文學」，也是馮雪峯搞的鬼。他的反黨行爲，與「當時正在病中」而又限於環境不可能進行調查對證的魯迅無關。

（5）徐懋庸給魯迅的威脅信，「完全是他個人的錯誤行動」，與周揚（黨）毫無關係。

由（1）、（2）、（3），說明在卅年代與周揚唱對台戲的行爲，都是反黨的行爲。由（4），證明魯迅並不反黨。由（5），也證明了黨並不反對魯迅。

這註條釋，完全可視爲文革前中共文藝領導對卅年代文藝界兩個口號鬬爭的結論。因爲以後發表的周揚對三十年代至反右期間文藝界的兩條路線鬬爭的總結性論文——「文藝戰線上的一場大辯論」（作家出版社一九五八年版），以及後來文藝界爲該文召開的座談會上的發言紀要（題爲「爲文學藝術大躍進掃清道路」，登在一九五八年三月二十六日「文藝報」第六期），甚至極左分子姚文元的專書（「魯迅——中國文化革命的巨人」一三四頁，上海文藝出版社一九五九年版），一談到卅年代左翼文壇內的兩大派和兩個口號的鬬爭，都是重覆着這條註釋的基本觀點。

爲了進一步掩飾歷史眞相，周揚還把魯迅的一些批判「國防文學」及斥責他的信件從新版的「魯迅全集」中刪除，而這些信，原來是收集在許廣平編的「魯迅書簡」（人民文學出版社一九五二年版）內。直到一九五六年十月，新版的「魯迅全集」第一卷「出版說明」中還說：「本版新收入現在已經搜集到的全部書信」。（當時馮雪峯還未倒台，任人民文學出版社社長，周揚不便做手脚。）到了一九五八年十月，（當時馮雪峯已成了大右派及反黨分子），該書第九卷「書信部份」出版時的「說明」卻改成了：

「我們這次印行的「書信」，係將一九四六年排印本所收入八五五封和到現在爲止繼續徵集到的三一〇封，加以挑選，即擇取較有意義的，一般來往信件都不編入，計共收三三四封。」

由「全收」變成了「選收」，經這麽一掉包，凡是對周揚等僞造歷史不利的魯迅書信都變成了「沒有意義」的一般來信而被剔除了。

文物出版社一九六四年版的「魯迅手稿」，原計劃出版全集二十冊，從一九六三年起到一九六六年魯迅逝世三十週年時出齊。此事聞於周揚，立刻下令停止出版，已排印好的「朝花夕拾」「故事新編」兩部影印手稿改爲單行本出版。因爲周揚知道，這二十巨冊的「魯迅手稿」中，有許多提及「國防文學」和譴責他的書信日記，更重要的是有「且介亭雜文末編」的手稿（其中包括魯迅親筆的答「徐懋庸文」），這些手稿，若一影印出，周揚顚倒歷史的把戲，立刻暴露無遺，故非禁止出版不可。更妙的，周揚還下令抽掉許廣平爲「魯迅手稿」寫的序言，因爲許在序言中指出：「只要不是有意歪曲，見了影子都害怕的見不得陽光的鬼魅，除了這一些東西之外，大家都能體會到保存魯迅手稿的意義的。」（註三四）

許廣平的序，有沒有影射周揚的意思，至今已不得而知，但作賊心虛的周揚，卻完全認爲許廣平在影射他（否則，也不會把許序抽起來了。）因爲他顚倒歷史的手法是「見不得陽光」的，他正是「見了影子（魯迅的）都害怕的鬼魅」。

有一點必須重申：周揚不惜千方百計僞造和顚倒歷史，替自己在卅年代的死對頭魯迅開脫反黨（即反他自己）的身後罪名，是出於對魯迅的人格的尊崇（敵人尊崇敵人並非不可能），還是出於不念舊惡的以德報怨？不是，都不是！周揚這種做法完全是替自己打算的。因爲魯迅是毛澤東御封的聖人，周揚完全沒有能力把毛澤東的御封推翻。聖人不可能有錯，更不可能反黨，然而魯迅在卅年代堅決反對周揚（亦即反黨）是世人皆知的公案。聖人的名字不能玷汚，而黨的(即周揚的)領導的絕對權威又必須堅決維持，怎麽向別人交代三十年代左翼文壇內的兩大派的鬥爭歷史？換句話說：中共的新文學史應當如何去描寫三十年代左翼文壇內的這場大鬥爭？這一直是糾纒在周揚面前無法開解的死結。直到胡風、徐懋庸、馮雪峯相繼被肅整，周揚才找到了開解這個死結的辦法。反正被打成反革命，右派的人沒有權利和機會站出來替自己抗辯，把一切罪過都推到他們頭上，不是什麽問題都解決了嗎？魯迅在卅年代反黨的罪責，完全由胡風和馮雪峯來承擔，而反周揚（反黨）的盟主魯迅變成是不知情的；徐懋庸寫信威脅魯迅，也變成了「完全是他個人的錯誤行動」，而幕後主使人周揚也變成了「事前並不知道」。這麽一來，一切都迎刃而解了。原來魯迅並沒有反黨（周揚），黨（周揚）也從來沒有反對過魯迅，只不過是胡、徐、馮三人在背地裏弄鬼，才造成了雙方一點點暫時的誤會。現在嚴懲了這三人，旣加强了黨（周揚）的領導的絕對權威，又無損聖人魯迅的正確和偉大，最主要是無損毛主席評價魯迅的正確和偉大。眞是功德圓滿，皆大歡喜。

然而，歷史不能顚倒，到了文革，經過了一場驚心動魄的你死我活的權力鬥爭後，劉少奇派垮台了，原來統治了大陸文藝界卅多年的周揚也因爲是劉派而垮台了。爲了清算周揚，新上台的文革派把被周揚顚倒了歷史的眞相揭露出來了。（上文引的資料，都是文革派清算周揚時揭發出來的材料。）原來被周揚顚倒了的卅年代左翼文壇的兩大派鬥爭歷史也被文革派把一部份的歷史的本來面目恢復過來了。從文革派列舉出來的大量史實，以及文革派在一九七三年四月出版的「魯迅書信選」（上海人民出版社版）中專門收集的大批魯迅反對周揚一伙的書信，都雄辯地證明了魯迅的反對周揚一伙是自覺的、堅決的，並且是有組織有計劃、有綱領地和周揚公開對抗的，曾被周揚等說成是在反周揚鬥爭中因受憑、胡欺蒙而不知情的魯迅，其實是反對周揚的組織者和決策者，是反對周揚派的總指揮。

第三，關於魯迅反對共產黨的統治和控制的推證。根據本節第一，我們得到了在文革前大陸文藝界任何文人反周揚即反黨的結論；根據本節第二，我們又得到了魯迅在卅年代曾堅決反周揚的結論。由第一、第二的結論，當然又可以產生魯迅反對共產黨的結論。筆者知道文革派是不能接受這一結論的。因爲他們不願接受文革前反周揚即反黨這個大前題。（至於魯迅反周揚，則是筆者和文革派一致同意的。）他們可能提出來的反對理由，不外有以下三點：

（1）魯迅只反對周揚個人，並不反對共產黨。

（2）魯迅只反對周揚及被周揚操縱下的上海文藝界共產黨，並不是反對整個共產黨。

（３）周揚和上海文藝界共黨在三十年代執行了劉少奇王明路線，魯迅則堅持毛主席的革命路線反對之，他反的是劉少奇王明的變了質的共產黨，並不反對毛主席領導的正確的共產黨，他反得對，反得好。

關於（１），瞿秋白認爲魯迅無所謂「私人問題」，而是善於「隱蔽在個別的甚至私人的問題之下」，向社會的反動勢力猛烈攻擊（見瞿秋白「魯迅雜感選集序言」，「亂彈」三〇七頁）。瞿氏的意見，一直被中共官方所有的魯迅專家們奉爲不可更易的經典（即令在文革，瞿氏以叛徒罪而遭銼骨揚灰，而瞿氏關於魯迅無「私人問題」的經典，卻從未見有人敢於修改），並且被這些專家無數次抄用以解釋魯迅與章士釗、胡適、陳源等「正人君子」們的種種戰鬥，純是公仇，絕非私鬥。現在僅僅爲了周揚的一人一事，而全盤推翻近卅年的結論，使素來沒有「私人問題」的魯迅，一變爲了「私人問題」而和周揚扭打，實在是前後矛盾，難以自圓其說。並且，關於（１）和（２），無數被打成右派的知識分子也曾提出來替自己抗辯過，但沒有一個能摘去「反黨反社會主義」的「右派」帽子，因爲，「黨是沒有抽象領導」，文革前凡是反對黨的具體組織和具體領導人，都全等如反對黨中央。（同註三一）無數右派分子就是在這一標準下含垢忍辱了十八年。誰若要不承認和推翻這一標準，首先就得替無數因爲這一標準而戴上右派帽子的人公開平反，恢復名譽，無論是在精神上和物質上都得給予賠償。但是，文革派並沒有這麽做，這就證明了他們並不是不承認這一標準，更不是要推翻這一標準（事實上，他們是擁護這一標準的，因爲反右運動是毛主席「親自領導和直接指揮的」。）既然對無數知識分子都用這一標準判決之，有什麽理由單獨爲了一個魯迅而破例？

關於（３），以路線來代表黨太過抽象，太不易捉摸，中共政壇風雲瞬息萬變，成王敗寇，朝夕反覆。王明李立三得令時，王明李立三路線就是唯一正確的路線，劉少奇鄧小平當權時，劉、鄧路線也是唯一正確的路線，林彪當接班人時，他的路線又是唯一正確的……然的這些人一垮台，唯一正確的路線又立刻變成各種名堂的反動路線了。說不定有朝一日修正主義在中國「覆辟」，連毛澤東的路線也有被清算的可能；總之，誰是誰非，誰對誰錯，短期內是弄不清楚的。路線可能有一千條一萬條，而中國共產黨到目前爲止只有一個。誰代表黨，要看誰當權。劉少奇的路線你可以說它不是黨的路線，而劉少奇當權時的共產黨你卻沒有理由說它不是共產黨。周揚當時在上海文藝界共黨組織中獨攬大權，他當然最能代表當時上海文藝界的共產黨，如果沒有人能證明卅年代上海灘的文藝圈子裏，還有另一個比周揚更有權力因之也更有代表性的中共文藝黨組，那麽，魯迅反對代表黨的周揚，只能說是反黨。即使他「代表着毛主席的革命路線」，即使他「反對了」，但依然不能改其反黨的性質。

爲什麽在世時反黨的魯迅，去世後竟被中共追封爲「聖人」呢？列寧在「國家與革命」中說得精彩極了：「……當偉大的革命家在世時，壓迫階級總是不斷迫害他們，以最惡毒的敵意，最瘋狂的仇恨，最放肆誹謗對待他們的學說。在他們逝世以後，便企圖把他們變爲無害的神像，可以說是把他們偶像化，賦予他們的名字某種榮譽，以便『安慰』和愚弄被壓迫階級，同時卻閹割革命學說的內容，磨滅它的革命鋒芒，把它庸俗化。」列寧是一身兼有「革命家」及其反對面——「壓迫階級」的雙重身份的人，曾被人迫害，也迫害過別人；雙重的身份及雙重的經驗，使他這一段揭示，有着超乎常人所能體會到的驚人眞實及入骨的深刻。由漢武帝的獨尊儒術及袁世凱的尊孔讀經，以至拿破倫和沙皇的崇信耶穌，古今中外的民賊獨夫們，哪一個不是一面磨刀霍霍、屠戮那些眞正堅持先哲遺訓的信徒，一面又頂禮焚香、把先哲粧扮成自己的保護神祇？魯迅——究其實是文學家而非革命家，他可以傳世的也只是他的文藝著述而非成體系的理論學說，然而他在生時及去世後的遭遇，卻與列寧筆下的革命家的悲慘運命十分相似。明白了列寧的深刻揭示，也就不難明白爲什麼在世時受盡中共迫害的魯迅，去世後竟會被中共追封成聖；也就更不難明白爲什麼親自追贈魯迅的毛澤東，竟會嚴禁在自己的統治區域使用魯迅筆法（見「在延安文藝座談會上的講話」），而稍稍學用「魯迅筆法」針砭延安時弊的王實味、蕭軍、丁玲等人，不是慘遭處決，便是橫來放逐或鬥批，至於那些堅守在魯迅的戰旗下的如胡風、馮雪峯等魯迅的嫡傳弟子，竟會一個又一個被打成了反革命或反黨分子。閹割魯迅作品的內容，磨滅它的戰鬥鋒芒並把它庸俗化，一直是主宰着解放以來大陸的魯迅學研究的精神指南及官方魯迅學家的「名山事業」。本來是金剛怒目，大鬧天宮的「亂臣賊子」，也漸漸被塗抹成低眉順眼，唯唯諾諾的「黨的一名小兵」（見許廣平「魯迅回憶錄」第十二「黨的一名小兵」）。他們把魯迅神化聖化偶像化，不爲別的，當然是爲了要達到列寧所謂的「『安慰』和愚弄被壓迫階級」——中國的智識階級的雙重目的。

僅就生前被迫害及死後被神化這一點而言，魯迅的命運，和孔子及耶穌的命運是十二分相似。無論是對先哲、對革命家、對戰士，如果死後的靈魂尙要被扭曲成七彩流蘇，用以裝飾那面他生前曾與之作過你死我活的戰鬥的大纛，這實在是比生前的鞭笞及死後的戮屍，更爲慘酷，也更爲不幸。

魯迅在三十年代曾反對中共對文藝界的控制和壓逼，已成定論。

附註：

註一：毛澤東「在延安文藝座談會上的講話」

註二：一九三五年九月十二日魯迅致胡風信，「魯迅書信選」二〇五頁（一九七三年四月上海人民出版社版）。

註三：胡秋原「論胡風事件——中國知識分子與共黨」，一九五五年七月十四日「香港時報」。

註四：一九三一年二月二日魯迅致韓素園信，「魯迅書信選」五五頁。

註五：參看「魯迅書信撰」七八頁註九。

註六：一九三四年六月二十一日魯迅致鄭振鐸信，「魯迅書信選」一三八頁。

註七：參看「魯迅書信選」一四七頁注二。

註八：參看「魯迅書信選」一六七頁注四。

註九：一九三四年十二月六日魯迅致蕭軍、蕭紅信，「魯迅書信選」一五五頁。

註十：同八。

註十一：一九三五年四月二十三日魯迅致蕭軍、蕭紅信，「魯迅書信選」一九四——一九五頁。

註十二：一九三六年九月十五日魯迅致王冶秋信，「魯迅書信選」二五四頁。

註十三：一九三五年魯迅致徐懋庸信，「魯迅書信選」一八〇頁。

註十四：魯迅「答徐懋庸並關於抗日統一戰線問題」「且介亭雜文末編」。

註十五：楊之華「大家起來搜座探」、「人民日報」一九五五年六月十四日。楊之華是中共領袖瞿秋白之妻，許廣平在「魯迅回憶錄」中，記述了魯迅與瞿秋白的一段不尋常的交情：魯迅與秋白是在一九三二年「通過介紹」認識的。

當時秋白是中共在上海的領導人。秋白推崇魯迅的文筆，魯迅也極激賞秋白的文學氣質及才華，秋白嘗書贈魯迅七絕一首：「雪意凄其心惘然，江南舊夢已如烟。天寒沽酒長安市，猶折梅花伴醉眠」。一片寂寞淸冷，高處不勝寒的心境。魯迅也錄何瓦琴聯書贈秋白：「人生得一知己足矣，斯世當以同懷視之」。以秋白爲自己唯一的文字知己。由一九三二年十二月至一九三三年七月，秋白與其妻楊之華前後三次亡命託庇於魯迅家中，魯迅仗義藏匿秋白夫妻，純爲全交而已，對秋白夫妻之種種活動、並不過問。秋白曾以魯迅之名義，先後發表過「王道詩話」、「曲的解放」、「迎頭經」、「出賣靈魂的秘訣」、「最藝術的國家」、「關於女人」、「眞假堂·吉訶德」、「內外」、「透底」、「大觀園的人才」等酷似魯迅風格的七首與投槍式的雜文多篇。

一九三四年一月初(楊之華說是一九三三年年底)，秋白離上海赴江西蘇區，臨行時到魯迅寓所辭別，魯迅讓出自己的床，讓秋白安睡，自己寧可在地板上搭個臨時睡鋪，「覺得這樣才能稍盡無限友情於萬一」(許廣平語)。

由一九三〇年「左聯」成立至一九三三年年底，中共在上海圈文藝界負責人，先有馮雪峯，後有瞿秋白，一執弟子之禮，一爲文字至交，對魯迅尊敬信任有加，因而在這一段時間內，魯迅對中共是比較同情的，甚至可以說是比較靠攏的。但當馮、瞿兩人先後離滬，中共在上海文化界的大權落在周揚一伙手中以後，魯迅很快地由切身遭受的一連串橫暴無理的打擊和迫害中，徹底地認淸了中共以文藝爲國爭黨爭利器，以作家爲奴役控制的工具的眞正面目，進而引致與中共的決絕分手以及最終高舉起在文藝界反抗中共控制的大纛。一九三四年底，楊之華見魯迅時，正是魯迅與中共決裂的時期；所以，儘管是故人之妻，儘管兩家人有過共患難的不尋常關係，但由於她是中共派來的說客，基於魯迅當時的立場與原則，他便不能不一改過去的「很誠懇和爽直」的態度，以「過去從來沒有過的」很不「誠懇和爽直」的態度接待楊之華。由楊之華的追記，我們可以推知當時魯迅的臉色一定非常難看（「心境很不愉快」故也）、說僵了便翻臉申斥，絕不稍假辭色，使楊之華的拜訪成了「最後一次」。

也許有人要舉出一九三五年秋白被捕，寫信向魯迅求助，魯迅曾試圖籌欵相救，同年六月十八日秋白被殺，魯迅保存其遺文，並編輯出版成「海上述林」及「亂彈」兩書，以証明晚年的魯迅，並沒有與中共決裂。怎樣來看這表面上似乎矛盾的兩件事呢？唯一合理的解釋是：魯迅怒斥楊之華，是因爲楊之華是被中共派來的，申斥楊之華便全等於申斥中共，先公後私，故申斥之；魯迅籌欵救助秋白及在秋白被殺後編輯出版其遺作，却完全是出於愛才與念舊的私誼，而「愛才」「念舊」都是中國的傳統舊道德，與標榜「階級鬥爭」的中共所提倡的「階級友愛」全不相幹。

魯迅對秋白的橫死，在私人信件中，一再表示婉惜，以爲秋白翻譯理論性文章的譯筆，「在中國尚無第二人」（見「魯迅全集」卷十，三〇四頁），並謂其不幸身死，「在文化上的損失，眞是無可比喻」（「魯迅全集」卷十，七九頁）。婉惜的是秋白的文筆（而不提「革命業績」！）婉惜的是「文化上的損失」（而不說是「革命事業」的損失！），這實在是有力地佐証了魯迅救助秋白只是「愛才與念舊的私誼」的說法。

順便一提，許廣平以魯迅最親密的人的資格，在「解放」後寫了好些悼念魯迅的文字（最有系統的是「魯迅回憶錄」一書、簡稱「回憶錄」，下同），爲研究魯迅的生平及思想，提供了許多極可寶貴的資料。但是，在「無產階級專政」的壓逼下，爲了自保，許廣平在很多文字中只能重覆了中共文藝領導人對魯迅定下的結論，因而對魯迅的反中共控制文壇的鬥爭、特別是魯迅晚年的心態，不是吞吞吐吐、欲語還休，便是被動地在中共的指揮棒的指揮下作出了許多不盡不實的描繪及歪曲。文革前周揚一伙當道，許廣平被迫接受及公開承認了周揚們在清算魯迅兩大弟子胡風及馮雪峯時泡製的所謂魯迅在晚年曾受馮、胡包圍欺蒙而一度「對黨誤會」的結論（見「回憶錄」一四六——一四九頁）。在文革時周揚一伙相繼垮台，許廣平又被文革派推出來作爲清算周揚的工具；在許廣平的筆下，魯迅對周揚們的反控鬥爭（亦即文革前的「對黨誤會」）又變成了自動和自覺甚至是先知先覺的「革命行動」了。鑒於這種一百八十度的顛倒反覆，實在沒有理由把她所有的悼念魯迅的文字，都以信史目之。尤其是她筆下的魯迅電賀紅軍長征成功（「回憶錄」一四四頁，其荒謬程度相當於今日某人在台灣電賀毛澤東生日），魯迅托人送火腿給毛澤東（「回憶錄」一四四頁，許廣平身為魯迅之妻，與魯迅朝夕相對，也只能以「曾經盛傳過這樣一個故事」的道聽途說的文字以牽引之，其不知有送火腿之事，不言而喻）等等「愛戴關懷」毛主席及「甘當黨的一名小兵」的事例，其牽強附會之處，都不是稍懂邏輯及稍有常識的人所能接納的。

註十六：一九三五年二月九日魯迅致蕭軍、蕭紅信，「魯迅書信選」一八三頁。

註十七：一九三五年二月七日魯迅致曹靖華信，「魯迅書信選」一八六頁。

註十八：參看胡風「密雲期風習小記」一九頁——六二頁。

註十九：參看趙聰「大陸文壇風景畫」七五——七六頁

註二〇：一九三六年四月二十四日魯迅致何家槐信云：「我曾參加團體（翟按：指「左聯」），雖然現在竟不知道這團體是否還存在……」可見「左聯」的解散並沒有通知魯迅。詳見「魯迅書信選」二三二頁

註二一：參看「魯迅書信選」二三二——二三三頁。

註二二：一九三六年八月二十八日魯迅致楊霽雲信，「魯迅書信選」二四九——二五〇頁。

註二三：魯迅在一九三六年九月十五日致增田涉的信曾提到：「對徐懋庸輩的文章（因為沒有氣力，花了四天工夫）實在是沒有辦法才寫的。」

註二四：「文藝界反黨分子馮雪峯是丁、陳集團參加者，胡風思想同路人」，一九五七年八月二十七日「人民日報」。

註二五：陳伯達「文藝界兩個口號的論爭應該休戰」「中國現代文學史參考資料」（北京師範大學中文系現代文學教改小組編）第一卷下冊五六一——五六四頁。

註二六：錄自一九六六年七月二十九日上海「文滙報」「高舉毛澤東思想偉大紅旗聲討文藝黑線總頭目周揚的罪行」。

註二七：武繼延「駁周揚的修正主義文藝綱領」、一九六六年七月十八日上海「文滙報」。

註二八：張光年「揭穿大陰謀」，一九五七年八月十八日「文藝報」。

註二九：許廣平「糾正錯誤，團結在黨的周圍」，一九五七年八月十八日「文藝報」。

註三〇：參看「文藝界正在進行一場大辯論」，一九五七年八月十八日「文藝報」。

註三一：張天翼、艾蕪、沙汀的聯合發言「你要不要重新做人」一九五七年八月十八日「文滙報」。

註三二：阮銘、阮若瑛「周揚顛倒歷史的一支暗箭——評『魯迅全集第六卷的一條注釋』」，一九六六年七月四日「文滙報」。

註三三：一九六七年五月號「文物」，載有魯迅「答徐懋庸幷關於抗日統一戰線問題」的二段親筆眞迹照片，並指出該文除了一部份是魯迅親筆撰寫外，另一部份則由魯迅口授，別人（馮雪峯）筆錄，再由魯迅伏枕（當時魯迅正患重病，精力不夠）逐字反復訂改，故該文完全是魯迅自抒懷抱之作，可以無疑；而周揚却有心抹煞這一事實，只是輕輕巧巧地提了一句馮雪峯「擬稿」，刻意給讀者造成了「答徐文」是馮雪峯包辦而非魯迅本意的錯覺。魯迅在一九三六年八月五日的日記中，也明明寫着「夜治答徐懋庸文訖」，讀者可參看「魯迅日記」下冊第一一二九頁（人民文學出版社一九五九年版），並請參看「魯迅書簡」下冊、人民文學出版社一九五二年版第七一〇至七一一、九七四至九七五頁，以及本文注二三。

註三四：「見了影子都害怕的鬼魅」，一九六六年九月八日上海「文滙報」。

第三章　胡風在所謂解放前「拆壇」與「建壇」的努力

周揚雖然被撤職調回延安，但是，周揚的接班人對左翼作家的奴役和控制的手法，並沒有因人事的變動而有多大的改變。海外學者老愛把中共文壇內部的糾紛解釋爲個人恩怨和派系傾軋，其實，中共文藝界領導人對作家的壓迫，以及作家對這種壓迫的反抗，絕對不是「個人恩怨」與「派系傾軋」這八個字所能解釋淸楚的。

我們知道，晚淸時期，內憂外患，形成了中國歷史上最黑暗的時期，自己內部沒有光明，必然要向外部尋求光明，「五四」時期共產主義思想的輸入和傳播，實質上是前進的知識分子向外尋求光明的結果；從蘇俄移植過來的共產思想，已被他們視爲一種能夠救中國的新宗教和新經學。

凡是宗教，對異端都特別敏感，特別仇視，有關這一點，已在中外的宗教史上無數的史實中獲得了明證。共產主義既然帶有宗教的色彩，當然也强烈地排斥一切「叛道離經」的「異端邪說」。作爲中共文藝界領導人的周揚等人，就是共產聖壇上的祭司，他們的職責，就是監視聖壇下頂禮叩拜的作家羣，不許他們叛離馬恩列斯毛的經典與道德，稍有越軌的行爲，則鞭撻之。當然，這種鞭撻，往往不可避免含有個人恩怨和宗派傾軋的因素在內（因爲祭司也是人，當然會帶有個人的私心雜念），但是，保經衛道的因素，卻是最主要的。

宗教，只要求文藝爲聖神服務，把文藝作品機械地規範在謳歌神聖，懲責魔惡的狹窄樊籠裏。然而文藝家卻要求打破這個狹小的樊籠，把文藝作品擴大到爲人生爲藝術的廣大領域中去。這種要求就不能不永遠的和教義發生了直接的衝突。

在祭司（周揚們）的鞭撻下，朝聖者（左翼作家羣）的思想信仰和藝術良心不斷地矛盾着和鬥爭着。在思想信仰上，他們覺得自己應該服從祭司，但藝術的良心又非要他們反抗到底不可，在信仰和良心的痛苦交戰中，以郭沫若爲代表的大部份左翼作家選擇了前者，努力按照祭司的要求，用共產教條爲模式製造自己的文藝作品。而以胡風爲代表的小數左翼作家則選擇了後者，堅決地反對祭司們强迫作家所接受的創作的教條和模式，進而反對祭司，拆毀祭司的聖壇，再進一步按照自己的意願，另外建立一個不受祭司操縱的新文壇。

早在三十年代，胡風就追隨魯迅，在拆毀中共控制的上海文壇和重建另一新文壇的鬥爭中英勇地戰鬥過。魯迅死後，他更以魯迅的道統和文統的繼承人自命，努力要完成魯迅的遺志。彭燕郊在批判胡風時說，胡風給他「總的印象」是「堅決地離開黨的路線創造自的己事業」，是「一個奮勇奔赴自己目標的事業家」，胡風的「全部理想」是爲了要「重建一個文壇」（注一）。舒蕪也承認：「老實說，我們那個小集團（翟案：指胡風的集團），也何嘗不是一個小『文壇』？我們的眞正意思，雖然大家在談論中都不曾說過，但那一套做法，客觀上證明了不過是要另佔山頭，自闢門戶罷了」（注二）。彭燕郊是胡風分子，舒蕪更曾是胡風最得力的助手之一，他們對胡風的分析，是極確當的。

由於魯迅的早死，中共對文壇的控制力得到了很大的加强，要再打出鮮明的旗幟，與中共控制下的文壇公開作對是很困難的，並且，胡風系的主要成員，都會是共產主義者或共產主義的追隨者，歷史環境和思想的限制，使他們不能也不敢公開地激烈地和共產黨對抗。他們的鬥爭方式，是較隱晦的，間接的和不甚激烈的。

（甲）他們堅持「文學特殊論」，承認共產黨有統治和控制其他部門的必要，但卻不承認共產黨有統治和控制文藝這一特殊部門的必要。所謂「現實主義」的創作方法，就是他們的理論根據。他們認爲凡是屬於「現實主義」的文藝作品，必須要通過作家的主觀戰鬥精神（作家的自我）與客觀實踐（作家的生活體驗）相結合才能產生的。而套用共產主義的理論和教義指導創作，就是文學上的「機械唯物論」，就必然會產生缺乏作家的「主觀戰鬥精神」的「客觀主義」的作品，也必然會產生缺乏作家的生活實踐的「主觀公式主義」的作品（註五）。明乎此，就可以知道胡風集團爲什麽這麽起勁地攻擊「機械唯物論」以及由此而產生的「公式主義」和「客觀主義」的作品，這種攻擊的實質，就是對中共在文藝界領導權的一種否定。

（乙）他們表面上不反對共產黨，卻反對共產黨的文藝領導人；不反對共產黨的文藝政策，卻反對這些政策的執行者把事情弄糟。舒蕪在「致路翎的公開信」承認：

我們當時小集團（翟案：指胡風集團）活動，首先是竭力抗拒黨在文藝上的具體領導，我們不是從正面，也不敢公開來進行。我們的方式，和一切「幹部偏差」論者一樣，是把黨的文藝政策，與代表着黨來執行政策的具體人分開，說前者是好，只因爲後者不好，所以實行起來完全不是那麽一回事，我們一貫在談論中，竭力把幾位文藝上的領導同志，描寫成氣量偏狹，城府深隱，成天盤算個人勢力的模樣兒……把延安文藝座談會以後整個解放區的偉大人民文藝運動，都解釋成某幾位領導同志用以打擊某一個人的花樣。這樣，在文藝工作上，就好像無所謂原則，無所謂黨的領導，只有混亂一團的私人恩怨糾纏，而黨的文藝工作裏面，也好像無所謂原則，無所謂組織，無所謂組織領導，可以任由一兩個人隨便胡來，假公誼以報私仇，居然風動全國，而竟沒有人過問，只有我們那個小集團，才是「為堅持原則而鬥爭」，才是唯一的光明，中流的砥柱（註二）。

要之，這種抽像地肯定之，而具體地否定之的戰法，是胡風集團企圖用以拆中共文壇而重建以自己集團為中心的新文壇的一種最主要的策略，這種策略，對左翼作家和文學青年反抗奴役和壓迫的潛在要求，有極大的煽動力，因而較之擺開陣勢的公開對抗，前者比後者有更大的破壞性。為了對抗胡風，中共的文藝領導人的策略是反其道而行之，把抽象的理論和具體內容緊密地聯成一體，胡風把中共文藝領導人和共產黨及馬列主義區分開來，表示只反對文藝領導的個人而並非反對共產黨和馬列主義。中共的文藝領導人則把自己說成是共產黨和馬列主義的化身，反對他們的個人就是反黨反馬列主義，反對他們的命令就是反對黨的政策；胡風把中共文藝領導人對胡風集團的壓迫全部說成是公報私仇和宗派傾軋，中共文藝領導人則把這些壓迫統統說成是代表黨而進行的鬥爭。在這兩種針鋒相對的策略下，胡風集團與中共文藝領導人之間的拆壇與護壇，另建新文壇與反另建新文壇的鬥爭，又通過以下各種不同的戰術全面地鋪開：

(一)在理論上互爭正統地位

周揚等人以共產主義文藝理論的當然解釋者自命，指責胡風派的文藝理論是異端邪說；胡風派則以「現實主義」衛道士的姿態出現，反過頭來指責對方根本不懂「現實主義」，犯了「教條主義」及「庸俗機械唯物論」的錯誤。雙方都指責對手是冒牌的西貝貨，而自己才是如假包換的馬列主義正宗，這種爭執幾乎每年都發生多次，而最大的論爭又有兩次，一次是關於「民族形式」的爭論，一次是關於「主觀」的爭論。

（一）「民族形式」的論爭——有關「民族形式」的討論文字，最早在一九三九年初見於延安的「文藝戰線」和「中國文化」等刊物上。因爲一九三八年十月毛澤東在中共中央六屆六中全會上作「中國共產黨在民族戰爭中的地位」的報告，在其中關於「學習」的一小段中曾向到會者提出要求：「洋八股必須廢止，空洞抽象的調頭必須少唱，教條主義必須休息，而代之以新鮮活潑的，爲中國老百姓所喜聞樂見的中國作風與中國氣派。把國際主義的內容和民族形式分離起來，是一點不懂國際主義的人們的做法，我們則要把二者緊密地結合起來。」（註四）

在延安的中共文藝界領導人和文藝理論家如陳伯達、周揚、艾思奇等人紛起響應，寫了許多文章替毛澤東所提出的「民族形式」作註脚。這些文字在一九四〇年春季傳到重慶後，立刻在文藝界引起了激烈的論爭。這種論爭是環繞着兩個矛盾焦點而進行的，一是「民族形式」是否應以民間形式爲藍本；一是應否因爲「五四」以來的新文學形式是從歐美「移植」過來的，不是「民族土產」而把她全盤否定。參加論戰的主要有向林冰，郭沫若，黃繩，葛一紅，方白，光未然等人。四月間，胡風寫了篇「文學史上的五、四」參加論戰（註五），十月份，又寫了一本叫「論民族形式問題」的小冊子，企圖用馬克思列寧主義的理論對這場論爭加以總結。他表面上是駁斥向林冰的「教條主義」與「公式主義」，但在行文裏，卻把陳伯達，艾思奇，周揚，郭沫若，羅蓀，黃繩，葛一紅，方白，光未然然等論爭的主要參加者的意見，通通指名道姓地批駁了一通。他認爲向林冰和他的支持者們把「民間形式」看成是文藝創作的「中心源泉」的理論，是錯誤的，固然必須肅淸；而向林冰的反對者們由於未能擺脫向林冰的教條主義公式，只是圍繞着『中心源泉』，或非『中心源泉』的圈子團團打轉，忘記了從實際的鬥爭過程上去理解問題，解決問題。這一方面使『民族形式』問題底眞實面貌不能夠現出，一方面使文壇底大部份精力集注到抽象的討論裏面，反而把急迫的鬥爭課題丟到了一邊。」（註六）他更認爲現實主義的原則是「內容決定形式」，所以「一切脫離內容去追求形式的理論，在這裏都要受到批判」（註七）。他更指責這些討論的主要參加者們「所有的一切錯誤的理論，都是由根本不懂得現實主義，因而也就不懂實際的文藝發展過程和當前的政治要求的結合道路而來的，由於這，雖然口口聲聲地說，『民主主義的內容，民族的形式』，但實際地接觸到『民族形式』的時候，就僅僅只抓住一個『形式』，完全忘掉了或者抽掉了『民主主義的內容』。」（註八）

胡風的突然發難，套用了大量的馬列教條，採取了全面的攻勢，以「內容」否定了「形式」，使周揚等人一時難以招架，暫時贏得了這一回合的勝利。爲了勒石紀功，他編了「民族形式討論集」，以誌不忘。

（二）「主觀」的論爭——另一次有關「主觀」的爭論，發生在一九四五年初，戰火一直延續到一九四八年底。如果說，在「民族形式」的論爭中，胡風是採取了主動進攻的戰術，那麼，在「主觀」的論爭中，胡風被迫採取了被動的防禦戰。一九四五年一月，胡風在他主編的「希望」雜誌第一期上，刋登了舒蕪「論主觀」這篇四萬多字的論文。胡風在「編後記」中，極鄭重地推薦了這篇文章：「『論主觀』是再提出了一個問題，一個使中華民族求新生的鬥爭會受到影響的問題」（註九）。這篇文章，表面上似乎是爲了響應中共的文藝整風，反對主觀教條主義而作的，但實際上，作者卻另有一番深意，據舒蕪在倒戈後自供：

我之所以寫出「論主觀」那樣一些謬誤的文章，實在是因爲，當時好些年來的，厭倦了馬克思列寧主義，覺得自己所要求的資產階級的個人主義的「個性解放」，碰到了馬克思列寧主義的唯物論觀點和階級分析方法，簡直被壓得抬不起頭來。怎麽辦呢？找來找去，找到了一句「主觀對於客觀的反作用」。這一下好了。有「理論根據」了。於是把這個「主觀」，當作我的「個性解放」的代號，大做文章，並且儘量撫拾馬克思列寧主義的名詞術語，裝飾到我的資產階級唯心論思想上去（註十）。

舒蕪已在這段話中把他著文的眞正動機說得很淸楚：所謂「主觀」，實質上只不過是作家的一種反對馬列主義教條壓迫的「個性解放」的要求。舒蕪在「論主觀」中，强調的是「主觀」對「客觀」的決定作用，換句話說，也就是强調「精神」（主觀）對「物質」（客觀）的決定作用，並且，他並沒有說明他所强調的「主觀」，是屬於那個階級的。所以，儘管他「儘量撫拾馬克思列寧主義的名詞術語」作爲「論主觀」的「裝飾」，但是仍然掩飾不了「論主觀」的唯心主義的本質。舒蕪的理論上的矛盾和混亂，被胡風的論敵從中找到了突破口，一月二十五日，胡風到重慶參加了一個由馮乃超主持的批判「論主觀」的座談會，參加座談會的還有茅盾，蔡儀，馮雪峯等人。胡風在給舒蕪的信件中談到了這次座談會的鬥爭經過：「……抬頭的市儈（翟案：指茅盾）首先向「主觀」開炮，說作者是賣野人頭的，抬脚的作家（翟案：指馮乃超）接上，胡說了幾句、蔡某接上，但語不成聲而止。也有辯解的人（翟案：指馮雪峯），但也不過用心是好的，但論點甚危險之類。最後

我還了幾悶棍……我底回答是，要他們寫出文章來！」（註十一）

會後，胡風的論敵動員了哲學家和文藝理論家參戰，侯外廬批評「論主觀」有「均衡論的傾向」（註十一），杜國庠也到處攻擊「論主觀」（註十二），黃藥眠更寫了篇近兩萬字的長文——「論約瑟夫的外套」，由表及裏地逐點批駁了舒蕪的理論，嘲諷舒蕪「一身擁有機械唯物論、唯心論、生機主義、唯生史觀、神祕主義、超神祕主義，集中所有哲學上的破銅爛鐵於一身……」（註十二）

「主觀戰鬥精神」是整個胡風集團的文藝理論的最重要支柱，把舒蕪批駁倒，也就是把整個胡風集團批駁倒。一九四六年，重慶出版的「萌芽」雜誌，繼續對「論主觀」進行猛烈的圍攻。爲了挽回頹勢，上海的胡風分子呂熒、方然諸人在一九四七年進行反擊，著文强調「主觀戰鬥精神」的作用。這種反擊引來更大規模的圍剿。一九四八年，香港共黨負責人喬冠華、邵荃麟、胡繩、林涵默等人，在「大衆文藝叢刊」上，對於「論主觀」及胡風其他的文學思想，進行了全面而深入的批判。因爲舒蕪的文章是如此矛盾和誤謬，以致胡風集團出盡法寶，仍然無法補救其理論上的漏洞，所以在解放前三年內的有關「主觀」的論爭中，胡風集團一直處於被動挨打的極不利地位。理論上的失利，使胡風的拆壇與另建新壇的鬥爭，變得更加困難，一直到了解放後，每逢中共文藝領導人與胡風派論戰，前者一定會把「論主觀」的陳年老帳翻出，作爲攻擊後者的「原子武器」。

（二）聯絡人與爭取人的鬥爭

既要「拆壇」，就必須爭取對方陣線的成員倒戈，既要「建壇」，就更有與自己集團以外的同情與支持者聯合起來的必要。在聯絡人與爭取人的問題上，胡風與中共文藝領導人之間的鬥爭是非常劇烈的。

胡風的大半生，一直以文藝批評與編輯雜誌爲主要工作。文藝批評家與老編都有製造文壇新星的特權。胡風一身兼批評家與老編兩職，製造新星就格外方便。早在「左聯」時代，他就大捧田間與艾靑（註十四）。在武漢，重慶，桂林時期，胡風主編「七月」，捧紅了三十九位青年詩人（註十五）。他對青年作家，從不吝惜讚語。例如魯藜的新詩「河邊散歌」，當時的新詩人們都斷言不是詩，而且非常淺薄，但胡風卻一意把它發表了，而且還把它放在「七月」的首頁第一篇（註十六）。他在替路翎的中篇小說「飢餓的郭素娥」作序時，就有些略嫌過火的恭維：「路翎君替新文學底主題開拓了疆土」（註十七）。他在跋魯藜詩集「星的歌」，把魯藜的詩比作「偉大時代的繁花」（註十八）。路翎的劇本「雲雀」上演，他親自跑到南京去喝彩。金山編導了「松花江上」這電影，他更寫長文賣力地揄揚（註十九）……爲了報答胡風的知遇之恩，被胡風捧紅的新人大都以胡風的門生自居，矢志向胡風效忠。據姚雪垠揭露，胡風的門生們「辦刊物，出書，寫文章捧自己，罵別人等等，都得向胡風請示，由胡風指示進行」（註二十）。很顯然，這種忠誠，是一種學生對老師，後輩對前輩的信任和依賴的表示。文學青年的擁躉，又提高了胡風在文壇的地位。巴金曾對此很不服氣：「他（翟案：指胡風）支支吾吾，吞吞吐吐，說些不像中國語言的話，寫些不像中文的文章，居然有些青年把他當作經典，以爲作者學問如何淵博，理論如何高深，這大半靠他的集團吹噓，捧場……」（註廿一）巴金的話，雖然有點酸葡萄的味道，但也是實情。吹與捧，實在是胡風用此維繫胡風集團的團結，爭取人與攏絡人的一個很重要的手段。難怪舒蕪重提舊事，也會感到有點難爲情了：「我們互相標榜，自吹自擂，到了肉麻的程度。我們

幾個人，差不多都寫過互相吹捧的文章。今天我回想起來都要面紅……」（同註二）

胡風對文學青年的爭取和提拔，是很成功的。據沙汀揭發，從一九四〇年到一九四九年，光四川一省，由胡風分子組織的文藝青年團體，或者是受他們影響和操縱的文藝青年團體，就有十五個以上。此外，他們還組織了不小讀書會，聯歡會，有計劃地在文學青年中擴大他們的影響（詳見一九五五年七月二十九日「人民日報」）。但是，他對於成名作家的聯絡和爭取，可以說是完全沒有做過工作，不但沒有做工作，甚至對於當時的成名作家，都採取了强烈的排斥態度。分析胡風這種心態，顯然是「私」字作怪。因爲胡風一心想替自己在未來的新文壇中，造成開山大宗師的地位。而胡風本人在文壇的資歷和成就都不算太高，所有已成名的作家，不是胡風的前輩，就是胡風的同輩，文學成就在胡風之上者俯拾皆是。如果讓這些人加盟到自己的陣線來，勢必動搖甚至取代自己的大宗師地位。所以，胡風寧願把他們趕到自己的對立面，也決不肯讓他們加入自己的戰線，分享自己的領導權。表現得最明顯的是胡風對待馮雪峯的態度，馮雪峯與胡風同是魯迅的入室弟子，在「左聯」時代兩個口號的論爭中，二人都曾在魯迅旗下並肩戰鬥過，馮雪峯並在這時把胡風拉入共黨內，兩人關係之深，非泛泛之交可比。更兼在一九四〇年有關「民族形式」和一九四六年有關「主觀」的論爭，馮雪峯都站在胡風這一邊（註二二），按理，這樣難得的戰友和知己，胡風應邀其「入伙」才是。豈料胡風不但不邀馮加入自己的陣線，反而在魯迅未亡人許廣平面前大說馮雪峯的壞話，弄得許廣平對馮雪峯很有意見（註二三）。爲什麼胡風這麼不近人情地排擠馮雪峯？只有一個解釋，他害怕文學地位比他高的馮雪峯一旦加入了他的陣線，就有可能奪去他的領導權，故不能不先下手爲强也。

胡風對其他有成就的作家的態度，同樣是不友善的。胡風給巴金的印象是：「這個人（翟案：指胡風）是很難接近的，跟他談起來，總覺得話不是從他心裏說出來的。他喜歡諷刺別人，見面總要挖苦你兩句……」（同註二一）茅盾更認爲「這個人（翟案：指胡風）驕傲尖刻，自命不凡，處處想稱霸」。這種不友善的態度，還表現在胡風對來稿的採用上。胡風系所主編的刋物，都是些「同人雜誌」，撰稿者大都是胡風的門生，其他作家很難有機會在這些刋物上發表文章。有一次，「有一位文壇歷史很久的詩人」從戰地一連給胡風主編的「七月」寄了幾次稿，但胡風都拒不登出，這位詩人很氣憤地對另一位詩人說：「胡風對我有成見，有成見！」這話傳回胡風的耳裏，他不去反省，反而以爲是一件有趣的事，竟在一篇文章中把這件事當作笑料寫了出來（註二四）。

和胡風集團的强烈的宗派主義與關門主義相反，中共的文藝領導人經過魯迅在「左聯」時代的拆壇的教訓後，很注意聯絡與爭取那些已經成名的作家。他們懂得，成名作家較之未成名的文學青年，有大得多的影響力，若能爲我所用，就能極大地增强自己的實力，萬一爲敵所用，也就會有大得可怕的破壞力。他們對成名作家的聯絡與爭取手法，一是迎合當時作家傾向革命的心理，竭力向作家證明只有他們自己才是革命正統，只有跟隨他們自己才算是投身革命；一是滿足作家的好名心理，絕不吝惜廉價的讚美。郭沫若的劇本「屈原」、曹禺的劇本「日出」、巴金的「激流三部曲」、老舍的「北京人」、陳白塵的「歲寒圖」與「陞官圖」、茅盾的「淸明前後」，都受到中共領導下的文藝圈的熱烈吹捧。這兩種手法的並用，是很有成績的，原先和魯迅一道另立山頭與中共對抗的名作家如茅盾、巴金、曹禺、唐弢、靳以等人，絕大部份都被中共用這兩種手法聯絡和爭取過去了。

如果說，胡風對文學青年的提拔和爭取，是很成功的，那麽，胡風對成名作家的聯絡和爭取，則可以說是完全失敗了。了解到這點，就可以明白爲什麽胡風集團的成員，都是胡風提拔出來的學生，而與胡風同輩或者輩份相同的老作家，卻一個也沒有加入胡風的陣線。

在聯絡人與爭取人的戰鬥中，胡風又輸了這一仗。

（三）互相攻擊

「吹」與「捧」，是聯絡人爭取人加盟自己陣線（「建壇」）的一種有力的手段。醜詆與攻擊，則是破壞對方陣線（「拆壇」）的又一種有力的武器。「彼毀之我則譽之，彼譽之我則毀之」，胡風集團與中共文藝領導人長期以來一直以這種態度互相攻訐。上文之所提及的「民族形式」與「主觀」的論爭，也可以視爲兩大派互相攻訐的一種表現。在胡風集團看來，一切依附中共文藝領導人的作家和他們的理論和作品，都是攻擊的目標：

一九三九年，胡風攻擊中共所提倡的普及文化運動爲「愚民政策」（註二五），並罵提倡者們所鼓吹的以大鼓詞，民歌，章回小說等形式表現抗戰內容，實質上是「民族復古主義」，「迎合落後現象」，是「對生活的賣笑」，是「歧視甚至敵視現實主義的努力」（註二六）。

一九四一年秋，胡風攻擊老舍的劇本「北京人」是一個「僅僅爲了安慰痛苦的夢」和「歪曲歷史」（註二七）。

一九四二年十月，胡風醜詆曹禺的劇本「蛻變」有「反現實主義的方向」及「最卑俗的市儈主義的成份」（註二八）。

一九四二年五月，毛澤東「在延安文藝座談會上的講話」發表後，立刻被中共文藝領導人奉爲經典，而胡風則輕蔑地把它貶爲「馬列主義的ＡＢＣ」，並於一九四四年一月一日重慶「時事新報」上，撰寫「現實主義在今天」，含砂射影攻擊「講話」。他影射「講話」是要「捏死文藝」，是「要作家當面說謊」，是「想殺死現實主義的精神」；他辱罵「講話」的支持者都是些「以販賣公式爲生的市儈們」（同註二六）。

一九四六年九月，胡風分子方然在成都主編「呼吸」，他罵劉白羽，沙汀，臧克家，徐遲等黨員作家是「現實主義的叛徒」、「奴才」、「乞丐」、「叭兒狗」……說他們的作品都是「假借了革命和戰爭底聖名，骨子裏仍舊是封建殘餘，穿了制服的才子和戴了軍帽的佳人，……而且在告訴讀者怎樣手淫的姿勢。」（註三〇）

一九四七年初，胡風分子耿庸和日木分別撰寫「略說不安」與「從文藝界惡劣風氣想起」，攻擊巴金與唐弢。郭沫若則寫了篇題爲「想起了斫櫻桃樹的故事」，批評了他們兩人。耿庸寫信給郭沫若，轟了一頓，罵郭沫若是「律師和訟棍」，是「混蛋和王八蛋」。另一胡風分子遻登泰則罵郭沫若是「近百年中國文化的罪惡產兒」（註三一）。

一九四七年夏，北大、淸華、燕京三校劇團聯合演出陳白塵劇本「陞官圖」，胡風系雜誌「泥土」在第四期刊登了枯古仇「墮落的戲，墮落的人」以及灼人「一座色情的彩棚」，攻擊這戲是「春宮圖」和「白晝渲淫」

（註三二）。「泥土」還經常有文章大肆辱罵茅盾的「清明前後」及袁水拍的「馬凡陀山歌」（同註三二）。

一九四八年，胡風系「泥土」、「螞蟻小集」等雜誌攻擊在香港主辦「大衆文藝叢刊」的中共黨員作家胡繩、邵荃麟、喬冠華等人，罵得極兇。例如方然罵喬木（喬冠華）：「站在唯心論機械的小樹下搖芭蕉扇……有意拋圈套，套弄別人，來顯示自己的神通，站在有利的地位拖人下阱，扼殺生機，嚇唬讀者」（註三三），罵得不可謂不刻毒。

………

中共文藝領導人對胡風派的攻訐也絕不退讓，立刻還以顏色。何其芳、喬冠華、邵荃麟、林涵默、黃藥眠等人，對胡風、舒蕪、王戎、路翎、方然等人的理論和作品，也是百般的挑剔和苛責。一九四二年，黃藥眠撰「讀了『文藝工作底發展及其努力方向』以後」一文，攻擊胡風替文協寫的總結性論文——「文藝工作底發展及其努力方向」，說胡風把論文寫得「如此晦澀，如此不通俗」，使他讀了三遍才弄懂胡風的意思。並以充滿嘲諷的口吻說：「如果天才的哲學家所留下給我們的教訓是以淺白的語言傳達出深奧的道理，而這篇文章卻以深奧的名辭掩飾着理論的空虛。」（見「胡風文藝思想批判論文彙集」第一集十九頁，一九五五年作家出版社第一版）。一九四六年二月，何其芳撰「今天這大半個舊中國的中心問題到底在哪裏？」批評了胡風同黨王戎的「現實主義藝術不必强調政治傾向」的「非政治傾向」，提出「必須强調藝術應該與人民羣衆的結合」的加强「政治傾向」的主張，認爲胡風王戎等人「簡單地强調現實主義」，「簡單地强調主觀精神和客觀事物的緊密的結合」，已不足以適應「今天的現實主義要向前發展」的歷史要求（同前書四〇頁）。一九四八年，荃麟撰「論主觀」問題，又一次批判了胡風和舒蕪提倡的「主觀戰鬥精神」。他說：「無論從哲學觀點或文藝觀點上，我們都可以看出主觀論者理論的一個根本錯誤，即是他們把歷史唯物論中最主要的一部份——社會物質關係忽略了。因此也把馬克思學說最精采的部份——階級鬥爭的理論忽略了。」（同前書九四頁）一九四八年胡繩撰「評路翎的短篇小說」，指責路翎不該醜化和歪曲勞動人民，在小說中把勞動人民刻劃成「帶有精神奴役創傷」的「神經質」的「瘋子」（同前書一一二頁）。同年，作者又撰「魯迅思想發展的道路」，說明早期魯迅在「文化偏至論」所表現的思想是魯迅當時「對西方文化的看法是一種錯覺，把歐洲資產階級文化墮落時期的反動思潮看造了是新生的代表，以至以爲二十世紀的文明將在個人主義和主觀主義的基礎上振興」，指出魯迅成爲共產主義者後，已把這種思想克服之及揚棄之，而胡風舒蕪竟在現時重拾早已被魯迅揚棄的思想，重新提出發展個性，加强主觀力量的主張，其實質是站在資產階級、小資產階級立場「對於人民大衆的自覺的，集體的進取和改革的抵制」（見前書一二〇頁）。同年十月，林默涵撰「個性解放與集體主義」嘲罵胡風一伙是「破落的書香子弟」，整天只會在顧影自憐地談「個性解放」，而乘機在「那種虛僞的『個性解放』的招帘下，販賣個人主義的毒藥以破壞集體主義的精神」（同前書一三六頁）……兩大派旗鼓雙當，各不相讓，最初是論爭，繼之是罵陣，最後是混戰。由個人對壘變成了宗派報復，由擺事實講道理變成了漫罵侮蔑及人身攻擊，仇越結越深，恨越積越大，兩大派系無休止的罵戰在解放前的左翼文壇內一直糾纏了十多年。

（四）封鎖與反封鎖的鬥爭

胡風和國統區的中共文藝領導人之間的對立和鬥爭越來越尖銳，越來越激烈，終於引起了中共中央的重視。一九四四年七月，何其芳，劉白羽兩位「欽差」（胡風語）被派到重慶來解決兩派糾紛。「欽差」先後找胡風細談多次，一心要迫胡風談出「私房話」（註三四），再酌情處理。但是胡風卻以為代表「官方」的「欽差」們只會「在左右人士底說話中取平均數」，彼此很難說得通（談得投機）（註三五）；而且，胡風要反對的並不僅僅是領導國統區文藝工作的幾個中共負責人，他要反對的，是那個在中共控制下「幾乎無一有人氣」的令人「如履荊棘」的左翼文壇（註三六）；他要動搖的，是包括毛澤東「講話」在內的雄據了文壇「二十年的機械論的統治」（註三七）。這些「私房話」，當然不能向「欽差」說出來，即使說了出來，也一定不會獲得批准。胡風對自己為「拆壇」而開展的一切活動「從來沒有希望得到（中共）批准之心」，但中共卻總是要來「審定」它，所以胡風頗怪「欽差」們多事（註三八）。「欽差」們越迫他，他就越不肯說出「私房話」。他一會兒裝傻，說猜不着何、劉意之所指，一會兒又信誓旦旦，一口咬定自己「從來沒有打過什麼旗號」（沒有另立山頭的野心）（同註三八）……

由於胡風堅決不肯「交心」，雙方無法談得攏，中共領導人只好用較強硬的策略來逼迫胡風屈服：一方面加強文字上的圍剿（例如由一九四五年至一九四九年初集中火力猛批狠批舒蕪的「論主觀」），一方面施用釜底抽薪的辦法，扼死胡風系的作品和刊物，企圖從根本上消滅胡風集團的戰鬥力。

胡風集團的「機關報」是「希望」雜誌，中共也就首先向「希望」開刀；據胡風給舒蕪的信透露：連書店老爺都以爲刊物(翟案：指「希望」)犯了宗派主義（沒有廣約文壇大亨），托詞說四期起不能出了。你看，這是什麽世界（「材料一」：一九四五年四月十三日信）。

刊（翟案：指「希望」），二期已寄，收到否？困難，一言難盡，一些文人在設法謀殺它（「材料一」，一九四五年五月二十二日信。）

主要問題是刊（翟案：指「希望」），給密密地封鎖住了。……爲這刊，受氣受苦不小，但想來想去，打散兵戰也效力太小，被淹沒。眞不知如何是好。問題還是一個：要能妥協，刊就可出。但如果妥協，又何必出它呢（「材料一」，一九四五年七月二十九日信）！

中共在文壇的勢力眞大得驚人，連出版商也受他們控制。在重重封鎖中，胡風雖然沒有妥協，「希望」也沒有停刊，但到底也是逆水行船，難怪胡風要大呼「困難」了。

胡風投寄到其他刊物上的作品，當然也在被封鎖之列，胡風在一九四八年十月二十六日給舒蕪的信中揭露：「……我那篇（翟案：指胡風的「論現實主義的路」一文），給『中國作家』，但被龍兄(翟案：指阿壠)刺過的一小棍子在當此權，懷恨在心，發動揚晦，陳白塵等破壞，不讓刊出。還在暗鬥中」(引自「材料一」)。

中共的封鎖範圍，當然不僅僅限於「七月」這一份雜誌，也不僅僅限於胡風一人的作品。所有胡風集團的刊物和胡風分子的作品，都在封鎖範圍之內。形勢對胡風是很不利的，早在一九四四年一月，他就自嘆「我雖不配稱爲猛獸，但卻宛如被瑣（鎖）在欄中，即偶有喊聲，看客們也覺得與己無關，哀哉！而別一些人們，卻

覺得這喊聲也可厭可惡，還想鑲上不通風的鐵板。」（註三九）

當時還未鑲上的「不通風鐵板」，現在已鑲得七七八八了，胡風集團的處境也就更艱難困苦了。胡風當然不甘活活「悶死」（胡風口頭禪），他當然要反抗，要鬥爭；但是，這種反抗鬥爭卻又不能擺開陣勢公開對抗，因爲長期以來胡風一直是以馬列主義理論批評家的姿態活躍在左翼文壇上，憑藉着這種姿態，他在文壇上取得了一定的地位和聲名，如果他公開反對中共的話，這種姿態當然不能繼續保持下去了，一旦失去了這種姿態，他不但會失掉已取得的地位和聲譽，而且他的讀者和學生也會因他的「叛變」而離他而去，他將變得一無所有。

既然不能公開對抗，對中共的指揮棒就不能不佯裝服從，對中共文藝領導人就不能不假意敷衍，雖然二者都是胡風所深痛惡絕的。中共命他去罵國民政府與右翼作家，他立刻大罵特罵，而且罵得比誰都兇。每當中共發起紀念會之類的活動，胡風雖認爲是「無聊之至」，「照例對我是災難」（註四〇），但總要「擠出一篇八股文」來應付。爲此，胡風會向舒蕪發過無可奈何的牢騷：「……人生短促，這不曉得是命運開的什麼玩笑，然而，只得『忍受』。要做商人，只得和對手一道嫖賭，要在這圈子裏站着不倒下，也就不得不奉陪一道跳加官」（「材料一」：一九四四年三月二十七日胡風給舒蕪信）！

同理，胡風雖恨極中共文藝領導人以及他們的追隨者（胡風罵這些人爲「市儈」），但和「市儈」們見面時，卻又不能不虛與委蛇，於是，胡風創造了一套對付「市儈」們的阿Q式的精神勝利法，並把它向黨羽傳授：「……警戒他們（翟案：指「市儈」），肯定他們，用微笑包着侮蔑和他們握手言歡都可以，但如果對他們發生了一絲的希望，那就是自己汚辱了自己。」（「材料一」：一九四四年五月二十五日胡風給舒蕪的信。）

面對中共的文字圍剿，胡風一面指示黨羽，準備迎戰，一面又要求黨羽們改變以往的漫駡到底的方法，不要「太鬥鷄式」，而「要在戰略上加些防衞」，最好「在下筆前先變成老爺們（翟案：指中共文藝領導人），再來和變成老爺們的自己作戰，一面妨（防）止他們不懂，一面妨（防）止他們構成罪案」，除了用「以子之矛攻子之盾」的戰法向「老爺們」反攻，胡風還建議黨羽在鞭撻「老爺們」時最好使用「一種用橡皮包着鋼絲打囚徒的鞭子，打傷而表面上看不出傷痕」（以上可參看「材料一」）。

在反封鎖中，胡風還創造了一套「遍山旗幟」的嚇阻戰術：

雜文，甚有趣。……更好是每一篇一名，使我佈成疑陣，使他們看來遍山旗幟，不敢輕易來犯，快何如之（註四一）。

以上種種，卻是胡風集團爲了應付中共的組織壓迫和文字攻擊而採取的鬥爭形式，可以說是保守的和被動的。但是，在保存舊的據點和開闢新的據點以配合作戰，粉碎中共對自己集團的作品和刊物的封鎖的鬥爭中，胡風集團又採較積極的和較主動的鬥爭形式。

「希望」是胡風鑑於打散兵戰效力太小，而且容易被淹沒，因而集中力量創辦起來的同人雜誌。它不但是胡風系的喉舌，也是胡風賴以摧毀那個已被中共控制的文壇的「集束手榴彈」（註四二）。胡風在創辦「希望」時，早就下定了「與陣地共存亡的決心」（註四三）。全仗這種決心，胡風在中共的圍攻封鎖中，「一邊流血一邊走」（同註四二），絕不洩氣鬆勁，這個「陣地」終於被保存下來了。

如果說，「希望」的保存是胡風集團反封鎖鬥爭的大勝利；那麽，一系列爲戰略上配合「希望」而增設的大小據點的建成，使胡風集團在中共的圍剿和封鎖中更加發展和壯大起來了。例如：

一九四六年，四川的胡風分子方然等人分別創辦了「呼吸」、「脉搏」、「突擊」、「荒鷄小集」、「奔星小叢」等刊物，與「希望」互爲羽翼。（註四五）

一九四七年，胡風分子路翎，歐陽莊，化鐵等人在南京創辦「螞蟻小集」，與「希望」遙相呼應。（註四五）

一九四七年——一九四八年，胡風分子朱谷懷等人在北京編文藝刊物「泥土」雜誌，在京津各大學廣泛發行，配合「希望」作戰。（註四六）

一九四九年初，胡風分子在上海編「起點」雜誌……

除了新創刊物，胡風分子還紛紛在各現有的報章雜誌上主編副刊，佔領地盤，他們把自己的勢力觸角，擴展到各左中右雜誌：

一九四五年，中共喉舌「時代日報」創刊，胡風分子滿濤與王元化兩人主動建議要幫該報編週刊——「熱風」，由於「熱風」配合胡風作戰甚明顯，才辦了三個月，即被中共强令停刊。（註四七）另一胡風分子顧南征，乘「時代日報」人手不足，自告奮勇不要名義，不計報酬代跑新聞，贏得老編信任，乘機向「時代日報」副刊塞入大量胡風分子的文章。（註四八）

早在抗戰時期，胡風就托人介紹認識了重慶「新民報」的負責人陳銘德，以後就常替「新民報」撰稿。抗戰勝利後，胡風分子王戎又進入上海「新民報」當記者，送來大量胡風集團的稿子在「新民報」上刊登。（註

四九）

一九四六年十一月，胡風介紹賈植芳到孔祥熙的喉舌「時事新報」編週刊「青光」（註五〇），大量刊登自己集團的文章。同年二月，又介紹何劍薰到國民黨「新蜀報」編副刊「蜀道」，作爲「戰略上配合的小據點」（註五一）。

…………

圍剿與封鎖，不但沒能把胡風集團打垮，相反，胡風集團通過反圍剿與反封鎖的戰鬥，聲威更振，中共文藝領導人只好使出最後殺着，直搗黃龍叫「將軍」，藉口擔心胡風留在上海有危險，勸他到香港轉解放區，同時進一步面談文藝思想問題。在「迫與請的雙攻之中」（同註三一），胡風雖滿肚子不情願，但卻不敢不遵命（因爲當時已處於全國「解放」的前夜），一九四八年冬，胡風離滬赴港，一九四九年一月，乘船入東北解放區。由於胡風的離去，在「解放」前糾纏了近二十年的左翼文壇的「拆壇」與「護壇」的鬥爭，暫告結束。

附註

註一：魏猛克「揭發彭燕郊在湖南文藝界的罪行」、長沙「新湖南報」一九五五年八月十三日。

註二：舒蕪「致路翎的公開信」、「文藝報」一九五二年第十八期。

註三：參看胡風「在混亂裏面」「關於創作發展的二三感想」（原書九——二八頁）一九四五年四月作家書屋版。

註四：毛澤東「中國共產黨在民族戰爭中的地位」、「毛澤東選集」（合訂本，北京人民出版社一九六九年七月一版）五〇〇頁。

註五：見史莽「駁胡風在『論民族形式』中的錯誤理論」、一九五五年四月十日「浙江日報」。

註六：胡風「論民族形式問題」「附記」一〇三頁，學術出版社民國三十年四月版。

註七：同前書七六頁。

註八：同前書七一頁。

註九：「胡風文藝思想批判論文彙集」二集二五頁注二，北京作家出版社一九五五年版。

註十：舒蕪「從頭學習『在延安文藝座談會上的講話』」，一九五二年五月二十五日「長江日報」。

註十一：見舒蕪「關於胡風反黨集團的一些材料」，「人民日報」一九五五年五月十三日（簡稱「材料一」）所載一九四五年一月二十八日胡風給舒蕪信。

註十二：「材料一」：一九四五年六月二十六日胡風給舒蕪信。

註十三：黃藥眠「論約瑟夫的外套」、「胡風文藝思想批判論文彙集」一集八—九頁。

註十四：參看胡風「密雲期風習小紀」中之「田間底詩」和「吹蘆笛的詩人」。

註十五：胡風「在混亂裏面」一一五頁，「一九四五年四月作家書屋版。

註十六：同前書一一四頁。

註十七：同前書一六五頁。

註十八：胡風「爲了明天」「跋魯藜底『星的歌』」一四二頁，一九五〇年作家書屋出版

註十九：同前書八二頁

註二〇：姚雪垠「粉碎胡風反黨集團」、「文藝報」二十期，一九五五年五月廿二日。

註二一：巴金「必須徹底打垮胡風反黨集團」、「人民日報」一九五五年五月二十六日。

註二二：「文藝界反黨分子馮雪峯是丁陳集團的參加者，胡風思想的同路人」、「人民日報」一九五七年八月二十七日。

註二三：魏金枝「清算胡風的兩面派手法」、「人民日報」一九五五年五月二十三日。

註二四：參看胡風「在混亂裏面」一一四頁，作家書屋一九四五年版。

註二五：魏璧佳「胡風反革命理論的前前後後」、「文藝報」一九五五年第十四號。

註二六：以羣「徹底把揭穿胡風的政治面目」、「人民日報」一九五五年六月一日。

註二七：參看胡風「在混亂裏面」一五九頁及一七五頁、作家書屋三十四年四月版。

註二八：同前書一九五頁。

註二九：金灌「反革命的打手——方然」、「浙江日報」一九五五年五月廿八日。

註三〇：見「關於胡風反革命集團的第三批材料」、「人民日報」一九五五年六月十日（簡稱「材料三」）。

註三一：魯賈「揭露胡風反革命的一件罪行」、北京「光明日報」一九五五年七月九日。

註三二：方然「論唯心論的方向」（上一），刊自「螞蟻小集」之三「歌唱」。

註三三：「材料一」：一九四四年七月廿二日胡風給舒蕪信。

註三四：「材料一」：一九四六年二月十日胡風給舒蕪信。

註三五：「材料一」：一九四五年六月十三日胡風給舒蕪信。

註三六：「材料一」：一九四八年十月二十六日胡風給舒蕪信。

註三七：「材料一」：一九四五年十一月十七日胡風給舒蕪信。

註三八：「材料一」：一九四四年一月四日胡風給路翎信。

註三九：「材料一」：一九四五年十月十七日胡風給舒蕪信。

註四〇：「材料一」：一九四四年九月二十九日胡風給舒蕪信。

註四一：「材料一」：一九四五年一月二十四日胡風給舒蕪信。

註四二：「材料一」：一九四四年五月二十五日胡風給舒蕪信。

註四三：見沙汀在人大發言稿，「人民日報」一九五五年七月廿九日。

註四四：方輝「胡風分子歐揚莊的反革命罪行」、「新觀察」一九五五年九月一日

註四五：吳晗「一定要徹底粉碎胡風反革命集團」、「人民日報」一九五五年六月十四日。

註四六：「胡風集團是怎樣進攻『時代日報』的」（前「時代日報」編輯部同人合寫）「文藝報」一九五五年八月十五日。

註四七：同註四七。

註四八：陳銘德、鄧季惺「毒蛇是無孔不入的」、「人民日報」一九五五年六月二十七日。

註四九：「材料一」：一九四六年十一月二十七日胡風給舒蕪信。

註五〇：「材料二」：一九四六年二月十日胡風給舒蕪信。

第四章　所謂解放後胡風的「拆壇」鬥爭

（一）所謂解放後中共政權統制思想的新手法

一九四九年十月一日，中共政權的建立，大大地强化了她對意識形態範疇內的統治和控制能力。

在中共政權成立以前，中共對意識形態領域（特別是文藝領域）的統治和控制，主要是依賴當時中國的知識分子在愛國救國的熱情燃燒下對馬列教義所產生的盲目的信仰和崇拜，所以說它是「盲目」，是因爲它的信仰者對自己的崇拜和信仰物並不眞正了解，卻一意認定了只有它（共產主義）才能救中國，因而强逼自己去服從它，信仰它，甚至爲它而自我犧牲。在某些人的眼中看來，這種盲目的忠誠當然是不免流於愚蠢和固執，共產主義也不見得眞的能救中國，不過，誰也不能否認（也否認不了）在這種「愚蠢」和「固執」的背後，是有一種中國士大夫的「以天下爲己任」的傳統道德自律精神作爲支柱的。一旦知識分子的道德自律精神減弱了，或者知識分子對共產主義的功用產生了懷疑，就一定會動搖了甚至消弭了中共對文藝界的統治和控制力。如果中共要繼續保有她在文藝界的統治權和控制權，她就不能不乞靈於行政命令或暴力鎮壓等高壓手段，强迫已產生離叛之心的文藝家繼續在馬列教條的指揮棒下跳舞。然而，高壓手段的實施，必須要依仗政權的助力，中共在立國前，對魯迅和胡風的多次拆臺和對抗，並非不想鎮壓，而是手中無權，無法鎮壓而已。立國後，形勢逆轉，中共手中已掌握了對文藝家的生殺權柄，當然就再也不容許有任何拆臺和對抗的事件在她的統治下發生了。

中共靠搞政治起家，自然深知統制思想對鞏固專制政權的重要性。爲了要嚴密地控制中國的知識分子，她汲取了中國歷代封建王朝對思想統制的經驗。這些經驗又可簡單地歸納以下兩大類：一類是以秦始皇爲代表的焚書坑儒（鎮壓），一類是以漢武爲代表的罷黜百家，獨尊儒術（利誘）。中共則把鎮壓和利誘兩種手段結合起來，交替使用。在立國四年內。接二連三地在全國範圍內掀起大規模的「鎮反」、「反武訓」、「反胡適思想」等運動，就是企圖用雷霆霹靂的威懾手段，銼折知識分子的反抗銳氣。而對郭沫若、茅盾、巴金、丁玲等較馴服的文學家，則委派他們兼領人大代表，文聯作協正副主席等虛銜，就是企圖用利祿之途，誘騙知識分子死心塌地的跟自己走。

除了活學活用中國歷代帝皇駕馭知識分子的經驗外，中共又把斯大林控制知識分子的策略，移植到中國來。才一解放，中共就迫不及待地模仿蘇聯成立了文聯和作家協會，把全國所有的報刊雜誌，統統都分隸全國各大小文聯作協，變成各文聯作協的機關刊物。任何文藝家，必須要首先加入文聯或作協，然後才可能有地盤發表自己的作品，爲了生存，全國的文藝家都不得不加入了文聯或作協。這樣一來，原來過慣了自由散慢的生活的文藝家們統統都被逼要在嚴格的組織紀律下討生活了。負責監視他們的，有中共的人事幹部（特務）；負責控制他們的，有文藝作協的中共黨組。古今中外的統治者對知識分子的控制，到了中共才算是集其大成。中國的文藝家們在這種空前(也可能是絕後)的嚴密控制之下，就像站在如來佛掌心的孫大聖，一翻筋斗就會被壓在五指山下。

(二)胡風集團在所謂解放後的艱難處境和所受的逼害

一貫在左翼文壇內處於「反對黨」地位的胡風集團，當然是被中共列爲重點肅整的對像。在高壓的氣候裏，胡風集團的處境就變得異常艱難困苦了。

他們的活動和人身自由都受到了限制，等於被帶上了枷，胡風給路翎的信中提到：

文藝這領域，籠罩着絕大的苦悶，許多人等於帶上了枷，但健康的願望普遍存在着。小媳婦一樣，經常怕挨打的存在着。……(註一)

除了「帶枷」，他們連「咳一聲都會有人來錄音檢查」(註二)，他們在北京無法立足，即使在他們的老巢上海，也同樣是「困難得很，蒼蠅蚊子太多」(翟案：蒼蠅蚊子指周揚的黨羽)(註三)，因此，胡風忍不住要大罵這被「殭屍統治的文壇」了(註四)。

負責監督鞭策文藝家的責任的都是些御用的批評家，這些批評家又大都是當權者，只有他們在「耀武揚威」，而「別人哼都不敢哼」(註五)。他們都是「長了硬殼的幸運兒」(註六)，只有他們用皂隸式的機械主義批評去刺傷別人，而別人的反批評卻動不了他們一根毫毛。當然，這些「長了硬殼」的「批評家」就是胡風的老對手周揚、何其芳、林默涵等人。胡風要和他們作戰，很明顯是處於絕對的劣勢的。這種不公平的待遇令胡風很光火，他在他的長詩「時間開始了」中的「光榮讚」中，發出露骨地詛咒：「驅逐掉那些邀功驕傲的心理，憑這去抵抗那些輕浮的得意忘形，發臭的名位算盤，僵死的官僚主義」；「誰要用輕薄侮蔑的態度對待戰友，用高居臨下的目光對待人民，他就等於潑冷水，做了一份瓦解工作，在鬥爭內部當了敵人的內應，汚辱了『人』這個神聖稱呼」……（註七）

無論胡風如何咒罵，周揚等人依舊用「高居臨下」的目光去「輕薄侮蔑」他，全國各文化部門的領導權，大都控制在周揚系的手裏，由於周揚們的排斥，胡風分子連要找工作也不容易。在籌備成立華東文聯時，劉雪葦曾建議由胡風來擔任華東文聯主席，自己來當副主席，並調大批胡風分子來「幫弄華東」，但立刻受到周揚等的制止和斥責（註八）。胡風曾向馮乃超（中山大學副校長）力荐朱谷懷到中大當副教授，也是由於周揚派的掣肘，朱谷懷的副教授終於沒能當成，只能在廣州五中教書。蘆甸曾向華北文聯黨組織建議調胡風分子阿壠到文聯工作，不但沒有成功，反而挨了黨組的批評。謝韜曾以胡風分子方然的才能勝已十倍為理由，游說北師大校長陳垣請方然來北京師大馬列教研組任教，也因周揚系的從中作梗而沒有成功……

各報刊雜誌和出版機構也大都為周揚系所控制，胡風集團要刊出作品也不容易。胡風「驚住了一切人」的長詩「時間開始了」，就曾被「人民日報」退稿（註九）。路翎的小說也很難刊出，即使胡風等用改頭換面的方法，把路翎的小說改了作者和題目名，再抄寄給中共的報刊雜誌，但是刊物的老編還是根據小說的筆法和風格認出了路翎，稿子最終又被退回來了（註十）。另一胡風分子耿庸的論文集「阿Q正傳研究」，寫好了一直找不到地方發表，最後由賈植芳拿去給文化工作社，聲明「報酬不計，不要都可以」，但文化工作社懾於中共的淫威，還是不敢刊出（註十一）：：據胡風形容當時的困境：「上海文壇被幾個猛人馳騁着，我們出書出刊物都不可能，北京太擠，武漢湖北似乎茫無頭緒，是以香港餘風（翟按：指喬冠華，林默涵等反胡風派）爲指針的。……」（註十二）

當然，胡風集團在解放初也建立了好幾個地盤，一是上海的「起點」，一是北京的泥土社，一是上海的新文藝出版社。但是，胡風卻不大敢在自已的地盤內出版自已集團的書刊，因爲他要保存實力，生怕這些地盤出版了自已集團的書刊會遭中共之忌，以至「受到『組織』手段的妨害」而「壽終」（同註十一）。

對於僥倖登了出來的胡風分子的作品，周揚等則用盡千方百計去醜詆之，設法使其賣不出去，或者乾脆用行政命令禁止書店出售，上海新華書店就奉命不賣胡風的「掛劍集」（註十三）；阿壠費了十年時間寫了一部長達六十多萬字的論文集「詩與現實」，在周揚系控制下「光明日報」、「文藝報」、「文藝月報」立刻在書評中給予毀滅性的批評，使這本書不能賣出(註十四)；路翎千辛萬苦地在北京青年劇院寫好了「人民萬歲」和「英雄母親」兩劇本，但劇院院長吳雪是周揚的黨羽，一聲不通過路翎這兩劇本就終於不能演出。除了禁賣與禁演之外，胡風、魯藜的詩、阿壠的論文，路翎、冀汸的小說，蘆甸的劇本……統統都受到周揚系的批評家的肆意醜詆和攻擊。例如阿壠在「文藝學習」第一期和「起點」第二期分別發表了兩篇論文「論傾向性」和「略論正面人物與反面人物」，文中不愼引錯了馬列條文，周揚等立刻命陳涌，史篤撰文攻擊阿壠「歪曲和僞造馬列主義」、把「特務的著作推荐給讀者作範例」……硬要把重得可怕的罪名强栽到阿壠的頭上(註十五)。

由這例子，我們不難了解胡風爲什麼要在意見書中控訴這種批評實質上是「暗殺政策」、「誅心之論」以及是

「用土法官對付鄉下人的辦法把我做成了一個不能翻身的罪人」了(註十六)。

除了文字上的封鎖和圍剿外，周揚等對胡風集團還採取了組織壓逼的手段，企圖用雙重的壓力，把胡風集團壓散。一九五二年一月，天津文聯黨組開會討論蘆甸的文藝思想，强迫蘆甸檢查與胡風的關係，並在黨刊「建設」上公開批判蘆甸袒護胡風分子阿壠的行爲(註十七)。周揚等還利用職權，把那些本來和胡風派毫無牽連的事件，硬要和胡風分子扯在一起，矛頭一轉，把本來針對別人的肅整，變成了針對胡風分子。例如一九五一年初的「反武訓」的文藝整風，以及一九五二年末的反官僚，反貪汚，反浪費的「三反五反」運動，根本和胡風派沾不上邊，但周揚等卻設法把運動的火力轉移到胡風集團身上，在文藝整風中，胡風來往於北京上海之間，阿壠得蘆甸通知，避在湖南不回天津，這次大鬥爭總算是被他倆巧妙地避過了。不過，其他胡風分子可沒有他們兩人這麽幸運，都在運動中受到不同程度的衝擊。路翎、綠原等都被責令檢查交代思想問題……大多數胡風分子都能咬緊牙捱過了這一風暴，但是，有些則在肅整中動搖了或變節了。動搖分子是由於怕事，爲自已打算計，因而被迫向周揚等屈服(如王元化等人)(註十八)，變節分子爲了向上爬而主動賣友求榮(如舒蕪等人)。王元化的動搖，並沒能給胡風造成太大的損害；而舒蕪的變節，則給於胡風集團以最沉重的打擊和破壞。因爲舒蕪是能夠參與核心機密的少數胡風分子之一，也是胡風集團的最重要的指導理論——「主觀戰鬭精神」的創造者之一。爲了他，胡風集團曾和中共的文藝領導人長期進行筆戰。由於他的叛賣，胡風集團無論在組織上理論上，都被撕開一個無法彌補的大缺口。

周揚收買利用降將很有辦法，早在解放前，他就把胡風一手捧紅的幾個青年詩人如田間，鄒荻帆，艾青等收爲己用。一九四九年，他指使田間在張家口寫信「勸告」胡風「主動放棄反對黨的立場」（註十九）。一九五〇年四月，他又命鄒荻帆寫信給綠原，叫綠原勸胡風主動檢討（註二〇）。同年五月，他又命賈植芳之兄賈芝向賈植芳進行露骨招降（註二一）。周揚也明知這些招降與逼降信並不眞能使胡風屈膝投降，但卻是一種動搖胡風集團軍心和士氣，使胡風集團成員互相猜忌的心理戰和神經戰，所以他一直把這些工作當成與胡風集團明爭暗鬥的重要策略之一。舒蕪的降服使他的手上多了一張克敵制勝的王牌。一九五二年六月八日，「人民日報」公開轉載了舒蕪的「投降書」——「從頭學習『在延安文藝座談會上的講話』」，同年九月在「文藝報」第十八期刊載了舒蕪譴責胡風集團及向路翎等人公開招降的信件——「致路翎的公開信」，「人民日報」及「文藝報」以黨和領導者的姿態，分別在舒蕪兩文中加了編者按，這兩編者按，實質上是法官對罪犯的判決書。在判決書中，胡風集團被中共判決爲「在基本路線上是和黨所領導的無產階級的文藝路線——毛澤東文藝方向背道而馳」的「文藝小集團」。

除了利用舒蕪寫倒戈招降文章外，周揚等還把舒蕪當成一枚分化瓦解胡風集團的過河卒子，胡風的兩個最得力助手——路翎和綠原，成了周揚首先要爭取的目標。據綠原自述：「吳止（翟按：「吳止」即「無恥」的諧音，自舒蕪倒戈後，胡風集團對他恨入骨髓，直呼無恥而不名）第一次之發表後，這裏就開始了對我的關懷，從三反批評起，原只說在內部檢查，但到信和日報號召發表後（翟案：「信」指舒蕪「致路翎的公開信」、「日報號召」指「人民日報」編者按），就說要寫文參加了。一直拖，拖不下去，寫了一篇，沒有通過。……」（註二二）

很明顯，「關懷」的目的就是要綠原和舒蕪一樣寫討伐胡風的文章。爲了達成這目的，同年八月中，周揚曾派舒蕪到武漢去游說綠原降服（註二三）。九月，舒蕪發表了「致路翎的公開信」後，又寫信給綠原試探他的反應（同註二二）。綠原在胡風的多次來信指導下（詳見「材料二」），一直用拖延辦法應付，實在拖不下去就寫一篇「從自已談到自已爲止」的文章塞責（同二二）。完全避而不談胡風及胡風集團其他人，弄得周揚等毫無辦法。

路翎在胡風的衆弟子中，是最有才能而且在文學上的成就也是最大的一個。他是胡風最親信的人，能把他收爲己用，强勝舒蕪十倍。爲爭取他降服，周揚不惜親自出馬。文藝整風不久，路翎所在的工作單位——中國青年藝術劇院就決定改屬中央文化部領導(周揚是副部長)。周揚曾親自找路翎談話多次，要路翎和胡風劃清界線。但路翎在胡風的指示下，無論周揚「硬來軟來」，都用「以軟包硬的好態度去對之」，既不和周揚衝突，但也決不隨便後退一步，周揚也一時拿他沒辦法（註二四）。

舒蕪的降表是一九五二年五月二十五日首先在「長江日報」登出來的，由死硬的「反對黨」一變爲周揚等人的最「馴服的工具」，這個轉變，自然不是一朝一夕的事，當中必然經歷過一段激烈的思想鬭爭過程。比較合理的分析，應該是早在一九五一年十一月二十四日胡喬木、周揚等人在北京召開文藝整風的「學習動員大會」時，周揚等人即已着手開始爭取舒蕪的工作。到了一九五二年三月，周揚突然對藘甸透露，「討論胡風問題的時機成熟了」（註二五），這就證明周揚等爭取舒蕪已有眉目了。舒蕪的倒戈，造成了中共文藝領導人對胡風集團全面攻來之勢。爭取路翎，綠原，不過是總攻中的一枝利箭，另一枝利箭，則由「文藝報」射出。「文藝報」第六十六期的「讀者中來」一欄裏，發表了一篇題目叫作「對胡風文藝理論的一些意見」的文章，作者以讀者身份控訴胡風對他的毒害，並呼吁「我迫切地要求對這些錯誤的文藝理論進行批判！」同時，在「文藝報」的第十五號「內部通訊」（註二六）上，刊登了兩封「文藝報」通訊員的反對胡風文藝理論的來信，編輯部還在信前加了這樣的按語：「希望這兩封信能引起所有通訊員同志的注意和研究……詳細地把自已的認識和理解，以及閱讀胡風文藝理論的過程告訴我們」（註二七）。

胡風是個有着與中共文藝領導人鬬爭的豐富經驗的人，「聞一聞空氣就早曉得要下雨的」(見「材料二」)。他雖沒有資格看「內部通訊」，但他的一些有「文藝報」通訊員資格的黨羽卻把「內部通訊」寄給他。他讀完後，立刻作出如下分析：

> 那「批評」（翟案：指「文藝報」對胡風的批評）當然不是一件小事，這是醞釀了三年以來的殺機。…十五號的「內部通訊」，即向通訊員徵求胡某文藝思想的稿件，等於一次戰鬬動員（「材料二」，一九五二年四月十六日胡風給冀汸信）。

胡風的分析一點也沒有錯，在戰鬬的動員後，猛烈的總攻就開始了。一九五二年十月，胡風被中共文藝領導人逼着在北京寫了兩個月的檢討。十二月十一日，北京召開胡風文藝思想討論會。周揚，何其芳等人希望通過討論會達到以下任一目的：逼胡風無條件投降或且逼胡風站出來公開對抗。能使胡風無條件投降當然已是大獲全勝，但如果胡風不肯無條件投降，只要能逼他站出來公開反抗，也可以把早就準備好的「反黨」帽子，硬套到胡風頭上，再從容撲殺之。胡風洞悉了中共文藝領導人的企圖，他既不肯放棄原則而投降，也不願給中共文藝領導人造成鎮壓的藉口。他在會上作了檢討，但卻只是檢討了個別重要問題（對「五、四」的認識錯誤），卻「反而把自已的文藝理論描寫爲基本上是正確的，只是在個別問題上看法有錯誤，只是在做文藝理論工作的時候有某些技術性質的缺點，具體作品的批評寫得太少，文章裏的語言又常常缺明乏確的科學性……」（註二八），胡風這種「以軟包硬」的態度，這周揚何其芳等不能說他完全沒有檢討，但檢討了卻等於沒有檢討。兩個目的都不能達到，何其芳等當然「很不滿意」（同註二八），在開會，會後，都用口頭或文字炮轟他（同註二八），不過卻暫時還沒有藉口用專政工具對付他，只好暫時罷手。

（三）胡風集團的反抗和鬥爭

在極艱難與極不利的處境中，胡風並沒有放棄他要拆毀中共控制的文壇而另建一以自已爲中心的新文壇的努力，他在給牛漢的信中，表現了他這一鋼鐵般的信心：

……但我在磨我的劍，窺測方面，到我看準了的時候，我願意割下我的頭顱擲出去，把那個髒臭的鐵壁擊碎（「材料二」）。

「解放」後胡風集團與中共文藝界領導人鬬爭的路線，是沿着解放前的軌迹演變下去的。

（1）保存力量

由於中共已掌握了大陸的政權，隨時準備用專政的鐵腕敉平任何公開敵對的行爲。形勢，決定了胡風若要繼續鬥爭，首先必須要「正視現實，愛惜力量」（註二九）。爲了減少「不必要的傷亡」（同註二九），胡風和綠原都反對路翎「赤膊上陣」的辦法（註三十）。張中曉的文筆鋒芒太盛，罵人過於刻毒，胡風則去信告誡他改正：

我想，你的文章寫法，要好好改進，突擊式地刺入一點，現在絕對不能被接受的。當然，尖銳性無論如何不能失去，但要寄託在分析和說明裏面，而且要警惕「態度」問題，現在所對的並不是「敵人」，而且都是領導者呀！再就是，要看些馬列主義和蘇聯的文藝理論批評，爲了「字面」上要站穩「立場」，一不小心，別人就會用這打死你（「材料二」）。

擺出不但不反對，而且堅決擁護共產黨的姿態，也是胡風集團「保存力量」的重要策略。胡風在以下幾個方面擺出了擁共姿態：

（甲）擁護毛氏「講話」——毛氏「講話」本來是中共文藝領導人用以壓制文學創作自由及文藝家人身自由的最重要法規，胡風在「解放」前曾撰文與其大唱反調，解放後，胡風在私信中，也曾大罵「講話」是「把現實主義底生機悶死」的「圖騰」，張中曉也在私信中罵「講話」的「本質是非現實主義」的。但在公開場合，他們又做出一副毛氏「講話」的擁護者的姿態，胡風甚至「打算着手寫一篇文章，抓一兩個中心點（不談過去），擁護『講話』」（詳見「材料二」和「材料三」）。

（乙）寫新人物及應景文章以明心迹——爲了表示擁護社會主義，胡風寫了一本歌頌工農兵英雄人物的特寫集——「和新人物在一起」，爲了證明自已服從黨的領導，每逢慶節或有重要事件發生，胡風都能奉命擠出一兩篇應景的八股文（後編成雜文集「從源頭到洪流」），歐陽莊還嫌胡風寫得少，又建議胡風「再寫幾篇新人物，以明心跡坦蕩」（註三一）。

（丙）工作爭取領導人點頭——胡風曾授意路翎裝作尊重領導的樣子，把「人民萬歲」和「英雄母親」兩劇本在寫好後首先拿去徵求劇院院長廖承志的意見，爭取廖承志同意交劇院演出，一方面，表現自已服從領導。一方面，萬一周揚等責怪下來，也有領導的肩膀頂住。

（丁）爭取入黨——綠原曾向胡風建議「和這些老爺們糾纏，也得深入到他們的肝臟裏面去，不然會碰到一些意想不到的打擊」（註三二）。入黨，就是深入肝臟的最好辦法，入黨，更是以最實際的行動證明自已擁共的最有效的措施，因此，胡風集團各成員都把爭取入黨視爲「一場鬥爭」（註三三）。胡風、阿壠、朱谷懷、綠原、方然、羅洛等胡風分子都曾多次申請入黨，胡風甚至在送上「意見書」（御狀）時還沒有忘記同時送上入黨申請書。儘管周揚等百般阻撓，致使胡風和他的大部份學生入不了黨；但是，綠原，方然，羅洛等小部份胡風分子，還是在周揚等防不勝防的時候「鑽」入共黨裏來了。

（2）開闢據點

「保存實力」是較消極的方法，它只是一種手段，並不是目的，胡風集團的目的，是要推翻被共產黨教條操縱控制的中國大陸文壇，另建一個以「現實主義」爲指導方針的新文壇，要達到這目的，只知道「保存實力」是不夠的。「在保存實力」的同時，還必須爭取、聯絡更多的志同道合的朋友，加盟自已的陣線，開闢更多的「據點」，做好發動羣衆的工作，才有可能取得最後勝利。發動羣衆、開闢據點、爭友人與聯絡人，都需要很長時期的工作才能奏效，胡風曾爲此作出一個五年計劃：

……我們會勝利，但那過程並不簡單罷，我想，還得更沉着，更出力，以五年爲期並不算悲觀的（同註二）。

有陣地才能作戰，開闢據點成了胡風集團的「五年計劃」的第一項任務，在胡風分子的共同努力下，在天津、上海、杭州、武漢、北京等地，都開闢了一些新據點：

（甲）天津——由於天津是文化新區，以前沒有文壇，中共的控制較弱，所以胡風集團把天津當作重點開闢區。一九五〇年阿壠被胡風派到天津，協助當時主持天津文運的胡風分子——天津文協主席魯藜、祕書長蘆甸等人展開開闢工作。他們爭取了天津文協的「四大金剛」馮（大海）李（離）何（苦）余（曉），控制了整個文協黨組，主編天津文協機關刋物「文藝學習」及「天津文藝」。南開大學、天津師範學院、天津各報都有他們的人。一九五一年文藝整風時，中共天津市委負責人指責天津文聯問題嚴重，被胡風所控制，魯藜、蘆甸和阿壠（非黨員）共同起草了一份報告，反對市委的指責，並用天津文聯黨支部名義把報告送交市委。力量之大，可見一斑。可以說，天津是胡風集團實力最强的一個據點。

（乙）上海——上海文壇本來被周揚系的大將夏衍、于伶等「幾個猛人馳騁着」的，胡風連出書出刋物都不可能。幸而過了不久，峯迴路轉，胡風分子彭柏山在一九五二年初被中共調到上海代黃源任華東軍政委員會文化部副部長，另一胡風分子劉雪葦任文化處處長（按：二人均爲老共產黨員，一如天津的魯藜、蘆甸）。彭、劉二人的肩膀可以頂住華東，他們把大批胡風分子如梅林、張中曉、羅洛、王元化等人拉進了華東唯一的出版機構——「新文藝出版社」，掌握了出版社大部份的權柄，出版了一些胡風集團在其他出版機構無法出版的著作，彭柏山和劉雪葦二人還利用職權，强行壓制了上海周揚系人馬對胡風集團的多次圍攻。例如一九五一年，夏衍于伶等人準備開會鬬爭在「反武訓」中針對他們的胡風分子張禹等人，一九五三年解放日報批判冀汸小說「這裏沒有冬天」，都被彭、劉二人强行出頭制止。此外，在復旦大學，「文滙報」，上海「新民報」等部門，都有胡風分子在其中起作用。經過幾年慘淡經營後，上海終於成了胡風集團的第二個大據點。

（丙）武漢——胡風分子曾卓任武漢文聯副主席，是武漢文聯的實際負責人（正主席是掛名的）。綠原，王采負責編輯武漢文聯的機關報「大剛報」（後改名爲「長江日報」）。此外，曾卓曾在武漢大學兼課，對武大學生也很有影响力。武漢也是胡風集團的重要據點之一。

（丁）杭州——胡風死黨方然任浙江文協主席，主編「浙江日報」「文藝週刊」，另一胡風分子冀汸也是文協創作組組長，方然還是杭州安徽中學校長，對學生也有一定的影响力。杭州也是胡風集團的重要據點之一。

（戊）北京——北京一直在中共的嚴密控制之下，要想在北京開闢一個像天津、上海一樣的據點，是不可能的。胡風把路翎介紹到北京的中國青年劇院編劇，主要是幫助路翎解決生活問題，並不存有開闢據點的太大野心。胡風本人也覺得離開北京，耳目不靈，接觸面不大，總有若即若離的狀況（註三四），不便指揮作戰，於是通過謝韜向周恩來的聯絡員于剛透露：「一、幾年來胡想工作，二、想搬來北京，得不到幫助。」（註三五）胡風和周恩來可能在重慶時期私交不惡，周恩來眞的幫了他的忙，把他調到北京中國文學研究所教書，並派他兼任「人民文學」的編委，胡風總算在北京找到了立足之地了。

除了以上地區，其他胡風分子在東北、江西、四川、南京、廣州、湖南等地，也建立起一系列小據點。

（3）發動羣衆

爭取人、聯絡人、放手發動羣衆的工作，與開闢據點的工作同時進行。在各地的胡風分子中，又以天津地區的胡風分子把這些工作做得最好。阿壠在寫成「論傾向性」一文後，立刻向中共天津文藝領導人方紀請教，方紀指出一些意見，阿壠立刻點頭稱是，動筆修改，一直改到方紀完全滿意爲止，後來該文受到「人民日報」批判，方紀便認爲「人民日報」的做法太過份了。方紀的小說「讓生活變得更美好罷」，也受到「人民日報」的批評，阿壠立刻寫信去安慰他，方紀心中感激，引阿壠爲知已（註三六）。天津黨委追究蘆甸偏袒阿壠的責任時，方紀也不爲已甚，「轉了點彎」，讓蘆甸「滑過去了」（同註十七）

阿壠、蘆甸等人經常到學校參加聚會，逢請必到，經常舉辦文藝沙龍、文藝演講會、朗誦會等節目，吸引文學青年。他們還熱心地到天津各高校兼課，熱情地替青年學生修改稿子，介紹出版，阿壠甚至替來訪的學生裝煙倒茶，半點教授和作家的架子也沒有，他們的熱心、努力、負責、謙卑的精神，極受天津文藝青年和高校師生的尊敬和歡迎。天津師院中文系的學生，把魯藜的詩當作格言，每人都能背誦幾首。在反胡風的高潮中，天津竟有一稅局幹部上書黨中央，表示完全擁護胡風的意見，直到人民日報公佈了胡風的第三批材料後，天津師院中文系有人寫信到天津日報揭發阿壠等人對中文系師生的「放毒罪行」，該校中文系的團支部書記召集同學聯名寫信到天津日報否認之，要求天津日報更正（註三七）。

能夠令到青年甘冒坐牢的危險，自覺自願的挺身而出替其抗爭，光從這一事實，已足夠說明了天津的胡風分子把聯絡人，爭取人的工作，做得何等成功。

（4）向中央告御狀

如果胡風集團繼續埋頭從事這種工作，十年八年後，說不定眞有與周揚之流一決勝負的機會。可惜到了一九五二年中，胡風在這種只能挨打，不能還手的屈辱處境中沉不住氣了。其實早在一九五一年六月，綠原就首先沉不住氣了，他寫信向胡風抱怨，生怕再沉默下去，自已就會變成「鮑魚」（翟按：意即「如入鮑魚之肆，久而不聞其臭」），變成麻木的「木乃尹」（註三八）。一九五二年二月三日，綠原又去信提醒胡風：「你知道，由於長久的『敬神』，多少年青可爲的力量逐漸從惶惶然而淪於麻痺，也就是你所說的『發霉』。但，這個現象不正能增加我們的責任感麼？同時也不正提高了我們的鬥爭的警惕麼？」（見「材料三」）

沉默，會使戰友變成「木乃伊」；沉默，也會任由那些自已集團正準備要全力爭取的青年力量因長久敬神而「麻痺」和「發霉」。一旦失去了戰友，失去了青年，胡風就會變得無事可爲。綠原的信，引起了胡風的警惕和責任感。更兼同年五月，胡風集團被周揚借「整風」及「三反五反」的機會逼迫，引起了舒蕪的叛變和王元化的動搖。胡風生怕再不主動出擊，周揚等會多搞幾次運動，在自已的集團內攻開更多更大的缺口。於是胡風終於接受了盧甸的建議，把隱蔽鬥爭變成公開鬥爭，把被動的防守的戰略方針一改爲主動進攻的戰略方針。他又知道周揚是整個文壇的統治者，和周揚們在文壇裏硬幹一定沒有勝利的希望。所以他決意跳出文壇之外，直接向中共中央告狀，給周揚等來「一記悶棍」（註三九）。周揚以往對胡風集團的種種逼迫，無非是要「引蛇出洞」，逼其跳出來進攻，好找藉口撲殺之。胡風的進攻策略，正好中了周揚們的圈套。胡風的「悶棍」

（意見書）非但沒能打中周揚們，反而反彈回來打死了自已。

為了準備「意見書」（御狀），胡風本人先做了歷時一年半的「理論上的挖心戰」（「人民日報」編者按：指從根子上破壞黨的文藝政策，文藝理論）。接着又動員了整個集團的精銳，收集資料，討論大綱，分部編寫，審查理論，以至專人抄寫，一共又忙了半年多，直至一九五四年七月，「意見書」才大功告成。本來是準備聯名向中共中央上書的，但怕被中共扣上組織「小集團」的罪名，於是改用胡風個人出面，把「意見書」送交中共中央責貨人。為了配合胡風的進攻，又要「避免雷同與一齊攻上去」之嫌，胡風的黨羽蘆甸、方然、路翎、阿壠等人分別寫信給黨中央，控告文藝界的各共黨負責人，他們以為這種做法，既可互相呼應，又不會「互相牽扯，陷於被動」（均見「材料三」）。

胡風的「意見書」，近三十萬字。由於它極其重要，筆者擬另作專文討論。在本文只能略提一提它的簡單內容及基本精神。

胡風的意見書，共可分為兩大部份，第一部份是「關於幾個理論性問題的說明材料」，第二部份是「作為參考的建議」。

「關於幾個理論性問題的說明材料」，主要是針對着一九五三年「文藝報」二月號、三月號刊載的林默涵、何其芳的兩篇批判胡風的文章：一為「胡風的反馬克思主義的文藝思想」、一為「現實主義的路，還是反現實主義的路」，提出全面的反批判。這種反批判又可分為六大部份：一是「關於現實主義的一個基本問題」，二是「關於生活和生活實踐」，三是「關於思想改造」，四是「關於民族形式」，五是「關於題材」，六是

「關鍵在哪裏」。

（1）「關於現實主義的一個基本問題」。林默涵，何其芳認為：社會主義現實主義者「首先要具有工人階級的立場和共產主義的世界觀」，而「對於社會主義現實主義者，創作方法如世界觀是不可能分裂而只能是一元的」，並且，「在階級社會裏，無論怎樣的現實主義都是有階級性的」，而胡風「始終離開階級的觀點，看不到各種不同的現實主義的階級性」，同樣也「看不到舊現實主義和社會主義現實主義的根本區別」，也看不到資產階級現實主義和無產階級現實主義的「原則區別」，他片面地不適當地强調所謂「主觀戰鬥精神」，而沒有更强調忠於現實，强調文學的階級性，這根本上是反現實主義和「否定文學藝術中的黨性的原則」。而胡風則認為，向作家要求首先具有工人階級世界觀，是早在一九三二年被俄共清算了的「拉普」派理論；而强調世界觀與創作方法的「有機統一」，更是在一九五〇年被俄共當作新拉普派重加清算的A．別里克的理論；只有「通過藝術特徵眞正地反映了歷史眞實的纔叫做現實主義」，所以，現實主義無所謂階級性，也無所謂舊現實主義和社會主義現實主義、資產階級現實主義和無產階級現實主義的區別，只要你是偉大的人道主義作家，「痛切地感到人民底苦難和渴望」，再用藝術形式忠實地表現它，反映它，「通過文藝底特殊機能進行艱苦的實踐鬥爭，通過實踐鬥爭的勝利」，你就能達到現實主義的最高度，甚至「達到馬克思主義」的高度。胡風並且强調，他提倡的「主觀精神」，正是「抗戰初期那一種民族解放，人民解放的高揚的熱情」，是「從無產階級先鋒隊所發動所領導的歷史大鬥爭爆發出來的產物」，正是「社會主義精神的具體內容」。所以，胡風得出以下的結論：林默涵何其芳的理論以及對胡風攻擊的實質是：

（A）和馬思列斯毛的理論完全背道而馳，因而取消了藝術的基本規律，取消了現實主義。
（B）完全脫離了歷史，脫離了政治，是徹頭徹尾取消了實踐，取消了黨性。
（C）完完全全違反了無論從歷史經驗看或從實踐要求看的起碼常識。
（D）徹底的反歷史主義（反現實主義），把過去的所有文藝現象曲解成稀奇古怪的東西。
（E）捍衛了極端庸俗的機械唯心論，造成了解放以來文藝界的極度萎縮和混亂。

（2）「關於生活和生活實踐」。周揚、林默涵、何其芳批評胡風只是片面地强調創作實踐和生活實踐，而不强調作家應到工農兵和火熱的鬥爭中去實踐，是有意與毛氏的「講話」唱對台戲。胡風則堅持「到處有生活，到處有鬥爭」，認爲只有眞正理解了日常生活日常鬥爭的作家，才有可能眞正理解以日常生活和鬥爭爲土壤產生出來的革命鬥爭和革命英雄。因此，他反過頭來責斥周揚、林默涵、何其芳等「把毛主席在積極意義上號召作家到工農羣衆中去到火熱的鬥爭中去的口號，從消極的意義解釋成鄙視以至拒絕日常生活和日常鬥爭，鄙視以至拋棄普通羣衆或『落後羣衆』，從毛主席全面的提法裏閹割掉了『到羣衆中去』和『觀察、體驗、研究、分析一切人，一切階級，一切羣衆……』做成了一個適合於軍法裁判用的『片面的』固定的公式（按：指爲工農兵及寫工農兵的文藝政策），這是十年左右以來的文藝理論底最顯著的特點之一」。

（3）「關於思想改造」。林默涵、何其芳批判胡風反對知識分子出身的作家改造思想，而胡風則辯解道，由於知識分子出身的作家先天就與勞動人民有聯繫，有一貫的進步性，因而「可以而且應該在忠實『事實的教訓』的態度下從事創作實踐，可以而且應該通過實踐過程去逐漸達到變革世界觀」。只有這樣，才有可能眞正地「改造思想」。胡風還揭露林默涵等人借口「思想改造」，實行「軍事統制」及「宗派報復」，主觀地把作家劃分爲「改造好了的、不必改造的、經過改造還沒有改造好的、沒有經過改造的」四種。對前兩種人，給予創作條件，優先發表其作品，並幫助其抗拒讀者的批評，對於後兩種人，則不給工作條件，不准創作，勒令他們去「專門改造」，若不經批准擅自創作，則不准發表，萬一發表了，則組織「批評」和「讀者意見」「迎頭痛擊」之，若不遵命檢討，就扣上「抵抗改造」的帽子，非逼其改行不止。胡風指斥林、何等人的「思想改造」不但「抽空了思想改造本身，而且使黨的威信受到嚴重損害」，它只能使文藝荒廢，把作家磨成「無靈魂的文字工匠」。

（4）「關於民族形式」。林、何二人批判胡風是民族文化遺產的徹底否定者。胡風則引用了一大堆列寧和斯大林否定民族文化的語錄，反控林、何是「民族復古主義者」，他認爲，中國的傳統文化「固然包含有表現了我們祖先底作爲人的夢想和追求的一些『精華』，但更多更多的卻是我們祖先底作爲治人者的殘酷的『智慧』和作爲治於人者的安命的『道德』，更多的是這種汗牛充棟的，雖然是我們祖先創造出來的卻又壓死了我們祖先的『糟粕』」。所以，目前最主要的任務，不是學習文化遺產，而是繼承五四新文化的傳統，「用最大的努力接受國際革命文藝和偉大的古典現實主義文藝底財富和經驗」，而不該像何、林那樣，只是陶醉於傳統文化的「優良的傳統」，而「忘記了我們文化的嚴重的落後」，至「使我們活着的新中國人帶上僵屍的氣味」。

（5）「關於題材」。何其芳批判胡風的什麼題材都可以寫的理論，認爲胡風的理論實質上是「否認題材差別的重要」，「否認今天的革命作家必須到工農兵羣衆中去，否認必須描寫他們，尤其是否認必須描寫他們的覺悟性，描寫他們有組織有領導的鬥爭，描寫他們中間先進人物。」

胡風則反駁道：何其芳硬性規定作家必須描寫工農兵英雄人物的「題材決定論」，實際上是在全國作家頭上放下了三根理論棍子：（甲）題材「對於作品的價値有一定的決定作用」；（乙）「文學歷史上的偉大作品總是以它那個時代的重要生活或重要問題爲題材」；（丙）「作家對於題材的選擇正常常和他的立場有關」。胡風指出：何其芳的「體材決定論」是反現實主義的，因爲即使作家描寫同一題材，其作品還存在思想境界和藝術造詣高低的差別，題材是完全不能決定作品的價値的，胡風還舉出魯煤的「紅旗歌」、路翎的「英雄母親」、「人民萬歲」、「祖國兒女」、曹禺的「日出」等劇本，就是在何其芳的理論棍子下被批判、被禁演、被逼令改寫等事實，並指出這三根理論棍子的打擊下，只能得出以下的結果：

（甲）、作家能夠寫，有欲求寫的東西，因爲題材不「重要」，要發生「立場」問題，因而不敢寫不能寫，這不但阻止了作家通過實踐的發展，而且還悶死了廣泛的鬥爭，這廣泛的鬥爭裏面又可能有達到對於舊的意識形態的最尖銳的階級鬥爭，而這正是我們今天所迫切需要的。

（乙）、作家不能寫，沒有慾望寫的東西，因爲題材「重要」，會有益於「立場」鑒定，於是就義務地或虛僞地去寫。不但一個初寫的作家，就是一個有相當基礎的作家，這樣寫了兩三天，那就會喪失掉作爲一個作家的基本品質，藝術的良心或黨性，從此完蛋大吉，專門憑文字「技巧」去搶寫「重要」題材而已。

（丙）、只要是被認爲改造過了的作家所寫的「重要」的題材，灰冷的甚至虛僞的東西都可以上市，要給作者以「榮譽」，甚至非要別人跟着說好不可，這不但更加强了投機心理，而且不能在文藝實踐上積累起一點精神資本。這等於說，作品等於新聞記事，只憑題材教育讀者，而不是以人物底命運、人物底歷史內容、人物底激情力量來鍛鍊讀者底感情，啓發讀者底思想的。這等於說，作品中的抗日戰爭中的人物內容，今天從事工業建設中的讀者讀了是不能提高在工業建設中應有的品質的。放棄了作爲「人學」的實踐努力，對於有了這樣的成就的作品但因爲題材不「重要」就給以抹殺或輕視，那文藝怎樣能夠一步一步地在已經到達的經驗上前進呢？

（丁）、題材既然有「重要」性，那當然是要隨時間而變化的。例如說，朝鮮戰爭停止了，志願軍的題材已經過時，現在的「重要」題材是工業建設，這才是總路線。如果把寫志願軍的作品放在寫工業建設的作品的前面發表，那就非受到「立場」不穩定的批評不可。到這裏，「題材差別論」就發揮出了最奇妙的威力。一個作家，只要寫出一兩篇「重要」題材的小文章，甚至不必寫成，只要立了一個計劃，就可以勇敢地判定別人是小資產階級了。

（6）「關鍵在哪裏」。胡風認爲，最關鍵的問題，是何其芳、林涵默在批判他時不從歷史實際出發，在他的文章中斷章取義，任意曲解，「像土律師和土法官一樣，只顧羅織成案，故意僞造證據，亂引條文……有恃無恐地欺壓對方……所得出的論斷，又都是嚇人的很大罪名……非把對方斷送乾淨，把對方的工作機會完全剝奪不可」，並且「採用的又儼然是代表黨中央的口氣」，林、何這種欺上壓下的原則性錯誤，是由於頑强的「宗派主義情緒」在作祟，從林、何對胡風的批判，可以看出他們常在作家頭上放下了五把理論刀子：

刀子一：作家要從事創作實踐，非得首先具有完美無缺的共產主義世界觀不可，否則，不可能望見和這個「世界觀」、「一元化」的社會主義現實主義的創作方法底影子，這個世界觀就被送到遙遙的彼岸，再也無法可以達到，單單這一條就足夠把一切作家都嚇啞了。

刀子二：只有工農兵底生活才算生活；日常生活不是生活，可以不要立場或少一點立場。這就把生活肢解了，使工農兵底生活成了眞空管子，使作家到工農兵生活裏去之前逐漸麻痺了感受機能；因而使作家不敢也不必把過去和現在的生活當作生活，因而就不能理解不能汲收任何生活，尤其是工農兵生活。

刀子三：只有思想改造好了纔能創作，這就使作家脫離了實踐，脫離了勞動，無法使現實內容走進自己內部，一天天乾枯下去，衰敗下去，使思想改造了一句空話或反話。

刀子四：只有過去的形式才算民族形式，只有「繼承」並「發揚」「優秀的傳統」纔能克服新文藝底缺點，如果要接受國際革命文藝和現實主義底經驗，那就是「拜倒於資產階級文藝之前」。這就使得作家即使能夠偷偷地接近一點生活，也要被這種沉重的復古空氣下面的形式主義和舊的美感封得「非禮毋視」，「非禮毋聽」，「非禮毋動」，因而就只好「非禮毋言」，以至無所動無所言了。

刀子五：題材有重要與否之分，題材能決定作品底價値，「忠於藝術」就是否定「忠於現實」，這就使得作家變成了「唯物論」的被動機器，完全依靠題材，勞碌奔波地去找題材，找「典型」，因而，任何「重要題材」也不能成爲題材，任何擺在地面上的典型也不成其爲「典型」了。而所謂「重要題材」，又一定得是光明的東西，革命勝利了不能有新舊的鬥爭，更不能死人，即使是勝利以前死的人和新舊鬥爭，革命勝利了不能有落後和黑暗，即使是經過鬥爭被克服了落後和黑暗，等等，等等。這就使得作家什麼也不敢寫，寫了的當然是通體「光明」的，也就是通體虛僞的東西，取消了尙待克服的落後和「黑暗」也就是取消了正在前進的光明，使作家完全脫離政治脫離人民爲止……。

胡風憤憤地指出：「在這五道刀光的籠罩之下，還有什麼作家與現實結合？還有什麼現實主義？還有什麼創作實踐可言？」更何況，這五把刀子，正在「隨心所慾地」操縱在「宗派主義者」如何其芳、林默涵等人的手中？胡風最後說，他實在被「宗派主義」的五把刀子砍殺得走投無路，又不能坐視「三十多年以來，新文藝在革命鬥爭過程中積蓄起來的一點有生力量」，在教條主義、宗派主義者如周揚、何其芳、林默涵等人的領導下「被悶得枯萎了」，才不能不挺身而出「告御狀」，請黨中央主持公道，仲裁誰是誰非。

「作爲參考的建議」，是胡風向黨中央提出由上至下全面改革文藝界的現狀的方案。他再三强調了文藝的特殊性，要求黨不要直接干預文藝界，更不能用行政領導方式强求文藝的平均化、標準化、少數服從多數，「絕對必須保證個人創造性、個人愛好的廣大空間，思想和幻想、內容和形式的廣大空間」。爲了達到這一個目的，必須解散目前控制在黨和宗派主義者手中的全國性文藝刊物和各大區的文藝刊物，解散中央和各大區的行政管理或變相行政管理的「所謂創作機構」，再由作家自願組合，按「勞動合作單位」的方式重新創刊新刊物，每個刊物由一個「有領導影響」的作家負責主編，副主編和編輯由主編選用之，聯繫作家，選稿以及是否發表來稿的權力，全在主編手中，黨不應加以干涉。作家的待遇高低，也由主編決定，刊物的黨支部應保證尊重文藝的特殊性，不能也不應影響主編的決策權。

至於劇團，胡風認爲也徹底改組，而應由所謂「首席導演」負責領導全團工作，調配演員，分派角色，選擇和否決劇本，批准和否決排演和演出的全權，都應由「首席導演」掌握，黨同樣不應干預。

至於對作家個人，胡風則提出廢除現行的「先提大綱」的審稿方式。作品被否決時，作家和推薦者有解釋和辯護的責任和權利，必要時有權要求開會討論，甚至有權提請中宣部作最後的審查。一直到了作品被最後否決時，作者還有索取「一定數目的物質報酬」的權利。

「意見書」的最根本精神，就是玩弄清君之側的老手法，把共黨和她在文藝界的具體領導人分開，把共黨的文藝政策與文藝界黨的負責人的具體做法分開。胡風在「意見書」中表示，共產黨和共產黨的文藝政策是好的，但由於周揚、林默涵、何其芳等中共在文藝界的具體負責人用宗派主義、軍閥主義和機械論統治文壇，把所有事情都弄得一團糟，把整個文壇的生機都悶死了，並且把解放前後周揚等人對他的所有鬥爭都說成是宗派主義和軍閥統治的結果，把自己說成是宗派統治下的可憐犧牲品。胡風玩弄這種手法，似是由吳王濞請誅晁錯中獲得靈感。但是，他卻忽略了兩件事：（A）晁錯（周揚們）所執行的不過是漢景帝（毛澤東）的意旨，攻擊晁錯全等於攻擊漢景帝（毛澤東）。（B）漢景帝誅殺晁錯，完全是迫於吳王濞的武力，而胡風請誅了周揚們，卻完全沒有任何能脅迫毛澤東低頭的力量。

因此，自胡風送上「意見書」那一日起，胡風集團必定要被中共誅滅的命運就被決定了。

（四）進攻、退却、被鎮壓

一九五四年十月三十一日到十二月八日，中國文聯及作協主席團先後召開八次聯席擴大會議，重點是清算俞平伯的「紅樓夢研究」及清算「文藝報」包庇俞平伯、壓制小人物李希凡等人的錯誤。周揚在會議前，曾多次「客氣地」促請胡風提意見，周揚的用心，不過希望能引誘胡風作更大程度的暴露。胡風不明情況，反認爲周揚的「示人以弱」是因爲他的告御狀起了作用的結果，以爲「缺口已經打開了」，立刻調兵遣將，發動了總攻，他在第二、第三次會議上都作了非常激動的發言，其要點如下：

（1）「報」（翟按：指「文藝報」，下同）的問題不是孤立的，爲領導傾向表現之一。以實例說明（文藝報）一二兩卷即已奠定了這樣的方向：立場上，向資產階級投降，仇視青年作家和不同意他們的革命作家；理論上，以庸俗社會學看內容，以形式主義看形式，五年來，拖垮了。——把會議由「報」拖到全面。（註四〇）

（2）打擊有生力量（小人物），不准小人物以馬列主義「常識」進行鬥爭（如阿壠），收集一批盲目信仰的讀者，造成「羣衆基礎」，如「內部通報」，打擊要打擊者。透出是一個宗派主義統治的問題。（註四一）。

路翎也在會議上配合胡風展開進攻，他在發言中控訴了身受的種種迫害，點了十多人的名，「剝出了歷史情況和此次打擊是有計劃的，子周（周揚）爲主，鳳姐（丁玲）雙木（林默涵）一干人都同謀；提出了宗派和軍閥統治」（註四二）。

周揚等立刻站出來應戰，在第六次擴大會議上，袁水拍首先站出來，聲明他們對胡風集團的鬥爭決不是個人私事，也沒有摻雜個人私事的色彩，而是始終都在黨的領導下按照黨的原則工作，在「黨的具體指示下執行自己的任務」（註四三）。袁水拍敢於公開把話說得這麽死，說明了他們肅整胡風集團的計劃已得到中共中央的認可和支持，因而有恃無恐。這樣一來，胡風把周揚等人和中共中央分割開來的計劃立刻被完全粉碎了，因爲周揚們經袁水拍這一宣言，已名正言順地取得中共中央的全權代表的資格，任何反對周揚們的行動都是反黨的行動。最後，周揚站出來以「我們必須戰鬥」爲題作總結報告，號召全國文藝工作者站出來對胡風集團進行鬥爭。

在周揚的佈置下，一九五五年一月，全國各地都掀起了大規模的反胡風浪潮，胡風這時才發現上了周揚們的大當，他在給方然的私信中，談到自己的悔咎心情：「……被樂觀估計所蔽，終於冒進，沒有具體的分析具體情況，責任主要在我。……愧對戰鬥者們」（材料二」）。

在不利的形勢下，胡風只好由進攻變爲退卻，他通過寫信或其他方式，指示他的黨羽用假批判或假檢討的辦法，力求在圍剿中脫困而出，把實力保存下來。例如他寫信給張中曉，就把自己的意圖說得很清楚：

「滿兄（翟按：指羅洛）要採取鮮明的批判態度，千萬不要被動，不得已時，也可就一般問題，寫點短文，你自己也應如此。其他熟識的人，可將此意轉告」（「材料二」）。

「不要痛苦，千萬冷靜，還有許多事情我們得忍受，並且只有在忍受中求得重生，一切都是爲了事業，爲了更遠大的未來」（「材料二」）。

胡風本人爲了在「忍受中求得重生」，也花了三個月時間寫了篇「自我批判」，希望能夠因此而「放下自己的負擔」。周揚等好不容易才把胡風誘出洞來，又怎容他再退回去，五月十三日，「人民日報」把胡風的「我的自我批判」和胡風給舒蕪的三十四封私信一起發表，並加上編者按，直斥胡風集團爲「反黨集團」，指胡風的檢討是假檢討。「私房話」被公開，擁護共產黨的招牌就被拆下來了。不過，胡風給舒蕪的信件大都是解放前寫的，一些同情胡風的人認爲「不能據此定罪」（見「材料二」「人民日報」編者按），爲了能「據此定罪」，「人民日報」在五月二十四日，又發表胡風在解放後寫給他的黨羽的六十八封私信。這些信件的發表，使胡風集團反對中共控制文壇的眞實企圖再也無法掩飾，六月十日，「人民日報」再發表各胡風分子之間互相往還的私信六十七封，已把胡風集團由「反黨」的帽子昇級爲「反革命」了。

對「反革命分子」當然要堅決鎭壓。五月二十五日，中國文聯和作協通過決議，開除胡風的一切職務，並「建議」高檢院「對胡風的反革命罪行必要的處理」。六月十日，「人民日報」發表「必須從胡風事件吸取教訓」的社論，六月二十二日，「人民日報」又發表「肅淸一切暗藏的反革命分子」的社論，六月三十日，公安部長羅瑞卿在「人民日報」發表文章，七月三日，「人民日報」又發表題爲「堅決肅淸胡風集團和一切暗藏的反革命分子」的社論，這些社論和文章都異口同聲地表示不但要堅決鎭壓胡風集團，而且還要堅決鎭壓胡風集團以外的一切暗藏的「反革命分子」。

七月十八日，全國人代會祕書長彭眞宣佈：人大代表胡風已被依法逮捕。隨後，胡風集團的其他骨幹分子亦紛紛被捕入獄。全國各地亦掀起了大規模鎮壓反革命的運動。

中國文藝家有組織地反抗中共對文藝領域的控制的鬥爭由胡風發表「人民大衆向文學要求什麽」一文而正式開始，也由胡風的被捕而暫告結束。

附註：

註一：「關於胡風反革命集團的第二批材料」、「人民日報」一九五五年五月二十四日（以上簡稱「材料二」）所載一九四九年五月三十日胡風給路翎信。

註二：「材料二」：一九五〇年一月十二日胡風給路翎信。

註三：「材料二」：一九五〇年四月十六日胡風給綠原信。

註四：「材料二」：一九五一年一月十六日胡風給牛漢信。

註五：「材料二」：一九五×年八月二十六日胡風給張中曉信。

註六：「材料二」：一九五×年二月十六日胡風給張中曉信。

註七：轉引自何其芳「話說新詩」、「文藝報」一九五〇年五月第四期

註八：廣東「南方日報」編輯部「胡風反革命黑幫的得力支柱——劉雪葦」、一九五五年七月十九日

註九：高嶽森、傅紫荻、王以平整理「胡風分子彭燕郊在湖南的破壞活動」、「新湖南報」一九五五年八月四日。

註十：「材料二」：一九五二年五月二十九日胡風給路翎信

註十一：「材料二」：一九五×年×月×日胡風給耿庸信。

註十二：「材料一」：一九五〇年三月十五日胡風給舒蕪信。

註十三：「材料一」：一九五〇年三月二十九日胡風給舒蕪信。
註十四：見胡風一九五四年十一月七日在文聯作協擴大會議上的發言，轉載自一九五五年二月號「文藝報」。
註十五：詳見陳涌「論文藝與政治的關係」、史篤「反對歪曲和偽造馬列主義」、兩文均轉載自「胡風文藝思想批判論文彙集」二集，作家出版社一九五五年版。
註十六：見「胡風對文藝問題的意見」（隨「文藝報」一九五五年一、二號附發，以下簡稱為「意見書」）第五一頁。
註十七：「材料三」：一九五二年一月三十日路翎給胡風信。
註十八：「材料二」：一九五三年十月十二日胡風給羅洛、張中曉信。
註十九：見田間「胡風——陰謀家」、「人民日報」一九五五年五月二十一日。
註二〇：「材料二」：一九五〇年四月十六日胡風給綠原信。
註二一：「材料二」：一九五〇年四月十六日胡風給綠原信。
註二二：「材料三」：一九五二年五月二十日胡風給賈植芳信。
註二三：「材料二」：一九五二年十月二十日綠原給胡風信。
註二四：「材料二」：一九五二年八月十二日胡風給綠原信。
註二五：「材料二」：一九五二年六月二十六日胡風給路翎信。
註二六：「內部通訊」是「文藝報」編輯部專門為它的通訊員編印的一份不公開的刊物。編輯部在這份刊物裏，秘密指揮和控制它的通訊員以讀者或群眾的身份，專門寫些捧場或攻擊文章。
註二七：李曉白「把秘密公開了吧」、「人民日報」一九五五年一月十四日（按：作者是「文藝報」的通訊員）。

註二八：何其芳「現實主義的路，還是反現實主義的路？」、「胡風文藝思想批判論文彙集」二集六九頁，作家出版社一九五五年版。

註二九：「材料二」：一九五三年八月十七日胡風給滿濤信。

註三〇：「材料二」：一九五二年二月八日胡風給路翎信。

註三一：「材料三」：一九五四年八月二十九日歐陽莊給胡風信。

註三二：一九五二年五月十八日綠原給胡風信，見「材料三」。

註三三：「材料三」：一九五〇年七月二十三日綠原給胡風信。

註三四：「材料二」：一九五二年五月廿九日胡風給路翎信。

註三五：「材料二」：一九五二年五月十九日胡風給謝韜信。

註三六：方紀「阿壠的嘴臉」、「人民日報」一九五五年七月二十二日。

註三七：劉焱「胡風反革命集團在天津毒害青年的一些材料」、「中國青年」一九五五年七月十五日。

註三八：「材料三」：一九五一年六月二十一日綠原給胡風信。

註三九：「材料三」：一九五二年五月七日蘆甸給胡風信。

註四〇：「材料二」：一九五四年十一月七日胡風給方然、冀汸信。

註四一：「材料二」：一九五四年十一月十四日胡風給張中曉信。

註四二：「材料二」：一九五四年十一月十四日胡風給方然信。

註四三：「袁水拍的發言」「文藝報」一九五五年第三號。

曹植贈白馬王彪詩幷序箋證

雷家驥

前言

「贈白馬王彪詩」（以下簡稱本詩）爲曹植名詩之一，先後曾爲之註釋者不乏人，但全面而徹底者卻不多覩，余執教中學時，曾以文學方式解釋之餘，深意本詩不惟曹植個人之文藝創作，抑且可以反映曹植個人及曹魏早期之歷史，爲不可多得之史詩。因此不揣淺陋，欲以黃節、古直與余冠英三家所注釋爲本，旁參史籍，試圖對本詩加以系統解釋，爲讀之者多存一說而已。

以下所述主要分爲兩部份，即證序與證詩。證詩部份蓋依王世貞之言，分爲七章以作探討。每章之首，先存錄原詩章，以免分散之弊，至於引用之版本，一依曹集銓評所校定者。

證序

序云：

黃初四年五月，白馬王、任城王與余，俱朝京師，會節氣。到洛陽，任城王薨。至七月，與白馬王還國。後有司以二王歸藩，道路宜異宿止，意每恨之。蓋以大別在數日。是用自剖，與王辭焉，憤而成篇。

此序即丁晏輯校曹集銓評（以下簡稱銓評）所採錄者，序文與詩幷列，文字不異，其意顯然以此序爲本詩原序。丁氏讎校曹子建集，主要以明代萬曆休陽程氏刻本爲藍本，再參證他書，「擇善而從」，蓋知其所據者未必曹集之善本。

銓評自序謂程氏本共十卷，另外所參證之書首五本即依次爲魏志傳注、文選注、初學記、藝文類聚、北堂書鈔，大抵徵引以類書總集爲多，以史傳爲少，是則其所依據者文學價值重於史學價值。且主要依據爲明版，去三國時代益遠，而其價值益低，丁氏亦謂明本曹集等皆「掇拾類書，非其原本」，而又謂所依據諸書爲「脫落舛訛，不可枚舉」，是則銓評本蓋亦未能盡信。

當時四庫著錄曹子建集已成，自序也曾提及，丁晏卻不依爲主據。

本詩收入昭明文選，而裴松之註之三國志曹植傳（以下簡稱本傳）亦引孫盛所錄以存之。隋唐之際，藝文類聚等書也曾徵引。是則曹集除原本外，當以魏晉六朝人所引錄者最可信，其次始爲隋唐諸書。經晚唐五代戰亂，書籍散佚甚衆，涉獵古籍者皆知之。宋代雖努力重理舊籍，已不復隋唐舊貌，然今日所見隋唐以前書籍多爲宋版，宋以前之版本百不一覯，故輯校隋唐以前集著者不得不依宋版。四庫之曹集共十卷，即以宋嘉定翻刻本爲主據，詩、賦篇數與明程氏本同，而程本校宋多雜文三篇。版本越後而文章越多，顯見其有問題存在。

旣以明程氏本爲主據，程本本無此序，而丁氏又另據文選李善注加之。然李善之注亦未明指此序爲原序，只謂「集云」而已。

「集云」不一定是指曹子建集；即確爲子建集，未必就是「序云」或「集內其序云」等意思，蓋「集內註云」或「集內某人云」亦不無可能。李善注常有隨便之處，如其注本詩釋白馬王即是其例，事詳本段末。三國志注引孫盛所錄及昭明太子所收本詩皆無此序，此二書今可見者最早皆爲宋版。文選雖在淸宣統十年爲羅振玉影印今藏日本之「文選集注殘本」行世，然此本剛巧缺佚第二十四卷之本詩，故唐代文選集注原貌已不可全知，本詩在唐之原貌亦不可知矣；但昭明所收本詩應無序文，據宋本文選可以推知，至於子建文集，據隋書經籍志所載爲三十卷。唐書則稱二十卷，唐本已久佚；宋本則爲十卷而已。四庫曹集旣據宋嘉定本而無序，則宋本曹集大約多無此序，降及明代，程刻本亦無此序，而丁氏於銓評卷四本詩注云：「有序，七首。程（本）缺序，」蓋據文選二十四本詩之李善注。

李善以小字偏注，文字不與本詩同列。其注文本來如此：「集云：『於圈城作』。又曰：『黃初四年五月……』」。所省略者即爲序文，前面已引錄。案李善所引果眞出於曹植親手，何以「於圈城作」四字與序文分寫？若此四字與「又曰」之序文原本接合，則是其所序已有刪節，非原貌矣。到底李善所徵引之曹集，究是何等本子？何以不用大字正寫此序，使與本詩同一體裁？此皆李善注之可疑處。

明淸之後輯校者以文獻缺乏之故，對此問題未能詳考。銓評所據明萬曆程刻本所載本詩原無序。嚴可均據明郭萬程刻本校曹集雖正寫此序，卻於傍注內謂「文選曹植贈白馬王彪詩注引植集」，其意與丁晏同。至於張溥編校漢魏六朝百三家集之陳思王集，則乾脆把詩與序幷列而不注明出處，儼然認爲本詩原序矣。

其實子建文集似不止一種。李善注所引或有所據。

銓評卷八前錄自序謂「余少而好賦，……所著繁多。……故删定別撰爲前錄七十八篇」，此即生前整理之文集，有賦頌而無詩文者。本傳謂子建死後，於景初中明帝詔有司收集其「撰錄前後所著賦頌詩銘雜論凡百餘篇，副藏內外」，此即其定本。定本既謂「錄前後所著」，則應包括其「前錄」在內，然兩者之卷數不詳。余嘉錫辨證曹集，引梁元帝一人兩集幷見之例，疑隋書及唐書經籍志所載三十卷本即景初敕編之全集，而舊唐書經籍志所載二十卷本即子建自定之前錄，幷謂「唐志於兩本並稱陳思王集」。又謂植自定之本既稱前錄，則似當更有後錄，景初即合前、後錄會萃成篇，都爲一集云。其詳細可參四庫提要辨證卷二十集部一曹子建集十一卷條。竊意舊唐書所載之兩本曹集，未必一爲前錄，一爲全集，蓋其三十卷本或仍隋舊，而二十卷本可能即爲當時編行之曹植全集。要之，余氏之假設若當眞，則李善注所引似另有所據。然隋代有三十卷本，唐時並有二十卷本，至宋則曹集只有一種，合共十卷而已，卷數日少而篇數日增。若敕脩本當有此序，今諸本曹集皆無此序，疑脩敕本本來亦無。故李善注所引仍屬可疑。

孫盛魏氏春秋全錄本詩而不錄此序，且另爲本詩題字解釋，則其所見之曹集可能無序。蓋其所錄本詩不徒文字略異而又闕兩句，即其題字亦與序文頗有差別。

本傳裴注引其辭曰：

> 是時，待遇諸國法峻，任城王暴薨。諸王既懷友於之痛，植及白馬王彪還國，欲同路東歸，以叙隔濶之思，而監國使者不聽，植發憤告離而作詩，曰：「謁帝承明廬，……」

孫盛爲晉之名史家，於詩首用第三身份另撰文解釋，原序反而置棄不錄。且題字與原序文意大抵相同，然文辭卻未顯見襲承之處，此皆可堪懷疑。

蓋孫盛題字既與原序字數相當，何以不干脆引錄全序？且裴松之若以徵引本詩爲目的，何以不逕引植集，反而間接錄取孫盛所引？此外尚堪一提者，就是當時寫詩而附序之風氣并不甚流行。銓評所輯子建各詩、除遺句、失題及「七步詩」不足徵外，共有二十五首；其中附有序言者只有「離友」及本詩兩首而已，佔總數百分之八。至於三祖與建安諸子之詩，附序者亦屬罕見。題詩而附序或請人代序，唐代甚流行，李善乃盛唐學者，或有代序之嫌。事既可疑，乃爲之證。

東漢至魏晉諸詩人，一以明張溥百三家所錄諸集爲據，如魏文帝、明帝、蔡中郎（邕）、王叔師（逸）、孔少府（融）陳記室（琳）、王侍中（粲）、阮元（瑀）、劉公幹（楨）、應德連（瑒）、應休連（璩）、阮步兵（籍）與稽中散（康）等集，大都有詩，而偶有一二首冠以序文；諸集中或有全集無一詩有序者。至於唐人題序之風，可詳陳寅恪先生元白詩箋證稿之箋證長恨歌一文。

首欲證者，厥爲詩題。詩題或作「贈白馬王彪詩」，或作「贈弟白馬王彪詩」，雖一字之差，卻足以反映題目可有疑處。

題詩目者究竟是否曹植本人？此目題於何時？原目到底如何？此皆可作深思。案諸本文選皆作「贈白馬王彪詩」；孫盛不錄詩題；藝文類聚卷二十一人部五作「贈弟白馬王彪詩」，文選旁證卷二十三及盧弼三國志集解卷十九植傳皆引爲據，意詩題當如藝文類聚。

今細讀本詩，其詠述內容當發生於黃初四年無異。

從是年迄曹植去世，應詔入京師者只有兩次。分在黃初四年與太和五年冬入覲，本傳已言之。詩內提及同生（指曹彰）在京去世及霖雨泥途諸事，皆與黃初四年所發生諸事相合，而與太和五年相異。本傳及卷三明帝紀（以下簡稱明帝紀）、卷二文帝紀（以下簡稱文帝紀）與卷二十武文世王公列傳（以下簡稱王公列傳）皆可按索之。

所異者厥爲「白馬王」之封號問題，竊意曹彪於此年未封白馬而應爲吳王，陳壽在曹彪傳（以下簡稱彪傳）所記無誤。

肯定曹彪是年封爲白馬王者可以杭世駿及黃節二氏爲代表，杭氏所據即李善注此序文；黃氏所據則有二：一者蓋就白馬地望及詩內提到「東路」之關係而發揮，一是根據初學記所引曹彪答東阿王詩而發揮。李善注之序既有可疑，今暫不敘杭氏之議。黃氏注釋曹集多爲研究子建文章者閱讀，所釋本詩則有失實處，可詳末章，此不贅。要之，持此議者大都指責陳壽漏載曹彪於是年封白馬王一事，竊意不然。彪傳云：「

（黃初）三年……其年，徙封吳王。五年改封壽春縣。七年徙封白馬。太和……六年改封楚。」是則陳壽所記述甚淸楚，責之者論據嫌未充分。曹彪在黃初四年入朝時身份旣爲吳王，至七年始徙封白馬，史傳與此說不合者僅一見，魏志卷十三王肅傳注引魚豢魏略曰：

延康中，（賈洪）轉爲白馬王相，善能談戲，王彪亦雅好文學，當師宗之。

案延康爲建安二十五年正月以後，十一月以前所用之年號，當時漢獻帝尚未禪位，曹丕亦僅嗣魏王爵，子弟仍承襲建安以來所封爵位，未曾有封王者，曹彪如何能稱白馬王？曹丕受禪踐祚，在翌年（黃初二年）七月始封皇弟鄢陵侯彰等十侯爲公。同年八月始有受封王爵者，然非曹氏子弟，而是盤據江東之孫權。曹氏子弟封王，其事在黃初三年三、四月間。而彪傳云：「三年，封弋陽王。其年，徙封吳王。」其始封弋陽，徙封吳國皆在同年甚明。且徙封事與是年十月吳王權之復叛有關係。案孫權以吳王復叛，曹丕南征，尋准三公之奏，削其封號，免其官職，可詳文帝紀及三國志卷四十七吳志孫權傳注引魏略。旣削孫權爵土以征伐之，則徙置弋陽王彪爲吳王乃敵對報復之應有反應。若曹彪徙封爲吳王之原因確如此，其徙封時間則應在十月至十二月間甚明。至於胡三省於資治通鑑（以下簡稱通鑑）卷七十五魏紀七邵厲公嘉平元年夏四月注謂曹彪「黃初三年徙王白馬」，不知何據？或即據孫盛及李善之言，以訛傳訛。

曹彪旣在黃初七年才徙封白馬，此詩題若在詩成當時題附者，則應題爲「贈吳王彪」，或「贈弟吳王彪」等類似題目。據此可知詩題非詩成當時所題也甚明矣，然則詩題究爲何人何時所題？竊意其可能有二。

詩題旣非當時所加，則應爲後補，後補之時間，則當從「白馬王」封爵推測。曹彪封白馬始自黃初七年，至明帝太和六年才改封楚王，是即詩題果眞題爲「白馬王」，則應在此段時間內補題，題者即爲曹植本人。曹植生前整理文章，所謂「前錄」者，不知正確時間果在何時，或許即在此時間內。此時曹彪封爲白馬王，曹植補題其詩，故逕稱白馬，其事甚有可能。何況太和五年冬，明帝以十二年未見諸王而詔諸侯王入朝，曹植與曹彪皆於此時赴闕，入京相遇，植爲東阿王，彪仍爲白馬王，皆未改封。子建於此時補題前作以贈白馬王彪，非無可能。

其第二可能即爲六朝士人代題，此事即牽涉詩題究竟有無「白馬王」三字之問題。案詩題今可見者既有「贈弟白馬王彪」與「贈白馬王彪」兩目，兩者究竟孰是眞？或者兩者皆不眞？誠難詳考。竊意子建作詩於黃初四年，若謂當時不題一目以誌識，至拖延數年之後整理文章或赴朝會見才補題詩目，事雖非不可能，然甚罕見，有作詩經驗者皆能體驗。是則此二詩目之外，甚可能另有原目。此原目可能即爲「贈王彪詩」，或「贈弟彪詩」諸類。

「王彪」意即某王曹彪，如前引魚豢魏略稱曹彪爲白馬王，簡稱爲「王彪」。子建諸詩賦題目稱某官某名或某弟某名者皆有例，故疑原目亦如此。

此二目果眞原目，則黃初七年至太和五年間子建若眞有補題詩目事，即爲詩目之改題。若子建幷無補題之事，則今見兩目當爲兩晉六朝士人之補改。

若原目果爲「贈王彪詩」，而子建未嘗另加改補，則其身死之後，景初間官輯之集當沿其題目。且太和六年十一月子建去世時，曹彪爲楚王，官方輯集若代爲補充，則此時當題爲「楚王彪」。今詩題不以贈楚王彪爲名，是以疑爲兩晉六朝時所改補。

兩晉六朝尚清談人物，對人物之封爵稱謂又不甚注意，常以其最著之官爵稱之。此類例子於世說新語常可見。世說爲小說家者流固無論矣，即當時史家常亦如此，如前引之魚豢魏略稱延康時本爲壽春侯之曹彪爲白馬王可爲其例。史家且如此，其他可知。唐初六臣注文選，尚見此風遺跡。如文選卷二十四李善注本詩曰：

魏志曰：「楚王彪字朱虎，武帝子也，初封白馬，後徙封楚。」案李注此言大誤。蓋曹朱虎生前曾改徙封爵七次，今善只簡記共兩次，甚至謂其「初封白馬」，錯誤甚大。蓋曹彪在建安二十一年初封即爲壽春侯。即以王爵之初封，亦爲黃初三年之弋陽王，皆與白馬王無干，是則李善之疏忽隨便可知。又如文選卷十九洛神賦李周翰注曹植曰：

初封東阿王。後改雍丘王。死謚曰陳思王。

案：子建生前改徙十次，初封在建安十六年，爲平原侯。即以王爵言，其初封即爲黃初三年之鄄城王，東阿爲其死前第二次改封，不是初封。且兩次封於雍丘皆在封東阿之前，李周翰連次序也弄錯了，其錯誤尤大於李善之注白馬。

曹彪雖末封於楚，但確以白馬最著，蓋白馬事件事涉政變，或爲士人清談話題之一。

嘉平初，司馬懿專政而收殺曹爽，爲司馬之晉奠基。當時魏朝大臣多有不滿者，或噤聲養晦，或挺身抗懿。太尉王淩假節鉞鎮壽春以防吳，其甥兗州刺史令狐愚與淩計度，欲另立曹氏長王以代曹芳，而魏武諸子尚存者以楚王彪最長。曹彪封楚而實仍居白馬縣，白馬屬兗州東郡，故令狐愚遂密與彪往還；此時又有白馬之謠，三國志卷二十八王淩傳注引魏略曰：

（令狐）愚聞楚王彪有智勇。初，東郡有譌言云：「白馬河出妖馬，……行數里還入河中。」又有謠言：「白馬素羈西南馳，其誰騎者朱虎騎！」楚王小字朱虎，故愚與王淩陰謀立楚王。

白馬之謠究竟是原先已有抑密謀後始流行，難作詳考，要之兩漢以來常以符讖作取天下之思想根據此亦可視作符讖也。政變雖出於王淩等主動，但事連曾封爲白馬王之曹彪，曹彪此時仍居白馬縣；謠讖又提及白馬河及白馬，故可視作白馬政變。又太和六年二月詔改諸侯王從縣王昇爲郡王，以郡爲國。白馬本東郡屬縣，改封爲東（郡）王或白馬（郡）王皆似不便，故明帝改曹彪爲楚王，楚國即淮南郡，魏制易封不必易地，故銓評卷八曹植之遷都賦序自謂「號則六易，居實三遷」，即是年從東阿王改封陳王，但仍留居東阿，死葬皆於此，而從未徙居於陳。曹彪雖號楚王，依史實發展則實未遷居，是以王淩在壽春，令狐愚屯平阿，皆需遣人至白馬縣密議，其事甚明。三國志卷二十八王淩傳盧弼集解誤會曹彪已遷居壽春，與王淩同城，遂謂「近在咫尺，何事不可協商，乃必遣將遠至東郡之白馬，事之離奇，無過於此！千古疑獄留此破綻以待後人之推求，承祚之筆亦譎而婉矣！是則盧氏實牽於「改封楚」之表面文意，而於當時制度未有瞭解，致生誤解。總之此事涉及司馬氏之崛起與魏朝之未落，關係旣大，成爲清談話題甚爲可能，而白馬王一號亦因此不脛而走。

若詩題果爲「贈王彪詩」或「贈弟彪詩」等，而子建本人未嘗更改，則兩晉六朝人爲之增添「白馬王」三字，使成「贈白馬王彪詩」或「贈弟白馬王彪詩」二目，甚有可能。

孫盛、蕭統及魚豢等皆此時代人物，而都稱曹彪爲白馬王，可能即如此以訛轉訛。後人以曹集版本凋零散落，原貌已不復知曉，遂奉以爲正，不加懷疑，更失其眞矣。到底今見詩題成於曹植本人或後人之補改，若無新證則難以論定。要之非子建題於詩成當時，則可斷定。

詩題既以「白馬王」一詞啓疑，今序文亦謂「白馬王」，是則此序亦屬可疑。前謂當時作詩甚少題序，此序又稱曹彪爲白馬王，則此序可引題目之例，從子建可能在黃初七年至太和五年整理文集時補序，或兩晉以後士人代序此二線索入手推想。今首欲質疑者，即本詩之體裁是否可能帶序。

案本詩體裁倣效大雅文王之什，此爲王世貞藝苑巵言所肯定。余曾比較文王之什與本詩，謂王世貞之說非亂言，蓋兩詩之間，尚有痕迹可尋。

藝苑巵言云：「陳思王贈白馬王彪詩全法大雅文王之什體，以故首二章不相承耳。」張溥在百三家集陳思王集卷二樂府項亦以注引之爲證。事實上兩詩之首二章確無首尾相承之迹，與兩詩其他各章承接之結構相異。文王之什，蓋取樂章首句「文王在上」而命名，詩經以至漢魏古詩之命名法率多如此，故白居易於白氏長慶集卷三新樂府序謂「首句標其目，卒章顯其志，詩三百首之義也」。此文王之什與本詩命名稍不同；而文王爲四言，本詩爲東漢以來日漸流行之五言，兩者亦稍異。至於結構，則兩者頗類同。

文王之什既爲樂什，則其詩當無序。今其詩有序者，乃毛公之所謂詩小序。

毛詩正義卷十六文王之什載序云：「文王，文王受命作周也。」此即詩小序，其下即連詩首句「文王在上」。

文王樂詩雖爲周代之廟祭大雅，但兩漢仍然因襲不替，大體仍能保持其舊貌。

漢樂本由魯儒叔孫通製定，魯本姬周文化在東部之基地，亦可演奏雅頌。故叔孫通在高祖時「奚定篇章，用祀宗廟。至武帝雖頗雜謳謠，非全雅什」，但幷非意謂雅什已消滅無遺。故下至明帝製定大予、雅頌、黃門鼓吹、短簫鐃歌四品樂什，其中大予樂用於「郊廟上陵」，雅頌樂用於「辟雍饗射」，似仍能保有舊日樂什。詳參隋書卷十三音樂志上。

漢末經董卓之亂，音樂散失。建安中曹操用杜夔復古樂，部份古雅復見於世，其中即有文王之什。

隋書卷十三音樂志上云：

董卓之亂，正聲咸蕩。漢雅樂郎杜夔能曉樂事，八音七始，靡不兼該。魏武平荆州得夔，使其刊定雅律。魏有先代古樂自夔始也。

晉書卷二十二樂志上云：

杜夔傳舊雅樂四曲：一曰鹿鳴。二曰騶虞。三曰伐檀。四曰文王。皆古聲辭。

聲指旋律音譜，辭即其行禮詩。若記載不假，則文王之什赫然未亡。且杜夔爲雅樂郎專管雅樂；從中平元年董卓之亂至建安十三年曹操征荆，前後約二十年而已，漢之樂部人員與習悉雅樂之臣子當未盡亡，故杜夔所傳若假，當難逃其人之質責，況三祖陳王亦皆音樂大家耶。隋書卷十五音樂志下云：

張華表曰：「按漢魏所用，雖詩章辭異，興廢隨時。至其韻逗曲折，並繫於舊，一皆因襲，不敢有所改也。」

張華乃晉人，所言魏人創新辭之事，乃黃初以後之事，其事詳後。要之，古雅之聲因舊不改，則爲情實。

文王之什等在漢魏之際既仍爲古聲古辭，則當爲雅好音樂而又自建安十六年即爲漢之諸侯，其後爲魏之宗王之曹植所熟悉，其詩無序當亦知之。

子建熱愛音樂之事，從銓評卷八與吳季重（質）書可見。其書云：「夫君子而不知音樂，古之達論謂之通而蔽。」幷請吳質在縣興樂，助其「張目」云。姑不論古文詩經在東漢之盛，即以子建之熱愛音樂，而文王之什又關係朝廷大禮儀，則熟悉此樂什可以想知矣。

當時文藝潮流趨向創作，古詩之創作世皆知之；然而稍後於古詩創作之音樂創作則未詳悉。建安、黃初間之音樂創作有二途。一爲沿着五言古詩創作之樂辭五言化。一爲黃初中之棄古聲而創新聲。

樂辭五言詩化世多知悉，此即所以建安黃初間五言樂府詩特多之緣故。至於創新聲之潮流則自建安中爲曹氏父子啓徵，晉書卷二十二樂志上云：

及削平劉表，始獲杜夔，揚聲總干，式遵前記。三祖紛綸，咸工篇什；聲歌雖有損益，愛翫在乎雕章，是以王粲等各造新詩。

是則新樂詩之創作，尚與聲歌之損益有關。損益聲歌之風至黃初中始大盛，創新聲者常被人主之寵。同右志又云：

黃初中，紫玉、左延年之徒，復以新聲被寵，改其聲韻。

至明帝太和中，更進而改革雅樂，其中即包括文王之什。

晉書卷二十二樂志上云：「及太和中，左延年改(杜)夔騶虞、伐檀、文王三曲，更自作聲節。其名雖存，而聲實異。唯因夔鹿鳴全不改易。……後又改三篇之行禮詩：第一曰『於赫篇』，詠武帝，聲節與古鹿鳴同。第二曰『巍巍篇』，詠文帝，用延年所改騶虞聲。第三曰：『洋洋篇』，詠明帝，用延年所作文王聲。第四曰『復用鹿鳴』，鹿鳴之聲重用，而除古伐檀」。是則古雅四什，只鹿鳴一什沿用，其他廢一什而改兩什。文王之什，聲辭皆改，不復古貌。

此時曹植仍未去世，太和末入京朝覲，即能見到此聲辭已改爲『洋洋篇』之大雅文王之什。正當音樂改革及創作開展時，子建也加入此潮流，或許即此潮流之主要人物。

子建有許多樂府創作，質量爲當時之冠，其樂府詩多有五言詩，甚可能爲樂辭五言化之表率。至於創新聲則因兩晉以後樂聲已散亡，只能據其鞞舞歌序略窺一斑。銓評卷五載此序云：「有李堅者能鞞舞，遭亂，西隨段煨。先帝聞其舊有技，召之，堅既中廢，兼古曲多謬誤，……故依前曲改作新歌五篇。」

黃初四年入朝之時，正是音樂改創始盛之際，子建或以文王之什爲朝廷禮樂而不敢罔改，但擷取其樂詩之體裁結構而作成五言詩，正爲其創作樂府詩之作風。是即本詩雖非樂府，然源自雅什，雅什本不須作序，竊疑本詩原貌當亦無序，今序或由子建後補，或出於後人之題述。

序之外構既有此疑，其內容除「白馬王」一詞外，尚有可疑處，即爲所顯示之時間。蓋序與詩各顯示者殆有不合之處。

李善所引之序提及兩個時間：一爲欲同路東歸而不被允許之時間；一爲作詩之時間。此二時間詩亦提及，除前者皆隱約不明外，後者則殆有不合，而後者於本詩關係尤重大。據李善序之言，本詩作於大別之前數日，至於二王已離京否則未明顯交待。

序云「與白馬王還國。後有司以二王歸藩，道路宜異宿止」另有所指，幷未顯示二王已啓程同行與否，詳參證詩第三章。若據序末「蓋以大別在數日，是用自剖，與王辭焉，憤而成篇」，則本詩顯然作於尚未分離大別之前數日。

然而本詩所顯示者則是詩作於已離京在歸途中，幷且很可能作於二王已分離之後。

本詩全篇採用倒叙法，子建在歸途中追述離京時及未離京時之諸事。即叙述歸途事情，亦只提及沿途看見之景象及在末章提及寫詩時之心情與意願。於二王是否尚同行之事幷無顯明交待。然而根據「鬱紆將何念？親愛在離居」句，懷疑二王已經分離而不在一起。至於詩中以「歸鳥」喻其歸，以「孤獸」喻其分，亦顯示二王此時已經分離，與「在離居」之言合，故「收涕即長塗，援筆從此辭」一句當非顯示本詩作於分離之時，其含意似在既離之後追述離情，描述途中詩成時之情況。

是則詩及序各表示作詩時間之分異，誠堪疑惑。思疑之際，當以序文之可疑性爲大。蓋何時不許同行爲一事，此時已分離爲另一事，今詩內既表示已離京後，在歸途中，寫詩時二王已分離，則序所謂「蓋以大別在數日，是用自剖」即屬不當，故疑其序最低限度不作於詩成之時，事甚可信。

再者其語氣亦有差異，詩第三章內，子建雖用「鴟梟」、「豺狼」及「蒼蠅」等字諷責有司，但採用者爲比喻法，只作含沙射影式之怨諷，而不敢敷陳直說。序文則不同。序謂「意每恨之」，「憤而成篇」，所採用之方法爲直叙法。雖二者怨諷之事情及表達之感情大體不異，但採用「賦」或「比」，實多少含有某種程度之不同。竊意黃初四年前後，子建似不敢或不會表達「恨」、「憤」之情如此眞切明顯。從前此子建之遭遇及此時藩國之制度根溯，即可知之。

案曹丕未嗣王位前，文才不如子建，武勇不如曹彰，排行不如曹昂，獲寵不如曹沖，故幾經艱辛始獲繼嗣，心裏不免積怨自卑，事詳第五章，是以即位踐祚之後，不懲漢室孤弱之鑑，反而對宗室諸王力加壓抑，大約即此種心理所引發成之過補償現象㈠。

曹丕本爲通達之士，竊取漢鼎後而不愛惜宗王，反而大加蹂躪，其中必有原因，窃意即心理上有長久而强烈自卑感觸發而成過補償作用之故。曹丕即位及踐祚後，製定對藩國禁抑之各項措施，根據三國志幷注之史料，大約有如下幾大項：

（一）無特旨不許入京朝會。宗王不得輔政。

（二）無特旨不許諸王會聘。

（三）禁止交通京師及親友。

（四）未經有司同意不能擅自作爲。

（五）諸侯王遊獵不得超過居地三里。

此蓋就大要而言，而禁抑政策之實施則始於曹丕之始即王位以至魏亡。故陳壽在王公列傳末評其政策制度云：

魏氏王公既徒有國土之名，而無社稷之實。又禁防壅隔，同於囹圄。

裴注又引袁子之語，謂曹丕製定藩國諸禁抑措施，「又爲設防輔監國之官以伺察之，王侯皆思爲布衣而不能得」；讀中山恭王袞傳，曹袞因防輔監司奏其善行而大驚失色，即知陳壽與袁子之言，確爲實錄。曹植爲曹丕競爭繼承權之第一假想敵，事詳爲五章。故其遭遇可以想知。嚴厲之禁制在曹操生前已啓微，事因曹植之擅開司馬門出入而起。曹丕踵步其父而益嚴，主要刺激因素皆出於曹彰及曹植，故二人一死一辱，不能免於壓逼。

任城王彰之死，在於其擁掌重兵而又過問印綬等事，觸曹丕之忌。曹植爲曹丕之競爭假想敵，幾亦不免於死，或以太后之袒護，或以文弱無實權，故能倖免。事詳第五章。然曹植雖免於一死，卻不免於受辱。先是曹丕即王位後，即著令不許來朝。稍後即剪除子建之朋友如孔桂與丁儀，丁廙等，事詳明帝紀青龍元年冬十月注引世語及植傳。尋又發生監國謁者灌均「希指奏植醉酒悖慢，刼脅使者」，貶爵安鄉侯事㊀。本傳載此次入朝時所上責躬詩云：

作藩作屏，先軌是墮。傲我皇使，犯我朝儀。國有典刑，
我削我絀，將寘于理，元兇是率。明明天子，時篤同類，

……違彼執憲，……改封衮邑。……股肱弗置，有君無臣。

此段應爲叙述希指被誣，幾至於死之事，此時蓋從安鄉侯改封爲鄄城侯矣，黃初二年至三年，子建徙於鄄城，又爲有司誣奏而逮入京師，後雖遣反鄄城而立爲王，情形似猶未改善。銓評卷八黃初六年令內曾追述此事云：

吾昔以信人之心，無忌於左右，深爲東郡太守王機，防輔吏倉輯等任所誣白，獲罪聖朝。……賴蒙帝王……違百師之典議，舍三千之首戾，反我舊居，襲我初服。……反旋在國，揵門退掃，形景相守，出入二載。機等吹毛求瑕，千端萬緒，然終無可言者。及（黃初四年）到雍（丘），又爲監官所舉，亦以紛若，於今復三年矣。

是即子建在黃初二年至六年韜光養晦之寫照㊂。責躬詩謂「王爵是加，……足以沒齒，昊天罔極，性命不圖，常懼顚沛，抱罪黃壚」；而銓評卷八寫灌均上事令又謂：「孤前令寫灌均所上孤章，三台九府所奏事，及詔書一通，置之坐隅。孤欲朝夕諷詠，以自警誡也。」此皆黃初間子建常持之愼獨戒懼之態度。若非遭受壓逼侮辱之甚，當不會如此戒懼。

當此之時，曹植未必敢意氣發言，明訴「意每恨之」，「憤而成篇」。

子建在黃初間之作品大都爲頌贊之作，銓評卷五精微篇可以爲例，此樂府詩云：

黃初發和氣，明堂德教化；治道致太平，禮樂風俗移。刑措民無枉，怨女復何爲。聖皇長壽考，景福常來儀！

責躬詩自述其此時心情謂「遲奉聖顏，如渴如饑。心之云慕，愴矣其悲」；應詔詩亦謂「長懷永慕，憂心如酲」，是即其內心之警戒發於言論之具體表現。此態度終曹丕世大體皆如此。

是則此序不作於黃初四年之時，頗可推知。謂不作於曹丕生前之時，亦甚可信。故疑其爲後補之作。若以序文自稱爲「余」之第一人稱，則此序疑爲子建在黃初七年至太和六年曹彪改封白馬王時間內，曹植刪定舊作時所作。然而孫盛與蕭統以至藝文類聚諸書何以俱不錄此序？而此序何以又僅僅出於李善一家之注？事甚可疑，故亦不敢肯定確爲子建之補作，後人代序蓋亦可能。

盧弼綜合黃節等諸家解釋而集解本傳本詩時加按語曰：

> 要之佳什軼事，輾轉傳鈔，白馬東阿，遂致岐異。詩題爲後人所加，集序出注家之語，史文俱在，似不必信彼而疑此。宋本子建集即無此序言也。

其意不必盡信李善諸人謂曹彪於黃初四年曾封白馬王而疑彪傳有誤，與疑本詩題目幷序出於後人手兩事皆甚是。然而子建在七年以後補題之事，亦非全無可能。要之皆以今後是否能有新證出土，方能作最後定奪。

至於今見之題目與序文，皆非子建親撰於成詩之時，則可斷定無疑。

證詩

一、證詩第一章

詩云：

謁帝承明廬，逝將歸舊疆。淸晨發皇邑，日夕過首陽；

伊洛廣且深，欲濟川無梁；汎舟越洪濤，怨彼東路長。

顧瞻戀城闕，引領情內傷。

本章爲全詩結構之始基。開章即表明謁帝與歸藩之事實；幷以路長爲怨，牽引出以後各章之情緒，是則詩之首章即已隱含高潮，而以朝謁啓其端。案魏國始建於建安十七年，其制度主要由衞覬及王粲典制，初無不許入朝之禁，相反者曹操實有廣植勢力之心。後以曹植犯禁，始重諸侯科禁。

曹操心志可見武帝紀建安十五年春注引魏武故事所載十二月己亥令，所謂「將兵三十餘萬」，若「委捐所典兵衆以還執事，歸就武平侯國」，則「誠恐已離兵爲人所禍也。既爲子孫計，又己敗，則國家傾危」，是以「前朝恩封三子爲侯固辭不受，今更欲受之，非欲復以爲榮，欲以爲外援，爲萬安計」。其心志既如此，則若非建安二十二年子建私開司馬門，當不會重諸侯科禁。王公列傳趙王幹傳錄青龍二年明帝詔謂太祖「深覩治亂之源，鑒存亡之機」，即指此懲漢室孤弱故，廣植宗親之事；同詔又謂「重諸侯賓客交通之禁，乃使與犯妖惡同」，則指爲子建私行而申著禁令之事。是則諸侯有賓客交通之禁始於此時也。

曹丕即王位後遂令諸侯各就其國，不許入朝，禁抑益烈，至使諸王公「同於囹圄」，「思爲布衣而不能得」，顯然與曹操「爲萬安計」之志相左，其措置實因猜忌與報復之心理而起。

此爲過補償心理之反應，前已言之。前引青龍二年之詔謂「高祖踐阼，祗愼萬機，申著諸侯不朝之令」，及明帝紀太和五年八月詔謂「先帝著令，不欲使諸王在京都者，謂幼主在位，母后攝政，防微以漸，關諸盛衰」等藉口，實皆表面之理由，似非眞情。蓋文帝與明帝皆非幼主，而明帝謂「朕惟不見諸王十有二載」，可見十二年內，非因政繁主幼而禁諸王入朝。

是則此次特詔入朝，當有要事，第史傳未有明顯記載而已。

此事爲文帝紀及王公列傳所闕載。子建之獻責躬應詔詩幷表皆提及特詔入朝事，而對入朝之目的幷無交待。表謂「不圖聖詔，猥垂齒召」，應詔詩謂「肅承明詔，應會皇都」，皆見子建於旨到時尙未知何以入朝。及匆匆抵京，僻處西館頗久，以先前曾奉詔入京問罪，故瞻望反側，「憂心如酲」，是則至其已抵京師，猶未知道入朝之目的。蓋當時科禁已甚嚴，不得交通京師以探詢，其實與史實不悖。而黃節於曹子建詩注（以下簡稱詩注）及余冠英於曹操曹丕曹植詩選（以下簡稱詩選）注釋本詩時，均意魏朝有四節之會，此次入京實爲此，其所據者乃詩序、禮記鄭玄注及後漢書禮儀志，殆有未當之處。蓋黃初太和間不常舉行四節之禮，讀植傳所錄求通親親表即可知。

今探尋其入朝目的，約有幾個可能。或可能爲「會節氣」。

本詩幷無「會節氣」之交待，而序則有之。然詩序本身既有可疑，則不敢遽引爲定論。不過本詩諸家注釋，大多宗引此說。

竊意所會之節氣乃大暑此中令。

據本詩所咏景象天候，實與史傳所載七月以前之情形相合。故釋者據詩序謂五月入京，七月歸藩，頗得其實，若謂所會者爲立秋，是皆泥於漢世於立秋前十八日迎氣之說而未甚解。日人伊藤正文於中國詩人選集三「曹植」一書注本詩時亦採此說，卻又另外提出會五月之夏至一說。驥案：立秋前十八日之會是，然其會不是會立秋，實爲會大暑。蓋立秋自爲一節令。而夏至則不屬漢以來所行之五令之一。晉書卷十九禮志上云：

漢儀：「太史每歲上其年歷，先立春、立夏、大暑、立秋、立冬，常讀五時令；皇帝所服各隨五時之色。……」魏氏常行其禮。

是則大暑爲五令之中令甚明，而先立秋十八日疑即指此中令大暑而言，馬端臨文獻通考卷七十八郊社考十一祀五帝門曾綜合東漢之五郊迎氣禮云：

立春之日迎春於東郊。……立夏之日迎夏於南郊。……先立秋十八日迎黃靈於中兆。……立秋之日迎秋於西郊。……立冬之日迎冬於北郊。

立秋爲七月節氣，節日常在六月下旬，其前十八日即六月上旬，恰爲六月之中氣大暑之時間。漢魏受五行學說之影響，以五行分配，於色則爲青、赤、黃、白、黑；於時令則爲立春、立夏、大暑、立秋、立冬。曹丕借五行及符讖受禪，自謂以土德代漢之火德，土屬五行之中，於色爲黃，於時令爲大暑，故當甚重視此中令。續漢書禮儀志中云：

先立秋十八日，郊黃帝。是日，夜漏未盡五刻，京都百官皆衣黃至立秋，迎氣於黃郊。

同書祭祀志中又云：

先立秋十八日，迎黃靈於中兆，祭黃帝后土，車旗服飾皆黃。

而曹丕始元即號「黃初」，故謂此次入朝果爲會節氣，當會迎此中令大暑甚明。

蓋中令大暑與曹丕借五行學說受禪有重大關連，既受漢祚，當宜大會行禮以昭告諸侯。然自黃初初肇以來，未暇行此會迎之禮，疑其即移於此年舉行。

據文帝紀延康（即黃初）元年記載，謂三月「黃龍見譙。……夏四月，饒安縣言白雉見。……八月，石邑縣言鳳凰集」，貞祥屢現。於是左中郎將李伏首先上言請稱帝，亟言「殿下即位初年，貞祥衆瑞，日月而至。有命自天，昭然著見」。一時間羣臣洶湧，競上表推戴，文帝紀之注可詳見。其中尤以太史丞許芝之表最具影響力及代表性，其表略曰：

易傳曰：「聖人受命而王，黃龍以戊己日見。」七月四日戊寅黃龍見，此帝王受命之符瑞最著名者也。……春秋漢含孳曰：「漢以魏、魏以微。」春秋至版讖曰：「代赤眉者魏公子。」春秋佐期曰：「漢以許昌失天下。」……今魏基昌於許，漢微絕於許，乃今效見，如李雲之言許昌相應也。……太微中黃帝坐常明，而赤帝坐常不見，以爲黃家興而赤家衰，凶亡之漸。……（建安）二十三年，（彗星）復掃太微，新天子氣見。……殿下即位，初踐祚……是以黃龍數見，鳳凰仍翔，麒麟皆臻，白虎叙仁，前後獻見於郊甸。……衆瑞并出，斯皆帝王受命易姓之符也。

是則採用符讖與五行相生之說爲魏受漢禪之理論基礎，亦王莽以來以至黃巾惑衆之故智。既有此黃帝代赤帝之理論基礎，而五令之中令大暑目的在郊黃帝迎黃靈，故疑魏必舉行此禮，以明承受之所自。然黃初元年十月受禪，中令已過。翌年正月雖行郊祀諸禮，但魏朝尚未廣封諸侯王，故所行諸禮幷無中令郊迎之事。及黃初三年雖已廣封諸侯王，然文帝卻因洛陽宮正在興建而移宮許昌，不在京師。翌年三月駕還洛陽宮，疑即召諸侯王入朝舉行此禮。

或可能爲洛陽新宮落成之慶會。

洛陽漢宮受董卓之嚴重破壞，建安中猶破敗不堪。銓評卷四送應氏詩咏謂「步登北邙阪，遙望洛陽山。……宮室盡燒焚。垣牆皆頓擗，荆棘上參天。……側足無行逕，荒疇不復田。……中野何蕭條，千里無人煙。」曹操移帝於許昌宮，建安末始在洛陽起建始殿，事見武帝紀建安二十五年注引世語及晉書卷二十八五行志中。文帝踐祚，乃於黃初元年十二月經營洛陽宮，大約洛陽當時只有建始殿而已，故朝會廟祭皆於此，而文帝遂返回許昌宮。至黃初四年三月丙申，再「還洛陽宮」，自後稱駕返洛陽爲「洛陽宮」，顯見此年洛陽新宮已落成，於是還宮，依漢例大會諸侯，俾能瞻仰京師宮闕。

或與魏國宗廟有關。

魏社稷宗廟始建於建安十八年秋七月，廟在鄴都。文帝踐祚至去世，皆未返鄴廟祭。京師營新宮，更未依禮法先造宗廟。若黃初四年三月還京，眞爲新宮落成而回，則營造宗廟應爲文帝所注意。文帝紀黃初四年夏五月注引魏書曰：

> 辛酉，有司奏造二廟。立太皇帝廟。……特立武皇帝廟，四時享祀，爲魏太祖，萬載不毀也。

五月有宗廟之議，六月有中令之會，國之大事，在祀與戎，特旨諸王入朝，容或與此二事或其中一事有關係。而此年夏四月，劉備病故，文帝是否會大會諸侯王以廟告武帝，亦宜考慮。要之若非大事，文帝當不會特詔諸侯王入京，而此三事皆爲朝廷大事，孰爲此次入京之眞正目的？或三事皆可能，或三事皆不可能？非能一言而可論定，當從文帝在承明廬受謁一事再作推想。

注釋者多謂承明廬爲借漢西京故事而非實指，竊意不盡然，蓋漢之東、西二京皆有承明殿或承明堂，魏或亦有之。

> 謂非實指者多引漢武帝時故事爲據，可詳詩注與詩選。其實西京之承明殿在未央宮中，文帝時已存在，事見雍錄卷二未央宮位置未央宮著事迹者項承明殿條。東京有南、北二宮，南宮內有承明堂與承明門，事見河南志卷二後漢城闕宮殿古蹟條。魏國在東京宮闕舊地營造新宮，大抵承沿漢宮舊規，亦有承明門，是則未必非實指。

漢東京之承明堂及承明門之作用不甚明；然西京之制，則此地甚爲重要，爲議政出詔之處。

前引雍錄承明殿條云：

霍光傳「太后車駕幸未央宮承明殿，盛服坐武帳，期門武士陛戟陳列殿下，罪狀昌邑王。」則其地非燕閒常御之地矣。

既爲議政出詔之處，則應有待詔之所，承明廬似即在附近。同條又云：

然則待詔承明而廬于石渠門外者，此之石渠，必與承明（殿）相距不遠也。

疑漢東京之情形與此相差無幾。

魏洛陽宮規模仍漢東京之舊，疑承明待詔之風大抵仍保存，是則此事當非虛借故事。

文帝紀黃初元年十二月裴松之案曰：「諸書記是時帝居北宮。以建始殿朝羣臣，門曰承明。陳思王植詩曰：『謁帝承明廬』是也。」是則承明廬在建始殿承明門附近，意甚明顯。銓評卷五聖皇篇，竊疑子建在此次歸藩離京時作，或雖後來之作而其意在追述此次離京之事情者，其詩謂在京時「便時舍外殿，宮省寂無人」，顯示子建入京時居於北宮之外殿，可能在建始殿之附近，是則「謁帝承明廬」者實爲作者之直述。

承明待詔既與宴讌之事關係不大，則子建此次謁帝若非面辭，可能即爲入覲行禮或朝會。故入朝之目的，應與迎中令或起宗廟成份居多。

所謂「逝將歸舊疆」，實與首句之謁結合成全篇之基礎，以下各章各句，大抵皆與此二句有關。至於「舊疆」，本意新居之相對。

例如黃初六年令內追述以鄄城侯待罪京師，後放歸而立爲鄄城王，而其令曰：「反我舊居，襲我初服」。

舊居意即舊疆，與居於京師相對。

故當指鄄城而言，而不指雍丘。

鄄城在漢屬濟陰郡，魏時撥入東郡，晉則隸於濮陽國。諸家所釋大都謂指鄄城，而李善則謂「時植雖封雍邱，仍居鄄城」，不知何據？竊意曹植此年入朝而徙封雍丘，未明徙封在入朝之前或後，且即使東歸時已徙封，是否仍居鄄城則未可知，故詩注引朱緒曾之言似較合，其意謂子建歸藩後始徙封云。又鄄城、雍丘、白馬及壽春皆在洛陽之東，不得引以謂既謂東路，則應指白馬與鄄城，然後二王方能請求同路東歸。

今宜注意者，實爲「歸」字前面之「逝將」二字。此二字仔細品嚐，隱然含有一股微妙之感情，即欲不去而不得不去之依戀不捨情緒，而此情緒即爲全詩所述怨、恨、憤三種感情之醞釀中心。

說文第二篇下謂「逝，往也」；又可訓爲「行」，如垓下歌之「騅不逝」猶騅不行。同篇段注引方言謂「逝」爲秦晉語，故詩注引王引之謂逝字爲發聲字，亦可。要之「行將」或單一「將」字，皆含有依戀不去之情。洛神賦有類似之句法云：「命僕夫而就駕，吾將歸乎東路。攬騑轡以抗策，悵盤桓而不能去！」子建於此用「將」字刻劃攬轡悵盤桓而不能去之情緒，可謂神來之筆。本詩後章有「顧瞻戀城闕，引領情內傷」二句，即由此引出。

竊意子建在離京之當時，必有令其傷懷之情景，可能與親友送行有關。

漢魏制度，諸侯王入朝，大鴻臚「當郊迎，典其禮儀」，是則諸王之來歸及在京，皆由大鴻臚導引安排，玆以劉蒼爲例，後漢書卷七十二東平憲王蒼傳云：

> 三月，大鴻臚奏遣諸王歸國，帝特留蒼。……至八月……有司復奏遣蒼，乃許之。……欲署大鴻臚奏，不忍下筆。

是則諸王歸藩時，需大鴻臚安排奏請，而天子署奏，始克成行。諸王不得自由決定。及其歸，亦例由大鴻臚持節送行，歸者戚友皆可參加。銓評卷五之聖皇篇，甚可能咏述此次離京之情況，其詩云：

> 聖皇應曆數，正康帝道休。……三公奏諸公，不得久淹留，藩位任至重，舊章咸率由。侍臣省文奏，陛下體仁慈。沉吟有愛戀，不忍聽可之。迫有官典憲，不得顧恩私，諸王當就國，璽綬何累縗。……鴻臚擁節衞，副使隨經營。貴戚并出送，夾道交輜軿。車服齊整設，韡曄耀天精。武騎衞前後，鼓吹簫笳聲。祖道魏東門，淚下霑冠纓。扳蓋因內顧，俛仰慕同生㊃。

是則子建當爲祖送之盛況及離愁所感動。疑此送行戚友之中包括曹彪在內；或最低限度曹彪即使同時離京，亦當在出京時分道，而於祖送儀式時猶可面見。

劉蒼歸藩故事爲有司事先安排奏請，而經天子署勅始得啓衆，與聖皇篇謂有司引舊章請諸王歸國，而文帝體仁慈而「不忍聽可之」合。且此時禁防已嚴，司馬光於通鑑七十魏紀四太和五年秋七月評述自黃初迄此時之禁防，謂「黃初以來，諸侯法禁嚴切。至於親姻，皆不敢相通問」。是則二王在京時當無由從容相見。竊疑有司奏准諸王歸藩時，子建或在此時請求與曹彪同路東歸，而文帝與有司「迫有官典憲，不得顧恩私」。若非如此，則應在同時離京時提出同路請求，而有司依法不許；有司不一定指監國謁者，孫盛之言不知是否有所據。要之，不論是子建先走而曹彪祖送，或二王同時離京而分道，似皆可於祖送時見面，蓋全詩除本圖相與偕，中更不克俱」外，餘皆未顯示二王曾經同道，而此二句亦不一定指途中分離，事詳第三章。反之聖皇篇描述離京時傷懷之因素謂「同生」之別，此詩後段曰：

祖道魏東門，淚下霑冠纓，扳蓋因內顧，俛仰慕同生！行行日將暮，何時還闕廷。車輪爲徘徊，四馬躊躇鳴。路人尙酸鼻，何況骨肉情！

闕廷或泛指京師，且洛陽新興，諸王未必有京邸，故子建入朝即居於「宮省」，疑他王亦如是，且文帝亦未必親臨祖送。故子建爲「同生」而戀慕，爲「骨肉情」而酸鼻，皆應指出送之「貴戚」而言，是以疑曹彪即爲其中之一人；或專指曹彪而言。若果如此，則詩中自謂「孤獸」及謂「親愛在離居」者，乃豁然可得而解。

細審本詩「顧瞻戀城闕，引領情內傷」與聖皇篇之末段所述，則以曹彪參與祖餞子建歸藩而猶留京未發之成份居多。

從清晨啓行至抵洛川，疑本詩即作於此時此地。

本詩咏述之行程止於此，以後所提及者皆洛陽至此所經之地名，可能即爲作詩時所止之處，且離京時情緒交激，過份激動對作詩應有妨礙，竊疑子建行至此地，日落黃昏，心情已漸平伏，乃於泛舟之際，對長路茫茫生怨；此長路之怨由於孤單獨行而啓發，所謂「孤獸」是也；而孤單獨行則又由於「親愛在離居」；親愛離居卻由於有司不許同行，是則怨長途猶同怨有司。思想由此追憶，而全詩亦由此倒述，後章所言者，皆此時此地以前發生之事，其原因即在此。且去年從京城放歸鄄城，即在此附近作成洛神賦，撫昔念今，倍能興懷。故謂本詩即於此時此地作成。

詩內敘述其所經城塞亦約與洛神賦所述同，第感情除洛神賦所謂之「悵盤桓」之外，抑且另外增加「情內傷」之傷感。

洛神賦提及各城塞較本詩更多，而太谷（通谷）、洛川諸處則二者皆提及，至其詳細路程則不能考知。作洛神賦時，子建充滿被誣告之冤情，欲還訴以獻忠誠。此時則充滿骨肉生離死別之憤怨，欲一吐心中之積恨。案子建對朋友本就友愛，讀其離友與送應氏兩詩即可揣知，而曹丕亦因此而疑其結黨奪適，事詳第五章，對手足之情，則尤情篤，從本詩、聖皇篇與釋思賦等，皆可窺知。故於此時手足相逼，生離死別，而生怨憤之情。

故用「逝將」一詞句引出「顧瞻」與「引領」，由此兩動作代表怨盼之心，以牽引出以下各章。

二、證詩第二章

詩云：

太谷何寥廓，山樹鬱蒼蒼。霖雨泥我塗，

流潦浩縱橫。中逵絕無軌，改轍登高岡。

修阪造雲日，我需玄以黃。

本章承前章之追述而來，描述道路情景與險阻，以作下章之伏筆，意義顯明。若謂別有政治上之含意，其言似過於牽强。

本章之描述用以牽引下章之心情，乃六義之中「興」之寫法甚明，而梁章鉅於文選旁證卷十四引何焯言，謂「不直言有司之禁止而託之淫潦改轍，恐傷國家親親之恩」，是則未脫以道德政治觀釋詩之桎梏，不足取信。

案霖雨非小雨，短者三數日，久者百餘日。

初學記卷二天部下雨第二引爾雅曰：「雨三日已上曰霖。」是則三日已上雨稱霖雨。而晉書卷二十七五行志上云：「太和四年八月，大雨霖三十餘日。」魏志卷五文德郭皇后傳云：「（黃初）五年……霖雨百餘日。」是則三數月之雨亦稱霖雨。

而伊洛一帶往往霖雨成災。子建此次遭遇亦甚嚴重，六月降霖，使伊洛泛濫，波浪高達四丈餘，毀家殺人不少。

文帝紀謂四年六月「大雨，伊洛溢流，殺人民，壞廬宅」。晉書卷二十七五行志上記述更詳，謂「伊洛溢至津陽城門，漂數千家，殺人。」黃節詩注更引水經注謂「伊闕左壁有石銘云：『黃初四年六月二十四日辛己大出水，高舉四丈五尺』」云云。是則此次雨災程度大而範圍廣，洛京西南第一城門亦已波及，故子建之描述實未可等閒視之。李善謂七月霖雨實誤，黃節等皆已據水經注駁之。依石銘刻字，謂六月底猶大出水，則子建七月歸藩，難怪猶流潦縱橫與中逵無軌。

故子建之描述，實爲雨刼之實錄。其馬因而患病，與必須改大道而登阪陂，事皆實況，不得謂之另有含意。且自洛陽至首陽，其間農田縱橫而林木甚少。

案洛陽經董卓之亂，至建安元年獻帝東還時，其景況至爲悽慘，晉書卷二十六志十六食貨云：

至洛陽，宮爲蕩滌，百官披荆棘而居焉。……委輸不至，尚書郎官自出採梠，或不能自反，死於墟巷。

此即曹操遷帝都許之藉口，實情亦如此。自此至建安二十四年冬經營建始殿，洛陽始再受重視，至於其間之荒涼情形，子建已於送應氏詩刻劃，前已引之矣。及文帝踐祚，於城內興造新宮，於城外設官督導開墾。魏志卷二十七王昶傳云：

文帝踐祚，……（昶）爲洛陽典農。時都畿樹木成林，昶斫開荒萊，勤勸百姓，墾田特多。

王昶以墾功遷爲兗州刺史，其開發情形可以想知。農畝既多，森林必較少。甚者爲不妨礙農畝，曹丕在黃初三年冬十月表首陽山東爲壽陵，作終制令後事「無爲封樹，無立寢殿」。故從洛陽至首陽之東，樹木必不衆多。

及至太谷始見鬱茂之樹林，是以子建頓有心胸一廣之感，此感受亦可料知。

案首陽在洛陽北約二十里，而太谷約在洛陽東南五十里，李善誤之，而詩注引洛陽神賦，洛陽記，東都賦與讀史方輿紀要諸文證其非，甚當。要之太谷舊名通谷，又稱大谷，子建嘆其「寥廓」，即嘆其廣大之意，與此谷之命名相合。
因之推知本章所述景物，皆當時之實況無疑。

三、證詩第三章

詩云：

玄黃猶能進，我思鬱以紆。鬱紆將何念，
親愛在離居，本圖相與偕，中更不克俱，
鴟梟鳴衡軛，豺狼當路衢，蒼蠅間白黑，
讒巧令親疏。欲還絕無蹊，攬轡止踟躕，

謂馬病猶能奮進而思鬱卻難以紆解，目的在運用比較法强調其思鬱之嚴重性。蓋承前章之寫景而起興生情，故下二句即點出思鬱之根源在於「親愛在離居」，此爲本章中心所在。案「親愛」一詞即指曹彪，全句暗示二王已分離之成份多於序所謂「蓋以大別在數日」，仔細體味本章意緒當所知之。蓋親愛分離本爲人生一愁，及爲他人强逼分離，愁思更當「鬱以紆」。此所以曹植不怕「悖慢」之罪，借鴟梟等詞諷罵有司。

曹彪在嘉平二年六月被殺，年五十七，事見魏志卷二十九朱建平傳。是則此時其年齡當在三十歲左右，與曹植相若。二人雖異母，但依子建平日態度，二人當很親愛。正惟如此，更益增子建之「思鬱」。

然而釋者大都本於序文所謂「蓋以大別在數日」，遂誤解「與白馬王還國，後有司以二王歸藩，道路宜異宿止」爲已在同行途中，中途始被逼分離，是則意謂作本詩之時，二王猶未分離。竊意並不盡然，以爲詩成時二王應已分離。

竊意序文之言未可盡信；且詩成之時間與被逼分離之時間似非同時，證序時已略舉之。且詩成之時間應在有司不許同行之後，情形與本詩及孫盛序之說相合。若謂詩成之時有司尚未逼二王分離，則斷無本章之恨；若謂有司雖不許二王同路，然作詩之時猶未强行分隔，則與當時禁防之嚴格情形不甚相合。是則詩成時二王已「在離居」，可以斷定。

且中途命下或中途爲有司所逼而分離，皆離以置信。

李善注之序及孫盛之序皆未明言中途命下分離諸事；二王是否曾經同道亦交待隱約，不足引以爲證。今者主此說者，大多本於吳淇之言。詩注引吳氏之言，謂首章詩「情不注白馬，而注城闕」，蓋子建猶與白馬王同行之緣故；又謂「二王初出都未有異宿之命。出都後羣臣希旨，中途命下，始不許二王同路」。此皆不知其所據何者？疑即誤解李善注之序，騁其想像而言。蓋朝廷若不許同行，必不待中途始命下；若許其同行，則有司不會逼其離居。且歸期迭行例由大鴻臚主持，既已安排就緒，子建何能圖謀「相與偕」？故疑中途命下或中途分離之說皆不可盡信。

蓋「本圖相與偕，中更不克俱」乃指事情之因果相聯，未必爲中途分離之意。其意應指離京前之請求同行而結果不獲允許之事而言。

說文第一篇上云：「中，內也。」段注謂「中者……亦合宜之辭也。周禮：「中失，即得失。」是則「

中」之爲義，可訓爲得，猶結果之意。本圖如此，結果如彼，乃因果相聯而相反之意，「本圖相與偕，中更不克俱」即其例也。若釋爲「本欲圖謀相偕同路，而中途更不能結伴同行」，則失去相聯相反之意。故吳淇釋「中」爲「中途命下」者實爲大誤。今試以之嵌入孫、李二序而驗之，若孫盛序曰：「植及白馬王彪，（本圖）欲同路東歸，……而（結果）監國使者不聽，植發憤告離而作詩。」又如李注之序曰：「（本圖）與白馬王還國，後（後字含結果之意）有司以二王歸藩，道路宜異宿止，意每恨之。」前者謂本圖同行，結果不聽，故「發憤告離」；後者謂本圖同行，結果不許同宿止，故「意每恨之」。相聯相反之意顯然可信，亦與當時情實甚合，故謂不當釋爲中途分離。其意蓋指有司安排歸程前之請求及其結果而言。

是則前章所論曹彪並未與子建同道離京，或者仍留京師並參與祖送曹植之行列，不可謂其無據也。

子建指桑罵槐，斥有司爲鴟梟、豺狼與蒼蠅。其所指究竟爲誰，令人尋味。案漢魏之間，大抵指君主親信者爲鴟梟，權重位高者爲豺狼，與子建之謂「鳴衡軛」與「當路衢」相合。

後漢書卷一百七陽球傳謂陽球上書，斥宦官曹節爲豺狼鴟梟，而斥宦官王甫與太尉段熲爲狐狸而已。又如東觀漢記卷二十張綱傳謂張綱斥梁冀爲「豺狼當道」。餘例尚不少，姑不贅，要之其意義甚明顯。

至於蒼蠅一詞則大抵指言官或伺察之官。

後漢書卷四十六寇榮傳謂寇榮亡命上書，自謂「爲專權之臣所見批抵，青蠅之人所共搆會」，並斥前者爲豺狼，顯見兩者所指各不同。魏世常斥校事之官爲青蠅，青蠅猶蒼蠅，如魏志卷十二毛玠傳謂毛玠答鍾繇曰：「青蠅橫生，爲臣作謗。」孫盛評曹操徵用校事爲不當，謂「未有徵青蠅之浮聲……可以丕釐四海」，故視魏武帝爲「失刑政矣」，事見玠傳注引。蓋當時猜忌之政不特施於諸侯王，亦遍及朝廷臣工百司。

魏制侍從君側而地位重要者應爲侍中，其中尤以邢顒、桓階與衞臻三人最堪注意。

侍中俗稱「執虎子」，曹操初建魏國即任杜襲、王粲與和洽爲之。文帝踐祚至此年，先後爲之而可考者有邢顒、鮑勛、劉廙、趙儼、辛毗、劉曄、温恢、桓階、陳羣、董昭、衞臻、蘇則與傅巽等人。若以朋黨視之，此十餘人大都爲曹丕黨。他們或爲五官將時官屬，或爲太子宮官。且在曹操詢問繼嗣時，大都表示過擁護曹丕。其中力言子建不可爲嗣子而拒絕與子建交往者，有邢顒等三人。邢顒曾歷任要職，個性「無所屈撓」，以「德行堂堂」被選爲平原侯曹植之家丞，與子建「不合」而改參丞相軍事，後爲曹丕之太子少傅及太傅，反對立子建而擁護曹丕最力，此年恰爲太常卿，故最堪注意。董昭本傳未載問嫡之事，但其人向有「佞人」之稱而最爲投機，此年恰任大鴻臚。其餘不贅，各詳其本傳。要之鴟梟之諷，似與其中部份人有關。

至於「當路衢」者，若非指中書監、令，則似指尙書八座。中書監、令在魏時號爲「專任」，大部份時間由劉放、孫資出任，二人至晉代猶被稱爲「奸邪誤國」。

魏國初有祕書，文帝踐祚改爲中書，劉放爲中書監，孫資爲中書令，一直到嘉平元年罷任，其間約三十餘年。裴松之評其二人「判斷機密，政事無不綜」，對其「依違其對，無有適莫」之態度甚有微詞。趙翼更明論陳壽曲護二人之非，以爲二人「竊弄威福」，「乘明帝臨危，請以司馬懿輔政，遂至權移祚易，故當時無不病二人之奸邪誤國」。二人之事，可詳魏志卷十四劉放傳（孫資附），卷二十五辛毗傳，及廿二史劄記卷六三國志多迴護條。

「魏世事統台閣，重內輕外，故八座尚書即古六卿之任也」，黃初四年以前先後任尚書者不贅，而先後爲令、僕者計有桓，邢顒等數人，階與顒最爲反對子建，前已言之矣。

引語見魏志卷二十二陳壽評曰。案東漢以來，大權已漸收歸尚書台，魏世雖重中書，但尚書亦未失勢，故謂「事統台閣」。魏志卷十賈詡傳謂「尚書僕射，官之師長，天下之望」，則尚書令可知矣。任令、僕者除階、顒二人外，尚有陳羣、賈詡、陳矯、杜畿與司馬懿數人。

「間白黑」者既多謂伺察之司，魏制諸王國監國謁者之外，師、友、文學諸防輔官以至地方長吏，皆可伺察告發諸王；在京則有校事。是以諸王公動輒得咎，屢被糾告。

諸國官屬名爲師友，實即監司，諸王善惡皆得奏聞，故中山恭王曹袞善行爲文學防輔奏稱而大懼，責讓文學，至謂「是適所以增其負累」。然而此等官屬監司若不盡力伺察，則往往受懲。曹彪被殺後，「彪之官屬以下及監國謁者坐知情無輔導之義皆伏誅」即其顯例。事見王公列傳曹袞及彪傳。禁防既嚴，故後來子建上表求爲平民，語甚辛酸，至謂「若陛下聽臣悉還部曲，罷官屬，省監官，使解璽釋紱，追柏成、子仲之業，營顏淵、原憲之事。……身死之日猶松喬也！」如此看來，「禁防壅隔同於囹圄」之說豈誣言哉。

又校事一官爲曹操創置，用以偵察臣民，黃初五年以其過份猖獗而一度中絕，尋又置之，直至廢帝芳嘉平中始復罷廢。程曉上表論其弊甚詳，謂其「上察宮廟，下攝衆司，官無局業，職無分限，隨意任情，唯心所適。法造於筆端，不依科詔；獄成於門下，不顧覆訊」㊄，難怪魏諸侯王常因「交通京師」之罪被告發受罰。

右述之魏國諸司及嫌疑人物皆可能爲子建諷罵之對象，然而子建既未指實，竊亦未便妄加附會。蓋前引寫灌均上事令謂「灌均所上孤章，三台九府所奏事」，顯見參與議論子建之事者往往並非一二官司而已。

末二句言「欲還」，詩注引何焯言，謂子建欲「還愬」於曹丕。竊意或有此可能，然不全如是。蓋魏制諸王「還愬」於天子，幾爲不可能之事。

文帝申不朝之詔，其意即不欲再見諸王，故其在位之時，僅有此次特詔入朝而已。子建曾兩次入京，皆「待罪南宮」，難得一覩天顏。京師又復有交通之禁，雖親姻亦不得會晤，本傳注引魏略謂此次入朝，子建微行入見清河長公主，欲因主謝帝，「帝使人逆之不得見」，其事可爲顯例。樂府風箋卷十五當牆欲高行，子建詠云：

龍欲升天須浮雲，人之仕進待中人。衆口可以鑠金，讒言之至，慈母不親！憒憒俗間，不辨眞僞，願欲披心自說陳；君門以九重，道遠河無津！

是則子建於此亦非不知情也。

竊意欲還訴於曹丕之外，亦欲還訴於曹彪，而以後者之成份更濃厚。

詩題謂贈曹彪而作，李善注序謂「與王辭焉」而作，孫盛題序亦謂欲「叙隔濶之思」不果而「發憤告離」

而作。詩本章亦已點出因「親愛在離居」而鬱思不解。且子建心中即有怨恨，豈敢面陳文帝？故疑「欲還」一句應指欲還京師，訴慕於同生，蓋曹彪此時似猶在京師也。竊意聖皇篇之末段所詠，可爲本章此二句之註脚，「欲還絕無蹊」者應寄意於「慕同生」與「骨肉情」，此亦子建一直積存至太和五年上求存問親戚疏之志願。本傳詳載此疏，今略摘引之以見其一貫之眞摯情志。疏云：

至於臣者，人道絕緒，禁錮明時，臣竊自傷也！不敢過望交氣類，修人事，叙人倫。近且婚媾不通，兄弟乖絕，吉凶之問塞，慶弔之禮廢。恩紀之違，甚於路人；隔閡之異，殊於胡越。……願陛下沛然垂詔，使諸國慶問，四節得展；以叙骨肉之歡恩，全怡怡之篤義。

讀其疏，竊所推論益可信。

是則本章初以思鬱難紓叙起，謂思鬱乃由與曹彪「在離居」，離居之因素則爲有司所阻撓而造成，故不禁諷罵有司不已。但以事實已造成，不能還訴於曹彪「以叙隔濶之思」，是以「攬轡止踟躕」。全章一氣呵成，對象皆在曹彪，蓋孫盛所謂「發憤告離」及李善所謂「憤而成篇」，皆指此而言。

四、證詩第四章

詩云：

踟躕亦可留？想思無終極！秋風發微涼，
寒蟬鳴我側；原野何蕭條，白日忽西匿。

歸鳥赴喬林，翩翩厲羽翼；孤獸走索羣，
銜草不遑食。感物傷我懷，撫心長太息。

案六、七月之間，氣候正暑炎，本不該有此蕭條景象。竊意當時河南一帶已經雨切，其殘景亦與子建此時之情感同一化，故子建描寫景物，倍添蒼涼孤寂之感；而其捕捉入詩之秋風、寒蟬、荒原、夕陽等外在景觀，皆可視爲子建悲涼之內在心境，是以「感物傷我懷」者實可視爲「感我傷我懷」。是則「歸鳥」喻其「歸」，「孤獸」喻其「孤」，皆非寫景，實在寫其自己，加上以「相思」承接前章之「親愛在離居」，故竊意二王此時已然分離，亦甚明矣。本章寫景之目的，蓋在勾起下章敘述任城王之死，其技巧一如第二章之興起第三章。誠如毛詩正義序所謂「情緣物動，物感情遷」，用外在景觀之變動而寄寓內在情感之遷變，非高手不能如此。

五、證詩第五章

詩云：

太息將何爲！天命與我違！奈何念同生，
一往形不歸。孤魂翔故域，靈柩寄京師，
存者忽復過，亡歿身自衰；人生寄一世，
去若朝露晞！年在桑榆間，景響不能追。
自顧非金石，咄唶令心悲。

前四句承前章之感物而興懷，並從太息東歸孤獨移爲太息「一往形不歸」，即從曹彪之離移情至曹彰之死。曹彰之死甚可疑，或因文獻缺乏，陳壽記之不詳。

陳壽記某人之死，往往於本紀繫時間，於其本傳則另交待死因，如記文昭甄后及曹植即其例。然於曹彰則只於文帝紀黃初四年六月謂「薨於京都」，彰傳則略謂「疾薨於邸」。想陳壽當不至於爲此事隱曲，當與文獻不足徵有關。古今逸史十四拾遺記卷七任成(城)王條謂「國史撰任成王舊事三卷，晉初藏於祕閣」，則陳壽書成時此三卷不知已撰成否？或書雖已撰成，不知有詳記死因否？曹彰之死當與政治有關，事可詳後，是則其死因甚可能爲官方隱沒。陳壽魏志大抵以王沈官修之魏書爲藍本，魏書若爲曹丕諱此事實，則陳壽記載之疏忽，當亦不得已。

裴松之注三國志號爲詳備，上三國志注表自謂「壽所不載事宜存錄者，則罔不畢取以補其闕。或同說一事而辭有乖離，或出事本異，疑不能判。並皆抄內以備異聞」，而於曹彰之死兩引孫盛之說，其意當爲「補其闕」及「備異聞」。是則裴氏對此事亦甚留心，必以爲孫盛之說爲「事宜存錄」或「疑不能判者」。孫盛非尋常史家，史稱其「有良史之才」，其所載一謂曹彰之死與繼承權爭奪有關，一謂與曹丕之猜防政策有關，實不容忽略。

彰傳注引魏氏春秋謂：「初，彰問璽綬，將有異志，故來朝不即得見，彰忿怒暴薨。」是指其死與繼承問題有關；植傳則謂「是時待遇諸國法峻，任城王暴薨」，是指與曹丕猜防政策之壓逼有關。孫盛史學素養甚高，常能注意歷史上隱晦之大事而發明其眞相，其所發見亦往往爲後漢書及資治通鑑所採用。如荀或因不贊成曹操進爵，曹操「由是心不能平」，故假勞軍而殺之於壽春，趙翼廿二史劄記卷六荀彧傳條曾詳論此事。三國志卷十荀彧傳云「太祖軍至濡須，彧疾留壽春，以憂薨」，而注引魏氏春秋則謂「太祖饋彧食。發之，乃空器也，於是飲藥而卒」。是則若無孫盛之文，荀彧被曹操逼害之事則無以大白於世。後漢書及通鑑亦全採此說，孫盛之識力於此可見矣㊅。又建安二十四年曹操欲用曹植統軍南援曹仁，因植醉而怒罷之之事亦爲其例，可詳本傳並注，此不贅。要之陳壽謂荀彧「疾留壽春以憂薨」，寫法與曹彰之「朝京都疾薨於邸」頗同，似具深意。

其兩謂曹彰「暴薨」，當指突然去世之意，與陳壽所述不悖，與子建親撰之任城王誄亦合。

案疾之爲義本爲小病，故說文七篇下云：「病，疾加也。」段注引苞咸注論語曰：「疾甚曰病。」然可訓爲急速之意，故段注曰：「按經傳多訓爲急也，速也。」陳壽謂曹彰「疾薨」，不一定謂因小病而薨，應謂突然死去，即指「暴薨」之意。詮評卷十任城王誄云：

於休我王，魏之元輔。將崇懿迹，等號齊魯。如何奄忽，命不是與?!……乃作誄曰：「……宜究長年，永保皇家。何如奄忽，景命不遐!……」

據此知子建不言曹彭因病而死，但謂其「奄忽」而死，「奄忽」即疾速暴然之意，故三人之說皆相合。是則陳壽謂荀彧疾留「以憂薨」，謂子建「常汲汲無歡，遂發疾薨」，其所用「疾」字，皆含深意。

三人對曹彰如何死去皆存疑，而子建與陳壽對其因何死去皆不提及，獨孫盛常留心於此類事件，其提出之死因應非隨意編說，是則繼承與猜防兩事，實宜用心留意。王船山對此二事甚注意，其解釋魏國之亡即着眼於此微妙之家庭糾紛。

讀通鑑論卷十論三國云：「魏之亡，自曹丕遺詔命司馬懿輔政始。……其命（陳）羣與懿也，以防曹眞而相禁制也。……合眞與懿、羣而防者，曹植兄弟也。故魏之亡，亡於孟德偏愛植。而植思奪適之日，兄弟相猜，拱手以授之他人，非一旦一夕之故矣。」曹丕不懲漢室之亡，寧用他人而不許宗王輔政，即由於「曹植兄弟」競爭繼承權之故。所謂「曹植兄弟」，謂植與彰而已。是則曹彰之死不徒因緣複雜，抑且影響深遠。

竊意船山謂「魏之亡，亡於孟德偏愛植」，以至「兄弟相猜，拱手以授之他人」，甚是；然謂「植思奪適之日」則不盡然。蓋曹操不是謹守禮法之人，長子曹昂戰歿後，繼承權即屬意於曹沖。沖爲曹操最寵愛之子，而非曹植。及至曹沖亦去世，始屬意曹丕。

案曹操有男二十五人，昂爲長子，劉夫人生，嫡夫人丁氏所養大，建安二年正月戰歿，無嗣子。昂若不死，繼承問題當不至起風波。曹沖字倉舒，曹操愛之逾於自己。讀魏志沖本傳及卷二十九華陀傳可知之。昂死之後，沖傳謂「太祖數對羣臣稱述，有欲傳後意」，陳壽於沖傳亦詳記此事云：

建安十三年，（沖）疾病，太祖親爲請命。及亡，哀甚。文帝寬喻太祖，太祖曰：「此我之不幸，而汝曹之幸也！」言則流涕。

此所謂幸與不幸，當指繼承權而言，故沖傳注引魏略謂「文帝常言：『家兄孝廉自其分也。若使倉舒在，我亦無天下！』」是則曹丕亦深知之。

及競爭之心。

曹操雖屬意曹丕，但直至其去世前數年，仍猶豫未果決，對諸子一視同仁，尤垂寵曹植。曹丕因此即產生妬忌

曹沖在建安十三年死時，未屬意於曹丕，至十六年又分封植、據、豹三子爲侯㊆，獨不侯丕。同年又以曹丕爲五官中郎將，副於丞相，其意已決定曹丕爲繼承人。全三國文卷二魏武帝二立太子令云：

告子文（曹彰字）：汝等悉爲侯，而子桓（丕字）獨不封，止爲五官中郎將，此是太子可知矣。

此令嚴可均摘自御覽二百四十一，可信度尚堪討論，但曹操獨不封曹丕爲侯，使爲五官中郎將，其心意當在此。然而同書同卷復載諸兒令云：

兒雖小時見愛而長大能善，必用之。吾非有二言也，不但不私臣吏，兒子亦不欲有所私。

此令若非僞造，則曹操對諸子無所私之心可知。且曹操本人確能不問出身，唯才是用，當時子建以才思而「特見寵愛」，「謂子建兒中最定大事」，此讀本傳皆可知，與「小時見愛，長大能善」之標準合，造成曹操選擇繼承人之猶豫而不果決。故本傳謂「太祖狐疑，幾爲太子者數矣」，陳壽之言，確不誣。子建因被寵而威脅到曹丕之繼承地位，當爲引起糾紛之原因。

蓋曹植被寵，性洒脫而不節制，因此引起曹丕之疑忌。其首先反應即常在曹操面前虛僞矯善，一者使曹操對之有「慈孝不違吾令」與「長大能善」之印象；另一目的則在打擊子建在父親心目中之地位。

案「慈孝不違吾令」亦諸兒令中揭示任用諸兒之先決條件，「慈孝」與「善」即曹操對諸子之首要要求，故曹丕常本此而矯飾，如魏志卷二十一王粲傳注引世語曰：

魏王嘗出征，世子及臨菑侯植並送路側。植稱述功德，……王亦悅焉。世子悵然自失。吳質耳曰：「王當行，流涕可也。」及辭，世子泣而拜，王及左右咸歔欷，於是皆以植辭多華而誠心不及也。

此類事情即爲其例，餘不多贅。

其次則折節下士，與子建競交賓友以博時譽。二人賓友甚多，當時名士亦往往同時爲二人之賓友，子建也曾有詩詠及陪曹丕宴樂賓友之事。曹丕禮待賓友，大抵建安中已然，其故即爲此。魏志卷十一邴原傳注引原別傳所述可視作代表：

魏太子爲五官中郎將，天下向慕，賓客如雲。而原獨守道持常，自非公事不妄舉動。太祖微使人問之，原曰：「吾聞國危不事冢宰，君老不奉世子，此典制也。」

邴原以「名高德大，清規邈世」稱著，其於曹丕折節下士之動機蓋有識見，故標高中立，不涉足其事。然而多數名士並不如是，應德璉侍五官中郎將建章台集詩所詠，實足以代表當時曹丕賓主間之表現，其詩云：

公子敬愛客，樂飲不知疲。和顏既以暢，乃肯顧細微。贈詩見存慰，小子非所宜。爲且極歡情，不醉其無歸。凡百敬爾位，以副飢渴懷！

此詩亦收入文選卷二十，可視作描寫曹丕折節交友以博取時譽之代表作，亦可見曹丕之處心積慮於一斑矣。

甚至一面降紆屈事曹操之腹心，一面拉攏子建之官屬。其意在造成公論以鞏固自己地位；同時亦欲造成子建之孤立，達到打擊子建之效果。

當時丞相府以東、西二曹並典選舉，最爲腹心之任。尤以東曹之毛玠、崔琰等，與後來之太子二傳涼茂、何夔「並選太子、諸侯官屬」，故曹丕對之皆執禮甚恭，魏志卷十二毛玠傳（以下簡稱玠傳）云：

文帝爲五官將，親自詣玠，屬所親眷。

同書卷十何夔傳（以下簡稱夔傳）亦云：

每月朔，太傅（夔）入見太子，太子正法服而禮焉。

對曹操之謀主執禮更卑，如魏志卷十荀彧傳云：

初，文帝與平原侯並有擬論，文帝曲禮事彧。

又如卷十一張範傳云：

太祖謂文帝：「舉動必諮此二人。」世子執子孫禮。

二人指範與邴原，是則曹丕對其父之親信腹心之刻意邀結可見。丞相府東曹僚屬及子建之侯府官屬，先後轉入曹丕之官屬者頗多，其中有名望及對曹丕取得與穩定繼承權發生 作用者 亦不少，如邢顒、司馬孚、司馬懿等即爲其代表。從建安十八年至廿四年先後爲尚書令及僕射之荀攸，涼茂、劉先、毛玠、何夔、徐奕、李義、桓階、常林、崔琰、傅巽、陳矯等，大都曾領東、西曹而爲曹丕所禮遇，或成爲其腹心；亦大都對曹丕之穩定繼承權有所貢獻，其事可各詳魏志及晉書紀本傳。

此外並邀結曹操之寵姬與運動自己之妻兒。如此艱苦經營，始漸有成績。

趙王幹之母王昭儀有寵於曹操，王公列傳趙王幹傳謂「文帝爲嗣，幹母有力。文帝臨崩，有遺詔，是以明帝常加恩意」。是則曹丕之能嗣位，幹母必曾出大力。魏志卷五文德郭皇后傳謂「后有智數，時時有所獻納。文帝定爲嗣，后有謀焉」。是則曹丕爲求穩固地位而運動後宮爲助甚明，第不明其如何進行而已。且丕之子明帝曹睿，素爲曹操疼愛，明帝紀注引魏書頗詳之。曹丕需因此種種關係始能穩定其地位，可無疑問。

曹丕雖是如此苦心以維持其地位，但也曾經兩次幾乎不能維持其繼承權。主要者即爲曹操愛子建文思，屢欲立之爲太子。復因狐疑，遂遍詢心腹親信。曹丕之拉攏政策與向所矯飾，於此時奏效，羣臣大多主張以曹丕爲嗣。

被詢羣臣之意見，陳壽多記載之，大抵皆意曹丕長子仁孝，應爲太子。如魏志卷十二崔琰傳載「琰露板答曰：『蓋聞春秋之義立子以長，加五官將仁孝聰明，宜承正統。琰以死守之！』」；同書卷二十二桓階傳注引魏書更謂桓偕答以「太子位冠羣子，名昭海內，仁聖達節，天下莫不聞」。此二例皆以宗法及輿論爲根據而言，餘多類此，茲不引贅。

稱贊曹植者相較之下則甚少，且以名士爲多，或有對曹操具影響力者則多另有私心。

楊俊與曹植善，曹操密訪時以才分稱美子建；邯鄲淳驚於曹植天人之才，亦屢稱之，事見魏志卷二十三楊俊傳與卷二十一邯鄲淳傳注引魏略。此皆文人名士，對曹操影響力不大。植傳云：

植既以才見異，而丁儀、丁廙、楊修等爲之羽翼。太祖狐疑，幾爲太子者數矣。

是則擁護子建最力者厥爲此三人，三人中又以丁儀最得曹操寵愛。丁儀爲西曹掾，因五官將曹丕之言，娶曹操之女不果，遂與曹丕結仇恨，轉而結交子建。植傳注引魏略曰：

時，儀亦恨不得尙公主，而與臨菑侯親善，數稱其奇才。太祖旣有意欲立植，而儀又共贊之。

是則其力擁曹植之動機可知矣。

因此爆發東、西曹之衝突，曹丕之勢力幾被丁儀等剷除。

建安二十一年，曹操欲裁減機關，東、西二曹皆典選舉，操欲省其一㈧。丁儀或以西曹爲上，欲求自保；且以曹丕之親信毛玠、崔琰等皆在東曹，故力言省去東曹以打擊曹丕勢力。然而終於省去西曹，丁儀益懷恨，持寵構陷東曹諸人，崔琰之外，毛玠、徐奕、何夔、衞臻等幾亦不能免於死，各詳其本傳即可知。通鑑對琰、玠之獄有綜合記載，見通鑑卷六十七漢紀五十九建安二十一年夏五月。

因此曹丕對曹植「羽翼」之懷恨與此事雖非出於子建授意而遷怒於子建之心理，可想而知矣。

魏志卷十賈詡傳謂「文帝爲五官將，而臨菑侯植才名方盛，各有黨羽，有奪宗之議。文帝使人問詡自固之術，……深自砥礪」，是則曹丕一向即以曹植結交賓友之目的在「奪宗」，當時社會上亦流行「奪宗之議」。通鑑修於宋代黨爭之時，故溫公亦宗此說而採用之，後世遂因而斷定子建結黨奪嫡。案子建素行洒脫，「不治威儀」，「不自彫勵」，揆諸史實，實無「奪宗」之意，「奪宗」之意或由曹丕之假想，或出社會之傳訛，或兩者皆是，要之史傳未見曹植有「奪宗」之意圖與行動，丁儀此擧，實非是子建授意。然丁儀一者恃曹操之寵；一者借子建之名以拉攏曹丕之羽翼，圖分化其勢力，如魏志卷二十二衞臻傳云：

初，太祖久不立太子而方奇貴臨菑侯，丁儀等爲之羽翼，勸臻自結。臻以大義拒之。

此舉實令曹丕由疑懼而生憤恨，種下日後之大禍，爲曹丕過補償心理之成因。植傳注引魚豢之言，謂子建有「窺望」之心，正不知從何說起。温公在通鑑引用其言，亦意子建有奪適之行爲，蓋未細審。

其次即在建安二十五年曹操死時，當時曹丕幾亦不能嗣位，此則與曹彰之死有關。建安二十四年曹操南救荆州回至洛陽而病危，驛召曹彰，未至而薨。思曹操召曹彰之意，很可能命他統領大軍以防叛亂。史傳並未交待此問題，今所言者乃從曹操死後之局勢推論而已。案曹操之軍隊甚複雜而以青州軍爲骨幹，其未死前，魏國內部即屢有反叛，關羽來攻亦由內部之反叛而起，事見武帝紀建安二十四年春正月注。故勢須大將統領鎮壓。此種情勢魏志卷十五賈逵傳注引魏略頗有透露，云：

時，太子在鄴，鄢陵侯（彰）未到，士民頗苦勞役，又有疾癘，於是軍中騷動。羣寮恐天下有變，欲不發喪。逵建議爲不可祕。乃發喪，令內外皆入臨。臨訖，各安叙不得動；而青州軍擅擊鼓相引去。衆人以爲宜禁止之，不從者討之。逵以爲……宜因而撫之。

同書卷十八臧霸傳注亦引魏略謂「霸遣別軍在洛，會太祖崩， 霸所部及青州兵以爲天下將亂，皆鳴鼓擅去」。可見曹彰未前，諸軍聚集而無親重大將統率，危機一觸即發。瞭解此情實，乃知曹操之遺命何以特別强調「其將兵屯戍者皆不得離屯部」之用意，從而亦可知魏 志卷二十二徐宣傳謂「羣臣入殿中發喪，或言易諸城守，用譙沛人」之背景。是則曹操召曹彰之意，昭然若揭。

故曹彰至，即問璽綬，其意當爲持以號令諸軍，此事陳壽亦有記載。第當時大局已爲曹丕親信牢牢把持，曹丕亦迅速被擁即位。當此混亂無主之際而曹彰力爭璽綬，自然引起曹丕之疑忌。

魏志卷十五賈逵傳記曹彪問璽綬之事：

> 太祖崩洛陽，逵典喪事。時，鄢陵侯彰行越騎將軍，從長安來赴，問逵：「先王璽綬所在？」逵正色曰：「太子在鄴，國有儲副，先王璽綬，非君侯所宜問也。」

曹彰當時以行越騎將軍代夏侯淵坐鎮長安以防劉備，曹操召之當爲用之以統在洛大軍，賈逵是爲曹丕親信，不欲交印綬以生變，其心思可以推知。故同書卷二十二陳矯傳云：

> 太祖崩洛陽，羣臣拘常，以爲太子即位當須詔命。矯曰：「王薨於外，天下惶懼。……且又愛子在側，彼此生變，則社稷危矣。」即具官備禮，一日皆辦。明旦，以王后令策太子即位。

所謂「愛子在側」，當兼指曹彰與植而言，通鑑胡注謂獨指曹彰似未盡是，要之曹丕親信不欲假彰事權之心理可知，此事若與曹丕之折節邀結合起來細思之，於情實必有所得，彰傳注引魏略曰：

> 彰至，謂臨菑侯植曰：「先王召我者，欲立汝也！」植曰：「不可，不見袁氏兄弟乎？」

建安末曹操已決定曹丕爲太子，曹植亦無奪適之意，魏略此言不知何據，若非傳聞失實，則當爲曹彰問璽綬不果後之負氣說話。不論其是否有說此語，要之其事引起曹丕疑忌則可以推知，從陳矯謂「愛子在側，彼此生變」，可以證之。

故孫盛謂曹彰死於「問璽綬，將有異志」，不可謂無據。且曹丕即王位後，尋即下令諸侯各就國，原因當爲防止諸侯在京生變。曹彰當時即公開表示不滿，氣憤而去；在國又表現突出，當使曹彰更爲疑懼。

彰傳注引魏略謂「遣彰之國。始彰自以先王見任有功，冀因此遂見授用；而聞當隨例，意甚不悅，不待遣而去。……北州諸侯上下皆畏彰之剛嚴，每過中牟，不敢不速」。案魏略此段有不足徵信處，如謂曹彰「因封中牟王」，其實曹彰或兼食中牟，然從未封爲中牟王。不過揆諸史傳，以曹彰之性情，做出如此之事則甚可信。故北州官吏皆畏曹彰，曹丕豈會不猜防。

案曹丕維持繼承權已極苦心，由此已種下過補償心理，故即位即捕殺子建賓友而又貶降子建爲安鄉侯。當此時曹彰又有璽綬之問與剛嚴之威。是以勒令諸侯各就國，申著不朝之令，制定禁防之例，以至曹彰死後，一律貶降諸王爲縣王，皆出於曹丕有計劃之安排無異。而孫盛謂曹彰死於「是時待遇諸國法峻」，非信口之言。是則曹彰之死，雖劉義慶謂曹丕毒殺之不可遽信㊈，然而死於曹丕之有意逼殺則可信。故曹彰之葬禮爲魏國最隆重者，與曹操、曹丕父子之節儉作風迥異，蓋心虛之表現歟。

曹操本人甚節儉，讀全三國文武帝集所載之內誡令及其遺令，即知其作風並非矯飾。故用毛玠、崔琰選用節約之人，即子建之妻崔氏，亦以「衣繡」違制處死，事見魏志卷十二崔琰傳注引世語。曹丕有乃父之風，讀其在黃初三年冬所作終制即可知之，所謂有違此薄葬之制者，「吾爲戮尸地下，戮而重戮，死而重死；臣子爲蔑死君父，不忠不孝」。則曹丕之倡導節儉實非出於虛僞。然而其於曹彰之死，葬禮「如漢東平王故事」。東平王劉蒼之於漢，位高勳重，爲帝長輩，故葬禮空前隆重，而曹彰之於魏，竊謂未及劉蒼之於漢，然而葬禮同之，實與素向所倡節儉之旨相違，合理之解釋當爲曹丕對曹彰之死之心虛反應。東平王之葬禮，可詳後漢書卷四十二其本傳。

「存者」與「亡歿」兩句有二說，竊意皆未盡是。

二說一以范望爲主，一以劉履爲主。詩注引范氏說，謂「存者」指子建自己及曹彪，意謂「須臾亦與任城同一往」；又謂「亡歿」一句是倒文，意謂「身由衰而歿」。詩選則宗劉氏之說，謂「存者」與「亡歿」應互掉，意謂「言死者已矣，存者也難久保」。竊意二說皆有理解上之誤會。

愚意「亡歿」與「存者」皆指曹彰而言，意惜曹彰死得奄忽，亡歿身衰，故謂「人生寄一世，去若朝露晞」也。

此種感情與體驗，子建在任城王誄即已流露，其他詩文亦多所詠述，如銓評卷五箜篌引謂「生在華屋處，零落歸山丘」等即此種體認。此蓋子建深受當時樂府之影響，漢魏樂府風箋卷一載薤露云：「薤上露，何易晞！露晞明朝更復落，人死一去何時歸！」本章顯然即受其影響。蒼涼悲鬱顯然爲漢魏詩壇特色之一，子建攄之而不遺痕跡，反覺更加微妙而已。

章末更從嗟惋曹彰之死進而自傷，推人及己，不由「咄唶令心悲」。

景響指光速與聲速，子建於詩句常用之。黃節於詩注引聞人倓謂「景響句喻年將暮，如景響之不可追也」；余冠英於詩選則推衍其理，謂「言光和聲雖傳得快，還不如將逝的年光去得更快」，皆是。驥案大凡遭遇重大事故，若事不切身，多能瀟洒處之；反之則衝動不能自制。子建於詩文常謂死不足憂，意甚洒脫，如前引箋後引謂「生在華屋處，零落歸山丘，先民誰不死？知命亦何憂」！銓評卷九九詠又謂「民生期於必死，何自苦以終身」！何等通達洒脫；然而本章又何等悲涼。從而可知子建實非勘破生死而超然象外者，不過從此處亦可窺見子建之眞感情耳。

六、證詩第六章

詩云：

心悲動我神，棄置莫復陳。丈夫志四海，
萬里猶比鄰！恩愛苟不虧，在遠分日親，
何必同衾幬，然後展慇懃。憂思成疾疢，
無乃兒女仁，倉猝骨肉情，能不懷苦辛！

子建從「親愛在離居」而至「存者忽復過」，不由咄唶心悲。至於心悲而能動其神者，當爲兄弟間生離死別之情緒。本章首句在自述其情，緊接二句乃自慰慰人語，用意當在冲淡其悲傷。大凡人在嚴重挫折之下仍念念不忘之志願，大多爲其眞正之志願，是則所謂「志四海」者當爲子建眞正之壯志。案子建之壯志因環境凡數變，若從其內心而視之，則實無改變。此年入京前後，子建之志不在「成一家之言」，而在能「戮力上國，流惠下民；建永世之業，流金石之功」。此爲其上志。

銓評卷五五遊詠曹植即自述其「九州不足步，願得凌雲翔，逍遙八紘外，遊目歷遐荒」之豪情，此情上激即成壯志。銓評卷八與楊德祖書即自述其青年時之壯志，以爲「辭賦小道，固未足以揄揚大義，彰示來世」，爲「壯夫不爲也」。故述其積極與消極之志向曰：

吾雖德薄，位爲藩侯。猶庶幾戮力上國，流惠下民；建永世之業，流金石之功！豈徒以翰墨爲勳績，辭頌爲君子哉！若吾志不果，吾道不行，亦將採史官之實錄，辨時俗之得失，定仁義之衷，成一家之言。

可證子建之上志爲立德立功，至於修史立言，乃不得已之志而已。又曹植謂「戮力上國」，據此可略窺其青年時未嘗有「奪宗」之心。

及至來朝後徙封雍丘，生活困苦，始收斂其上志。

曹植在徙封雍丘以後，生活貧窮艱苦，史傳記之，詩文亦言之。植傳謂其身受法制峻逼，寮屬庸劣不足，又「以前過，事事復減半。十一年中而三徙都，常汲汲無歡」。在雍丘時「不親自經營則功不攝。常自躬親，不委下吏」。語見銓評卷七諫取諸國士息表。同書卷九藉田說則自謂「日殄沒而歸館，晨未昕而即野，此亦寡人之先下也；菽藿特疇，禾黍異田，此亦寡人之理政也」。雖如此辛勤，然同書卷七轉封東阿王謝表猶謂劬勞五年，仍然「桑田無業，左右貧窮，食裁餬口，形有裸露」，其困窘辛苦從而可知也，難怪於黃初六年令謂「欲修吾往業，守吾初志」。所謂往業與初志，當指「成一家之言」而言，語見銓評卷八。

俟曹丕去世，子建又興起「閒居非吾志，甘心赴國憂」之情志，故屢上表言事求用，甚至以周公自況。

引句見銓評卷四雜詩。最足以見其志向者，厥爲太和二年所上求自試表。植傳載此表，略云：

今臣居外非不厚也，而寢不安席，食不遑味者，伏以二方（吳、蜀）未克爲念。……竊不自量，志在授命，庶立毛髮之功，以報所受之恩。若使陛下出不世之詔，效臣錐刀之用，……使名掛史筆，事列朝策，雖身分蜀境，首懸吳闕，猶生之年也。如微才拂試，沒世無聞，……此徒圈牢之養物，非臣之所志也。……臣敢陳聞於陛下者，誠與國分形同氣，憂患共之者也。

同傳又載去世前一年之陳審舉表云：

二南之輔，求不必遠。華宗貴族藩王之中，必有應斯舉者。故傳曰：「無周公之親，不得行周公之事。」惟陛下少留意焉。

曹植於明帝爲叔父，故竟以周公自況矣。此類文學尚多見，餘不贅引。

明帝雖受感動，然終不用之，乃鬱抑以終。

太和五年詔諸王入朝，主要即受子建之感動。然子建入朝，本傳謂其「每欲求別見獨談，論及時政，幸冀試用。終不能得。既還，悵然絕望。時，法制待藩國既自峻迫，……常汲汲無歡，遂發疾薨」。可謂死於其志。

中國傳統之文人，大都把讀書與才幹混爲一談，往往志大才疏而又不自雕勵。曹丕評此類人物，謂「觀古今文人，類不護細行，鮮能以名節自立」㊉，信不誣也，曹植即此類人物之典型。然其雖死於其志之不申，殊爲可惜；要之其忠於己志之熱忱則又可佩也。後面接着數句，乃子建繼自勉之後而勉曹彪者，皆無奈之言，非眞情也。故最後押以「倉猝骨肉情，能不懷苦辛」句，眞情洋溢，不由自主。

李善注引鄧析子曰：「遠而親者，志相應也。分，猶志也。」案說文第二篇上云：「分，別也。以八刀，刀以分物也。」是則「分日親」一句，應指雖萬里分隔，親情亦能日益增加之謂。子建此語與其心願違背，實非眞心語。本傳載太和五年所上求存問親戚疏曰：

至於臣者，人道絕緒，禁錮明時，臣竊自傷也！……退惟諸王常有戚戚具爾之心，願陛下沛然垂詔，使諸國慶問，四節得展，以叙骨肉之歡恩，全怡怡之篤義。……今之否隔。友于同憂，而臣獨倡言者，竊不願於聖世，使有不蒙施之物。

以此疏對照本章詩，則知子建說此語時，內心必極爲矛盾痛苦，末二句實爲此種內心衝突下不由自主之眞心話，蓋尋求精神上之平衡而已。

七、證詩第七章

詩云：

苦辛何慮思，天命信可疑；虛無求列仙，
松子久吾欺！變故在斯須，百年誰能持！
離別永無會，執手將何時！王其愛玉體，
俱享黃髮期！收淚即長路，援筆從此辭。

子建提及天命之詩文不少，大抵以爲天命無常，可知而疑，若廣積善德即可邀來天命。今則迭經壓逼挫折，苦辛慮思之餘，從根本上懷疑天命也。

銓評卷一節遊賦云：「念人生之不永，若春日之微霜；諒遺名之可紀，信天命之無常！」同書卷五大魏篇則云：「積善有餘慶，寵祿固天常。」是則子建對天命之態度可見。其對天命產生消極感即始於本詩，蓋過於痛苦也。及至徙封雍丘以後，生活困苦，態度更趨消極，如銓評卷五種葛篇云：「往古皆歡遇，我獨困於今！棄置委天命，悠悠安可任！」其思想轉變大體如此。

從而對導引服藥成仙之說產生疑惑，故有「松子久吾欺」與「百年誰能持」之歎。

導引服藥以成仙之說源流長遠，第魏晉以後因政治之不良，此風因而大盛。漢魏之間，把導引服藥詠於詩文者，厥以曹植爲大宗，向下即開拓遊仙詩一脉。子建談仙之詩文甚多，不勝枚舉，其中又以建安時所作最多，是則子建青年時期甚嚮慕仙道也。綜合其詩文，大約瞭解子建心目中有一超世界，其中有神仙國，情形頗類人間帝廷。又深以爲「仙人者，儻猱猿之屬，與世人得道，化爲仙人」，見銓評卷九辨道論。故對導引服藥之說，深信少疑。其中常提及之導引之仙，尤以「松喬」、「王子」、「韓終與王喬」等名稱最多。本章所謂「松子」者，其詩文中只此一見，或謂指古仙人赤松子，或謂赤松子與王子喬，取其中間一字而合稱。竊意二說皆可，蓋若謂赤松子，則取例於史記卷五十五留侯世家「留侯乃稱曰：『……願棄人間事，欲從赤松游耳』。乃學辟穀，導引輕身」之說，史遷於卷末謂此事「然言有物」，可見赤松子之說影響甚廣。王子喬本與赤松子皆爲古仙，列仙傳及太平廣記皆言之。然而東漢初，河東有仙人王喬，時人或以爲古仙王子喬之化身，故東漢魏晉之人，言王喬者亦往往指王子喬，詳見後漢書卷一百十二上方術列傳上。二仙皆導引之仙，故經常合稱，如「松喬」，或「赤松王喬」等是也。本章當取史記留侯之傳說，故以前者較合。

當時法制峻迫，諸王不可相通問，而子建既有「變故在斯須」之感，故有「離別永無會」諸語，充分表現出生離死別之感情。

此數句黃節在詩注引述他人之解釋甚佳。其引吳淇之語曰：「王其云云，正見黃髮之難保也。」又引朱緒曾曰：「變故在斯須，此因任城暴薨而難人生變故之速。更憂讒懼禍，期於別離之後，克己愼行而免於刑戮也。然語極渾融，既云『天命與我違』，又云『天命信可疑』，隱寓文帝恩威叵測，當畏之如天，獲罪而無所禱也。」誠深得子建之意。

至於所謂「王」者，當指曹彪而言。曹彪是時封吳王，其封邑有數說，或謂白馬縣，或謂合肥，或謂廣陵，竊意皆非是。

謂封邑在白馬縣者以朱緒曾及黃節等爲主，大約皆因「白馬王」一名附會而來，詳參詩注卷一。古直等駁此說甚力，謂其封邑應在合肥或廣陵，蓋西漢之吳國即都於此云，詳參詩箋卷二。案銓評卷八遷都賦序云：「余初封平原，轉出臨淄，中命鄄城，遂徙雍丘，改邑浚儀，而末將適於東阿。號則六易，居實三遷。」植本傳亦謂「十一年中而三徙都」，蓋漢魏制度封建不必隨其國土而名也。故王公列傳彭城王據傳錄黃初五年詔，謂「先王建國，隨時而制」，即謂此也。若據其封號以推定其邑土，或據其邑土以推定其封號，往往有所失。

竊意曹彪至黃初七年徙王白馬以前，其封邑大都在淮河流域。且黃初三年徙曹彪爲吳王，其邑土當亦在淮河流域，蓋向吳主孫權示威也，前已證之。

案曹彪在建安二十一年始封壽春侯，其後輾轉封爲汝陽公、弋陽王、吳王及壽春縣王等號，壽春爲東漢九江郡屬縣，揚州刺史治；在魏晉爲淮南郡首縣，揚州都督區中心，詳參嚴耕望先生之中國地方行政制度史上編三卷中魏晉南北朝地方行政制度上册。汝陽縣爲汝南郡屬縣，爲豫州刺史治。晉書卷十四地理志豫州條，謂「魏之分汝南立弋陽郡」，則弋陽郡分自汝南郡而成，地望皆在淮水流域。曹彪既屢封在此，而徙爲吳王又爲敵對孫權之行動，其封邑當亦不出此域。

故細讀史傳，以爲吳王彪之封邑實在壽春縣，此據黃初五年之貶降諸王爲縣王事可以知之。

曹彰死後翌年，曹丕下詔「改封諸王爲縣王」，此事本紀不載，彭城王據傳略錄此詔，此誠爲研究此問題之大線索。案彪傳謂黃初三年，曹彪「其年徙封吳王。五年改封壽春縣（王）」，可見「改封壽春縣」之前，曹彪之吳王國邑應在壽春郡。蓋制詔謂「改封諸王皆爲縣王」者，指從郡（國）王貶降爲縣王也。直至太和六年春二月，明帝才下詔恢復舊制，詔「改封諸侯王皆以郡爲國」，前後九年，諸王身份皆爲縣王，事見明帝紀。今據王公列傳只載有五年改封之諸王表列如左，俾作參考。

諸侯王名稱	改制前封號	改制後封號	備注
任城王曹楷	任城王	任城縣王	續漢書郡國志（以下簡稱郡國志）謂任城縣爲任城國首縣。晉仍是。
彭城王曹據	濟陰王	定陶縣王	郡國志謂定陶縣爲濟陰郡首縣。
燕王曹宇	下邳王	單父縣王	郡國志及晉書地理志皆謂單父爲濟郡屬縣，不屬下邳。其間疑另有改封，待考。
沛穆王曹林	譙王	譙縣王	晉書地理志謂曹操分沛立譙，譙縣即譙郡首縣。
陳留王曹峻	陳留王	襄邑縣王	郡國志謂襄邑縣爲陳留郡屬縣。
趙王曹幹	河間王	樂城縣王	郡國志謂樂城縣爲河間郡屬縣。
東平王曹徽	壽張王	壽張縣王	郡國志謂壽張縣爲東平國縣屬。是則東平國此時似曾改稱壽張國。
楚王曹彪	吳王	壽春縣王	郡國志謂壽春縣爲九江（淮南）郡首縣。曹彪徙封楚王亦寄都於此，伏誅後復爲淮南郡。

壽春在洛陽之東，故子建稱歸藩爲東歸，曹丕從洛陽至此謂東巡或東征。至於黃節、余冠英二先生引曹彪贈東阿王詩以證二人同路東歸，皆歸兗州云云，其實該詩見於初學記卷十八人部中離別七，而該詩既稱曹

植爲東阿王，植封東阿在太和三年至六年，則此詩所詠蓋指太和五年冬入朝，翌年春與楚王彪東歸之事，盧弼在植傳所疑甚是。當時法制稍鬆，諸王得通聘同行也。諸家釋詩引該詩證二王曾同路已是一錯誤，今者又引之以證曹彪封於白馬縣，實亦錯誤。

至於末二句結以「即長路」及「從此辭」，正表示子建作本詩於道途中而又採用倒敘法。全詩在道途回想入朝諸事，以諷帝啓其始，以援筆作詩結其終。蓋從憶潮返回現實，揮淚歸藩，其孤獨凄酸，可以想知矣。

結語

毛詩正義序謂「若政遇醇和，則歡娛被於朝野。時當慘黷，亦怨刺形於詩歌」。本詩實爲反映子建個人及當時政治之史詩，當時「時當慘黷」，故本詩顯含怨刺。

本詩之序，絕非子建撰寫本詩時題寫，疑其後來整理文章時補題，或魏晉時人代題。至於曹彪當時實爲吳王，封邑在壽春；其徙王白馬在黃初七年至太和六年，陳壽並未誤記，本詩題目若確爲贈白馬王彪，竊疑當在此段時間之內題寫，尤以太和五年冬諸王再度來朝時可能性最大。

本詩共七章，內外結構皆有連鎖性，亦即章與章之間文字與意義皆有連鎖關係，其技巧當襲取大雅文王之什而來，全詩共有三個感情高潮，第一高潮即首章之「怨彼東路長」之怨，其次在第三章之鬱紆以憤，至第五章又由憤而痛。此後即急轉直下，收於無可奈何之處。以諷帝歸藩始，而以收淚即途終，可知子建之思潮是從現實回溯，又從回溯返回現實之循環。王壬秋評本詩謂「開合動盪，乍陰乍陽，情深百年，調絕千古。蓋後人轉折者望洋而歎，自涯而反矣。」(十一)誠哉斯言。余就本詩結構，先後申明當時制度及情事，尤以意子建從未有奪適之意圖，謂子建奪適者一為後人以政黨觀念視子建，一者蓋出於曹丕之假設，竊意魏國封建制度之慘酷乃基因於曹丕之過補償心理，而此種心理即從假設子建與其競爭繼承權開始。而曹彰之死，應為直接或間接死於曹丕之手；與子建、曹彪之生離，皆為曹丕此種心理下之犧牲。其他尚有些小問題，均一一隨章申辨，不庸贅於此。總之，本詩所詠述實蘊涵子建黃初四年以前之思想感情與夫政治經歷；並經由此詠述透露出當時之政治制度與逼害，因此竊謂本詩之作，絕非普通詠懷酬贈之作，而是一篇有血有淚，有時代，有個人之史詩，讀者當可品味得之，無庸贅言。

注釋：

㈠過補償現象乃指心理上有某種强烈之缺憾，俟有機會即產生强烈反應，以轉移別人之視線及求取內心缺憾之平衡之表現。如歷代閹宦之專橫，其原因之一即因生理上之巨大缺憾而引發出心理上之强烈自卑，故控制帝王之後，即在政治上表現甚為强烈，至橫行無忌，不顧一切。

㈡此事資治通鑑記載於卷六十九魏紀一世祖文皇帝上黃初元年二月丁卯。温公之意，曹丕於是日葬曹操後，即發生此事，似疑此事與就國之令有關；而誅滅子建同黨，亦與此事同時。驥案：温公謂丁氏為「植黨」一語與所記時間似皆有誤。蓋黨爭之事，唐宋皆有，而温公修通鑑時，正新舊黨議熱烈之時，以當時黨爭之觀念視子建之事，與史實未盡符合，可詳證詩第五章。曹操於建安二十五年春正月庚子薨，曹丕嗣位即改元延康二月，葬曹操，詔諸侯各就其國，灌均希指誣奏植罪而貶植爵誅植友皆在此月，則是曹丕壓逼兄弟急不待備。溫公所據者大約以子建在此次入朝所獻責躬應詔表幷詩爲主。今諸本植傳皆作黃初二年貶爵，而子建十一世孫曹永洛等於北齊皇建二年「蒙勅報允，興復靈廟」，遂雕容作碑，謂所述子建之事爲「比經窮討，皆存實錄」。此碑即謂「黃初二年，奸臣謗奏，遂貶爵爲安鄉侯」，很明顯即指灌均希指誣奏之事而言，是則北齊以前本傳已作黃初二年之事。此碑見於東阿縣魚山陳思王墓道，成於「大隋開皇十三年」，歐陽修與趙明誠似皆未及見，故集古錄及金石錄皆不及載，疑溫公亦未見此碑，故遽謂黃初元年二月事。竊意曹丕先剪除子建友好，然後針對子建本人，事甚顯然也。（碑文可參山左金石志卷十隋石陳思王廟碑石刻史料叢書第三十八函、甲編之十七、第五本，頁三十一—三十三。）及金石萃編卷三十九隋二曹子建碑。（石刻史料叢書第七函甲編之六，第二十本，頁一—頁七。）

㊂ 責躬詩亦有提及此事，詩云：「煢煢僕夫，于彼冀方，嗟予小子，及罹斯殃！赫赫天子，恩不遺物，冠我玄冕，要我朱紱，……剖符授玉，王爵是加。……威靈改加，足以沒齒，昊天罔極，性命不圖，常懼顛沛，抱罪黃壚。」（本傳頁八—九。）而曹子建碑更明言曰：「（黃初）三年，進立爲□（鄄）王，□朝京師面陳濫謗之罪。□詔令復國。」（金石萃編卷三十九隋二頁二，參注㊁。）是即黃初二、三年間子建確曾爲有司誣告而逮入京師問罪，其後遣反鄄城而立爲王。洛神賦序謂黃初三年時返囘封邑途中作，而賦稱子建爲君王，則應指此次逮入遣還之事而言，近人董衆曾撰曹子建責躬詩于彼冀方考一文，謂此賦應作於四年，即此次入朝東歸之途中。其據約有三：一爲「黃初三年文帝全年末在洛陽，子建焉得朝於京師」；二爲「植傳亦無三年朝京師語」；三爲賦序謂三年乃「抑或係四年之誤」，蓋謂四字古可寫作亖，泐去一橫即變爲三，疑爲傳抄時之錯誤，變亖爲三云云。驥案詔入京師之事未知在二年或三年？若在二年，則十二月之前，文帝全年在洛京；子建求出獵表謂「臣自招罪釁徙居京師，待罪南宮」，不徒明言確曾詔入

問罪，抑且被軟禁於南宮一段時間，則子建在二年十二月前入京似非不可能。若二年入京，則當然無「三年朝京師」語，況詔入京師問罪，文紀及本傳皆諱之，洛神賦序亦只言「黃初三年，余朝京師，言歸東藩」，未明言奉詔待罪之事，若非子建有文傳世，則此事當淹沒無聞。且三年似繫「言歸東藩」一事，未必指三年入京。若謂文帝不在京師則不會召罪王入京，此事似未得其實，蓋魏諸王公常遭罰，議其事者在於有司，參王公列傳曹楷、曹琮、曹幹等諸王被罰事即可知，是知雖文帝不在京師，未必不可在京議罰行懲。至於三字泐一橫，幷無實據，多存一說而已。故洛神賦所言時間實可採信，董衆之言未可遽信。其文可參東北叢刊六期（頁一—九，民國三十年六月）。

㊃ 案子建生前入朝可知有三次：一在黃初二三年間之詔入待罪；一在明帝太和五年；另一即爲此次。本篇謂「三公奏諸公」，諸公即諸君，諸君入朝則應指此年或太和五年事。「舊章咸率由」即黃初元年詔令諸侯各歸其國之事。是則此篇所述既非黃初元年之歸國，亦非指逮入待罪而放歸，事甚明顯。而詩內又有「皇母懷苦辛」一句，皇母指卞太后，太后在太和四年六月崩，秋七月附葬高陵，若子建在太和五年入朝，太后已不在。故謂此詩爲黃初四年之作。

㊄ 校事之情形詳見魏志二十二衞臻傳，二十四高柔傳，十四程曉傳，尤以曉所上疏討論此官職本末最詳。大陸雜誌六卷七期有官蔚藍氏三國時代之校事制度一文頁十四—十七。

㊅ 詳參後漢書卷一百荀彧傳及通鑑漢紀五十八獻帝建安十七年冬十月條。通鑑同條胡注引考異謂魏氏春秋之記述同於後漢書荀彧傳，其實孫盛先於范曄，范氏之說乃本孫氏之說而來，非孫盛之說本於范曄而來甚明。世稱左氏浮誇，而孫盛喜效左氏，裴松之曾爲此嗟咄，謂難取信，事見武帝紀建安五年注（頁十六）。竊意左傳喜馳歷史想像，然其想像却幷非毫無根據，且大史家之條件之一即需具有豐富之歷史想像力，左傳與史記所以成爲不朽巨著，此因素或爲成功條件之一。余讀該年陳壽記曹操之語，文辭與魏氏春秋畧異，然魏氏春秋似更得曹操之內心。又如魏志卷二十八鄧艾

傳僅用「檻車徵艾」四字敘述收拿鄧艾之事情；而注引魏氏春秋則謂「艾仰天歎曰：『艾，忠臣也！一至此乎？白起之酷，復見於今日矣！』」（頁廿五。）其交待當時鄧艾心境，未必不可取信。蓋其寫法與左氏寫曹劌論戰，史遷寫鴻門宴相同，此其所以稱爲有「良史之才」。

㈦ 參武帝紀建安十五年及十六年春正月幷注。又：封曹豹爲饒陽侯（頁三十）；本傳則作林，見王公列傳沛穆王林傳（頁五）。

㈧ 二十五史補冊二三國職官表上丞相府條（頁五）謂二曹皆典選舉，以西曹爲上。建安二十二年省西曹，尋復置。

㈨ 黃節詩注摘錄此條，謂朱緒曾等信之而以孫盛之言爲「殆不然也」。余意此條記載曹彰之死如目見及參與，甚不可信。劉義慶收此條入世說新語尤悔篇第三十三，頁六七一。

㈩ 語見魏志卷二十一王粲傳所載與元城令吳質書（頁五）。此語又爲魏徵修隋書文學列傳時所引用，有深意焉。

⑪ 見駱鴻凱著文選學評騭第八，頁二六三。

參考書籍：

① 曹子建集注二種：即丁晏之曹集銓評與黃節之曹子建詩注合刊本。楊家駱主編，民國五十一年四月世界書局版。

② 三國志：陳壽撰。商務印書館縮印百衲本。以下所引各正史皆此本。

③ 三國志集解：陳壽撰，盧弼集解，藝文書局版。

④ 曹子建集：四部叢刊，上海涵芬樓借印雙鑑樓明活字本。

⑤ 陳思王集：張溥編，漢魏六朝百三家集，民國七年四川官印刷局重印本。

⑥ 曹植：伊藤正文注，中國詩人選集3，昭和四十七年七月十三刷發行，岩波書店。
⑦ 曹子建詩箋：古直箋，民國五十八年四月廣文書局再版。
⑧ 曹操曹丕曹植詩選：余冠英編，一九六六年五月大光出版社版。
⑨ 漢魏六朝百三家：張溥輯，見⑤。
⑩ 全上古三代秦漢三國六朝文：嚴可均輯，光緒癸巳刻本，廣雅書局印行。
⑪ 文選：昭明太子編李善注，清乾隆三十七年葉樹藩刻本。又商務印書館四部叢刊六臣注版。
⑫ 文選集注殘本：羅振玉影印日本金澤文庫唐寫本，清宣統十年。
⑬ 後漢書：范曄撰。
⑭ 晉書：唐太宗御撰。
⑮ 隋書：魏徵等撰。
⑯ 史記：司馬遷撰。
⑰ 東觀漢記：劉珍等撰，民國五十六年十一月中華書局台二版。
⑱ 資治通鑑：司馬光撰，胡三省注，民國六十二年宏業書局新校本。
⑲ 讀通鑑論：王夫之撰，民國五十九年世界書局八月再版。
⑳ 世說新語校箋：劉義慶撰，楊勇校箋，民國六十年二月明倫出版社再版。
㉑ 雍錄：程大昌著，古今逸史二十二本，上海涵芬樓影印明刻本。
㉒ 河南志：佚名，此書與三輔黃圖及唐兩京城坊考合刊，世界書局民國五十二年十一月初版。

㉓ 拾遺記：王嘉撰，蕭綺錄，古今逸史第十四本。
㉔ 毛詩正義：王亨傳，鄭玄箋，孔穎達疏，民國六十年廣文書局影印本。
㉕ 文選旁證：梁章鉅撰，清光緒八年吳下重刊本。
㉖ 初學記：徐堅撰，民國五十五年五月新興書局影明刊本新一版。
㉗ 說文解字：許愼撰，段玉裁注，民國五十五年十月藝文印書館十一版。
㉘ 藝文類聚：歐陽詢撰，文光出版社一九六三年八月初版。
㉙ 文獻通考：馬端臨撰，新興書局民國五十三年十一月新一版。
㉚ 四庫題要辨證：余嘉錫撰，藝文印書館民國六十三年十月四版，收入四庫全書總目第九、十兩冊。
㉛ 二十五史補編：台灣開明書店四十八年六月台一版。
㉜ 列仙傳：劉向撰，吳琯校，古今逸史第四十八本。
㉝ 金石萃編：王昶撰；收入石刻史料叢編甲編之六，嚴耕望先生主編，藝文印書館印行。
㉞ 山左金石志：畢沅撰，石刻史料叢編甲編之十七。
㉟ 白氏文集：四部叢刊據日本元和活字本景印版。
㊱ 元白詩箋證稿：陳寅恪撰，古典文學出版社一九五八年增訂版。
㊲ 文選學：駱鴻凱著，民國五十五年三月中華書局台三版。
㊳ 漢魏樂府風箋：黃節箋，一九六一年七月商務印書館版。
㊴ 廿二史劄記：趙翼撰，民國六十一年世界書局二月七版。

㊵魏晉南北朝地方行政制度：嚴耕望先生著，中央研究院歷史語言研究所專刊之四十五，中國地方行政制度史上編三卷，民國六十三年十二月史語所再版。

㊶曹子建責躬詩于彼冀方考：董棨撰，東北叢刊六期，民國三十年六月。

㊷三國時代之校事制度：官蔚藍撰，大陸雜誌六卷七期，民國四十二年四月。

pletion of the new imperial palaces and the new capital though they did want to share the joyful atmosphere of the festival season which was closely associated with the founding of the Wei dynasty.

In addition to the major issues mentioned above, this article also deals with other minor aspects such as the improvement and composition of music at the beginning of the Huang Ch'u period but this I do not intend to elaborate upon here.

In conclusion, this is a good poem which reflects and captures well the individual and social characteristics of the period, with special value to those specialising in the study of the political history of the Wei dynasty. For this reason, I have written this commentary.

ably died as a result of his involvement in these strivings for supremacy. It further asserts that the unexpected leniency of Ts'ao Pei towards the Han Royalty after its overthrow and his adoption of an extremely harsh and oppressive policy towards the aristocracy and the lords might well account for his final downfall. A temporary softening of the policy during the reign of Emperor Ming of Wei could not save the destiny of the regime, and it, like the Han, finally fell.

In addition, this article attempts to discuss the validity of certain popular interpretations of the poem. My findings are that this poem was written during the Fourth Year of Huang Ch'u, which was marked by the imperial capital's return of the fiefs to their rightful owners, when Ts'ao Chih and his brother Ts'ao Piao had already separated. At this time Ts'ao Piao was officially given the title Wu Wang, and was entitled to the fief of Shou Ch'un. The old interpretation was that Ts'ao Piao was then the Lord of Pai Ma with his fief probably in the country of Pai Ma or Ho Fei or even Kuang Ling; and that the rumour the two lords Ts'ao Chih and Ts'ao Piao returned together to their titled fiefs but were forced to separate on the way was false. Because of the fact that Ts'ao Piao was officially made Wu Wang, naming him as Lord of Pai Ma as does the title and preface of the peom, seems invalid. The preface to the poem is also of doubtful origin, for it might have been added afterwards by the author or even later by other people. As regards the visit to the Imperial City on the Fourth Year of Huang Ch'u, the usual assumption has been that it was timed purposefully to coincide with the Autumn Equinox. My personal view, slightly different from the popular one, is that there were at least three factors: first, it conincided with the festival; second, the lords came to build ancestral temples for worship; third, the lords might have come to celebrate the com-

Commentary on the Poem and Preface of Ts'ao Chih to Pai-Ma-Wang Piao

（曹植贈白馬王彪詩並序箋證）

LUI Kar-kai （雷家驥）

This poem is a famous work which reflects the sad destiny of Ts'ao Chih and the serious threats to the House of Wai. It is not intended by the Poet for appreciation and social formalities like most other poems; similarly, this article will attempt to investigate the life of the author, his hardships, ambitions, and emotions. Furthermore, it will study the family background of the author with emphasis on the psychological transformation of Ts'ao Pei and its effect on the policies and structure of the government.

My research leads me to the following views: Ts'ao Ts'ao's attitude toward his sons, particularly his special love for Ts'ao Ch'ung and Ts'ao Chih, was a serious threat to Ts'ao Pei's hereditary position; hence Ts'ao Pei's jealousy and over compensatory psychological reaction, made him compete with his brothers and see them as enemies. Ts'ao Chih apparently did not have any intention of usurping the right of succession, but his friends did act as though they were seeking this privilege for him. For this reason, Ta'ao Pei and others saw him as conspiring for supremacy, and Ts'ao Pei reacted by forming his own clique and successfully, if somewhat shadily, retaining his hereditary position. Certain bureaucratic squabbles among the supporters of Ts'ao Ts'ao also result from this.

This poem also suggest that Ts'ao Chang, Jen-ch'eng-wang, prob-

On the Institution of Nobility of the Han Dynasty

(The third division of the first part)

漢代爵位制度試釋(下)

LIU Pak-yuen (廖伯源)

The appenage was separate from the system of nobility in Han Dynasty. An emperor might grant appenages to anyone he liked, so that a person could possess an appenage even though he had not any title of nobility. The lower nineteen classes of "chüeh" —— that is, except the uppermost class "lien hou" —— were not necessarilly accompanied with appenages.

Generally speaking, "kuan nei hou", the nineteenth class of "chüeh", would not be granted with appenages, but there were some who possessed the title of "kuan nei hou" with the appenage.

"Kuan nei hou", unlike the meaning which the title suggests, were distributed all over the empire; their title and their appenage, if they possessed, one might be bequeathed to their son too.

For financial reasons, the Han government sold titles of "chüeh" to male citizens, and for political convenience as well as showing the power of the emperor, the emperor bestowed the title of "chüeh" on all male citizens of the empire on special occasions such as the coming to the throne of the new emperor or the appointment of the successor. As a result, almost all male citizens held titles of "chüeh". A study of the system of nobility is helpful to understand the economy, the local administration, and the society of the Han dynasty.

The Struggle of LU Hsün and HU Feng Against the CCP Control（魯迅胡風之反控制鬥爭）

CHAK Chi-shing（翟志成）

Since the establishment of the Chinese League of Left Wing Writers (中國左翼作家聯盟) on February 16, 1930, the CCP (Chinese Communist Party) almost completely dominated the whole of the Chinese literary domain. Many authors had resisted this supreme rule and control time and again before 1955. However, only two of those resistances involved more than just individual forces and posed serious threats to the CCP's despotic reign in literary circles. The first was led in the 1930's by LU Hsün, ironically designated by the CCP as the greatest revolutionary literary figure of modern China, and the second by HU Feng, from LU's death on October 19, 1936 to 1955. Even though there was a certain degree of difference between the two resistance movements in terms of their strategy, in actuality, their direction and goal were quilt similar. The second was a continuation and development of the first. The complicated relationships between the two movements and their conflicts with the CCP dogmatic literary line are fully discussed in this article.

Besides tracing the more significant even in the history of these heroic movements, this article emphatically points out the less well-known image of LU Hsün as a uncompromising fighter against the CCP literary control.

bureacrats towards their bureaucratic colleagues. This may explain why it was membership in the officialdom rather than membership in a big and powerful clan that was most crucial in establishing or maintaining one's *shih* elite status in medieval China.

On Medieval Chinese Centry (Shih)

中國中古「士族政治」考論之一(淵源論)

Chi-yun CHEN (陳啓雲)

The author comments on the application of the concepts of bureaucracy and clanship in the study of medieval Chinese society and state (exemplified by the works of Etienne Balazs and Wolfram Eberhard), and notes some Japanese studies on this subject. He then introduces the native Chinese ideas of *kung* (universal, public, official) and *ssu* (particularistic, private, unofficial) and discusses their implication on the development of bureaucratic and clannish institutions in Han and post-Han China.

The author points out that the fromation of the *shih* (gentry) group was strongly influenced by the idea of *kung* (universalistic, public, official and bureaucratic-orientated). When *shih* had become the privileged elite, they became particularistic and tended to deviate from the *kung* ideal. But even in the Wei and Chin times when the influence of the big clans was at a climax, many of the *shih* still upheld the ideal of *kung*; they considered themselves upright, just, public-minded, and unbiased in resisting clannish influences; and they were not aware of their own particularistic inclination. They developed a bureaucratic particularism in contrast to clan particularism.

The author discusses the way in which the civil service selection system (the *Chiu-p'in chung-cheng* or Nine-grade Evaluation System) was corrupted in Wei and Chin times. He concludes that the system was corrupted not so much by the direct influence of the big and powerful clans as it was by the particularistic attitude of the *shih*

facts and causes and effects. This method I term "Letting history speak for itself." These features characterise the greatest historical work of all times and ages—the *Tso-chuan.*

Chapter 11 points out the comprehensiveness of the *Tso-chuan* by referring to the fifty tables of the *Ch'un-ch'iu Chronological Records* compiled by Ku Tung-kao. It further illustrates the greatness of this historical work by noting that: (1) It led to an approach to history which referred to human behaviour and its causes and effects, so that history was made rational and organic. (2) It took into account all the complex factors which produced any particular result, thus allowing an understanding of cause and effect in human behavior; something quite different from the principles of cause and effect in natural science. (3) It was well aware that in addition to the factors of interest calculation and cause and effect in human life, there was also the artistic element.

Section 12 tells of the *Kuo-Yu* as a work by Tso in his old age intended to explain the great changes in history, which the *Tso-chuan* could not because of the restrictions imposed by Duke Yin of Lu during the first year of his reign. His purpose was also to list omissions and additions in new records.

ancient good historians as a sound basis for human behaviour. The chapter also offers a detailed analysis of the *Ku-liang-chuan*. The writing of the *Kung-yang-chuan* is dealt with and analysed in Tung Chung Shu's *Ch'un-ch'iu-fan-lu*. Comments on the nature and approach to calligraphy are also included.

Section 8 explains the fromation of "the proper way for man" not as a sort of empty concept, but as the outcome of historical fact and experience. This set the guide-lines for the development of Chinese culture, which deviated from the traditional philosophical ideas of the West based on reason. Confucius correlated the lessons learned from his practice of morality and his analysis of historical facts to form the basis of his philosophy, causing it to be thorough going and deeply rooted, lacking the vagueness of pure historicism. Apart from its enormous contribution to Chinese historical writing, the rewriting of the *Ch'un-ch'iu* by Confucius also led to the publication of the *Tso-chuan*.

Section 9 deals swiftly yet thoroughly with the many conflicting interpretations resulting from the *Tso-chuan* since the Han dynasty. Tracing backwards to the writings of Han Fei, as influenced by Confucius' *Ch'un-ch'iu*, *Tso-chuan* and *Ku-liang-chuan* all bore similarities in their respective quotations. The quotations of the "superior man's sayings" alone served to explain many of the various accusations directed at the *Tso-chuan*.

Chapter 10 describes how the *Tso-chuan* used four methods to explicate the *Ch'un-ch'iu*, all of which may be summed up by the expression, "the commentary must elucidate the meaning." In addition to these ways, history was used to compile the commentary; that is, it did not simply use sayings by Confucius or the "superior man's sayings," but rather formulated judgements on historical personalities,

calamities and prosperity were the outcome of mankind's own doings, not dictated by the will of God as traditionally claimed. This assertion started a gradual transformation of emphasis from religion to humanism, thus strengthening the study of history.

Chapter 4 depicts the conflict between religious domination and humanistic enlightenment. While keeping traditional religious judgements official historians, using the wisdom gained in the study of past history, began more and more frequently to reach humanistic judgements. However, while abandoning the superstitious elements of religion, the human wishes and ideals expressed in religion were still retained, thus symbolising a mixture of human and religious approaches to history writing. The most striking example was to base human judgement on past history rather than on the conventional verdict on human behaviour by God's will. This characterised the study of ancient history in China up to this stage.

Section 5 records materials of "good" historians in the ancient period as evidence for the developments in the approach to history mentioned in section 4. Section 6 tells of the vigorous development of good history during the age of Confucius (479-551 B. C.), whose learning mainly came from his study of history and his life-long application of moral principles. These two combined to form the basis of his profound knowledge, and were a continuation of the existing trend of historians to formulate judgements by the study of history rather than by the will of God. His determined will for the salvation of the world inevitably led to the rewriting of the *Ch'un-ch'iu*.

Section 7, based on a comprehensive interpretation of the three commentaries and the *Ch'un-ch'iu*, rewritten by Confucius (as stated by Mencius), concludes that the motives of the Sage were rooted not in the study of history, but in the elaboration of the spirit of the

Origin of History（原 史）

HSU Fook-kuan（徐復觀）

The main purpose of this article is to explain how the change in ancient Chinese culture from a religious to a humanistic one stemmed from the development of the rose of the historian; it is therefore an account of the establishment of the study of history. It further aims at illustrating how the Confucian School of thought formed the backbone of ancient Chinese culture. The article consists of 12 sections.

The first and second sections, drawing evidence from oracle-bone and bronze inscriptions, point out the errors committed by Hsu Shen and Wang Kuo-wei respectively in their works, *Shou-wen-chieh-tzu* (說文解字) and *Shih-shih*(釋史) in misinterpreting the form and the meaning of the word *shih* (history), the original form of which should appear as ⿱𠙵𦘒 or ⿻𠙵𦘒 . The portion 𠙵 was derived from the character 口 meaning 'mouth,' the same element as in the character 祝 meaning to congratulate or to pray during worship. The portion 𦘒 represented the right hand holding a brush, for the 史 official had to write down the prayer to the god, keep custody of it, and then read it out to the god through the mouth.

The third chapter, based on writings from the earl Chou dynasty (about 1000 B. C.) through the Ch'un-ch'iu period (480-722 B. C.), explains the many and varied activities of the official historians of the period. One was devising the calendar to be kept alongside related historical records. During the middle of the Ch'un-ch'iu period, historical works such as the *Pa Kuo Ch'un Chiu* came into existence forming the basis of Chinese history. Good historians, based on their experiences in compiling history, discovered that luck or disaster,

looked upon the Ch'ing as their enemy. Therefore one who wants to study the Sino-Korean relationship during the Ming and Ch'ing dynasties must not neglect this aspect. Again for example, in the early part of the Edo(江戶) period in Japan, the ideas of Chu Hsi came into vogue. Their origin was the learning of Tui Chi from Korea. This relates greatly to the opening up of the modern history of Japan. All of this is not in the sphere of discussion in this article, but I give it here for the reference of interested readers.

The Influence of the Learning of Chu Hsi in Korea

（朱子學流衍韓國考）

CH'IEN Mu （錢穆）

China and Korea have had a historical and cultural relationship for over three thousand years. The Fo hsueh (the Buddhist learning) of the T'ang Dynasty and the Neo-Confucianism of the Sung dynasty have exerted an especially profound and enormous influence on the thoughts and beliefs of the Korean people. This article deals with the influence of the learning of Chu Hsi of the Southern Sung dynasty in Korea, based on four noted Korean scholars: LI Fong(李滉)(Tui Chi)(退溪). LI Yi(Lu Ku)(李珥; 栗谷), SUNG Shih Le(Yu Yan)(宋時烈 尤庵) and HAN Yuan Chen(Nan T'ang)(韓元震 南塘) beginning from Emperor Ming Hsiao Tsung(Hung Chih)(明孝宗 宏治) to Emperor Ch'ing Sheng Tsu(KANG Hsi)(淸聖祖 康熙), for over 150 years altogether (16th-17th century). The four scholars mentioned differed in the study of the learning of Chu Hsi, but all pursued it with penetrating understanding. Compared with the Chinese scholars who studied the learning of Chu Hsi in the Ming and Ch'ing dynasties, they were by no means inferior. When I wrote on the influence of Chu Hsi, I put in this article to prove his influence in Korea. Since Tui Chi, Lu Ku and Yu Yan were instructors of the royal family, their idease were honoured by the court, so the importance of their influence can be seen. When Yu Yan died, the Ming dynasty had already been overthrown for 45 years. Later when the Koreans wrote the chronological history of Yu Yan, they still considered the time as Ming and used the dates of the last Ming Emperor, Chung Ching(崇禎) and

中華民國六十六年（一九七七）八月十五日初版

新亞學報

第十二卷

定價：港幣三十元
美金七元

編輯者　新亞研究所
九龍農圃道六號

發行者　新亞研究所圖書館
九龍農圃道六號

承印者　立信印刷公司
九龍伍芳街廿三號十一樓

THE NEW ASIA JOURNAL

Volume 12 August 1977

NEW ASIA INSTITUTE OF ADVANCED CHINESE STUDIES